U0563376

一位教授与二十四位本科生的作品

本书学生作者

河南财经政法大学

田志浩　周文婷　潘子轩　吴天艺　乔嫚嫚　王菲菲　罗　彦
赵　塱　翟金磊　马　南　贾静杰　姜思齐　侯颜玲　郑若楠
陈铭皓　王羽晴　郭玉棋　汪聪聪　李　帅

河南大学

郑　爽　张振舵　赵一然　涂雪晨

河南农业大学

闫雪岩

一群喜欢抬头仰望天空的老师和同学

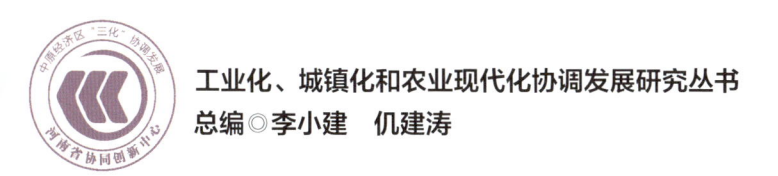

工业化、城镇化和农业现代化协调发展研究丛书
总编 ◎ 李小建　仉建涛

教育、劳动市场表现与教育政策

EDUCATION,
LABOR MARKET PERFORMANCE
AND EDUCATION POLICY

樊　明　等 ◎ 著

社会科学文献出版社
SOCIAL SCIENCES ACADEMIC PRESS (CHINA)

本书调查者

本次调查获得六类有效问卷共 17978 份。

河南财经政法大学等共 78 名本科生参加了调查

周文婷	乔嫚嫚	王菲菲	侯颜玲	赵 塱	郑若楠	马 南	贾静杰
翟金磊	吴天艺	柴 新	苏 怡	罗 彦	田志浩	陈铭皓	贺凯璇
王羽晴	滕青林	潘子轩	张振祥	张 蒙	郭玉棋	汪聪聪	姜思齐
赵雪健	张 宇	邱 樱	李 帅	马静远	董恩泽	杜 免	李辰哲
孙嘉翼	朱亚明	王瑞雪	张人文	吕 怡	赵丽晚	俞嘉璐	王 帅
陈美玲	韩 锐	吴小彤	许 珂	赵静文	赵皓月	何孔玲	张雅雯
张 帅	张思博	范书雅	郭 恺	胡胜杰	刘南南	汤梓轩	王安厅
王龙昊	袁可可	张韶旭	党润芳	范海地	何晟睿	黄永胜	李 林
孙 宁	王婉荔	吴 琦	杨 美	宋 颖	汪明明	张佳齐	张 尧
楚 欣	魏纾晴	史可心	郭杭州	杨海歌	张仕营		

总　序

中原经济区"三化"协调发展河南省协同创新中心（以下简称"中心"）是河南省首批"2011计划"（高等学校创新能力提升计划）所设立的研究单位，2012年10月由河南省政府批准正式挂牌成立。中心由河南财经政法大学作为牵头单位，河南大学、河南农业大学、河南师范大学、河南工业大学、许昌学院、信阳师范学院、河南省委政策研究室、河南省政府发展研究中心、河南省工信厅、河南省住建厅等多所省内著名高校和政府机构作为协同单位联合组建。

中心的使命是按照"河南急需、国内一流、制度先进、贡献重大"的建设目标，以不牺牲河南省农业和粮食、生态和环境为代价的新型城镇化、新型工业化、新型农业现代化"三化"协调发展的重大战略需求为牵引，努力将"三化"协调发展的基础理论、政策研究与实践应用紧密结合，支撑河南省"三化"建设走在全国前列，引领中原经济区，从而使河南省成为打造中国经济升级版中的新经济增长极。

工业化、城镇化和农业现代化各自本身都是非常复杂的问题，三者相互协调更是一大难题。研究如此庞大的问题，中心一方面展开大量理论研究，另一方面，展开广泛深入的调查。此外，还不断试图将理论应用于实践。如此，已取得一定的阶段性成果。

为此，中心推出"工业化、城镇化和农业现代化协调发展研究丛书"。一方面，丛书可及时向政府和公众报告中心的研究进展，使得中心的研究成果能及时得到关注和应用；另一方面，中心也可从政府和公众的反馈中不断改进研究。我们深知所做的研究，问题之艰难、意义之重大，一定会持续努力，不负河南省政府及河南人民对我们的信任和重托，做对人民有用的研究。

十分感谢社会科学文献出版社为丛书的出版所做出的重要贡献。

李小建　仉建涛
2015 年 6 月 1 日

代序
推介一本谈教育更是做教育的书

曾湘泉 教授

中国劳动学会劳动科学教育分会会长

河南财经政法大学樊明教授给我发来他新近指导24名本科生合作完成的专著《教育、劳动市场表现与教育政策》的电子版，请我作序。我通读了全书，立刻应允，因为这是一部谈教育更是做教育的好书。

先说这部书谈的教育。我赞成书中的一个观点，在今天市场经济时代，教育的一个基本目标是让学生在劳动市场有良好的表现，这一思路又反过来可审视教育本身，即今天的教育是否真正能够有助于学生在劳动市场有良好的表现。这是一个重要的话题，但却是一个并不容易说清楚的话题。樊教授和他的学生为了把这个话题说清楚，首先做了大量的问卷调查，就六类问卷在全国19个省份调查了17978个受访者，包括城镇居民、农民工、农村居民和企业界人士，为研究提供了坚实的数据基础。

这也是一本有理论深度的书。该书对经典的人力资本理论提出了诸多批评，在此基础上对教育投资回报机制、教育投资的均衡提出了独特的分析。提出了教育对劳动市场表现的间接边际影响概念，以及具体估计间接边际影响的方法，并在本书中得到良好应用。这一部分涉及劳动经济学的核心理论和基本方法，作者对现有方法提出了批评并给出了一些建设性的意见。

这本书的主体是基于他们调查所获得的问卷数据采用计量经济学的方法，包括他们自己提出的方法，研究教育与受教育者在劳动市场表现的关系。这种研究精神和态度，以及方法和结论，有助于学校改进教育、学生提升毕业后在劳动市场的表现，也有助于教育政策制定者改革教育，以使得教育更好地回应劳动市场需求。

这本书研究教育，其实这本书的研究过程本身也是在探讨教育。从2008年开始，樊教授每年指导本科生做调查研究，几乎每年出版一部学术专著，加上这一部，迄今已完成八部。中国的教育，包括高等教育，普遍缺少对学生批评能力和创新能力的培养。对中国教育的这一突出问题，大家谈论得并不少，而樊教授的可贵之处在于，他用他的行动在回答如何改变这一状况，这尤为难得。樊教授在后记中说，不是每位老师都要教学生写书，但一定要教学生创新；也不是每位学生都要学写书，但一定要学习创新。因此，我们做老师的不必人人都模仿樊教授教学生写书，但一定要以我们各自的方式，把创新教育融入各自的教学中。中国的大学只有切实培养出富有批判精神和创新能力的人才，中国的教育才能获得真正的进步。

若干年前，在我担任中国人民大学劳动人事学院院长时，曾邀请樊明教授到本院来就职，但最终未能成行。今天看到樊教授指导本科生合作完成八部专著，少了一份京城的浮躁，多了一份中原大地上的厚重，展现了教育的一种可能性，也许他这样做对中国教育的触动更大，我充分理解并深感欣慰。

最后，我郑重向广大读者推荐这部不仅是谈教育更是做教育的书。

2016年8月

摘　要

在市场经济时代，教育的重要功能是使受教育者在劳动市场有良好的表现。教育与劳动市场脱节往往表现为两方面：一方面是过度教育，也就是教育对学生某一方面的知识技能培养过度，其问题主要不在于学生所学是否"过多"，而在于其机会成本过高；另一方面是教育不足，也就是教育没有教授学生足够的劳动市场所需要的知识和技能。为此，本书首先做了大量的问卷调查，就六类问卷在全国 19 个省份调查了 17978 位受访者。采用计量经济学的方法，研究教育与受教育者在劳动市场表现的关系。在此基础上，提出改善中国教育的政策隐含。在对中西方教育的差异进行比较的基础上，讨论导致中西方教育差异的深层社会原因。在理论和方法上，该书对人力资本理论提出诸多批评，在此基础上对教育投资回报机制、教育投资的均衡进行了独特的分析。提出教育对劳动市场表现的间接边际影响概念，以及具体估计间接边际影响的方法。

目 录

第一章 研究主题、方法及数据 ………………………………………… 1
　第一节 研究主题及方法 ………………………………………… 1
　第二节 调查及数据 ……………………………………………… 5
　第三节 以后各章要览 …………………………………………… 7

附录1-1 城镇居民学习行为及劳动市场表现调查
　　　　（专科及以上学历，未退休者）………………………… 11
附录1-2 城镇居民学习行为及劳动市场表现调查
　　　　（高中中专及以下学历，未退休者）…………………… 15
附录1-3 农民工学习行为及劳动市场表现调查 ………………… 19
附录1-4 农民学习行为及劳动市场表现调查 …………………… 23
附录1-5 企业界对大学生的期待及评价调查 …………………… 27

第二章 中国教育发展对社会需求的回应 …………………………… 31
　第一节 中国古代教育发展对社会需求的回应 ………………… 31
　第二节 晚清时期教育对近代化的回应 ………………………… 35
　第三节 民国时期教育对社会需求的回应 ……………………… 40
　第四节 1949年后高等教育对社会需求的回应 ………………… 49

第三章 西方教育发展对社会需求的回应 …………………………… 56
　第一节 古希腊教育发展对社会需求的回应 …………………… 56
　第二节 欧洲大学的兴起和发展对社会需求的回应 …………… 58

第三节　日本教育的发展对社会需求的回应 ………………… 65
　　第四节　美国高等教育的发展对社会需求的回应 …………… 71

第四章　教育投资对收入的影响：理论及估计方法 …………………… 81
　　第一节　人力资本理论的要点及评析 ………………………… 81
　　第二节　教育投资回报机制的解释及证据 …………………… 86
　　第三节　教育投资回报机制解释的拓展 ……………………… 90
　　第四节　自变量对因变量直接和间接影响的估计 …………… 94

第五章　教育与工资收入 ………………………………………………… 101
　　第一节　教育与工资：基于城镇居民样本 …………………… 101
　　第二节　农民工教育与工资收入 ……………………………… 112
　　第三节　教育与农村经济活动收入：基于农村居民样本 …… 122
　　第四节　城镇居民学习行为与工资：基于本科层次样本 …… 133
　　第五节　城镇居民学习行为与工资收入：基于高中层次样本 ……… 143

第六章　教育对劳动市场参与及失业的影响 …………………………… 154
　　第一节　教育对城镇居民劳动市场参与及失业的影响 ……… 154
　　第二节　学习行为对劳动市场参与及就业的影响：基于
　　　　　　城镇本科样本 ……………………………………… 165

第七章　教育对晋升的影响 ……………………………………………… 175
　　第一节　教育对晋升的影响：基于城镇居民样本 …………… 175
　　第二节　教育对晋升的影响：基于农民工样本 ……………… 185
　　第三节　学习行为对晋升的影响：基于城镇本科样本 ……… 192
　　第四节　学习行为对晋升的影响：基于城镇高中样本 ……… 201

第八章　教育与创业及创新行为 ………………………………………… 208
　　第一节　教育与创业：基于城镇居民样本 …………………… 208

第二节　教育与创业：基于农民工样本 …………………………… 218
　　第三节　教育与创新：基于城镇居民样本 …………………………… 227
　　第四节　教育与创新：基于农民工样本 …………………………… 233

第九章　教育对就业质量的影响 …………………………… 240
　　第一节　就业质量的衡量 …………………………… 240
　　第二节　教育对就业质量的影响：基于城镇居民样本 …………… 246
　　第三节　教育对就业质量的影响：基于农民工样本 ……………… 253
　　第四节　学习行为对就业质量的影响：基于城镇本科样本 ……… 262
　　第五节　学习行为对就业质量的影响：基于城镇高中样本 ……… 272

附录 9-1　就业质量影响因素调查 …………………………… 281

第十章　教育的其他价值 …………………………… 283
　　第一节　教育对农业专职化选择的影响 …………………… 283
　　第二节　对农民工培训效果的评估 …………………………… 290
　　第三节　教育与社会福利 …………………………… 299
　　第四节　教育使人更加美丽 …………………………… 308

第十一章　外语教育对就业表现的影响 …………………… 314
　　第一节　中国外语教育政策回顾与评析 …………………… 314
　　第二节　英语教育的回报研究 …………………………… 320

第十二章　城乡居民网络学习行为及其影响因素 …………… 326
　　第一节　城镇居民网络学习行为及其影响因素 …………… 326
　　第二节　农民工上网学习行为及其影响因素 ……………… 333
　　第三节　农民上网学习时间及其影响因素 ………………… 341

第十三章 劳动市场对大学生的期待 ········ 348
  第一节 岗位对专业技能和综合素质侧重研究 ········ 348
  第二节 专业教育侧重 vs. 通识教育侧重 ········ 355
  第三节 招聘时企业对大学生学业表现的关注 ········ 362
  第四节 企业创新文化的调查及影响因素 ········ 368
  第五节 企业对大学生个人特质关注度的调查分析 ········ 373

第十四章 教育与社会责任感及社会公德 ········ 380
  第一节 教育与社会责任感及社会公德：基于城镇居民样本 ········ 380
  第二节 教育与社会责任感及社会公德：基于农民工样本 ········ 388
  第三节 教育与社会责任感及社会公德：基于农村居民样本 ········ 395

第十五章 农村教育：困境与出路 ········ 401
  第一节 农村教育困境 ········ 401
  第二节 农村教育出路 ········ 408

第十六章 改进学生劳动市场表现的教育政策隐含 ········ 413
  第一节 讨论及教育政策选择 ········ 413
  第二节 中西方教育差距：基于社会环境视角 ········ 418

作者分工 ········ 424

后记 教育：全球化视角的审视 ········ 426

同学感言 ········ 428

Contents

Chapter 1 Topic, Methodology and Data / 1
  1. Topic and Methodology / 1
  2. Survey and Date / 5
  3. Overview / 7

Appendix 1 – 1 Survey of the Learning Behavior and Labor Market Performance on Urban Residents (education level of junior college and above, and unretired) / 11
Appendix 1 – 2 Survey of the Learning Behavior and Labor Market Performance on Urban Residents (education level of high school and below, and unretired) / 15
Appendix 1 – 3 Survey of the Learning Behavior and Labor Market Performance on Migrant Workers / 19
Appendix 1 – 4 Survey of the Learning Behavior and Labor Market Performance on Farmers / 23
Appendix 1 – 5 Survey of the Expectations on College Students from the Business Circle / 27

Chapter 2 Response of Education to the Social Demands in China / 31
  1. Response of Education to the Social Demands in Ancient China / 31
  2. Response of Education to Modernization in the Late Qing Dynasty / 35

3. Response of Education to Social Demands in the period of
     Republic of China /40
  4. Response of Higher Education to Social Demands after 1949 /49

Chapter 3 Response of Education to Social Demands in the West /56
  1. Response of Education to Social Demands in Ancient Greece /56
  2. Response of Rise and Development of Universities to Social Demands
     in Europe /58
  3. Response of Education Development to Social Demands in Japan /65
  4. Response of Higher Education Development to Social Demands
     in USA /71

**Chapter 4 Impacts of Human Capital Investment on Income:
     The Theory and Estimation Approach** /81
  1. Outline and Comments on the Human Capital Theory /81
  2. The New Explanation of the Human Capital Theory and
     the Evidence /86
  3. Extension of the New Explanation of the Human Capital Theory /90
  4. Estimation of the Direct and Indirect Effects of Independent
     Variables on Dependent Variable /94

Chapter 5 Education and Wages /101
  1. Education and Wages: Based on the Sample of Urban Residents /101
  2. Education and Wages: Based on the Sample of Migrant Workers /112
  3. Education and Income of Rural Economic Activities: Based on the
     Sample of Rural Residents /122
  4. Learning Behavior and Wages: Based on the Sample of Urban Residents
     of Bachelor's Degree /133

5. Learning Behavior and Wages: Based on the Sample of Urban High School Graduates / 143

Chapter 6 Impacts of Education on Labor Market Participation and Unemployment / 154

1. Impacts of Education on Labor Market Participation and Unemployment for Urban Residents / 154
2. Impacts of Learning Behavior on Labor Market Participation and Unemployment for the Sample of Urban Residents of Bachelor's Degree / 165

Chapter 7 Impacts of Education on Promotion / 175

1. Impacts of Education on Promotion: Based on the Sample of Urban Residents / 175
2. Impacts of Learning Behavior on Promotion: Based on the Sample of Urban Residents of Bachelor's Degree / 185
3. Impacts of Learning Behavioron Promotion: Based on the Sample of Urban High School Graduates / 192
4. Impacts of Education on Promotion: Based on the Sample of Migrant Workers / 201

Chapter 8 Education and Entrepreneurship and Innovation Behavior / 208

1. Education and Entrepreneurship: Based on the Sample of Urban Residents / 208
2. Education and Entrepreneurship: Based on Sample of Migrant Workers / 218
3. Education and Innovation: Based on the Sample of Urban Residents / 227
4. Education andInnovation: Based on Sample of Migrant Workers / 233

Chapter 9 Impacts of Education on the Job Quality / 240

  1. Measurement of the Job Quality / 240

  2. Impacts of Education on the Job Quality: Based on the Sample of Urban Residents / 246

  3. Impacts of Education on the Job Quality: Based on the Sample of Migrant Workers / 253

  4. Impacts of Learning Behavior on the Job Quality: Based on the Sample of Urban Residents of Bachelor's Degree / 262

  5. Impacts of Learning Behavior on the Job Quality: Based on the Sample of Urban High School Graduates / 272

Appendix 9-1 Survey on Factors affecting Employment Quality / 281

Chapter 10 Other Values of Education / 283

  1. Impacts of Education on Agricultural Specialization / 283

  2. Research on the Training Program for Migrant Workers / 290

  3. Education and Social Welfare / 299

  4. Education Makes People more Beautiful / 308

Chapter 11 Impacts of Foreign Language Education on Labor Market Performance / 314

  1. Review of Foreign Language Education and the Policy in China, and the Analysis / 314

  2. Research on the Return of Foreign Language Education / 320

Chapter 12 The Internet Learning Time and the Determinants / 326

  1. The Internet Learning Time of Urban Residents and the Determinants / 326

  2. The Internet Learning Time of Migrant Workers and the Determinants / 333

  3. The Internet Learning Time of Farmers and the Determinants / 341

Chapter 13 Expectations on College Graduates from the Labor Market / 348

1. Research on the Emphasis on Professional Skills vs. Comprehensive Quality / 348
2. Focus on Professional Education vs. on General Education / 355
3. Attention of Business Paid to Academic Performance of College Graduates in Recruitment / 362
4. Survey of Innovation Culture of Business and the Determinants / 368
5. Expectations of Business on Characteristics of College Graduates / 373

Chapter 14 Education and Social Responsibility / 380

1. Education and Social Responsibility: Based on the Sample of Urban Residents / 380
2. Education and Social Responsibility: Based on the Sample of Migrant Workers / 388
3. Education and Social Responsibility: Based on the Sample of Farmers / 395

Chapter 15 Rural Education: Dilemma and Outlet / 401

1. The Dilemma of Rural Education / 401
2. The Outlet of Rural Education / 408

Chapter 16 Education Policy Implications for Improvement of Labor Market Performance of Students / 413

1. Discussion and Education Policy Implications / 413
2. The Gap between Chinese and Western Education: Based on the Social Environment / 418

Student Authors / 424

Epilogue / 426

Remarks of Student Authors / 428

第一章
研究主题、方法及数据

教育是教育者和受教育者共同参与的过程，教育者把知识技能传授给受教育者，而受教育者能获得多少知识技能又取决于其学习行为。本书所讨论的教育就是这样一个教育者和受教育者共同参与的过程。教育是个永恒的话题，自人类起源就有了教育。教育的质量直接影响着劳动力的技能和素养，进而影响整个社会的发展，所以自古以来人类就对教育十分重视，中国也是一个对教育十分重视的国家。在市场经济条件下，教育的一个基本目标是使受教育者在劳动市场有良好的表现。想要实现此目标，就要研究教育与受教育者在劳动市场表现的关系，进而不断调整教育政策，使受教育者在劳动市场有良好的表现。

第一节 研究主题及方法

一 教育的巨大投入

教育虽然是一项与人类共生的活动，但在人类发展的初期阶段，知识量有限，教育活动也有限。随着人类的发展和进步，知识的不断积累，社会需要通过教育传授的知识量越来越大，社会就配置越来越多的资源用于教育。从世界范围来看，发达国家教育投入占 GDP 的比重较大，通常占 5% 左右，如表 1-1 所示，2011 年美国为 5.2%，而英国高达 5.8%。发达国家对教育的巨大投入不仅为劳动市场提供了高素质的劳动力，而且培养了公民的良好习惯，提高了国民素质，是西方社会民主制度得以较好运行的重要基础。

表1-1 2001~2011年发达国家教育投入占GDP的比重

单位：%

年份	2001	2002	2003	2004	2005	2006	2007	2008	2009	2010	2011
美 国	5.5	5.4	5.6	5.3	5.1	5.4	5.2	5.3	5.2	5.4	5.2
英 国	4.4	5.0	5.1	5.0	5.2	5.2	5.2	5.1	5.3	6.0	5.8
德 国	—	—	—	—	4.3	4.3	4.4	4.9	4.9	4.8	
法 国	5.4	5.4	5.6	5.4	5.2	5.4	5.4	5.4	5.7	5.7	5.5
意大利	4.7	4.4	4.6	4.4	4.2	4.5	4.1	4.4	4.5	4.3	4.1
荷 兰	4.8	4.9	5.1	5.2	5.2	5.1	5.0	5.1	5.5	5.6	5.5
西班牙	4.1	4.1	4.2	4.1	4.1	4.2	4.2	4.5	4.9	4.8	4.8
澳大利亚	5.1	5.0	4.9	4.9	4.8	4.7	4.7	4.6	5.1	5.6	5.1
日 本	3.6	3.6	3.7	3.7	3.5	3.5	3.5	3.4	—	3.8	3.8
瑞 士	5.4	5.8	6.0	5.9	5.7	—	—	—	5.1	4.9	5.0

资料来源：世界银行数据库。

中国自古以来十分重视教育。自改革开放以来，中国不断增加对教育的投入。国家财政性教育经费支出占国内生产总值4%的指标是世界衡量教育水平的基础线。1993年，中共中央、国务院发布《中国教育改革和发展纲要》，提出国家财政性教育经费支出占GDP的比重要达到4%。2012年中国首次实现了世界衡量教育水平的基本线4%，之后持续保持在4%以上（见表1-2）。

表1-2 2005~2014年中国教育投入

年份	财政性教育经费支出占GDP的比重（%）	教育经费（亿元）	高等教育毛入学率（%）
2002	3.41	5480.03	15.0
2005	2.82	8418.84	21.0
2006	3.01	9815.31	22.0
2007	3.32	12148.07	23.0
2008	3.33	14500.74	23.3
2009	3.59	16502.71	24.2
2010	3.66	19561.85	26.5

续表

年份	财政性教育经费支出占GDP的比重(%)	教育经费（亿元）	高等教育毛入学率（%）
2011	3.93	23869.29	26.9
2012	4.28	27695.97	30.0
2013	4.16	30364.72	34.5
2014	4.15	32806.46	37.5
2015	4.15	32806.46	40.0

资料来源：相关年份《中国教育统计年鉴》。

高等教育毛入学率是一个国家为高等教育适龄人口所提供的接受高等教育的机会比率，这是衡量高等教育学生规模常用的相对指标。国际上用高等教育毛入学率衡量高等教育的发展阶段：高等教育毛入学率15%以下为高等教育精英教育阶段，15%~50%为大众化阶段，50%以上为普及化阶段。中国高等教育的毛入学率逐年增长，2002年达到15%，实现了高等教育从精英教育阶段到大众化阶段的历史性跨越，而到2015年则快速增长到40%（见表1-2），提前实现了国家教育规划纲要提出的"到2020年，高等教育毛入学率达到40%"的目标，超过中高收入国家平均水平。

教育不仅是伟大的事业，而且是耗费大量资源的事业。在中国经济总量居世界第二位时，国家财政性教育经费支出占GDP比重为4%代表着巨额的资源投入教育。此外，学生接受教育的时间也越来越长，代表着巨额的机会成本。教育的投入如此之大，我们必然要关注教育资源的配置效率。

二 研究主题

学以致用是自古以来中国教育者所追求的。在中国古代，学以致用更多的是强调为官之用，整个教育体系就是试图把学生培养成未来政府的官员。在科举时代，学生能不能在科举考试中胜出是对学以致用的基本检验。如此，教育相对简单，主要就是教授学生"四书五经"。到科举时代的后期，考题和答案也相对固定，而且在殿试前录取完全是看卷面情况，没有面试，更不关注考生的个人经历和实际才干。

但在市场经济时代，劳动市场对人才的需求日趋复杂，要求越来越高，录取是对应聘者的一次综合考量，而录用后能否有良好的表现更是一个持续检验的过程,这一过程也把教育放置在一个长期的检验过程中。检验教育是否成功的重要标志,就是所培养的人才是否为劳动市场所需要,是否在劳动市场有良好的表现。

教育与劳动市场脱节往往表现为两个方面:一方面是过度教育,也就是教育对学生某一方面的知识技能培养过度,其主要问题不在于学生所学"过多",而在于其机会成本过高,占据了学生学习更重要的知识技能的资源。另一方面是教育不足,也就是教育没有教授学生足够的劳动市场所需要的知识和技能,其中最严重的是中国所培养的学生创新能力不足。

自改革开放以来,依靠"中国制造",中国实现了经济的快速增长,但"中国制造"在国际市场长期与缺少知识产权、技术水平低、质量差相联系。中国人虽然辛辛苦苦做"中国制造",但所分得的盈利份额始终很低。于是多年前中国人就提出了要从"中国制造"转型为"中国创造",可转型总是进行时。更严重的问题是,现在"中国制造"面临着来自低成本国家的严峻挑战。其实当中国的学校尤其是大学没有能力培养劳动市场所需要的创新型人才时,中国做廉价的"中国制造"以及"中国制造"走向当下的困境就已是难免。

如此,教育者以及国家教育政策的制定者们就要关注其教育与受教育者在劳动市场表现的关系。本书主题是研究教育与受教育者在劳动市场表现的关系,在此基础上讨论中国的教育政策。

三 研究方法

本书的主题也可以理解为是一种方法。在当今的市场经济社会,学以致用集中体现在受教育者为劳动市场所需要且有良好的表现,这就需要研究教育与劳动市场表现之间的关系。这种关系可用于对教育成效的检验,同时也是变革教育及制定教育政策的依据。

教育是一个从来不缺少讨论的话题。但以往讨论大多基于讨论者对教育问题的主观判断,同样基于主观判断提出对策。这类研究不乏锐利深刻,但未必可靠和全面。为此,本研究基于问卷调查进行研究。整个研究过程花费大量的时间和精力进行全国范围内的问卷调查,共完成有效问卷17978份,详见下一节。

这一研究风格是本书作者之一樊明教授长期指导本科生做研究所形成

的。自 2008 年起，樊明教授指导以河南财经政法大学的本科生为主的学生合作出版了七本专著，分别是：《退休行为与退休政策》（2008）、《生育行为与生育政策》（2010）、《种粮行为与粮食政策》（2011）、《房地产买卖行为与房地产政策》（2012）、《收入分配行为与政策》（2013，与南京审计学院喻一文教授联合指导两校本科生）、《工业化、城镇化和农业现代化：行为与政策》（2014），此六本构成由社会科学文献出版社推出的"公共行为与国家政策研究丛书"，2015 年出版《中西部工业化、城镇化和农业现代化：处境与对策》。

本书仍然是樊明教授与本科生的合著，其实这种教学研究方式本身就是对中国教育所进行的有益探求，要解决的一个核心问题是，如何克服中国高等教育创新的薄弱。因此，这部专著和专著研究的过程都是在探讨中国的教育。

此外，本书对人力资本理论关于教育投资回报机制进行了独特的研究，用于分析教育对劳动市场表现的影响，这是一个新的视角。提出教育对劳动市场表现的间接影响概念，具体估计间接影响的方法，并在本书中应用，是对计量经济学方法的改进。基于间接影响的概念对采用多元线性回归方法研究一个自变量对因变量的影响提出反思，可启发更多的学者关注并思考目前计量经济学研究的基本范式。

第二节 调查及数据

以往关于教育的研究大多以理论论述为主。但通过这种研究方法所获得的结论有时并不可靠，至少不准确，说服力也较差。我们相信，基于实际调查所建立起的关于教育与劳动市场表现之间的关系更为可靠。本节介绍所做调查以及所获得的数据。

一 调查

2016 年问卷调查涉及五类群体：大专及以上学历城镇居民、高中、中专及以下学历城镇居民、农民、农民工和企业界人士。对应的五份问卷见附录 1-1 至附录 1-5。

2016 年初，在河南本地完成了问卷调查的基础上，我们派出了 6 个调查队，分别赴19个省份进行问卷调查，包括：北京、湖北、湖南、广东、山西、陕西、甘肃、青海、四川、重庆、贵州、上海、浙江、江苏、河北、黑龙江、吉林、天津、山东。调查所获得的样本涵盖了中国内地所有31个省份。

本次调查主要采取随机访问路人的方式。这种方式可获得较好的随机性，也是非官方机构比较具有操作性的方式。调查具体实施的模式有两种：一是在受访者同意接受问卷调查后，调查者和受访者各持一份问卷，调查同学逐一宣读问题，根据受访者的回答进行填写。这种方式调查的质量较高，但效率较低，对农民的调查都采取这种方式。二是在受访者同意接受问卷调查后，调查同学给受访者发放问卷由其自行填写。这种方式效率较高，但会出现受访者不认真填写问卷的情况，城镇居民大多采取这种方式。调查时，如发现受访者填写问卷不认真，则该问卷作废。

针对城镇居民、农民工和农民的调查，我们主要选择一些人流量大或者人员聚集的场所，比如火车站和人力资源市场。针对企业界人士的调查，我们主要选择在大型招聘会和人才市场。

调查获得针对高中及以下学历城镇居民的有效问卷为3688份，专科及以上学历城镇居民7493份，农民工2924份，农民1521份，企业界人士2027份，合计有效问卷17653份。此外，还进行了就业质量影响因素的问卷调查，共获得有效问卷325份，详见第九章第一节。

这是一次高难度但又高质量的调查。调查之所以能够达到高质量的一个基本原因是，同学们是在为自己的研究做调查。他们清楚地认识到，如果调查不认真，所获得的数据不真实，他们的研究就可能毫无成果。后面的统计分析显示，几乎所有计量分析的结果都得到合理的解释，这只有在真实调查数据的基础上才能够得到。

当然，这次调查也有一些不尽如人意之处。与城镇居民和农民工问卷数量相比，农民的问卷数量相对较少。主要原因是我们这次调查重点是城镇居民。

调查获得的数据向国内外学者开放。凡有兴趣的学者可直接联系本书作者之一樊明（邮箱：fanming4262@163.com）。如果有更多的学者基于我们调查所获得的数据做出出色的研究，我们会由衷感到高兴，并会觉得我们过去所付出的所有艰辛更加值得。

二 对数据信度的检验

信度是问卷测量结果一致性和稳定性的检验指标。一致性是指一张问卷中不同问题的指向集中程度和不同问卷反映同一现象的相似程度。稳定性是指在不同时间地点用相同的问卷对相同的研究群体检测所得结果的相似程度。所测量的信度越高,则代表问卷一致性越高,稳定性越强。

我们首先通过 Bartlett 球度检验和 KMO 检验法,检验问卷数据是否能够进行因子分析。再用 Cronbach's α 系数法对五份问卷进行内部一致性信度检验和因子分析。Cronbach's α 系数法是指问卷所有可能项目划分方法的所到折半信度系数的平均值,是最常用的信度测量方法。其公式为:

$$\alpha = \frac{K}{K-1}(1 - \frac{\sum_{i=1}^{K} \sigma_{Yi}^2}{\sigma_X^2}) \qquad (1-1)$$

其中 K 为量表题项数,σ_X^2 为总样本的方差,σ_{Yi}^2 为目前观测样本的方差。

表 1-3 显示了数据分析的结果。五份问卷 KMO 统计量均在 0.7 以上,且五份问卷均在 0.001 的水平上具有统计学意义,说明问卷均具有良好的结构效度,各变量间偏相关性较强,因子分析时效果较好。Cronbach's α 系数均在 0.65 以上,内部一致性较高,说明问卷所有题目指向较为集中,问卷信度较高且具有良好的内容效度。因此由我们问卷得出来的数据具有较高的可信性。

表 1-3 问卷因子分析

问卷种类	Cronbach's α 系数	KMO 统计量
大专及以上学历城镇居民问卷	0.657	0.771
高中及以下学历城镇居民问卷	0.726	0.800
农民问卷	0.739	0.807
农民工问卷	0.771	0.795
企业界人士问卷	0.650	0.765

第三节 以后各章要览

为方便读者对后面各章节的了解,在此就以后各章节的主要内容做简要介绍。

教育使学生在未来的劳动市场有良好的表现，是今天市场经济时代教育的核心问题。但当以更宽阔的历史视角来审视教育的发展时，则可以从教育是否能很好地回应社会需求来解释教育的发展。第二章基于教育发展回应社会需求的视角来诠释中国教育的发展，把中国教育的发展从古到今分为四个阶段：中国古代教育对社会需求的回应，晚清时期教育对近代化的回应，民国时期主要指抗战前教育回应社会需求得以发展，以及1949年后中国高等教育回应社会需求的经验教训。

教育发展回应社会需求的视角也可用以诠释西方教育的发展。据此，第三章对古希腊教育发展、现代高等教育在欧洲的兴起和发展、日本教育的发展对近现代化的回应、美国高等教育的发展进行了诠释。第二章和第三章通过对中外教育发展的历史回顾所得出的基本观察就是，教育要很好地回应社会需要，这对本书要研究的当下教育如何回应劳动市场需求富有启发性。

第四章为本书理论的核心部分。第一节对人力资本理论进行评析。第二节对教育投资回报机制提出新的解释，并提出相关证据。第三节就第二节提出的新解释提出拓展，丰富了第二节提出的理论。第四节提出自变量对因变量直接和间接影响估计的理论和方法，并对通过建立多元线性回归方程解释自变量对因变量的影响在方法上提出反思。

第五章到第十四章围绕教育与劳动市场表现的某一方面的关系展开分析。第五章讨论教育对工资收入的影响。基于城镇居民和农民工样本，估计受教育程度对工资收入的影响，基于农村居民样本估计受教育程度对农村经济活动收入的影响。学习行为对工资的影响值得关注却少有研究。不同受教育程度群体的学习行为缺少可比性，为了避免由此所导致的复杂性，本章基于城镇本科样本、城镇高中样本分别研究学习行为对工资的影响。

劳动市场参与及就业是劳动市场表现的重要方面。第六章基于城镇居民样本研究受教育程度对劳动市场参与及失业的影响。在研究学习行为对劳动市场参与及失业的影响时，仅选取城镇本科样本加以分析，以避免不同受教育程度群体的学习行为缺少可比性问题。

第七章研究教育对职场晋升的影响。分析受教育程度对城镇居民、农民工职场晋升的影响。在研究学习行为对职场晋升影响时，同前为避免不同受教育程度群体的学习行为缺少可比性问题，选取城镇本科样本和城镇高中样本分别进行分析。

创业和创新是当今促进中国经济发展和实现经济转型的两个重要方面。第八章基于城镇居民和农民工样本，分别研究教育对创业、创新的促进作用。

就业质量是劳动市场的重要表现。第九章研究教育对就业质量的影响。基于2016年问卷数据构造了衡量就业质量的指标，通过问卷调查确定各因素的权重。本章基于城镇居民、农民工样本研究受教育程度对就业质量的影响，基于城镇本科、城镇高中样本研究学习行为对就业质量的影响，同样是为了避免不同受教育程度群体的学习行为缺少可比性问题。

教育除了影响就业者的劳动市场表现外，还具有其他价值。第十章分析教育对农民农业专职化选择的影响，评估农民工参加政府组织的培训的效果，基于城镇居民、农民工样本讨论教育对其所享受的社会福利的影响。颜值对劳动市场表现的影响近年来多受关注，而本章基于城镇居民样本探讨教育对颜值的影响。

中国在外语教育方面配置了巨额资源，但配置的效率如何值得关注。第十一章基于成本－收益分析，对此展开研究，提出独特见解及政策建议。

网络学习是影响城乡居民劳动市场表现的重要因素。第十二章研究教育对网络学习行为的影响，分析对象包括城镇居民、农民工及农村居民。

本书研究的重点是，如何培养出大量为劳动市场所需要的学生。第十三章基于针对企业的问卷数据，分析现在企业岗位对大学生专业技能和综合素质的侧重。中国高等教育应侧重于专业教育还是通识教育，是中国教育界至今尚无定论的问题，对此本章提出一个分析框架，并基于2016年问卷数据进行讨论。分析招聘时企业对大学生学业表现的关注，企业对大学生特质的期待以及影响企业创新文化的因素，以便大学能针对企业的需求在人才培养上做出更好的回应。

教育的意义不仅是经济的，还有教化人心的作用。第十四章的关注重点从劳动市场表现转到教育的教化功能，从教育对受教育者社会责任感及社会公德的影响切入，就教育对社会责任感及社会公德的影响加以讨论，并从个体在社会的获利多少及人的一般善心两方面来解释社会责任感及社会公德的个体差异。

根据人力资本理论，农村教育落后可能由于农民教育回报低和农民投资教育成本高。据此，第十五章基于问卷数据估计农村居民的受教育回报率，基于农村教育条件普遍落后的现实，对农村教育落后提出一种新解释，在此基础上提出改善农村居民教育的政策建议。

第十六章基于以上章节的基本发现，提出教育政策的隐含。但仅基于个体分析仍然难以解释中国教育整体上的一些问题，为此在对中西方教育的差异进行比较分析的基础上，讨论导致中西方教育差异的深层社会原因，由此更好地认识导致中国教育问题的社会因素，并对中国教育改进的困难有更清醒的认识。

附录 1-1
城镇居民学习行为及劳动市场表现调查

（专科及以上学历，未退休者）

河南财经政法大学

调查地点：_____省_____市_____县（市）

时间：**201__年__月**

调查人：_____；问卷序号_____

1. 您的性别：
   A. 男；B. 女
2. 您的出生年份：19____年。工龄：____年
3. 您的民族：
   A. 汉族；B. 少数民族
4. 您所受教育：
   A. 大专；B. 本科；C. 硕士；D. 博士
5. 您的政治面貌：
   A. 中共党员；B. 团员；C. 民主党派；D. 群众
6. 您最后就读的学校类型？
   A. 大专；B. 三本；C. 二本；D. 一本；
   E. 211 高校；F. 985 高校；G. 留学
7. 在您最后就读的学校学习成绩如何？

A. 很差；B. 较差；C. 一般；D. 较好；E. 很好

8. 在大学（大专）学习期间您担任过的最高学生干部为（选择相近的）：
   A. 从未担任学生干部；B. 组长级；C. 正副班长级；
   D. 正副院（系）学生会主席级及以上；F. 校级社团主要领导

9. 大学期间您参加过"挑战杯"创业竞赛？
   A. 未参加；B. 未获奖；C. 校级奖；D. 省级奖；E. 国家级奖

10. 大学期间您参加过"挑战杯"课外科技作品竞赛？
    A. 未参加；B. 未获奖；C. 校级奖；D. 省级奖；E. 国家级奖

11. 您的血型：
    A. 我不知道自己的血型；B. A型；C. B型；D. AB型；
    E. O型；F. 其他血型

12. 您的健康状况：
    A. 很差；B. 较差；C. 一般；D. 较健康；E. 很健康。

13. 您的婚姻状况：
    A. 已婚；B. 离异；C. 丧偶；D. 未婚

14. 评价您家庭背景：
    A. 条件很差；B. 条件较差；C. 普通家庭；D. 有一定经济社会地位；
    E. 有很高经济社会地位

15. 如何描述您的性格？
    A. 很内向；B. 比较内向；C. 一般；D. 比较外向；E. 很外向

16. 如果把人的智商或聪明程度分为10级，您认为自己应是几级？（画圈）
    1 2 3 4 5 6 7 8 9 10

17. 您最后一次高考总分：____分，满分：____分
    高考您是：A. 文科；B. 理科。您来自：A. 城镇；B. 农村

18. 您所学外语为：
    A. 英语；B. 日语；C. 韩语；D. 法语；E. 德语；F. 其他
    外语水平为：A. 未过级；B. 四级；C. 六级；D. 专业八级

19. 您在外语学习上的投入：
    A. 投入极少；B. 投入较少；C. 一般；D. 投入较多；E. 投入很多

20. 外语对您工作实际用处（不包括为升学晋升考试）？
    A. 没用过；B. 有些用；C. 一般；D. 用得较多；E. 很有用

21. 您的沟通能力：

　　A. 很差；B. 较差；C. 一般；D. 较好；E. 很好

22. 您的表达能力：

　　A. 很差；B. 较差；C. 一般；D. 较好；E. 很好

23. 您的团队精神：

　　A. 很差；B. 较差；C. 一般；D. 较好；E. 很好

24. 您的领导才能：

　　A. 很差；B. 较差；C. 一般；D. 较好；E. 很好

25. 您的技术职称：

　　A. 无技术职称；B. 初级；C. 中级；D. 副高；E. 正高

26. 和您工作直接相关的专业技能如何？

　　A. 很低；B. 较低；C. 一般；D. 较高；E. 很高

27. 您工作所需技能：

　　A. 只需综合素质；B. 需一些专业技能；C. 综合素质加一定技能；

　　D. 技能较重要；E. 技能很重要

28. 您所学专业：

　　A. 经济类；B. 管理类；C. 理科；D. 工科；E. 文科；F. 农科；

　　G. 艺术；H. 法律；I. 医药；J. 军事

29. 您目前工作所在的行业（选择最接近的）：

　　A. 制造业；B. 建筑业；C. 交通运输；D. 邮电通信；

　　E. 商业饮食服务业；F. 金融保险；G. IT；H. 科教文卫；

　　I. 政府行政管理；J. 未就业

30. 您的工作和所学专业对口吗？

　　A. 专业完全不对口；B. 不太对口；C. 一般；D. 比较对口；

　　E. 完全对口

31. 如果您当下未就业，您的状况是（已就业者不回答此问题）：

　　A. 正在寻找工作；B. 不打算就业

32. 如何评价您就业的稳定性：

　　A. 很稳定；B. 比较稳定；C. 一般；D. 比较不稳定；E. 经常更换工作

33. 您满意目前的工作吗？

　　A. 不满意；B. 较不满意；C. 一般；D. 较满意；E. 满意

34. 您的工作层次：

   A. 操作层；B. 低层管理或技术；C. 中层管理或技术；

   D. 中高层管理或技术；E. 高层管理

35. 您的月薪大约是多少（年终奖可平均到每月）？

   ____Ұ/月（请务必填写，仅用于研究）

36. 您的单位提供的保险有（可多选）：

   A. 养老保险；B. 失业保险；C. 医疗保险；D. 住房公积金；

   E. 其他福利；F. 无福利保险

37. 您一周工作____天；每天工作____小时

   您的工作环境：A. 很差；B. 较差；C. 一般；D. 较好；E. 很好

38. 您上网吗（含手机上网）？

   A. 不上网；B. ≤2 小时；C. ≤4 小时；D. ≤6 小时；E. >6 小时

39. 如上网，您上网时间如何划分？

   ____%的时间主要用于获取知识，其余上网的时间主要用于休闲娱乐或其他

40. 您用于学习（主要为了获取知识的活动）的时间？

   工作日：____小时/日；周末：____小时/日

41. 如果把创新能力分为10级，您如何评价您的创新能力？（画圈）

   1 2 3 4 5 6 7 8 9 10

42. 如果把创业精神分为10级，您如何评价您的创业精神？（画圈）

   1 2 3 4 5 6 7 8 9 10

43. 如何描述您的创业行为？

   A. 从未想过；B. 一直试图创业；C. 个体经营；D. 已雇10及人以下；

   E. 已雇11及人以上

44. 如何评价您对国家社会的责任感、社会公德？

   A. 不太在意；B. 较弱；C. 一般；D. 较强；E. 很强

45. 如何评价您的大学教育对您专业技能的提升：

   A. 很小；B. 较小；C. 一般；D. 较大；E. 很大

46. 如何评价大学教育对您创新能力的培养：

   A. 很小；B. 较小；C. 一般；D. 较大；E. 很大

47. 调查者对受访者的外貌评价（画圈）：1 2 3 4 5 6 7

   （此问题不出现在问卷中）

附录 1-2

城镇居民学习行为及劳动市场表现调查

(高中中专及以下学历,未退休者)

河南财经政法大学

调查地点：_____省_____市_____县(市)

时间：201_年_月

调查人：_____；问卷序号_____

1. 您的性别：
   A. 男；B. 女
2. 您的出生年份：19____年。工龄：____年
3. 您的民族：
   A. 汉族；B. 少数民族
4. 您的政治面貌：
   A. 中共党员；B. 团员；C. 民主党派；D. 群众
5. 所受教育：
   A. 未受正规教育；B. 小学；C. 初中；D. 高中；E. 高职；F. 中专
6. 如何描述您的性格？
   A. 很内向；B. 比较内向；C. 一般；D. 比较外向；E. 很外向
7. 如果把人的智商或聪明程度分为10级,您认为自己应是几级？(画圈)
   1 2 3 4 5 6 7 8 9 10

8. 您的血型：

    A. 我不知道自己的血型；B. A 型；C. B 型；D. AB 型；E. O 型；

    F. 其他血型

9. 您的健康状况：

    A. 很差；B. 较差；C. 一般；D. 较健康；E. 很健康

10. 您的婚姻状况：

    A. 已婚；B. 离异；C. 丧偶；D. 未婚

11. 评价您家庭背景：

    A. 条件很差；B. 条件较差；C. 普通家庭；D. 有一定经济社会地位；

    E. 有很高经济社会地位

12. 您最后就读的学校教学条件和质量如何？

    A. 很差；B. 较差；C. 一般；D. 较好；E. 很好（如重点中学）

13. 在您最后就读的学校学习成绩如何？

    A. 很差；B. 较差；C. 一般；D. 较好；E. 很好

14. 在您最后就读的学校担任过的最高学生干部为（选择相近的）：

    A. 从未；B. 组长级；C. 正副班长级；D. 校级

15. 在您最后就读学校参与过组织较大规模活动并发挥过重要作用？

    A. 从未；B. 一次；C. 两次；D. 三次；E. 多次

16. 在您最后就读学校参加重要学术竞赛（如数学竞赛）并获奖？

    A. 从未；B. 一次；C. 两次；D. 三次；E. 多次

17. 您的沟通能力：

    A. 很差；B. 较差；C. 一般；D. 较好；E. 很好

18. 您的表达能力：

    A. 很差；B. 较差；C. 一般；D. 较好；E. 很好

19. 您的团队精神：

    A. 很差；B. 较差；C. 一般；D. 较好；E. 很好

20. 您的领导才能：

    A. 很差；B. 较差；C. 一般；D. 较好；E. 很好

21. 您的技术职称：

    A. 无技术职称；B. 初级；C. 中级；D. 副高；E. 正高

22. 和您工作直接相关的专业技能如何？

A. 很低；B. 较低；C. 一般；D. 较高；E. 很高

23. 您工作所需技能：

    A. 只需综合素质；B. 需一些专业技能；C. 综合素质加一定技能；

    D. 技能较重要；E. 很重要

24. 您目前工作所在的行业：

    A. 制造业；B. 建筑业；C. 交通运输；D. 邮电通信；

    E. 商业饮食服务业；F. 金融保险；G. IT；H. 科教文卫；

    I. 政府行政管理；J. 未就业

25. 如果您当下未就业，您的状况是（已就业者不回答此问题）：

    A. 正在寻找工作；B. 不打算就业；C. 已退休

26. 如何评价您就业的稳定性：

    A. 很稳定；B. 比较稳定；C. 一般；D. 比较不稳定；E. 经常更换工作

27. 您满意目前工作吗？

    A. 不满意；B. 较不满意；C. 一般；D. 较满意；E. 满意

28. 您的工作层次：

    A. 操作层；B. 低层管理或技术；C. 中层管理或技术；

    D. 中高层管理或技术；E. 高层管理

29. 您的月薪大约是多少？（年终奖可平均到每月）

    ￥____/月（请务必填写，仅用于研究）

30. 您的单位提供的保险有（可多选）：

    A. 养老保险；B. 失业保险；C. 医疗保险；D. 住房公积金；

    E. 其他福利；F. 无福利保险

31. 您一周工作____天；每天工作____小时

32. 您上网吗（含手机上网）？

    A. 不上网；B. ≤2小时；C. ≤4小时；D. ≤6小时；E. >6小时

33. 您上网的时间应如何划分？

    ____%的时间主要用于获取知识，其余上网的时间主要用于休闲娱乐或其他

34. 您用于学习（主要为了获取知识的活动）的时间？

    工作日：____小时/日；周末：____小时/日

35. 如果把创新能力分为10级，您如何评价您的创新能力？（画圈）

    1　2　3　4　5　6　7　8　9　10

36. 如果把创业精神分为10级，您如何评价您的创业精神？（画圈）

    1　2　3　4　5　6　7　8　9　10

37. 如何描述您的创业行为？

    A. 从未想过；B. 一直试图创业；C. 个体经营；

    D. 已雇10人及以下；E. 已雇11人及以上

38. 如何评价您对国家社会的责任感、社会公德？

    A. 不太在意；B. 较弱；C. 一般；D. 较强；E. 很强

39. 如何评价您最后就读学校的教育对您专业技能的提升：

    A. 很小；B. 较小；C. 一般；D. 较大；E. 很大

40. 如何评价您最后就读学校的教育对您创新能力的培养：

    A. 很小；B. 较小；C. 一般；D. 较大；E. 很大

41. 调查者对受访者的外貌评价（画圈）：1　2　3　4　5　6　7

（此问题不出现在问卷中）

附录1-3
农民工学习行为及劳动市场表现调查

河南财经政法大学

调查地点：_____省_____市_____县（市）

时间：**201__年__月**

调查人：_____；问卷序号_____

1. 受访者所属村在：_____省_____市_____县（市）
2. 您的性别：
   A. 男；B. 女
3. 您的民族：
   A. 汉族；B. 少数民族
4. 出生年份：19____年。学校毕业后务农：____年，进城务工：____年
5. 您的政治面貌：
   A. 中共党员；B. 团员；C. 民主党派；D. 群众
6. 您的婚姻状况：
   A. 已婚；B. 离异；C. 丧偶；D. 未婚
7. 您所受教育：
   A. 未受学校教育；B. 小学；C. 初中；D. 高中；E. 高职；F. 中专及以上

8. 您的健康状况：

   A. 很差；B. 较差；C. 一般；D. 较健康；E. 很健康

9. 您的血型：

   A. 我不知道自己的血型；B. A 型；C. B 型；D. AB 型；

   E. O 型；F. 其他血型

10. 如何描述您的性格？

    A. 很内向；B. 比较内向；C. 一般；D. 比较外向；E. 很外向

11. 如果把人的智商或聪明程度分为 10 级，您认为自己应是几级？（画圈）

    1 2 3 4 5 6 7 8 9 10

12. 您的沟通能力：

    A. 很差；B. 较差；C. 一般；D. 较好；E. 很好

13. 您的表达能力：

    A. 很差；B. 较差；C. 一般；D. 较好；E. 很好

14. 您的团队精神：

    A. 很差；B. 较差；C. 一般；D. 较好；E. 很好

15. 您的领导才能：

    A. 很差；B. 较差；C. 一般；D. 较好；E. 很好

16. 政府对农民工培训可分引导性培训（权益保护、城市生活常识、寻找就业岗位等）和技能性培训。如您参加过培训，您接受的培训主要是：

    A. 引导性培训；B. 技能性培训；C. 二者均参加；D. 未参加培训（到 21 题）

17. 如何评价您参加过的引导性培训对您综合性的帮助？

    A. 很小；B. 较小；C. 一般；D. 较大；E. 很大

18. 引导性培训对培训后增加工资有作用吗？

    A. 很小；B. 较小；C. 一般；D. 较大；E. 很大

19. 如何评价您参加过的技能性培训对您综合性的帮助？

    A. 很小；B. 较小；C. 一般；D. 较大；E. 很大

20. 技能性培训对培训后增加工资有作用吗？

    A. 很小；B. 较小；C. 一般；D. 较大；E. 很大

21. 如何评价您的城镇打工技能？

    A. 很低；B. 较低；C. 一般；D. 较高；E. 很高

22. 您每年一般在外打工几个月？____月；您在家务农几个月？____月

23. 在城镇打工，您平均一周工作：____天；您每天工作：____小时

24. 在城镇打工的月收入（如计件或计时工资请估计月收入）：

    ¥____/月（请务必填写，仅用于研究）

25. 您打工区域在：

    A. 北京上海天津；B. 广东福建；C. 东北；D. 东部沿海省份；

    E. 中部省份；F. 西部省份

26. 您目前所在行业（选择最接近的）：

    A. 制造业；B. 建筑业；C. 交通运输；D. 邮电通信；

    E. 商业饮食服务业；F. 金融保险；G. IT；H. 科教文卫；

    I. 政府行政管理；J. 未就业

27. 如果您当下未就业，您的状况是（已就业者不回答此问题）：

    A. 正在寻找工作；B. 不打算就业

28. 您的工作层次：

    A. 操作层；B. 低层管理或技术；C. 中层管理或技术；

    D. 中高层管理或技术；E. 高层管理

29. 您满意现在的工作吗？

    A. 很不满意；B. 不太满意；C. 一般；D. 比较满意；E. 很满意

30. 如何评价您就业的稳定性：

    A. 很稳定；B. 比较稳定；C. 一般；D. 比较不稳定；E. 经常更换工作

31. 您享有的保险有：（可多选）

    A. 养老保险；B. 失业保险；C. 医疗保险；D. 住房公积金；

    E. 新农合；F. 其他福利；G. 无

32. 您认为您能融入城市生活中去吗？

    A. 几乎不可能；B. 比较难；C. 一般；D. 能够；E. 完全能够

33. 您上网吗（含手机上网）？

    A. 不上网；B. ≤2小时；C. ≤4小时；D. ≤6小时；E. >6小时

34. 如上网您上网时间如何划分？

    ____%的时间主要用于获取知识，其余上网的时间主要用于休闲娱乐或其他

35. 您用于学习（主要为了获取知识的活动）的时间？

    工作日：____小时/日；周末：____小时/日

36. 如果把创新能力分为10级，您如何评价您的创新能力？（画圈）
    1 2 3 4 5 6 7 8 9 10

37. 如果把创业精神分为10级，您如何评价您的创业精神？（画圈）
    1 2 3 4 5 6 7 8 9 10

38. 如何描述您的创业行为？
    A. 从未想过；B. 一直试图创业；C. 个体经营；
    D. 已雇10人及以下；E. 已雇11人及以上

39. 如何评价您对国家社会的责任感、社会公德？
    A. 不太在意；B. 较弱；C. 一般；D. 较强；E. 很强

40. 如何评价您最后学习阶段的教育对您专业技能的提升：
    A. 很小；B. 较小；C. 一般；D. 较大；E. 很大

41. 如何评价您最后学习阶段的教育对您创新能力的培养：
    A. 很小；B. 较小；C. 一般；D. 较大；E. 很大

42. 调查者对受访者的外貌评价（画圈）：1 2 3 4 5 6 7
    （此问题不出现在问卷中）

附录1-4

农民学习行为及劳动市场表现调查

河南财经政法大学

调查地点：_____省_____市_____县（市）

时间：201___年___月

调查人：_____；问卷序号_____

1. 受访者所属村在：_____省_____市_____县（市）
2. 您的性别：
   A. 男；B. 女
3. 您的民族：
   A. 汉族；B. 少数民族
4. 出生年份：19____年
5. 学校毕业后务农：____年，进城务工：____年
6. 您的政治面貌：
   A. 中共党员；B. 团员；C. 民主党派；D. 群众
7. 您的婚姻状况：
   A. 已婚；B. 离异；C. 丧偶；D. 未婚
8. 您所受教育：
   A. 未受学校教育；B. 小学；C. 初中；D. 高中；E. 高职；F. 中专及以

上

9. 您的健康状况：

　　A. 很差；B. 较差；C. 一般；D. 较健康；E. 很健康

10. 您的血型：

　　A. 我不知道自己的血型；B. A 型；C. B 型；

　　D. AB 型；E. O 型；F. 其他血型

11. 如何描述您的性格？

　　A. 很内向；B. 比较内向；C. 一般；D. 比较外向；E. 很外向

12. 如果把人的智商或聪明程度分为 10 级，您认为自己应是几级？（画圈）

　　1　2　3　4　5　6　7　8　9　10

13. 如何描述您的农业生产技能？

　　A. 很低；B. 较低；C. 一般；D. 较高；E. 很高

14. 如何描述您务工或经商的技能？

　　A. 很低；B. 较低；C. 一般；D. 较高；E. 很高

15. 您居住村庄的地貌形态：

　　A. 平原；B. 丘陵；C. 深山

　　您居住村庄的农业条件如何：

　　A. 很差；B. 较差；C. 一般；D. 较好；E. 很好

16. 您居住村庄对外交通条件：

　　A. 很不畅通；B. 比较不畅通；C. 一般；D. 比较畅通；E. 很畅通

17. 您家耕种几亩地？____亩。其中承包____亩；流转入____亩；流转出____亩；抛荒____亩。耕种土地分____块。

18. 您家有几个劳动力从事农业劳动（可以有小数，如 0.5 个、0.3 个等）？____个

19. 您在农村主要从事（可多选）：

　　A. 种地；B. 个体服务业；C. 做生意；D. 乡镇企业务工；

　　E. 任主要村干部；F. 照看老人或小孩；G. 基本闲着

20. 您如果务农，估计每年劳动____天，每天平均劳动____小时

21. 您家的务农年净收入（收入减支出，加实物估价）估计为____元，您的贡献为____%

22. 如何评价您家的务农收入？

A. 很低；B. 较低；C. 合理；D. 较高；E. 很高

23. 如果您专职种地，为什么选择专职种地？

    A. 种地一年花时间并不多；B. 主要家中老人妇女在种地；

    C. 缺少其他就业机会；D. 习惯种地，不想干别的

24. 您如果在农村从事非农职业（务工、经商等），您的收入每月是：

    ¥____元

25. 您如果在农村从事非农职业（务工、经商等），每周工作____天；每天工作____小时

26. 您上网吗？

    A. 从不，村里没网络；B. 村里可上网，但我不上；

    C. 有时上网；D. 经常上网；E. 离不开

27. 如上网您上网时间如何划分？

    ____%的时间主要用于获取知识，其余上网的时间主要用于休闲娱乐或其他

28. 如果您上网，您利用网络从事生产经营活动？

    A. 从未；B. 偶尔使用；C. 经常使用，是正常经营方式

29. 您用于学习（主要为了获取知识的活动）的时间？

    工作日：____小时/日；周末：____小时/日

30. 您享有的保险有（可多选）

    A. 养老保险；B. 失业保险；C. 医疗保险；D. 住房公积金；

    E. 新农合；F. 其他福利；G. 无

31. 如果把创新能力分为10级，您如何评价您的创新能力？（画圈）

    1 2 3 4 5 6 7 8 9 10

32. 如果把创业精神分为10级，您如何评价您的创业精神？（画圈）

    1 2 3 4 5 6 7 8 9 10

33. 如何描述您的创业行为？

    A. 从未想过；B. 一直试图创业；C. 个体经营；

    D. 已雇10人及以下；E. 已雇11人及以上

34. 如何评价您对国家社会的责任感、社会公德？

    A. 不太在意；B. 较弱；C. 一般；D. 较强；E. 很强

35. 如何评价您最后学习阶段的教育对您专业技能的提升：

A. 很小；B. 较小；C. 一般；D. 较大；E. 很大

36. 如何评价您最后学习阶段的教育对您创新能力的培养：

    A. 很小；B. 较小；C. 一般；D. 较大；E. 很大

37. 调查者对受访者的外貌评价（画圈）：1　2　3　4　5　6　7

    （此问题不出现在问卷中）

附录1-5
企业界对大学生的期待及评价调查

河南财经政法大学

调查地点：_____省_____市_____县（市）

时间：201__年__月

调查人：_____；问卷序号_____

1. 您所代表企业（组织）所属行业（选择最接近的）：
   A. 制造业；B. 建筑业；C. 交通运输；D. 邮电通信；
   E. 商业饮食服务业；F. 金融保险；G. IT；H. 科教文卫；
   I. 政府行政管理
2. 您所代表企业（组织）类型：
   A. 政府事业单位；B. 国有或国有控股；C. 私营企业；
   D. 股份制；E. 三资企业
3. 您所代表企业（组织）的规模（根据自己的理解判断）：
   A. 微型；B. 小型；C. 中型；D. 大型；E. 特大型
4. 您所代表企业（组织）所在地：
   A. 一线城市；B. 二线城市；C. 三线城市；D. 四线城市；E. 乡镇
5. 如何评判创新对您所代表企业（组织）的重要性？
   A. 按部就班运作就可；B. 需要有一些创新；C. 一般；

D. 需要不断创新；E. 不创新就难以生存发展

6. 您所代表企业（组织）人员的流动性：

    A. 很低；B. 较低；C. 一般；D. 较高；E. 很高

7. 如何评价您所代表企业的技术性？

    A. 低技术；B. 较低技术；C. 一般；D. 较高技术；E. 高技术

8. 如何评价所在行业技术竞争的激烈程度？

    A. 低竞争；B. 较低竞争；C. 一般；D. 较高竞争；E. 高竞争

9. 您所代表企业（组织）员工的学历构成：

    A. 大学生（含大专）占多数；B. 大学生占一半；

    C. 高中（中专）及以下占大多数；D. 研究生为主

10. 您所代表企业（组织）基层员工的一般薪资水平？￥____元／月

11. 您个人所受教育：

    A. 高中（中专）及以下；B. 大专；C. 本科；D. 硕士；E. 博士

12. 您的性别：

    A. 男；B. 女

13. 您的出生年份：19____年

14. 您的工作年数：____年

15. 您在企业（组织）处：

    A. 操作层；B. 低层管理或技术；C. 中层管理或技术；

    D. 中高层管理或技术；E. 高层管理

16. 您所代表的企业（组织）招聘大学生时关注学校的档次吗？如是不是"211"或"985"高校？

    A. 不重视；B. 稍加注意；C. 一般；D. 比较重视；

    E. 很重视，非名牌不要

17. 招聘时如何看待大学生学习成绩？

    A. 看重，工作要求专业知识扎实；

    B. 不太看重，工作对专业知识要求不高；

    C. 侧重看能力和综合素质；

    D. 专业知识对工作并不重要，但反映了学生的学习态度并由此评估对工作的态度

18. 对担任过学生干部的大学生会优先考虑吗？

A. 不太会；B. 稍加关注；C. 一般；D. 比较关注；E. 重要考量

19. 对获得过代表创新能力奖项（如"挑战杯"等）的大学生会优先考虑吗？

    A. 不太会；B. 稍加关注；C. 一般；D. 比较关注；E. 重要考量

20. 如何看待大学生是否过英语四、六级？

    A. 不太关注；B. 稍加关注；C. 一般；D. 比较关注；E. 重要考量

21. 您所代表企业（组织）的岗位对英（外）语要求高吗？

    A. 所有岗位对英文均无要求；B. 少部分岗位有要求；

    C. 有些岗位有要求；D. 大多岗位有要求；E. 几乎所有岗位有要求

22. 如岗位对英（外）语无要求，是否还关注应聘大学生是否过英语四、六级？

    A. 岗位对英语无要求就不关注；

    B. 岗位对英语虽无要求，但大学生能否过英语四、六级反映其态度和智力

23. 招聘时会特别考察大学生的创新能力吗？

    A. 不会；B. 有些关注；C. 一般；D. 比较关注；E. 很关注并试图衡量

24. 如何评价所代表企业（组织）的文化？

    A. 不喜欢员工标新立异；

    B. 强调按部就班；

    C. 不太在意员工是否创新；

    D. 对员工创新行为有一定的鼓励；

    E. 非常鼓励员工的创新行为并优先加薪提拔

25. 对在所代表企业（组织）就业的大多大学生动手能力的印象？

    A. 很弱；B. 较弱；C. 一般；D. 比较强；E. 很强

26. 对在所代表企业（组织）就业的大多大学生创新能力的印象？

    A. 很弱；B. 较弱；C. 一般；D. 比较强；E. 很强

27. 您所代表企业（组织）对大学生的团队精神关注吗？

    A. 不关注；B. 稍有关注；C. 一般；D. 较关注；E. 很关注

28. 您所代表企业（组织）对大学生的领导能力关注吗？

    A. 不关注；B. 稍有关注；C. 一般；D. 较关注；E. 很关注

29. 您所代表企业（组织）对大学生的表达能力关注吗？

    A. 不关注；B. 稍有关注；C. 一般；D. 较关注；E. 很关注

30. 您所代表企业（组织）对大学生的道德养成关注吗？

    A. 不关注；B. 稍有关注；C. 一般；D. 较关注；E. 很关注

31. 以您观察什么性格的大学生更容易获职场成功？

    A. 很内向；B. 比较内向；C. 一般；D. 比较外向；E. 很外向

32. 以您观察大学生长相对职场成功关系大吗？

    A. 没有关系；B. 关系较弱；C. 一般；D. 有一定关系；E. 关系很大

33. 您如何评价现在中国大学教育对学生在创新能力上的培养？

    A. 很少；B. 较少；C. 一般；D. 较多；E. 很多

第二章
中国教育发展对社会需求的回应

中国是世界上最重视教育的国家之一。在中华文明漫长的发展历程中，教育也随之不断演变和发展，既有成功经验，又有诸多不足。本章基于教育对社会需求回应这一视角，回顾和评析中国各个历史时期教育的演变和发展，从中可以更深刻地理解教育发展的内在规律，从而有助于我们更好地办好当下的教育，以更好地回应社会对教育的需求，特别是劳动市场对教育的需求。

第一节 中国古代教育发展对社会需求的回应

关于中国古代的起止时间，基于不同的研究需求有不同的分期。中国有一些文字记载涉及中国原始部落时期的教育，到晚清中国的教育开始向现代教育转型，从夏商到晚清前，中国的教育具有基本的同构性。为此，本节把中国古代定义为中国原始部族时期到晚清之前。本节将基于教育发展对社会需求回应的视角对中国古代教育发展进行回顾和评析。

一 原始部族时期

中国原始部族时期可以归纳出四项基本的活动：一是通过采集渔猎解决基本的温饱。二是躲避和防御自然灾害。原始部落时期中华民族主要生活在黄河中下游,水灾以及其他自然灾害频繁发生,而当时原始部落抵御自然灾害的能力很差,因此需要不断地躲避和防御自然灾害。三是各部落为了获得更多的物质财富和人口,拓展领地,谋得发展,部落间相互掠夺吞并,部落战争不断。四是部落以及部落联盟要保持内部的稳定、团结和统一。

面对当时社会的这些需求,原始部族时期的教育做出了相应的回应。沈灌群在《中国古代教育和教育思想》一书中指出,在古代经籍中有关教育的记载,关于原始教育内容主要包括:关于生产劳动技术经验的传递;关于战争以及逃避自然迫害的经验技术的传递;关于宗教及音乐礼节和技能的传递。[1] 很明显,原始社会的教育正是针对当时社会的需求而展开,把相关的知识经验通过原始的教育手段一代一代传递下去。

二 夏商周时期

夏朝被认为是中国的第一个朝代,尽管对这一朝代的存在性仍有一定的争议,主要是缺乏明确的考古证据或文字证据。但沈灌群指出,在夏朝的学校中,存在有"序""校""学"之类的固定模式,人们在这类机构中主要传递关于生产劳动以及战争的经验。[2]

诞生于约3600年前的商朝是中国有考古证据和文字记载明确存在的朝代。商朝十分重视占卜,每遇大事必占卜问卦。占卜后用文字记录占卜的结果,于是甲骨文出现了。但为了保持占卜的复杂性和神秘性,相信当时的甲骨文只在祭司和少数官员群体内使用,从而稳固统治秩序。但文字的诞生是中国教育发展史上的重要事件,它使得以后教育的传播与发展有了文字的载体。值得注意的是,从商朝开始,教育就一直局限于统治阶级内部,为统治阶级培养所需人才。沈灌群认为,在商朝学校发展成"教""序""学""庠"等几种模式,这些从商朝甲骨文中可找到相应的记载。[3]

和商朝相比,诞生于三千年前的西周是一个疆土辽阔的朝代,政府的行政管理变得空前复杂和困难,需要大批受到良好教育的政府行政管理人才。为此,教育内容以礼、乐为主,辅以射、御、书、数。礼教配合乐

---

[1] 沈灌群:《中国古代教育和教育思想》,湖北人民出版社,1956。
[2] 沈灌群:《中国古代教育和教育思想》,湖北人民出版社,1956。
[3] 沈灌群:《中国古代教育和教育思想》,湖北人民出版社,1956。

教，可以调和社会矛盾，调和尊卑贵贱之间的冲突，有利于巩固西周的王权统治。但是这一时期的教育主要是官学，教育范围基本上局限于统治阶级内部。教育被统治阶级所垄断这一特征奠定了中国古代社会后世教育发展的基调。

沈灌群认为，西周学校教育，从地方到中央，从小学到大学，已经形成了比较完整的体系，包括了多方面的教育教学内容，并且有了书籍作为参考书。在国都所在地设立"小学"和"大学"两级体制，学校被称为"射卢""辟雍""泮宫"等。①

三 春秋战国时期

春秋战国时期（公元前770～前221年）是中国历史上的一个大分裂、大动荡时期。东周时期，政治上周天子大权旁落，周王室开始衰微，对各诸侯国失去了实际控制的权力。为了占领更广的土地、夺取更多的政治经济利益，各诸侯国开始了大规模的割据混战，群雄并起、诸侯争霸。旧的制度和仪式形态逐渐瓦解，礼崩乐坏，社会动荡。

这一政治上的动荡时期却是中国历史上少有的学术繁荣时期，诞生了诸子百家，他们基本奠定了中国后世学问的基础。诸子百家开山立派，广收门徒，是中国教育史上最有生气的一段时期，培养了大批杰出人才。

在诸子百家中特别值得关注的无疑是孔子。在孔子看来，其所面对的社会礼崩乐坏，缺少秩序，导致社会动荡。于是孔子希望通过自己的努力来恢复有序的社会生活，提出"克己复礼"的政治理想，以恢复西周时的政治秩序。为达此目的，孔子从教化人心着手，希望由此使民众具备良好的品德和知识，实现"长幼有序，尊卑有别"，从而建立一个和谐有序的社会。进而孔子提出"有教无类"的教育主张，即不论贫富、贵贱、善恶，所有人都有接受教育的权利。孔子身体力行，广收普通百姓作为门徒，号称弟子三千。孔子提倡积极"入世"的态度，鼓励其弟子积极参与社会的政治生活，"学以致用"，实现儒者"修齐治平"的个人理想。

在孔子时代，教育主要为官僚体系所掌控，普通民众难以获得接受教育的机会。孔子创办私学在中国教育史上具有划时代意义，开启了中国民

---

① 沈灌群：《中国古代教育和教育思想》，湖北人民出版社，1956。

办教育的时代，打破了贵族统治阶级对教育的垄断，使底层民众获得向上进取的通道。

但孔子也无疑是一个具有历史局限性的人物。他提出的"克己复礼"的政治理想本是一个过时的理想，虽周游列国四方游说，但终因应者寥寥，空怀壮志。孔子办学教授六艺，即礼、乐、射、御、书、数，但就其所教授内容来看，显然仍是致力于为统治阶级培养精英人才，而忽视了民众对生产知识和技术的需求，以至于后世批孔子弟子"四体不勤，五谷不分"。教育不与民众的生产需求相结合一直是中国教育的突出问题。

四　大一统时期

从公元前221年秦朝建立到公元1912年清朝灭亡的两千多年的时间里，大一统是中国政治的基本形态，虽然在个别时期出现过南北分裂、外族入侵的混乱局面。在此我们侧重讨论从秦朝建立到晚清之前中国教育的发展。

秦朝首创中国大一统时代，却是短命的，建朝仅14年即为各种势力合力推翻。之后第二个大一统的朝代汉朝建立。经过汉初的休养生息，国家经济实力逐渐恢复和增强，人们生活安定，社会繁荣，国力日盛。但社会也潜伏着危机，诸侯国势力膨胀，土地兼并愈演愈烈，匈奴为患，都威胁着国家的稳定。

为了避免重蹈秦王朝的覆辙，加强中央集权，适应国家统一的需要，到汉武帝时汉朝的政治哲学发生了重大改变：从无为而治的黄老哲学转变成积极有为的儒家哲学。董仲舒提出"罢黜百家，独尊儒术"正是反映了这种政治哲学的转变。从此以后，教育围绕儒学展开，"入仕"成为教育的基本目标。

在儒家"经世致用"思想的催化下，人们进一步渴望参与国家政治，所以教育目的顺应这一要求，不管是官学还是私学，都为统治阶级服务，做学问就是为了掌握治国理政的才能，步入国家机器运转体系。以后历代教育几乎都以此为模板。

汉朝的学校制度分官学和私学两类。官学又称"太学"，以儒家五经为主要教授内容，注重考试，通过者被授予官职，为政府培养人才。私学又称"私塾"，后来发展演变为道观、书院等私立学校形式。初级阶段教授儿童识字、习字，为之后的钻研经学做准备，同时教儿童学会做人。这一阶段完成后，可以到社会谋职，也可以到太学继续读书学习。

汉朝及以后的官制即选官制度的演变对教育产生了重要的影响。到了汉武帝时期，建立起一套相对完整的选官制度——察举制。察举制主要通过推荐辅以考试为国家政权选拔人才。平民子弟通过受教育掌握知识，参加选举，可获得官职从而实现光宗耀祖。到了魏晋南北朝，魏文帝颁布了九品中正制，是察举制的一种延续。在察举制建立之初确实选拔了不少人才，但随着时间的推移，选官权力逐渐落入世族地主手中，形成了"上品无寒士，下品无士族"的局面。

隋朝时期，为了打破血缘关系和世族对选官的垄断，开始实行科举制。从隋朝大业元年（605年）创立到清朝光绪三十一年（1905年）废除，科举制经历了一千三百多年。至此，教育的基本职能局限于培养学生参加科举考试，学生所学主要为"四书五经"。

科举制是中国官制史上的巨大进步，为出身下层的寒门子弟提供了改变自己命运的机会，为统治阶级遴选人才。但科举制从形式到内容严重束缚考生，使得知识分子"一心只读圣贤书"，不讲求实际学问，思想禁锢在传统的四书五经之中，这一特点决定了知识创新的滞后，阻碍了科学文化的发展，导致中国近代自然科学的落后。

纵观中国古代教育的发展历程，从原始部族时期的采集渔猎，到夏商周时期学校雏形的出现，再到汉武帝时期的"独尊儒术"，最后到隋唐科举制的创立，尽管教育历程时间跨度大，内容广泛，但是几乎所有的教育都为政治服务，一味地回应政治需求，而对于社会发展中的经济、科技需求少有回应。当教育发展成为这样一种状态时，必然培养不出符合社会需求的人才，也无法满足社会对人才多样性的要求，这也在一定程度上解释了科举制走向灭亡的原因，失败的教育使社会发展停滞甚至走向危机。

第二节　晚清时期教育对近代化的回应

1840年，鸦片战争爆发，清王朝惨败，大清帝国由此进入晚清时期。晚清时期是中国不断从封闭走向开放的时期，中国的教育也因此不断加入近代化因素进而不断演变。本节侧重从教育对近代化回应的视角，评析晚清时期中国教育的发展，由此可以更深刻地认识教育与社会发展的互动关系，进而因势利导促进教育的发展。

一 鸦片战争至洋务运动教育的发展

晚清之前的中国教育，上节已做介绍，完全围绕科举考试进行。这种教育体制起始于隋唐时期，回应的是社会对官员的需求，也回应底层知识分子向上流动的需求。孤立地来看，可以认为较好地回应了所处时代的需求。但放眼当时的世界来看，已是过时落伍的教育体系，因为西方早已开始了近代化的进程，科学民主正成为西方的潮流。

中国教育的封闭是当时清朝所实行的闭关锁国政策的产物。1757年，乾隆皇帝下令采取"一口通商"政策，自此，晚清政府开始了长达近百年的闭关锁国，严重阻碍了资本主义的发展以及同海外经济文化的交流，使得中国逐渐落后于世界潮流，包括中国的教育。

第一次鸦片战争清朝战败，国门渐开。其实早在1839年，魏源等人受林则徐嘱托著成《四洲志》一书，标志着一些有识之士开始试图了解西方世界。1840年鸦片战争清军战事失利，魏源悲愤填膺，因此著成《海国图志》一书。该书介绍了当时西欧各国的情况，包括教育，比较了西欧教育同清朝不同的教育目的和方法。西欧的"秀才""举人"并不是仅仅为了当官，为士、为工、为商、为医等均需学习，才可各习其事。这与晚清八股取士有着天壤之别，然而这一问题直到一个甲子之后才得到晚清政府的重视。

《海国图志》首次提出了"师夷长技以制夷"的主张。魏源同时在书中指出："有用之物，即奇技而非淫巧。"对付外国侵略者只有"善师四夷者，能制四夷"。

这时中国的教育面临一次重要调整的机遇，如果及时"师夷"，让当时的国人深刻了解中国正面临"三千年未有之大变局"（晚清重臣李鸿章语），中国的历史或许会有完全不同的走向。

然而，晚清政府坚持闭关锁国，使得中国与世界潮流隔绝，不明世界大势，而清朝统治者更是闭目塞听，其结果正如魏源所说："以通事二百年之国，竟莫知其方位，莫悉其离合。"

当时国内有绅士百万余人，有能力读《海国图志》的人也达三百多万，却很少有人认真地阅读和领会书中的深刻内涵。相反，许多守旧的朝廷官吏的骂声却扑面而来，他们无法接受书中对西方蛮夷的"赞美"之词，更有甚者主张将《海国图志》付之一炬。在腐败守旧的晚清政府眼中，《海国图志》无疑是一本大逆不道的书籍。

由此，中国教育就失去了回应当时近代化的历史契机，继续着已经过时的教育体制，广大读书人仍然沉湎于对早已过时的经典文献的学习和背诵。这个国家和民族仍在继续自负和对世界茫然无知，为以后更惨重的失败准备着。

这一历史假设可通过《海国图志》在日本的境遇证明其合理性。当时日本人读《海国图志》如获至宝，通过不断转译翻刻，使之成为日本朝野上下革新内政的"有用之书"。此书令他们大开眼界，使他们第一次详尽地了解了西洋各国。如此，日本的教育获得了重要的新知识，对以后日本历史道路的选择产生了深远影响。半个世纪后，梁启超说，日本明治维新的前辈们，"皆为此书所刺激，间接以演尊攘维新之活剧"。

中国人不从第一次鸦片战争失败中认真反思，中国的教育依然故我，我行我素，终致1860年第二次鸦片战争失败。顽固的中国人终于开始了缓慢的变革。

第一，开始引进西式教育，开办新式学堂，改革传统办学模式与教学内容。1862年，恭亲王爱新觉罗·奕䜣首次创办京师同文馆，开创了中国近代化教育的篇章。随后在洋务派的主导下，各式学堂如同雨后春笋般建立起来。

第二，首派学生出国留学。至19世纪70年代，因洋务需求，清政府开始派出留学生前往西欧各国，开创了中国近代官派留学的先例，促进了新式人才的培养，便利了中西文化与教育的交流。但到1881年，在守旧派官僚"适异忘本""治其恶习"的攻击下，清政府决定裁撤留美，下令留美学生全部撤回。

第三，改变科举考试的内容，增设天文算学，第一次将"西学"与"中学"同考，动摇了传统教育的思想观念。受西方传教士影响，出现了女子学校，这与封建伦理中"女子无才便是德"呈现鲜明的对比。洋务运动时期的教育改革以引进新式学堂为主，留学教育为辅，并通过改进科举制度为突破口，使中国近代教育在发展历程中迈出了重要的一步。从某种意义上说，洋务运动汲取的西方知识对中国传统社会的冲击，比十次农民战争更大。这个过程虽没有激昂的呐喊呼叫，但新的观念却借助于具体的事物和实例改变着人们世代沿袭的成见和信念。

这一时期中国教育的发展在社会政治、文化冲突中艰难向前改革，但终是在回应当时近代化对教育的需求，并产生了巨大而深刻的影响。洋务运动的成就和洋务运动教育的改革相得益彰。

当然，当时的教育发展的不足也是显然的。教育对近代化的回应是被迫和被动的，兴学堂、派留学，大多出于外交、军事、经济上的直接需要，而非主动自觉的改革，多停留在物质层面引进西方器物，强调"中学为体，西学为用"。从这个意义上来说，当时的教育有进步，但远远不够。

二　甲午海战之后晚清教育的发展

中国社会及教育终是落后于同时开放的日本。日本脱亚入欧，全盘西化，全盘改造其教育，很快成为世界强国，并在1895年完胜清朝军队，清朝北洋舰队全军覆灭。

甲午战争惨败，对中国的改革带来巨大的压力，包括中国教育的改革。迫于洋务运动的失败以及国内舆论压力，光绪帝于1898年颁布《定国是诏》，进行一系列自上而下的改革举措，史称戊戌变法或百日维新。虽然百日维新很快失败了，所推行的诸多改革措施停止了，但是有一项成果得以延续，这就是创建了北京大学前身的京师大学堂，并由梁启超为其起草《京师大学堂章程》，以"培养非常之才，以备他日特达之用"为宗旨。课程分普通学和专门学两类，并开设了经济特科，以选拔各类国家需要的实用型人才。可以这么解读京师大学堂的创办：是晚清时期中国的教育对近代化所做出的重要回应，影响深远。

但中国的保守势力始终是顽强的，1900年义和团运动爆发，这是一次以传统落后的民粹主义对抗近代文明之举，失败是必然。在八国联军的逼迫下，最终晚清政府求和，签订《辛丑条约》。失败又一次刺激了中国改革的神经，为求自保，最后的清王朝进行了一场自上而下的变革，对中国的教育产生了深远影响。

第一，1905年朝廷诏准袁世凯、张之洞奏请停止科举、兴办学堂的折子，下令"立停科举以广学校"，在中国历史上延续了1300多年的科举制被正式废除,科举取士与学校教育实现了彻底的脱钩,从此结束了科举取士的传统,为新式教育的发展从制度上清除了障碍。

第二,推广新式学堂和鼓励出洋留学,成立学部以专管全国学堂事务,并要求各省筹集经费选派学生出洋学习,讲求专门学业。对毕业留学生,分别赏给进士、举人等出身,对自备旅费出洋留学的,与派出学生同等对待。

第三,令各省城书院改成大学堂,各府及直隶州改设中学堂,各县改设小学堂,并多设蒙养学堂,颁布《重订学堂章程》,详细规定了各级学堂章程及管理体制,以法令形式要求在全国推行,并建立了一套完整的学校制度,从而产生了中国最早的学制和教育行政机关。

随着清政府对各地的控制力再次被削弱,地方自主权扩大,各类新式学校兴起,思想教育文化日渐被人们所重视。以废除科举、发展新式教育为主要内容的教育改革是中国教育对近代化最重要的回应,深刻地改变了最后的晚清社会,并为推翻清朝政府的辛亥革命进行了准备。晚清新学的兴起也为数年之后彻底改变中国思想文化界的新文化运动奠定了基础。

三 基本观察

回顾晚清历史演变以及教育从旧学到新学的发展,我们获得以下基本观察。

第一,晚清之前中国的教育已是落后于世界大时代的教育,没有及时回应当时正在变化中的世界,致使中国人在相当无知从而无畏的状态中被迫带进了一个新时代,一个"三千年未有之大变局",表现不佳在情理之中。

第二,第一次鸦片战争失败后,中国仍沉溺于几千年来所形成的自大傲慢中难以自拔,拒绝学习西方,教育仍是旧有体系,不能及时回应时代的需求,也是导致第二次鸦片战争再次失败的原因。

第三,洋务运动标志着中国人的初步觉醒,教育也才开始有所调整。教育变革是洋务运动的重要组成部分,也是推动洋务运动发展的重要力量,虽然只是中国教育对近代化所进行的有限回应,却是重要的回应。

第四,到甲午战败乃至辛丑战败,中国人才有了较高的觉悟,求变革以求自保,教育的发展也进入到近代阶段,是对近代化的一次最重要的回应，也成为清王朝被推翻的重要推动力量。

总之，晚清时期中国发展的历史说明教育必须及时有效地回应时代社会的需求。如果不能很好回应，整个社会国家将因此面临困境；相反，如果很好地回应，社会就能很好地发展。

遗憾的是，比起日本来，清王朝觉悟得太晚！

第三节 民国时期教育对社会需求的回应

1912年辛亥革命推翻了中国延续两千多年的封建帝制，建立了现代意义上的民主共和政体，中国进入了民国时期。新的政体、新的社会形态、新的经济发展对教育产生了新的需求。本节从教育对社会需求回应的视角来解读民国教育的发展，侧重于1937年抗战之前的民国教育。

民国建立之初，面临两大任务：一是经济建设，二是政治建设。在经济建设方面，1912~1937年，中国资本主义经济快速发展，尤其是民族资本主义工业迅速发展。1912~1936年，中国工业年平均增长率为9.2%，其中1912~1920年则高达13.8%。[1] 如此快速的经济发展，需要大量高素质的劳动者以及专业人才，而民国建立之初的教育显然无法满足庞大的人才需求，这就要求教育回应经济建设的需求。在政治建设方面，清朝政府被推翻，民国政府初建，政府迫切需要一批具有民主共和意识和新知识的各级官员[2]，也需要对国民进行民主共和思想的教育以培养出具备现代民主共和意识的"新国民"。在这两方面的需求推动下，教育逐步迈向了现代化的进程。

一 高等教育

清朝末年，高等教育已经开始出现。至1909年，国立大学有3所，私立大学有2所，各省高等学堂有24所，专门学堂有83所。民国初年，政府由于社会经济的发展以及政治上的需要，对于高等教育的发展十分重视。教育部裁撤经学科，改通儒院为大学院，充实学科门类等，促进了民

---

[1] 苏阳、康珂：《民营经济对制度变迁的影响——基于清末至民国的近代经济史考察》，《河南科技大学学报》2012年第2期。
[2] 李华兴：《民国教育史》，上海教育出版社，1997。

初高等教育的发展。1922年新学制实施后，由于政府放宽了对设立大学的限制，许多专门学校纷纷升格为大学，私立大学也有所增加。

但是清末民初的高等教育存在着实科与法政比例失调的问题。1909年的83所专门学堂中，法科学堂高达47所；15720名专门学堂学生中，法科学堂学生数有12282人，占78.13%左右。[①] 这固然与受"学而优则仕"传统文化的影响有关，也与当时办实科要求的投入大有关。

1912年民国成立后，情况并没有得到改善。传统的"学而优则仕"思想依然存在是一个原因，更重要的原因还在于学生学习法政更容易与过去的旧学接轨。因此，学生大多选择学习法政，少有选择从头学习数理化。再加上民初国贫民穷，许多省份教学条件落后，实科所需要的设备、师资等无力添置。然而法政学校则不需要这些，从国外留学归来的留学生也比较容易凑齐师资力量。同时，政体的变革需要一批具有民主共和思想的政治人才，这些都导致了法政学校一枝独秀，甚至许多省份虽然遵照学制办起了高等学校，实际上只是一所法政学校而已。然而，民国建立后急需经济建设，社会需要大量的实科人才，法政学科一枝独秀显然不足以回应当时的社会需求。

针对文实两科的比例失调，教育部不断调整实科与法政的比例，以适应社会经济的发展需求。为此，教育部不断颁布法令，严格限制法政学校的开设和招生，关闭不合格的私立法政学校，同时放宽实科学校的设立条件，以扶植实科学校的发展。这些措施都取得了一定效果。图2-1、图2-2显示，1912~1925年，全国的法政学校逐渐减少，法政学生人数所占比重更是从77.73%减少到了36.12%。[②] 实科学校虽未有明显增长，学生所占比重却是从1912年的9.8%增长到1925年的48.99%。然而，实科学生比重的上升是由于学生总数下降造成的，实科学生数并没有显著上升。

1927年南京国民政府成立之后，继续增设实科学校及院系，限制法政学校的增长，以此平衡法政和实科的发展。图2-3显示，1928~1936年，专科及以上学生数从25035增长到41611人，其中法政学生所占比重从

[①] 李华兴：《民国教育史》，上海教育出版社，1997。
[②] 教育部教育年鉴编纂委员会：《第二次中国教育年鉴第五编：高等教育》，商务印书馆，1948。

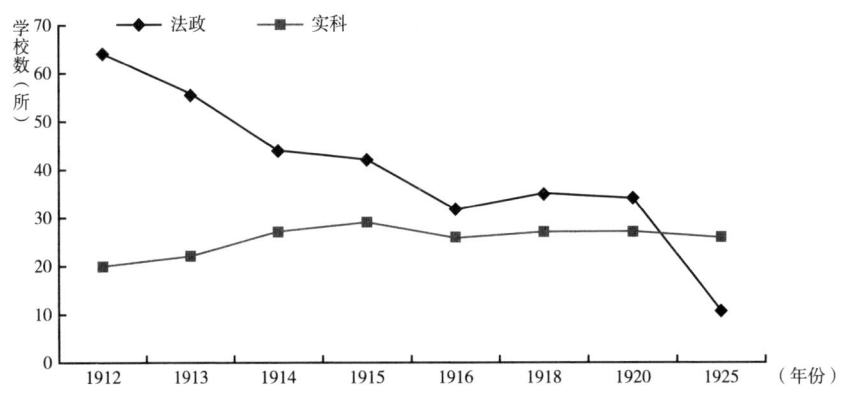

图 2-1　1912~1925 年专科学校数

资料来源：教育部教育年鉴编纂委员会：《第二次中国教育年鉴第五编：高等教育》，商务印书馆，1948。

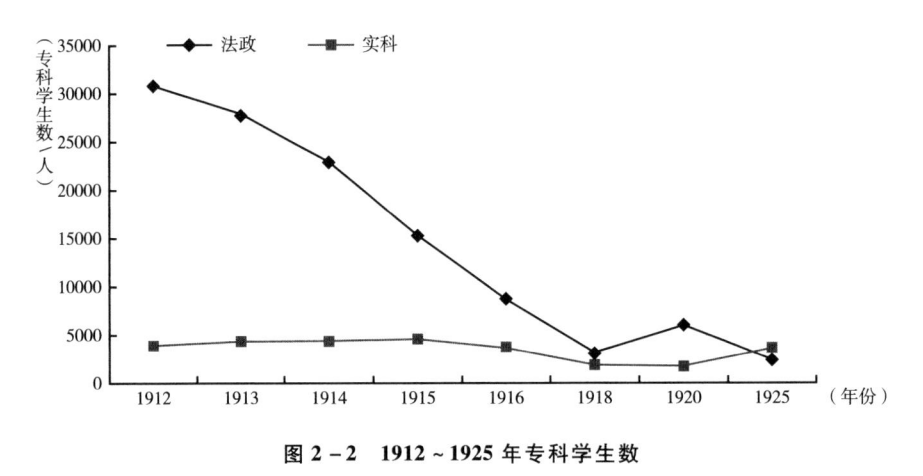

图 2-2　1912~1925 年专科学生数

资料来源：教育部教育年鉴编纂委员会：《第二次中国教育年鉴第五编：高等教育》，商务印书馆，1948。

73.04%下降到 55.64%，实科学生所占比重则从 26.96%上升到 44.36%，文实两科比重渐趋合理。[①] 自此之后，民国高等教育的发展与社会需求更趋适应，步入了快速发展的轨道。

---

① 教育部教育年鉴编纂委员会：《第二次中国教育年鉴第五编：高等教育》，商务印书馆，1948。

1922年新学制改革之后，政府放宽了对大学设置的限制，规定大学设数科或一科均可，设一科者称为某科大学。但放宽条件后，许多专门学校纷纷升格为大学，大学数量虽一时提高，质量却有所下降。时人评论说：大学数量虽然增加，"但其内容愈趋愈下，甚至借办学以敛钱，以开办大学为营生者，随相继以起"。[①]

1927年后，政府大幅度提高教员工资水平，严格学生入学考试及实习制度，以此加强师资队伍的建设，提高学生质量，调整1922年新学制改革之后大学质量下降的情况。由此，高等教育进入"黄金十年"，北京大学、清华大学、武汉大学都在这一时期蓬勃发展，跻身于名牌大学之列。

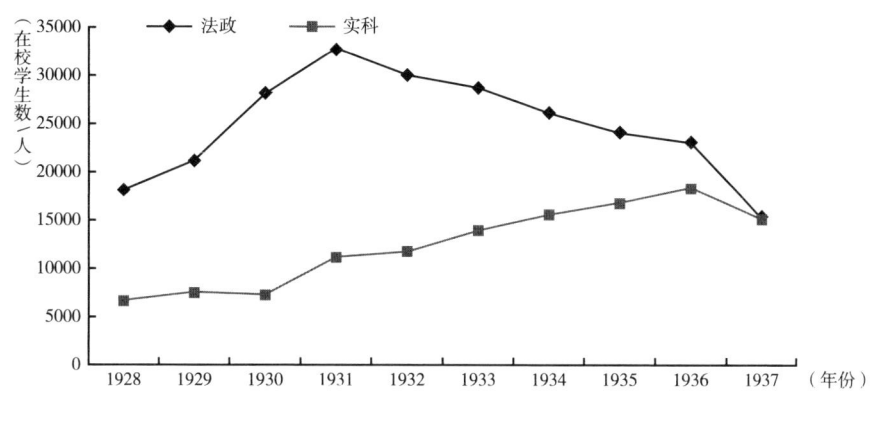

图 2-3 1928~1937年专科以上学生数

资料来源：教育部教育年鉴编纂委员会：《第二次中国教育年鉴第五编：高等教育》，商务印书馆，1948。

抗战爆发后，中国面临着亡国危机，社会的需求已由经济建设转移到抗战救国上来。在这一特定的历史时期，背负着国破家亡的民族仇恨，政界、学界一致认为应实行战时教育，学界更是掀起了国难教育思潮。然而，社会需求虽为抗战救国，但究其原因，正是国力的落后才导致外敌入侵，因此经济建设也是当时中国社会的迫切需要。

关于如何处理抗战救国和战时建国的关系，蒋介石提出"战时需作平

[①] 杨亮功：《我国高等教育之沿革及进展》，《高等教育研究》，台北中正书局，1965，转引自李华兴《民国教育史》，上海教育出版社，1997。

时看"的教育总方针,认为抗战不是最终目的,最终目的是建国,因此正常教学绝不能中断,但可在正常教学中加入国防知识、救护知识等战时新科目。在此方针的指导下,抗战时期实行了内迁高校、设立国立中学以及贷金制度等措施。这些措施不仅保存了中国教育的命脉未因战事的发生而中断,还在一定程度上推动了抗战取得最终胜利。① 而学界在此战时教育思潮的指导下,教师以努力教书为报国之方式,学生以发奋读书为御侮之途径。② 因此,在当时的战乱之下,教育仍能维持基本的运转,"弦诵不绝",为中国的现代化培养了大批人才。

以西南联合大学为例,为回应战争需求,学校改革科目设置,加设兵器学、军用结构、堡垒工程、军事卫生学等科目,直接为抗战提供军事人才。同时,众多师生积极为抗战服务,购买救国公债,为美军提供翻译、整理抗战资料、进行抗战宣传等。

二 职业教育

近代职业教育起源于清末光绪三十年(1904年)癸卯学制颁布后建立的实业学堂。然而由于中国"重道轻艺"的传统,同时也受限于极为低下的产业经济,清末的"实业学堂"几乎等同于"失业学堂"。民国成立后,民族资本主义经济迅速发展,从而产生对专业技术人才的大量需求,由此民国职业教育得以不断发展,大约经历了三个阶段。

第一阶段:官办职业教育。民初教育部对清末职业教育体系进行了诸多调整,规定实业补习学校在原有招生对象的基础上对已有职业者开放。这一举措扩大了职业教育的社会面,适应了当时技术引进之后出现的生产者继续进修的需要,也在一定程度上避免了职业教育唯技能培养的封闭状态。然而当时经费缺乏,师资短缺,大多"工业不附设工厂,农业不附设试验场,重理论而轻实践"③,脱离了社会实际,再加上职业学校需最少经过四年初小方能考入,考入后三年方能毕业,对一般家庭而言难以供养,

---

① 许庆如:《战时需作平时看——国家动荡中的教育智慧》,《河北师范大学学报》2011年第5期。
② 陈钊:《国民政府战时教育方针在大学的反响》,《南京理工大学学报》2007年第3期。
③ 《今后当以实利主义为教育方针》,《教育杂志》第9卷第6号,1917年6月,转引自李华兴《民国教育史》,上海教育出版社,1997。

因此导致官办的职业学校举步维艰，既招不到足量优秀的学生，又无法提供给学生切实的技能培训，学生无法以所学知识在劳动市场上立足，"失业学校"的帽子仍旧无法摘除。

第二阶段：民办职业教育。1913年，黄炎培提出职业教育的实用主义，纠正当时实业学校脱离实际的偏向，获得了社会的广泛响应。1917年5月，中华职业教育社成立，提出将专业知识与教育法理结合起来，培养师资；于小学校附近设置职业补习科，补习必需的职业技能；与当地实业家联合起来，面向社会设职业补习学校；促进女子职业教育等。这些主张由于呼应了当时社会的需求，为教育部所采纳，据此发布了一系列关于职业教育的规定。

职业教育的新规定有效地促进了职业教育的发展，尤以1918年黄炎培等在上海创办的中华职业学校为先。中华职业学校科目以工科和商科为主，另设工商补习夜校，向社会招生。教学过程中注重实习，所有科目的实习课时均大于理论课时，其毕业生往往具备扎实的职业技能，成为社会上的"抢手货"，"学生不待毕业，往往经工厂先期约定延用，等到毕业时候，来要人的，几乎没法应付"。① 除此之外，中华职业教育社还在全国各地创办职业学校，民间兴办职业教育一时成为热潮。图2-4报告了1909~1925年全国职业学校数量变化，图2-5报告了1909~1917年全国职业学生数变化，显示在这一时期全国职业学校的数量和学生数均增长迅速。

民办职业教育的成功，推进了中国职业教育的改革，1922年新学制中关于教育分流的规定，就吸纳了中华教育社的成功经验。值得提出的是，1925~1926年，官办职业学校占54.5%，民办职校占45.5%。这个比例表明，中国职业教育已由清末国家高度垄断的以军工为核心内容的职业培训，转移到了以市场经济为基础的为商品生产进行职业培训的轨道上来，开始进入与市场需求相结合的富有生命力的跑道。②

第三阶段：1927年后南京国民政府整顿。历经军阀混战之后，国民经济凋敝，大量无业人员出现。如何培训这批无业人员，使之成为发展生

---

① 《最近之中华职业学校》，《教育和职业》第113期，转引自李华兴等《民国教育史》，上海教育出版社，1997。
② 李华兴：《民国教育史》，上海教育出版社，1997。

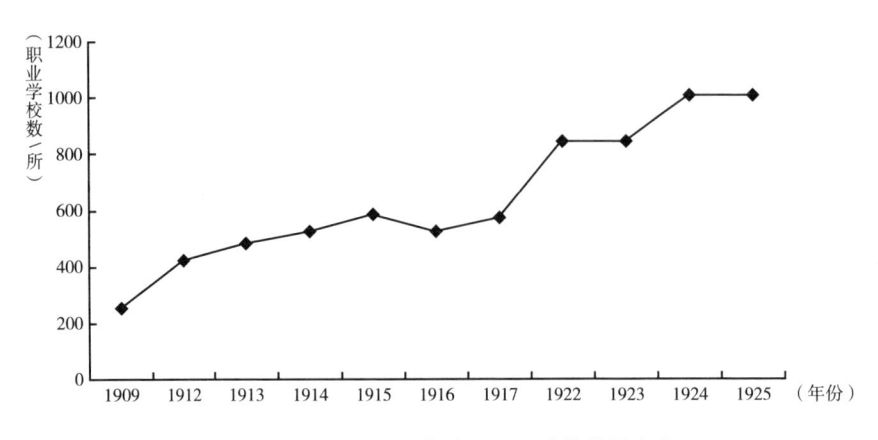

图 2-4　1909~1925 年全国职业学校数量变化

资料来源：李华兴：《民国教育史》，上海教育出版社，1997。

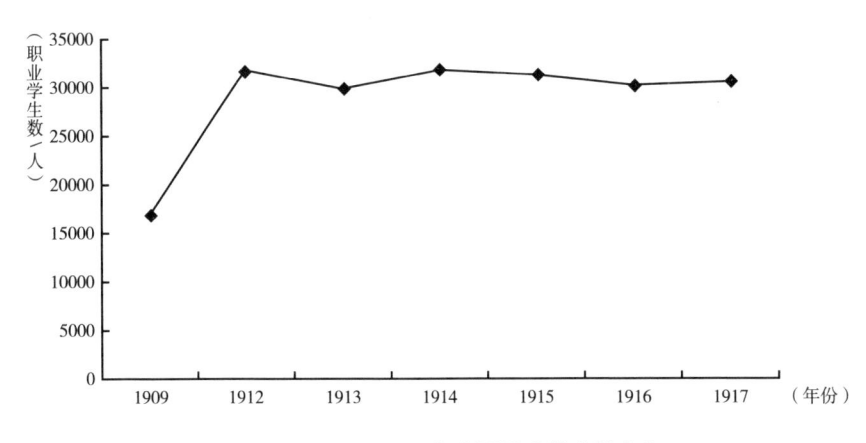

图 2-5　1909~1917 年全国职业学生数变化

资料来源：教育部：《第一次中国教育年鉴》，开明书店，1934。

产、促进经济的动力，是当时国民政府面临的一个重大问题。政府将目光转向了当时的职业教育。然而，如果对职业教育放任自流，显然无法完成上述任务。基于这样的认识，国民政府限制普教机构的发展而尽量增设职业教育机构，实行职业教育免费政策并加大对职业教育的投资。除此之外，政府还动员社会各界积极开办职业学校，动员公私立专科学校附设职业学校。在政府主导下，全国开始大规模地推进职业教育，在资金、人员、设备各方面加强职业教育，以期在较短的时间内解决职教事业远远落后于社会需求和职业教育与普通教育比例严重失调的状况①。从1928年到抗战前夕的1936年，全国职业学校数增长了2倍以上，学生数增加了近2.5倍，如表2-1所示。

表2-1　1928~1937年全国中学和职业学校数量对比及学生数对比

年份	学校数（所）		学生数（人）	
	中学	职业学校	中学生	职业学校生
1928	954	157	188700	16640
1929	1225	231	248666	26659
1930	1874	272	396948	29647
1931	1893	266	401772	40393
1932	1914	265	409586	38015
1933	1920	312	415948	42532
1934	1912	352	401449	46355
1935	1894	408	438113	50637
1936	1965	494	482522	56822
1937	1240	292	309156	31592

资料来源：孙邦正：《六十年来的中国教育》，中正书局，1974。

三　中等教育

清朝末年，中等教育已经有了一定发展。据统计，到1909年，全国有中学堂438所，学生数为38881人。② 在中等教育改革方面，1912年教育部颁发了《中学校令》和《中学校令施行规则》，取消文实分科，废除读经讲经，设立女子中学。同时修订教学科目，使其更适应新社会的需要。

然而，由于当时社会更需要职业人才，普通中学生毕业后如不能升学，则不容易在劳动市场寻找到适当的就业机会。基于此情况，1917年教育部通令全国中学实施教学分流，规定中学得设第二部，从第三学年起，减少普通科目，加习农、工、商等职业科目，兼顾"升学"与"就业"的双重职能，以适应学生毕业后就业需要。更有学者直截了当地提出，中学

---

① 李华兴：《民国教育史》，上海教育出版社，1997。
② 教育部：《中国第一次教育年鉴》丙编，开明书店，1934。

当增设实科,于普通中学外,设置实科中学,专重理、化、数学等科,以应现今时势之需要,"诚为急务中之急务矣"①。

1922年新学制规定,中学修业年限从4年延长至6年,实行初、高中"三三"分段,或"四二""二四"分段。初中施行普通教育,但可视地方实际兼设各种职业科。高中分普通、农、工、商、师范、家事等科,但可据地方实际设一科或兼设数科。就当时家庭经济条件普遍较差的情况来说,加强中等教育的职业科设置和对学生职业技能的培养,是符合当时社会需要的举措。

南京国民政府成立至抗战爆发前,中等教育的教育目标依旧沿袭以往的教育宗旨,力图通过德智体美劳诸方面的教育,培养为升学和就业做准备的健全国民。同时政治也影响着中等教育的发展。国民政府始建,需要以三民主义为思想基础来稳固统治,因此根据三民主义确定教育宗旨,将中等教育纳入"以党治国"的轨道。

四 基本观察

本节回顾了民国时期中国高等教育、职业教育和中等教育的发展,侧重于1937年抗日战争之前的历史。我们所获得的基本观察就是,教育的发展不断回应社会对教育的需求。

就高等教育而言,当时法政和实科的比例失调不能适应经济建设的需要,国民政府进行了适时的调整,大力发展了实科教育,平衡了实科与法政的比例,为当时经济建设培养了所需要的人才。为了满足社会发展对高级人才的需要,国民政府大力发展高等教育。当高等教育的发展速度过快而质量下降时,政府适时管控,在一定程度上保证了高等教育的质量。在抗战时期,高等教育始终能针对民族的长远未来对人才的需求而坚守,为抗战以及后来的经济建设培养了大批优秀的人才。

就职业教育而言,针对经济建设对专业人才的大量需求,政府鼓励和支持发展职业教育。当民办职业教育取得较大成功时,政府及时借鉴民办职业教育的成功经验,大力予以推广,使得民国时期的职业教育得以迅速发展。

---

① 《中学校亟须改革之点》,《教育杂志》1918年第10卷第9号,转引自李华兴《民国教育史》,上海教育出版社,1997。

就中等教育而言,政府首先对清朝所遗留的中学教育进行适时改造,去除不适合时代需要的读经讲经,大力发展现代意义上的中等教育。但在当时的情况下,普通中学的毕业生并不能够很好地适应劳动市场的需求,于是普通中学转型,及时增设实科和职业科,使所培养的人才能较好地与当时的劳动市场对接。

总的来说,民国时期的教育在社会动荡的环境中不断发展,适时调整以满足社会对教育的需要,成绩斐然。当然,民国时期教育的政治化是一个不可避免的过程,所幸对学术的干预有限。本节也只是基于教育回应社会需求的视角评析了民国教育的发展,但并没有分析民国时期为什么能产生出诸多大师级人物,这需要专门的研究,是一个有意义的话题。

第四节 1949年后高等教育对社会需求的回应

1949年中华人民共和国成立,中国的高等教育进入新的历史时期,一直持续至今。本节侧重从高等教育对社会需求回应的视角,对1949年后中国高等教育的发展进行回顾和评析。

一 中华人民共和国成立初期:1949~1956年

1949年,两大与教育相关的问题摆在新成立的中华人民共和国政府面前:一是面对即将兴起的社会主义建设的高潮,人才明显匮乏,尤其急需大批理工科专业人才;二是如何改造民国时期所遗留下的教育体系,特别是高等教育体系。民国时期中国的高等教育虽然有了较快的发展,但是由于基础差、起步晚和长年战争等因素,仍处于相对落后的状态,难以满足社会主义革命和建设的需要。

为此,国家一方面大力发展高等教育,另一方面又对旧的高等教育体系进行改造。自新中国成立到改革开放前的近30年,中国的高等教育改造一直延续着"政治革命第一、社会建设第二"的思想。

政治方面,突出中国共产党对高校的领导。为了消除民国时期国民政府对高等教育的影响,改变旧知识分子统领高校的现状,国家将高等教育纳入计划经济体制,采取中央管制的方法,将私立高校转制为公办或并入公立大学,不允许私立大学的设立。大学的教学内容和院系设立由政府控制，凸显政府对教育的领导作用，学术自由受到明显限制。对马克思主义僵化的理解使教学方法、教学内容等都趋于教条化，带有"资产阶级性质"的人文学科被打压，一部分知识分子受到排挤，高等教育办学的灵活性和积极性遭受挫败。

1952年模仿苏联高等教育以理工科为主、建立专业学院的模式，展开大规模的院系调整。综合性大学中的工、农、医、师范、政法、财经等专业被合并到已有的专科性学院或另立学院开设，以此加强学科的专业化教育，回应社会工业、农业、卫生、财政、教育等建设的需要。表2-2报告了院系调整前后综合性大学和各类专科院校数量的增减，显示综合性大学的数量大幅减少，而专科院校数量明显增加。表2-3报告了各学科学生比重的变化，显示理工科等学生比重上升，社会科学学生的比重大幅下降。

表2-2 各类院校数目变化

单位：所

年份	综合大学	工业院校	师范院校	农林院校	医药院校	财经院校	政法院校	语言院校	艺术院校	体育院校	其他院校	合计
1951	47	36	30	15	27	19	1	8	18	1	4	206
1952	22	43	33	28	31	12	3	8	15	2	4	201
1953	14	38	33	29	29	6	4	8	15	4	1	181

资料来源：1949~1981年《中国教育年鉴》。

表2-3 各科学生人数比重变化

单位：%

年份	工科	农科	林科	医科	师范	文科	理科	财经	政法	体育	艺术	合计
1951	31.6	6.2	1.6	13.9	11.9	7.8	5.1	16.5	2.8	0.1	2.5	100
1952	34.8	6.9	1.1	13.0	16.5	7.1	5.0	11.5	2.0	0.2	1.9	100
1953	37.7	6.1	1.2	13.7	18.8	6.7	5.8	6.4	1.8	0.5	1.3	100

资料来源：1949~1981年《中国教育年鉴》。

这一调整有助于为国家建设输送大批理工科专业人才，对"一五"计划的顺利实施有着积极意义。但这种轻综合大学而重专科学院的做法人为割裂了学科之间的内在联系，培养出来的学生往往是知识结构相对单一、视野相对狭隘的专才，学生的人文素养降低，学科建设出现实用主义的倾向。

1956年前大学实行校长负责制，这一体制被认为严重削弱了党对高校的领导，特别是在聘用民主人士担任主要领导的高校。于是1956年9月，中共"八大"规定："基层党组织对本单位起领导作用。"高等学校的内部领导体制便逐渐由一长制向党委领导制转变，最终完全确立了党对高等教育的绝对领导地位。旧知识分子即使仍在高校担任要职，大多也只是出于政治上的尊重，通常有虚名而无实权。

二 反智主义下的高等教育：1957～1966年

1957年，"一五"计划顺利完成，国民经济快速发展，良好的经济形势为建立一个更为宽松的政治环境提供了基础。为了更好地建设社会主义社会，当年中共中央开展鸣放运动，鼓励人民群众各抒己见。部分知识分子对党提出的"知无不言，言无不尽"的理解，很快跨越了党对言论自由的底线，导致全国范围内大规模的反右派运动展开。被错划成所谓右派分子的共计552877人，不乏有许多言论过激的知识分子[①]。阶级斗争使党与知识分子之间产生了一道难以逾越的鸿沟，尤其是领导人毛泽东对知识分子的态度也开始产生转变，渐渐倾向于反智主义。

1958年中共"八大"二次会议的召开，更是错误地分析了国内的主要矛盾，强调无产阶级同资产阶级、社会主义道路同资本主义道路的矛盾为国内的主要矛盾。这过度夸大了阶级斗争，政治渗透到文化教育领域。毛泽东对教育的态度更是显现出模棱两可的特征：一方面，毛泽东重视教育，清醒地认识到教育对国家发展的重要性；另一方面，却轻视知识分子，在政治上排斥知识分子，大批有才华、有能力的知识分子被下放进行劳动改造，无法发挥应有的作用，消极影响深远。

其实，这种反智的"左"倾思想在土地革命时期就已经初露端倪。这与早期共产国际轻视知识分子的历史传统有着直接的关系。共产国际认为，工人阶级是变革社会的主力军。反右派运动是过去反智传统的发展。高等教育领域是反右派运动的重灾区。不少专家学者特别是社会科学家被戴上右派帽子，例如，孙冶方的"最小－最大"理论被批得一无是处。

---

① 姚润田：《反右派斗争与反右派运动扩大化原因探讨》，《安阳师范学院学报》2006年第3期。

"左"倾思潮的盛行严重压制了学术自由,阻碍了学术的发展和进步,导致百家争鸣、百花齐放的探究浅尝辄止。高校所培养出来的人才也渐渐丧失了自由探索、敢于批判、乐于创新的精神。

三 "文化大革命"高潮时期:1966~1972年

1966~1972年是"文化大革命"的高潮时期。高考制度被废除,全国高校停课闹革命,高校正常的学术研究几近停滞。学生造反,成立"红卫兵"组织,夺取了高校的领导权。教师遭到极为不公的待遇,轻则受言语批斗,重则被人身攻击。

20世纪60~70年代正是世界许多国家发展的黄金时期,而此时中国大学的校园里却正上演着"阶级斗争"。这段时期的高等教育既没有为社会培养出大量优秀人才,也很少产生有价值的思想学说,未能为中国现代化建设提供高质量人才和智力支持。中国的经济乏善可陈,与发达国家间的差距不断扩大。

四 工农兵学员体制:1972~1977年

1972年后,"文革"的高潮逐渐远去,高等教育得到一定程度的恢复,但这时高等教育变为工农兵学员体制,即高校从有一定工作经验的工农兵中招收学员。学员主要来自基层单位的推荐。这种推荐方式导致大量受教育程度太低的学员进入高校,以致高校难以组织正常的教学。为此曾出现短暂的在推荐基础上加考试的制度。但1973年的"白卷事件",彻底使推荐制占据主流地位。此后几年,工农兵学员大多数依靠这种制度步入高校,由此滋生了普遍的腐败问题,一部分人通过非正当手段进入高校学习。

总体来说,在工农兵学员体制下,招生规模小,一共仅招生94万人,起点参差不齐,质量差,师生关系错位,轻基础理论的教育,教育的泛政治化色彩明显。

五 恢复高考后的改革开放时期

1976年"文化大革命"正式宣布结束,中国的改革已在逐步酝酿和推进。其中一项重要的改革就是恢复高考。当时的背景是,"文革"十年是中国高等教育失去的十年，而"文革"后百废待兴，急需人才，想要大规模发展高等教育，需通过平等的考试来录取学生。这就要求废止工农兵学员体制，恢复高考制度。

在邓小平的力挽狂澜和社会对人才渴求的双重作用下，即使"两个凡是"的"左"倾思想仍在政治上制约着高考制度的恢复，恢复高考也终成难以阻挡的历史趋势。1977年，国务院批准了教育部《关于1977年高等学校招生工作的意见》，恢复了中断十年的高考制度。当年，全国共有570多万考生参加考试，约27万考生被录取。此后，高等教育招生数量保持着快速增长的态势，招生质量相对以前也有很大的提高，为中国的改革开放和经济建设培养了大量的人才，促进了中国各项事业的发展。此外为了满足更多有志青年接受高等教育的愿望，电视大学、远程教育和函授大学等也得到大力发展，同样培养出大量社会所需要的人才，其历史贡献不容忽视。

1983年，邓小平提出"教育要面向现代化，面向世界，面向未来"，为中国的教育、尤其是高等教育指明了发展方向。中国的高等教育逐渐开始走向开放，借鉴吸收发达国家的成功经验，派遣大量访问学者和留学生到发达国家深造，中国高等教育的国际化由此迈出了巨大的步伐。

1992年，国家确立社会主义市场经济体制的改革目标，高等教育也开始逐步适应市场经济的新环境。随着市场经济的发展，尤其是非公有制经济成分的不断增多，市场需要更为灵活的大学毕业生分配机制。1996年后，毕业生"包分配"政策逐步废止，使得高校以及各专业更多地关注劳动市场的需求，高等教育逐渐与市场建立起日益紧密的联系。

1998年11月，为了"拉动内需""缓解就业压力"，国家开始了大规模的本科扩招，客观上推动了中国高等教育由"精英教育"迈向"大众教育"。扩招一直是一个有争议的政策。一些人强调，扩招导致大学生就业难的问题，甚至还导致高等教育质量下降。但更多的人则认为，中国高等教育的规模与发达国家相比太低，而民众接受高等教育的需求旺盛，扩招势在必行。我们认为，必须深入思考高等教育的价值和意义，要重视高等教育对人的全面塑造以及对整个民族基本素质的改善。对此，第十四章将有进一步讨论。

1995年11月，国家正式启动了"211工程"，注重支持与基础产业、支柱产业密切相关院校和重点学科的建设,加大国家急需的高级专门人才和应用技术人才的培养力度,体现"211工程"建设面向经济建设主战场。1999年,为了加快中国迈向现代化国家的步伐,国务院批准教育部《面向21世纪教育振兴行动计划》,"985工程"正式启动建设,来作为"211工程"的补充和提升。虽然二者都在很大程度上促进了中国部分高校的师资、学科、设施建设,提高了中国的高等教育水平,也为社会输送了大批优秀人才,但是随着时代的不断发展,其弊端也日益显著。主要表现在教育资源的配置过度向"211"和"985"高校倾斜,使普通高校难以望其项背,学科建设优劣不断两极分化。为此,2015年提出"双一流"目标,即建设世界一流大学和一流学科,未来能否取得成功还有待时间检验。

2009年硕士教育也出现了新发展。之前的硕士研究生多培养其做研究的能力,但随着博士教育的发展,高校的教学研究工作多为博士研究生所占据,而在劳动市场需要大量高端应用人才。为此,2009年开始招收专业硕士。与以往的学术型硕士不同,专业型硕士更偏重实践,侧重利用专业知识解决实际问题。专业硕士制度的设立试图回应社会对高端应用人才的需求。

六 "钱学森之问"——对中国高等教育的拷问

改革开放后,中国高等教育发展迅速,但质量一直是一个问题。对此,著名科学家钱学森一针见血:现在中国没有完全发展起来,一个重要的原因是没有一所大学能够按照培养科学技术发明创造人才的模式去办学,没有自己独特的创新的东西,老是"冒"不出杰出人才。这就是轰动一时且一直引发思考的"钱学森之问"。

2016年问卷调查询问具备大专及以上学历的城镇居民所受大学教育对其创新能力的培养。表2-4显示,对其创新能力的培养有"较大"和"很大"作用的占25.99%,而回答"较小"和"很小"的占23.90%,其余则为"一般"。表2-5报告了对企业界的调查,企业界代表认为教育对大学生创新能力的培养起到"很大"和"较大"作用的占19.97%,而"较小"和"很小"的占41.56%。2016年的调查数据也在一定程度上说明,中国高等教育在培养创新型人才方面所面临的不足。

表2-4　受访者自评高等教育对其创新能力的培养

教育对自身创新能力的培养	所占比例(%)	样本数(个)
很小	9.05	632
较小	14.85	1037
一般	50.10	3498
较大	21.11	1474
很大	4.88	341

表2-5　从企业界视角对高等教育创新能力的评价

企业界对大学生创新能力的评价	所占比例(%)	样本数(个)
很小	13.56	260
较小	28.00	537
一般	38.48	738
较大	16.63	319
很大	3.34	64

改革开放以来，中国以廉价的"中国制造"推动了中国经济的快速发展，但随着劳动力成本的不断上升，制造业正向东南亚转移。当中国的高校不能大规模培养出具有创新能力的人才时，中国做廉价的"中国制造"就带有宿命的性质。过去做廉价的"中国制造"还能维持一个低质量的经济高速增长，现在这种低质量的高速增长也难以维系了。"中国制造"所面临的困境在拷问中国的教育，尤其是高等教育。中国教育尤其是高等教育能否为中国从"中国制造"转型到"中国创造"提供人才和智力支持，是衡量其成败的关键所在。

基于对中国高等教育自晚清以来的回顾和分析，我们所获得的一个基本发现就是：高等教育什么时候很好地回应了社会需求，这一时期相对来说就会发展得较好；而什么时候没有很好地回应，这一时期高等教育的发展就会出现问题；如果高等教育回应了错误的社会需求，如阶级斗争之类的需求，高等教育就会陷入倒退。今天，对照邓小平提出的"教育要面向现代化，面向世界，面向未来"，中国高等教育仍任重道远。

第三章
西方教育发展对社会需求的回应

西方教育发展的源头可以追溯到古希腊，之后通过文艺复兴影响到西方近现代教育，并一直引领着整个世界教育的发展。本章基于教育发展对社会需求回应的视角，回顾和解析西方教育从古希腊到近现代的发展历程，由此将有助于我们理解教育发展的动因，从中可获得如何使教育更好地回应社会对教育的需求从而得以健康发展的启示，特别是回应劳动市场对教育的需求。

第一节　古希腊教育发展对社会需求的回应

古希腊文明是西方文明的源头，而古希腊的教育则是西方教育的源头。古希腊的教育发展以及古希腊先贤们伟大的教育思想对我们今天审视当代的教育仍富有启发性。本节基于教育发展对社会需求回应的视角来解读古希腊教育的发展及其伟大的教育思想。

希腊的农业地理环境并不十分优越，多山的地形导致可耕地面积狭小，多变的气候使得气温变化无常。但是漫山遍野的葡萄和橄榄长势旺盛，得天独厚的条件使古希腊人另辟蹊径，转向手工业和园艺。古希腊拥有众多岛屿和优良的港湾，古希腊人充分利用这一条件，积极发展海外贸易，用手工业品交换粮食，有力地促进了商品经济的发展。

古希腊的经济制度为奴隶制度，使得公民从直接生产劳动中脱离出来，更多地从事精神层面的活动。古希腊的政治制度为城邦民主制度，公民广泛积极参与政治生活。在古希腊，理性主义占据主导地位，人们超出一己的感官欲望和利害关系，不求功利、不计得失地探索各种抽象思维的问题，如世界的来源、事物的本质、思维的形式、存在的意义，以及绝对、无限的永恒。[①] 民众普遍推崇知识，崇尚真理，关注科学、政治、艺术等。但古希腊时代并不是一个和平的时代，战争不断，就雅典来说，经历了数次战争，最终因战败而亡。

在这样的背景下，古希腊教育重视德、智、体、美全面发展。亚里士多德在吸取前人教育思想的基础上，发展了人的全面和谐发展的思想。

德，是任何文明社会所共同追求的。公民普遍具有良好的品德，社会才能得以稳定，经济才能健康发展。但在古希腊，德还有其更特别的价值。古希腊的官员经民主选举产生。从个人参与选举来说，只有具有良好德行的人才能获得选举成功的机会。古希腊人担任公职不领薪酬，也必须具有良好的德行，愿意成为民众的公仆，才能尽忠职守。

智，即知识。对知识的追求本身就是古希腊人基本生活的重要组成部分。苏格拉底、柏拉图、亚里士多德等认为，理想国家的形态就是集政权与智慧于一体。苏格拉底提出"美德即知识"，提倡教育活动的侧重点在于教授人们各类知识，增加智慧，进而培养受教育者的治国理政才能，以适应民主政治生活的需要。

体，即强健的体魄。古希腊为了维护城邦的稳定和发展，与其他城邦间存在冲突，所以古希腊城邦面临着频繁的战争。战争最直接地关系到城邦的兴亡。这就要求古希腊拥有优秀的士兵，这些士兵必须体格健壮，这就要求加强对公民的体育训练。

美，是指培养学生的审美观，发展他们发现美、创造美的能力。在古希腊，美融合在社会生活的方方面面。古希腊人善用美的视角审视事物的意义和价值。此外，古希腊具有发达的人体美学，追求人体的自然完美，这些从古希腊大量的雕塑中可以发现。而要获得人体的完美，也需通过严

---

① 陈刚：《西方精神史：时代精神的历史演进及其与社会实践的互动》，江苏人民出版社，2000。

格的体育训练。

为了实现以上目标,古希腊十分重视教育,主张国家控制教育,培养当权执政的人才。此外,古希腊先贤们大多也是教育家,开山立派,培养门生,如苏格拉底、柏拉图、亚里士多德等。他们都重视教育对于维护与巩固奴隶主统治的作用。

柏拉图十分重视学前教育,要求把幼儿活动与道德结合起来,养成理性、勇敢、公正等美好的品德。对知识的传授是古希腊时代广泛开展的活动,诸多先贤参与到传授知识的教育活动中。古希腊教育重视人的体育锻炼,培养受教育者健康的体魄,强调为国家培养优秀士兵。古希腊教育并没有局限于知识层面,而是要求学生在掌握知识的基础之上学会聆听音乐、欣赏画作,进行一系列发现美、创造美的教育活动。

总的来说,古希腊教育很大程度上回应了当时社会政治、经济、军事、思想文化等方面的需求。但是古希腊教育也存在着不足与缺陷,即对生产商业活动缺少关注,在整个古希腊先贤的论著中也少有讨论。虽然色诺芬完成了世界第一部经济学专著《经济论》,但地位和其他先贤的哲学著作相比,相对较低。这也可用当时社会需求不足做部分解释。在古希腊,直接的生产活动主要由奴隶来承担,色诺芬的《经济论》也主要讨论在一个公民家庭如何来管理奴隶,一般公民并不直接参与生产活动。此外,相对来说古希腊人重视精神生活,对物质生活相对看淡,这也可以帮助理解在古希腊的学术和教育中对生产和商业活动重视不够。

古希腊的教育实践所提供的重要经验就是,教育的发展在回应社会对教育的需求,古希腊教育的成功就在于它较好地回应了在当时社会背景下社会对教育的需求。古希腊的教育之后成为现代教育的先导,原因就在于古希腊教育所面对的问题大多在很久以后才成为后世社会所面对的问题。

第二节　欧洲大学的兴起和发展对社会需求的回应

现代大学起源于欧洲,经历了近千年的发展,为现代大学确定了基本的模式。本节从教育发展对社会需求回应的视角,分析欧洲大学的兴起和发展。

一　欧洲大学的兴起

欧洲中世纪早期的知识教育活动大多为基督教会把持，目的是培养神职人员，为宗教神学服务。

中世纪晚期，从 11 世纪开始，西欧社会经济得到较快发展。自治城市出现在手工业者和商人聚集、商品交换活跃的集市附近，由商人和手工业者组成的市民阶层逐渐壮大。① 农业、纺织、采矿、冶金、金属制造和建筑业发展加快，需要掌握新兴行业技术、通晓管理的人才。例如，通晓复式记账的人因能满足商人对盈利情况及时把握的需求而受到劳动市场欢迎。工商业的发展需要精通法律特别是商业法的人才，处理出现的商业摩擦。国家也需要具有法律专业背景的行政管理人员，处理内政和外交事务。1096 年开始的十字军东征所到之处带来了大量伤亡，使当时社会对医务人员的需求增加。

教会学校的教育满足不了社会对这些人才的需求，因此传统的神学教育逐步让位于世俗教育，于是世俗教育顺势而起，慢慢出现了早期的自然形成型大学，是为欧洲早期大学。比如在医学校基础上形成的意大利萨莱诺大学，在法学校基础上形成的博洛尼亚法科大学，在巴黎圣母院教堂学校基础上发展而来的巴黎大学。

显然，早期大学在欧洲的兴起回应了中世纪晚期社会对人才所出现的新需求。相反，传统教会学校的衰弱与其不能回应这种对人才的新需求有着直接的关系。

二　文艺复兴时期意大利大学的变革

欧洲早期的高等教育在意大利得到了较好的发展。意大利濒临地中海，有许多重要的水陆交通枢纽城市。文艺复兴前，工商业开始得到较快发展，如佛罗伦萨的手工业、银行业、丝织业，威尼斯的造船业与航运。到了 14 世纪，意大利开始了文艺复兴。文艺复兴的人文主义思想主张以人为中心而非以神为中心，肯定人的价值和尊严，倡导个性解放，反对愚昧迷信的神学思想以及基督教会对人们精神世界的控制。在这种背景下，大

---

① 黄福涛：《外国高等教育史》，上海教育出版社，2008。

学顺应文艺复兴的浪潮在教学内容及教育思想上做出了变革。

在教学内容上，引入人文学科，抹去神学色彩，教育越来越倾向于世俗化。在法学领域，民法和刑法、诉讼法得到更多的重视，教会法逐渐衰落。[①] 医学在继承传统的同时重视解剖学和人文主义医学。在自然学科方面，逐步将各个相关学科结合在一起。相反，经院神学课程受到巨大冲击，神学在很多大学被放弃。如此，大学为文艺复兴培养了人才，包括很多活跃在当时社会、政治、文化、商业方面的活动家，注重实际且具备经商才能的商人和企业家。

在教育思想上从强调信仰转变为强调理性，从否定人及人的价值转变为以人为中心，培养和发展人的聪明才智。在道德教育上，虽依旧颂扬宗教道德，但同时提出适应市场经济发展所需要的人文主义世俗道德。[②] 在智力教育方面不再只是单纯的传播知识，同时重视对学生思维、创作力、想象力的培养。在教学方法上一改中世纪死记硬背读死书的方法，更多地采取辩论的方式培养学生，学生的综合素质和应变能力得到提高。在这种教育思想下培养出来的人才思维更加敏锐，头脑更加灵活，愿意且能够较好地适应社会。从这个意义上来说，在文艺复兴时期，大学较好地回应了时代对人才的需求，因此大学得到了较快的发展。

三 工业革命时期英国高等教育的发展

18世纪60年代英国开始了以蒸汽机为代表的工业革命。蒸汽机使得机器所需动力能克服地域限制，机器被广泛使用，导致工业的迅速发展，进而社会对劳动力产生出新的需求。[③] 英国高等教育回应这种新的人才需求，做出了一系列变革。

第一，1826年伦敦大学的出现。传统的牛津大学和剑桥大学在圣公会的严密监视之下趋于保守，排外封闭，不能满足工业革命和中产阶级的需要。于是伦敦大学出现以回应传统保守大学不能满足的对人才的需求。[④] 伦敦大学在课程内容上取消神学，发展工学、理学，引入大量贴近市场、

[①] 许枫叶：《文艺复兴时期意大利的大学教育》，硕士学位论文，四川大学，2004。
[②] 许枫叶：《文艺复兴时期意大利的大学教育》，硕士学位论文，四川大学，2004。
[③] 王晓辉：《比较教育政策》，江苏教育出版社，2009。
[④] 刘兆宇：《19世纪英格兰高等教育变革研究》，中国科学技术大学出版社，2008。

实用性强的自然科学和技术类课程。教会法不复存在，代之以工商业发展所需的国际法、商法与国别法等。① 这一改革适应了工业革命时期高度复杂的经济活动对高水平法律人才的需要。医学系引入化学、病理、解剖等更加实用的近代医学科学内容，极大地提高了医务人员的专业水平，适应了新时代经济社会对提高医疗水平、医疗质量的需要。一大批思维活跃、反应快、应变能力强而且潜力大的毕业生满足了工业革命时期高度发达的经济活动对人才的旺盛需求。

第二，19世纪中期以后，出现了很多新型高等教育机构，如各种类型的技师学院和师范学院。这些教育机构入学门槛低，极大地提高了学习高等教育的在校人数。这种新型高等教育机构以培养能更快毕业且掌握一定技能的专业性人才为主要目标，因此为劳动市场输送了大批有技术、成本相对低的人才。

第三，在伦敦大学的示范作用下，以提供优质职业服务、培养实干型技术型人才并直接为城市当地的工商业经济发展服务的城市大学出现。与19世纪初期创建的其他高等教育机构相比，城市大学多由企业家、大商人资助创建，强调为当地经济服务。② 所开设的职业教育课程几乎大都是以工程、机械、造船、采矿、酿造和冶金等为主，具有鲜明的地方特色，直接与当地工商业的发展需求相对接，从而促进了地方工商业的发展，并大力推广了实用技术。由此，城市大学与工商业发展之间的联系更为紧密，完全与地方经济融为一体。

至此，英国近代高等教育体系确立，其变革的过程就是试图不断回应社会对高等教育的新需求。

四 第一次世界大战后欧洲高等教育变革

第一次世界大战消耗了巨大的社会资源，城市破败，经济衰退。各国政府竞相恢复各个领域的发展。但第一次世界大战后战争的阴影始终笼罩着欧洲。凡尔赛体系只是暂时削弱了战败国的实力，为以后的报复埋下了伏笔，而战胜国之间的矛盾趋于恶化。如此，经济建设和备战的需要产生

---

① 黄福涛：《外国高等教育史》，上海教育出版社，2008年。
② 刘兆宇：《19世纪英格兰高等教育变革研究》，中国科学技术大学出版社，2008年。

了对教育变革的新需求。于是，欧洲高等教育做出了一系列变革。

第一，加大对高等教育的投入，推动大学的教学与研究。德国政府主张放开高等教育，大量建立民众学校，加强国家对高等教育的监督与管理。英国成立科学与工业研究署，拨款鼓励大学开展科学研究，成立大学拨款委员会，支持大学发展。[①] 法国政府增加办学经费，继续发展学士国家奖学金。高等教育发展科研的物质基础得到保障，科研实力得到提升。通过资助高等教育培养科技人才，用大学的"手"推动科技的进步，在提高生产力的同时，更新了武器装备，提升了国家的军事力量。

第二，第一次世界大战给欧洲大多数国家造成了空前浩劫，广大民众遭受巨大的物质和精神损失，同时，政局的动荡加剧了人们内心的恐惧，人们对政府的信任逐渐丧失。为了维护社会秩序，稳固政局，恢复民众对政府的信任，国家需要借助大学培养符合自己行政管理意志的行政人员。第一次世界大战后多数国家都加大了对高等教育的管理及投入力度，教育政策更加注重为政府服务，高等教育被注入国家意志，大量符合国家利益的人才得到培养。这些人才走向各国政坛，代表政府的意志行事，有助于恢复人们对政府的信任及稳固社会秩序。

第三，第一次世界大战后欧洲高等教育课程设置基于各国具体情况及对大学的认识而各有侧重。法国重视科技，第一次世界大战后法国大学兼顾文科和理科，但偏重于数学、自然科学，并大力发展实验科学，培养了大批学术大师和科学家以及各行各业的专业技术人才。英国强调大学教育不能只重科学而忽视人文，因而人文学科的发展快于理科。德国大学第一次世界大战前偏重经济、军事而忽略基础学科，战后加强了基础学科的研究。[②]

当然，大学适应社会需要的发展在第一次世界大战后也成为一把双刃剑。在德国、意大利，教育的发展为发动第二次世界大战做了准备，同样也为后来的盟国反侵略战争做了准备。战争推动了大学的研究，而大学的研究又助推了战争，直至几乎走到毁灭人类的地步。

五　第二次世界大战后欧洲高等教育的新发展

第二次世界大战后，整个欧洲面临经济重建，特别是遭到战争严重破

---

① 牛长松：《英国高校创业教育研究》，学林出版社，2009。
② 黄福涛：《外国高等教育史》，上海教育出版社，2008。

坏的国家。美国"马歇尔计划"推动了西欧经济的恢复和发展。随着美苏两大集团的形成，冷战局面在世界范围内出现。欧洲一体化一直在不断向前推进，欧洲逐步走向联合。20世纪40~50年代，第三次科技革命兴起。第三次科技革命以原子能技术、航天技术、电子计算机技术的应用为代表，科学技术转化为直接生产力的速度加快，社会经济结构发生变化。在这样的大背景下，欧洲高等教育适应社会发展做出了新调整。

第一，第二次世界大战后欧洲出现了和平建设时期，经济健康发展，第三次科技革命的不断推进对高等科技教育的发展提出新要求。高等教育的发展体现为两个方面。一是高等教育与社会的科研机构、企业等开展深度合作，资源共享，产学研协同创新机制明显加强。[1] 这种发展方式有利于高等教育与社会的科研力量相融合，优势互补，在合作的过程中实现科技水平的大幅提升。二是技术型大学机构出现。例如，20世纪50~60年代，法国先后创办了高级技术员班和大学技术学院，实施职业技术教育，培养了大批高级技术人员和高级技工。[2] 在英国，1957年10所高等技术学院开始建设。[3] 国家重视高等科技教育的政策得到落实。技术型大学机构培养了同时具备科研和生产技能的新型人才，为科学研究做出了贡献，同时，劳动手段得到改进和创新，生产效率和技术水平得到提高，提升了国家科技实力和国际竞争力。高等教育与社会需求的结合更为紧密。

第二，20世纪60年代美国经济学家舒尔茨和贝克尔等所创立的人力资本理论在欧洲流行，人们普遍更加深刻地认识到高等教育对经济发展的重要性。在此背景下，人们更加愿意接受高等教育，而经济的快速发展也为高等教育的扩张提供了经济基础，政府对高等教育的投入不断加大，高等教育机构数量增加，规模扩大，高等教育毛入学率有了进一步提高，回应了人们对接受高等教育日益增长的需求。到20世纪70年代，西欧一些经济发达国家逐步迈入高等教育大众化阶段，即大学毛入学率超过15%。表3-1报告了部分西欧国家高等教育毛入学率1970~1994年的变化，反映了这一过程。

---

[1] 方晓田：《第三次科技革命与高等教育变革》，《教育发展研究》2014年第11期。
[2] 黄福涛：《外国高等教育史》，上海教育出版社，2008。
[3] 牛长松：《英国高校创业教育研究》，学林出版社，2009。

表3-1　1970~1994年部分西欧国家高等教育毛入学率变化

单位：%

年份	奥地利	比利时	丹麦	法国	希腊	意大利	荷兰	瑞典	英国
1970	11.76	17.49	18.28	19.50	13.52	16.69	19.51	21.34	14.07
1975	18.90	21.32	29.41	24.45	18.36	25.07	25.47	28.80	18.90
1980	23.20	26.30	28.60	25.50	17.40	27.70	30.00	30.80	20.10
1985	26.30	31.20	29.30	29.80	25.10	25.70	31.80	31.30	21.80
1990	35.20	40.20	36.50	39.60	24.80	30.80	39.80	32.00	30.20
1994	44.80	54.40	45.00	43.00	38.10	40.60	48.00	42.50	48.30

注：1970~1989年数据统计以20~24岁人口为基数，1990~1994年各国统计口径变化，以18~22岁或19~23岁为主。

资料来源：转引自潘懋元、罗丹《多国高等教育大众化模式比较研究》，《高等教育研究》2007年第3期。原文根据 UNESCO Statistics yearbook, 1980, pp.157-215; 1992 (3), pp.17-70; 1998 (3), pp.35-76 有关数据绘制而成。

第三，第二次世界大战后由于经济重建的需要和冷战爆发的原因，欧洲各国为实现和平、发展经济和统一欧洲，从1951年正式开始了社会经济与政治方面的联合之路，即欧洲一体化。经济与政治的联合需要相当数量的人才既熟悉各国经济运作，又了解各国国情、法律、文化，又能够熟练掌握外语、科技，作为纽带来促进欧洲的联合。[①] 同时，互联网、信息技术的发展和应用也为不同国家高等教育的交流提供了有利条件。在此背景下，欧洲一些国家高等教育逐步走向合作。

在经历了1945~1956年的准备阶段，1957~1971年的启动阶段后，欧洲高等教育合作开始了实质性的活动。1980年以促进欧共体成员国相互理解各国教育政策和体系为目的的欧洲教育信息网络正式启动。1987年欧共体实施"伊拉斯谟"计划，主要是在各个成员国大学之间建立合作网络，为学生出国学习提供资助，改善成员国之间对文凭和学习时间的互认。1989年"林瓜"语言计划批准实施，加强了欧共体内部的外语教学和学习，为欧共体公民参与新的欧洲工作和活动创造条件，如此等等。[②] 这种合作活动在一定程度上推进了欧洲高等教育的国际化进程，人力资本得以在更大范围内流

[①] 尤碧珍：《欧盟国家高等教育国际化研究——以法、德、英为研究对象》，硕士学位论文，山东师范大学，2006。

[②] 尹毓婷：《欧洲高等教育改革研究》，博士学位论文，山东大学，2009。

第三章　西方教育发展对社会需求的回应

动，欧洲一体化成员国之间的教育资源得到共享，有利于加深国家之间的认同，从而减少了欧洲一体化进程中的障碍，促进了欧洲的发展。

六　基本观察

回顾欧洲大学的兴起和发展，我们获得以下基本观察。

第一，中世纪早期的教会学校不能回应世俗社会对人才的需求而让位于世俗教育。

第二，久负盛名的传统大学，如牛津大学、剑桥大学等，因一时趋于封闭和保守，不能及时回应社会需求做出变革，表现出发展相对滞后。

第三，城市大学等新型高等教育机构虽起步较晚，但能更准确地适应时代对大学的需求而得以迅猛发展。

第四，高等教育要得到健康发展，必须在内在教育活动和外在形式规模方面及时根据社会需求更新，为社会所用。

总之，大学因社会需求而产生，随着社会需求的变化而不断发展转型。如果能够准确地回应社会对大学的需求，大学就能健康发展。需要指出的是，这里我们强调大学对社会需求的回应，主要在于是否能够为大学健康发展提供一种解释框架。我们同样也认识到，大学对社会需求的回应也并不是完全被动的回应，而是基于对时代发展方向的准确把握。当大学预见到未来时代的需求而做出回应，大学就表现出对时代发展的引领。从这个意义上来说，大学的发展对时代需求的回应是大学得以健康发展的关键之所在。

第三节　日本教育的发展对社会需求的回应

19世纪后半叶，日本与中国几乎同时开启了近代化改革。但很短时间后，日本成为了亚洲强国。有诸多原因导致这一结果，但日本教育独特的发展道路无疑是其重要的原因之一。本节从教育对社会需求回应的视角评析日本教育的发展。

一　封建时期日本的教育——培养封建主义佛儒人才

日本近代教育发展之前，已经借鉴中国的教育建立起自己的教育体系，构成日本近代教育的起点，在此简要加以回顾。

552年佛教经朝鲜传入日本。7世纪中叶，朝鲜半岛上百济国的汉学家阿直歧来到日本并被聘为皇太子菟道稚郎子之师，便将儒学传入日本。阿直歧在宫廷中兴办学问所，皇太子以及皇族贵族子弟在此学习儒学，宫廷教育就此发端，公务员式的教育为日本朝廷输送了政治人才。日本仿照中国教育模式，中央设立官立的大学，地方设立国学，民间创办私塾以及发展家庭教育，三种教学体系在日本得以发展。

从此，日本的封建文化教育与来自中国的儒学、来自印度的佛学紧密联系到一起。在大兴文化教育事业的同时，宣扬儒学与佛法，并移植中国的封建制度和文化，用中国的封建统治思想教育当时的统治阶级接班人，用佛学的逆来顺受思想和儒学的忠君爱国思想驯化被统治者，达到学习文化与加强封建统治的双重目的，满足了封建统治者的需求。

不过，佛儒教育也曾经出现过一些动荡。镰仓至战国时期（1185~1615年），寺院僧侣和武士阶层在日本政治生活中发挥越来越大的作用，新兴的军事贵族取代天皇掌握了政权。在各方权力倾轧之下，战乱不断，社会动荡，汉学一度衰落。此时，武士教育和寺院教育活动却风靡起来，它们凭借着武士道精神的灌输，重武轻文，刚好顺应了战国纷争时代的人才需求，得到了政府的支持，满足当时社会的需求。

不过总体来说，封建时期的日本教育对中国儒学以及印度佛学的学习和崇拜，十分深刻地烙印在日本传统文化里，成为其不可分割的基因。通过学儒礼佛所培养出来的佛儒人才，成为维护封建统治的坚实力量，较好地满足了统治阶级的统治需要。

二 明治维新时期的日本教育——培养资本主义和魂洋才

明治维新以前，天皇无权，幕府掌权。为防止欧洲殖民势力的入侵，维护其封建统治，掌握大权的幕府效仿中国对外实行"锁国政策"，禁止与除中国、荷兰以外的国家通商。此时日本的教育界出现三个特点：一是尊崇中国宋儒朱熹创立的朱子学说，回应封建统治者维护其封建统治的需求；二是日本传统宗教的神道思想在和学中得到发展，有了更具自己民族性的文化；三是日本通过荷兰人一定程度上了解西方的科学文化，西方科学文化在当时被称为"兰学"。儒学、和学和兰学共同影响了日本的学术思想、教育理论和教学内容。①

此时日本的高等教育机构有德川幕府直辖的昌平坂学问所,有学习西方文化教育的开成所,还有学习西方医学的医学校。②除了传统的学文、习武以外,来自西方的近代科学知识,如数学、医学、航海和军事技术、西方语言等也逐渐成为新的教学内容。在与荷兰的贸易交往中,掌握兰学的人才成为贸易关键人物。这些都为后来明治维新的教育改革奠定了基础。

随着商品经济的发展,在一些经济比较发达的地区,产生了资本主义的萌芽,冲击着封建自然经济,使得有经济实力的商业阶级和金融阶级力量逐渐增强,从根本上动摇了幕府的统治基础。商业阶级和金融阶级力量不满旧有幕府封建统治束缚了他们的商品经济发展,普通农民也不满幕府对他们的压迫,再加上当时欧美侵略者入侵的内忧外患,呼吁改革政治体制的声音愈发浩大,形成了"倒幕派"联盟组织,倒幕运动由此开始。

1867年孝明天皇逝世,太子睦仁亲王(即明治天皇)即位,倒幕势力积极结盟举兵。西南战争后,由天皇操纵主导的封建军国主义国家建立。新政府迅速进行了一系列改革,史称明治维新。

明治维新提出了"富国强兵,殖产兴业,文明开化"三大政策,教育被纳入了"文明开化"。日本启蒙思想家福泽渝吉提出过这样的观点:"一国之独立,基于一身之独立,一身之独立乃学问为急务。"③ 这也代表了当时明治政府的教育思想:振兴经济,关键看教育。教育对经济增长具有超前作用,经济要起飞,教育须先行。

1871年,明治政府增设了文部省,以加强对教育的领导。1872年颁布了第一个教育改革法令《学制》,企图向欧洲教育体制看齐,使日本教育走向近代化,发展一套近代义务教育体制。把"全民教育"作为日本教育的基本方针,将全日本划分为8个大学区,各设1所大学;下设32个中学区,各设1所中学;每个中学区下设210个小学区,每一个小学区设1所小学。总计全国有8所公立大学,245所中学,53760所小学,竭力普及全

---

① 万锋:《日本近代史》,中国社会科学出版社,1978。
② 王桂:《日本高等教育的历史概况和现状》,《外国教育研究》1982年第1期。
③ 刘宗绪:《世界近代史》,北京师范大学出版社,2004。

民教育，提出"邑无不学之户，家无不学之人"的口号。

明治政府在教育制度和教育内容上都效法西方，在普及初等教育的同时也注重重点大学的建设。除开展实业教育外，还专门培养高级专业人才。按照当时《学制》的规定，"大学作为传授高尚的各种学问的专科性学校"，分为理学、化学、法学、医学、数理学五科，毕业生授予学士称号，又规定，专门学校是"依靠外国教师教授高尚学问的学校"。

《学制》颁布以后，公立、私立的专门学校在各地陆续兴建，1877年（明治10年）其数量已达52所，最多的是医学校、法学校、外国语学校。这段时期，日本的资本主义近代化水平迅速提高，走上了帝国主义海外扩张与侵略的道路。1877年，为了回应帝国主义道路下国家管理人才和技术人才的培养需求，明治政府将国立的东京大学校（原昌平坂学问所）、东京开成学校、东京医学校合并，建立了日本的第一所现代化大学——东京大学，设法、理、文、医四个学部。1886年颁布的《帝国大学令》中规定，大学的教育宗旨是"应国家之需要，教授学术理论和应用，并以深入钻研为目的，兼注意陶冶人格及培养国家主义思想"，将东京大学更名为东京帝国大学，分为大学院和分科大学两部分。大学院侧重进行学术和科学研究；分科大学以传授专门知识为主，培养基础科学和应用科学人才。明治政府对东京帝国大学的建设和发展非常重视。1880年给这所大学的拨款占该年全部文教经费的44%，一直持续到1897年（明治30年）建立京都帝国大学。[①] 除了东京帝国大学以外，还出现了一批专科学校。有的是与产业结合的专科学校，如东京职工学校（东京高等工业学校的前身）；有的是以自由主义为出发点的私立学校，如庆应义塾（庆应义塾大学的前身）和东京专科学校（早稻田大学的前身）；还有的是以速成为宗旨用日语传授西欧的法律、经济等知识的私立学校，如东京法学校（法政大学的前身）；还有的是宗教系统、师范教育系统、军事系统、医科系统、外国语系统的专科学校。它们都体现了当时日本教育领域积极学习西方的教育内容与教育制度，并运用这些知识推动日本社会的发展。[②]

与此同时，教育领域并不是只充斥着"学习西方"的口号。日本著名

---

① 肖兴安、熊家国：《日本明治维新时期的教育改革及其启示》，《国家教育行政学院学报》2007年第1期。

② 王桂：《日本高等教育的历史概况和现状》，《外国教育研究》1982年第1期。

学者永井道雄曾提出自己的见解:"概括地说,明治初期的教育遇到的基本问题是:第一,日本的历史发展阶段与西洋国家不同;第二,日本很明显是个后进的国家;第三,日本有着与西方国家所不同的文化传统。上述三个方面的因素又互相联系在一起,而如何正确处理这三个因素之间的关系,就成为明治年代的教育以及政治、经济的最大课题。对此提供了解决办法的,正是推动日本起飞的明治维新时期的教育,也恰恰是在这个问题上表现了明治维新时期教育的特点。"[1]

这说明了明治维新时期的西方教育理念并不能完全移植到日本,日本应具有自己独特的文化教育传统。实际上,在明治维新之前,欧美列强对日本的侵略已经让充满忧患意识的日本人民意识到,学习西方势在必行,不进则退。通过学习西方拯救国家于危亡的心愿贯穿着明治维新的始末。因此,日本虽然大力提倡全盘西化、脱亚入欧,培养"洋才",但实质上是强调保留自己的民族性。因此,教育机关颁布的《教育敕语》就充分灌输武士道、忠君爱国等思想,引导受教育者为大和民族雄于世界列强之林,乃至统治世界的野心而学习。"洋才"其外,内则"和魂",这才符合日本社会的情况和需求。

由此可见,一方面,明治维新时期的教育很好地回应了日本在走向开放的历史背景下,近代化对教育的需求,培养了大量适应时代发展的人才,特别是科技人才,使得日本超越中国率先成为亚洲唯一能与欧美列强的近代化水平相匹敌的国家。另一方面,日本虽然经历过"脱亚入欧"的挣扎,但也回应了保留民族传统的需求。在日本明治维新的守旧派与维新派的矛盾最为尖锐之际,民族性的保留起到了调和作用,也维护了明治维新的顺利进行,时至今日,依然作用在日本的传统与现代之间,呈现出较为平衡的状态,这也是日本教育相当独特的地方。

三 日本职业教育发展——紧密回应产业对职业人才的需求

从1952年起,社会各界尤其是产业界和教育界纷纷发出重视职业教育的呼声,促使日本政府于1955年制订了《经济自立计划》,提出"要摆脱对特需的依赖",使"经济稳定成长发展到高速成长""全部就

---

[1] 〔日〕永井道雄:《近代化与教育》,王振宇、张葆春译,吉林人民出版社,1984。

业"，重视职业技术教育。日本职业教育针对日本的实际情况和发展需求做出了一系列改革，对当时日本发展起到了积极的促进作用，具体表现如下。

第一，为产业结构调整提供了人才支援。经济的发展导致产业结构的调整，对职业教育提出了新的要求。20世纪50年代中期到70年代中期，职业高中在校学生构成中，第一产业的学生数基本维持不变，而第二、第三产业的学生数持续增长，高中职业科内部逐渐形成了商、工、农的比例顺序。在职业教育毕业生中，第一产业的就业比例下降，第二、第三产业的就业比例上升，职业教育明显符合日本产业结构调整的需求。

第二，多方位的职业教育渗透。日本的职业教育，不仅发生在职业专科学校，而且是从少年到成年的终身职业教育的过程中。普通初中、普通高中和综合高中的普通科就开设职业课程，供学生必修或选修。建设大量学制系统以外非正规的类似学校教育的社会教育机构，称为"各种学校"，招收初中毕业生，其中一部分被专修学校替代。努力发展高等职业教育，建立单一的学校体系和单一种类的大学。发展企业内职业教育，加强校企合作，重视对职工的职业教育、科技教育。20世纪70年代以后，企业内职业教育成为终身教育体系中的一部分。这种全方位、多渗透的职业教育体系，为日本培养了大量不同层次的职业人才，满足了全球化时代社会生产中不同行业对科学技术和职业素养的不同要求，日本的职业教育也成为世界职业教育发展中最具代表性的一员。

到20世纪90年代中期，日本的人均GDP跃居世界第二，仅次于瑞士，比美国还多20%，也成为此时仅次于美国的经济大国。显然，大兴职业教育对日本经济的发展产生了极大的积极影响。

但是，走过经济顶峰的日本近年来经济上出现了持续的衰退。有学者认为，美国一直重视和发展高等教育，为美国的经济增长提供了持续的发展动力。日本过度发展职业教育，相对来说对高等教育的重视程度显然不够，这可以部分解释日本近年来经济缺乏动力。

福斯特从社会学角度指出，接受职业教育实际上并不是高中生积极主动的选择，即使接受了职业教育，毕业后也往往学非所用，职业学校实际所发挥的作用与人们的期待存在很大的差距。萨卡罗普洛斯基于经济学的角度，指出职业教育的费用大于社会效益。金子认为，职业教育所发挥的实际作用取决于其所处的社会和经济背景。[①]

日本职业教育培养了大量有一定职业素养和专业技能的熟练劳动力，他们中的许多人在日本的终生雇佣制之下更是成了与企业共同成长、终身效力于企业的忠实工人。但是随着计算机的广泛运用，全球进入知识经济时代，相较大量在流水线上生产的普通工人，具有卓越创造力和丰富科学技术知识的少数精英人才更加凸显出其非凡的经济创造能力，给国家和社会带来巨大的财富。而日本的职业教育却将大量劳动者推向成为职业人才的道路，而弱化了培养高科技人才的社会基础。关于这个问题，还有许多可以讨论的空间，值得全球教育界深刻反思。

四 基本观察

回顾日本教育的发展，我们获得以下基本观察。

第一，日本作为注重实际的国家，其教育发展较好地回应社会对教育的需求。随着时代的变迁，不同历史时期对教育产生新的需求，教育随之调整。

第二，在不断地学习当时先进国家的教育制度和教育内容的同时，强调了自身民族性的传承，这也成为日本维系现代与传统平衡的法宝。

第三，日本侧重发展职业教育，在早期日本经济飞速发展中发挥了重要作用。

第四，在发展职业教育和高等教育的重点选择上，日本的选择有可商榷之处。固然，日本曾经大力发展职业教育，在工业化时代对日本的经济腾飞发挥了历史性的巨大作用。然而，进入到知识经济时代，更需要在科学技术领域引领世界潮流的科学技术人才，如此才能保持日本对世界经济的引领。但日本的教育并没有做出及时调整，于是，日本的经济逐渐走向衰落。

第四节 美国高等教育的发展对社会需求的回应

美国曾经是英国的殖民地，独立后短短三百多年的时间一跃成为世界

---

① 刘文君：《职业教育与经济发展——日本的经验教训及对我国的启示》，《外国教育经济研究》2007 年第 2 期。

头号强国。显然,美国的教育尤其是高等教育在其中发挥了重要作用。本节基于教育对社会发展回应的视角,解读美国高等教育的发展。

一 殖民主义初期

来到美洲大陆的殖民者主要分为两部分:一部分是怀着狂热的宗教情怀、以救世主自居的传教士,他们认为,殖民的首要目的是"去传教",使人们受洗礼而加入基督教,而且通过圣经的宣传去把一些穷人和可怜的生灵从魔鬼的手中拯救出来,这些人几乎是令人难以置信的愚昧无知,至死都是受到蒙蔽的;① 另一部分是为了逃避宗教迫害、摆脱宗教压迫的清教徒,他们为了寻找自己的宗教信仰乐园来到美洲大陆。

满足宗教信仰的需求是最初创建高等教育机构的主要目的。哈佛学院(哈佛大学前身)在建校初期印发的一本小册子中写道:"每一个人应对自己生命的终极表示关怀,因而应了解、接近上帝和耶稣基督,这才是永恒的生活……应把基督作为一切知识和学习的基石。"② 同时哈佛学院明确宣称:"为社会造就适合的人力,主要是培养教会人士。"③ 与哈佛学院的创建目的相同的是威廉·玛丽学院,也如其创建者声称的那样,是为了给教会培养合适的教士,这些教士应具备虔诚的信仰、优雅的举止以及良好的教养。与此同时,学院还要担负起在印第安人中传播基督教信仰的职责。同样的,1701年耶鲁学院(耶鲁大学前身)宣称要把耶鲁学院创办成这样一所机构:青年可以在这里学习艺术和科学,并借助于对万能上帝的赞颂而适合在教会和政府中任职。1754年,耶鲁学院院长声称,"学院是传教士的社团,以养成从事宗教事务的人员为己任"。④ 普林斯顿学院(普林斯顿大学前身)也把培养具有新教信仰的牧师作为办学目标。1754年国王学院创建时,办学目的也很明确:本校主要任务在于教育和指导青年理解耶稣基督,热爱并服从上帝,养成优良习惯,获得有用知识。⑤

---

① 〔美〕福克纳:《美国经济史》,王锟译,商务印书馆,1989。
② Lucas, C. J., *American Higher Education: A History* (New York: ST. Martin's Press, 1994).
③ 滕大春:《美国教育史》,人民教育出版社,1994。
④ Brubache, J. S., Rudy, W., *Higher Education in Transition: An American History: 1636 - 1956* (Happer & Row Press, 1958).
⑤ Cubberley, E. P., "Readings Public Education in the United States," *The Cleaning House* 11 (1936).

同时，在课程设置上也能体现这一时期高等院校建校的目的，神学或与宗教相关的科目是各学院必须设置的课程。即使"道德哲学"等其他科目的讲授也必须与基督教教义结合起来进行，务必使学生获得正确的思维习惯，以及有关道德和宗教问题的正确观念和价值。学生在课堂上学习基督教教义，课后活动是有组织地参加各种宗教活动，熟悉宗教的礼节，培养自己对全能上帝的虔诚和信仰。学生毕业后，牧师几乎是他们唯一的职业选择。

最初建立的九所高等教育院校都是私立的，收费昂贵，所以只接收贵族和有钱人，造成学生数量一直很少。1775年哈佛学院的毕业生仅有40人，而耶鲁学院的毕业生仅有35人，这显然不能满足当时社会对宗教人才的需求。

二 殖民主义后期

虽然殖民地学院的创建在很大程度上受到了英国大学制度的影响，但学院的创办者也认识到，在殖民地经济和文化相对落后、生存环境十分苛刻的条件下，复制英国大学的模式既不可能，也无必要。18世纪以来，欧洲资本主义生产蒸蒸日上，科学运动蓬勃兴起，启蒙思想澎湃激荡。受其影响，北美殖民地政治变革加剧，同时由于受到苏格兰大学的课程设置和生活相贴近的影响，以及殖民地东部波士顿地区商业发展的影响，各殖民地在培养目标上表现出对培养牧师重视程度的降低，与此同时，在课程的设置上做出了相应的调整以适应商业发展和科学运动带来的思想进步。

在汤姆斯·克莱普（Thomas Clap）任校长期间，耶鲁学院的基本职能是培养牧师，但同时，耶鲁学院还担负起为世俗职业培养人才的任务。克莱普开设讲座，讲授有关国民政府的性质、法院种类、宪法、土地法、民法、惯例法、军队与海事法规、农业、商业、航海、医学、解剖学、纹章学（是西方研究纹章的设计与应用的学问）、炮术训练等课程。18世纪的威廉·玛丽学院除注重牧师培养外，还把律师、医生及绅士的培养视为自己的职责。国王学院于1754年增设航海、测量、矿物学、地理、商业和管理、家政等课程。

虽然这些课程设置得不是很多，殖民地学院服务于社会经济发展的趋势也不太明朗，但已表现出往这一方向发展的趋势。

三 独立战争后

1783年独立战争结束后，随着美国经济发展，各项建设事业越来越表现出对实际人才逐渐加大的需求。同时受到第一次工业革命的影响，科学技术的发展越来越要求大批从事实际建设的人才，必须具有系统的理论知识，接受相当程度的专业教育。最初的学徒制教育方式已经难以满足这一时代对人才的新需要，于是高等专业学院逐渐兴起，并呈现出急速发展的态势。

这一时期创建伦塞勒多科技学院的目的是培养一批服务于当地农民和工人子女的教师，这些教师向学生传授科学知识，并使其能将这些知识运用于家政、制造业和家庭经济。1849年，学院课程的设置得到进一步扩充，增加了矿业、地质工程、建筑、民法等课程，加强了建筑师以及矿冶、地形测量及市政工程方面工程师的培养。受到伦塞勒多科技学院的教育模式的影响，联合学院院长埃勒法来特·诺特（Eliphalet Nott）于1845年创办市政工程系。与此相似，1847年哈佛学院创设劳伦斯理学院，同年耶鲁学院创办了科学技术系，后发展成为谢菲尔德理学院。1852年，达特茅斯学院创建了钱德勒理学院，布朗学院创办了实用科学系，1855年，宾夕法尼亚大学创建了矿物、艺术与工业制造系。

这一时期创办的技术学院培养了许多发挥领导作用的工程技术人才，极大地促进了当时美国铁路、公路、桥梁及工厂的建设，有力地推动了19世纪上半叶美国社会经济的发展。美国教育史学家克伯莱曾对此评价：如果没有伦塞勒多科技学院培养的人才，出面办理大学新的科系，指导铁道与工厂的建造和工作，美国产业革命必将拖后二十五年。[1] 南北战争后，更多的专业技术学院建立，为美国工业发展造就了大批高等科技人才。

四 南北战争后

1865年南北战争结束后，美国在工业革命的影响下发生了翻天覆地的变化。工商业的发展提出了对具有特定技术工人的需求，导致学校开设各类工业艺术教育科目以满足其需要。据统计，在同一时期美国各部门新增

---

[1] 滕大春：《今日美国教育》，人民教育出版社，1987。

产值25.7亿美元，其中农业15亿美元，矿业0.3亿美元，建筑业2.3亿美元，制造业6.2亿美元，农业产值占约58%。①

鉴于农业在国民经济中所处的重要地位，开展旨在提高农民素质、满足农村人口特殊需要的农业教育便显得尤为必要。农业教育不仅仅对农业人口，而且对于整个社会而言意义都极为深远。①因为农业教育的实施，既能保证消费者以低廉的价格享受到高质量的产品，又能保护人力和自然资源，满足战时及和平年代国家的物资需要，是促成国家繁荣发展的重要因素。

同一时期，美国工商业发展对教育也提出了新要求。截至19世纪60年代晚期，美国文化已被飞速发展的工业化和城市化所重塑。教育也因此受到了影响。工业发展对具有特定技术工人的要求，导致学校开设各类工业艺术教育科目。伴随着城市扩张而出现的人口拥挤及生产高速发展，学校愈来愈被寄予厚望，促成上述各项事业的平稳发展。②

民权运动要求教育平等，相当一部分妇女为了走出家庭进入工厂做工而开始不断涌入学校学习。但就高等教育而言，此时对快速发展的社会的回应并不及时，而且这个时期存在的高等院校中，肯俯就工农业生产实际并愿为之培养实用人才实属寥寥。当时的情况诚如布朗学院院长韦兰德（Wayland）所说，1850年整个美国拥有120所学院，47所法学院，42所神学院，然而没有一所学院能够培养合格的农艺师、制造业主、商人，即便到了1862年，整个美国也仅有6所高等学校涉足实际生产领域。①为改变这一状况，包括特纳、摩里尔在内的一批教育先驱人士审时度势，奔走呼号，终于促成赠地学院这一新型高等教育机构的诞生。

赠地学院的产生和发展，实际上确立了农业与工艺学科和与之相关的应用科学研究在高等学校中的地位，这是美国高等教育在继承殖民地及其他时期高等教育实用化传统的基础上，进入到一个具有里程碑意义的发展新阶段的标志。赠地学院的产生与发展加速了美国高等教育的民主化进程，促进了美国高等教育面向大众，而不再是少数特权阶层。高等学校的

---

① 王保星：《南北战争至20世纪初美国高等教育的发展与变革》，博士学位论文，北京师范大学，1998。

② Button, H. W., Provenzo, E. F., *History of Education and Culture in America* (New Jersey: Prentice Hall, 1989).

大门开始向中产阶层及广大工人、农民子弟开放。这样既缓解了社会矛盾，又满足了美国工业化对高素质劳动力的需求。

五　美国科研型大学的发展

1876年，在一大批留德学生的推动和组织下，美国第一所正规的研究生教育机构——霍普金斯大学诞生。它仿效德国大学，大力开展科学研究，举办研究生班，为已取得学士学位的学生开设专门的课程和实验，正式培养研究生。在霍普金斯大学的带动下，美国原有的一些私立学院和州立大学增设了研究生院，改造专业学院，提高其学术标准，新设研究生课程等。与此同时，美国以霍普金斯大学为样板，创办了芝加哥大学、克拉克大学、斯坦福大学等研究型大学，承担培养本科生和研究生的双重任务。由于美国能结合本国实际，积极学习德国高校强调科学研究的办学经验，确立了科学研究在大学中的地位，建立和发展了研究生教育体制，不仅使美国的高等教育开始分出层次，而且在科研和研究生教育的推动下，国民经济的发展越来越依赖于大学，政府和企业越来越愿意向大学提供科研经费，极大地促进了美国高等教育的发展。

1862~1900年，美国工业总产值增长了四倍，从世界第四位跃居首位。在这种社会大变革的背景下，美国的高等教育有了迅速发展，主要表现为：一是数量上有发展，1869~1900年美国高校从563所增加到977所，在校学生从5.2万人增加到23.7万人；二是培养目标有转变，高校已从培养贵族和神职人员转变为既培养政府官员又培养各种专业技术人才；三是职能有所完善，高校建立了具有美国特色的教学、科研和服务三位一体的职能。[①] 这一阶段的发展，塑造了美国现代高等教育制度的雏形，为后来美国高等教育的发展奠定了基础。

六　初级学院的发展

19世纪末20世纪初，面对中学毕业生希望升学的人数激增的压力，美国产生了独具特色的"初级学院"。1892年，芝加哥大学首次把大学一分为二：一、二年级为初级学院，三、四年级为高级学院。1901~

---

① 罗建华、白莉：《试述美国现代高等教育的发展》，《中南工学院学报》1996年第13期。

1926年，有28所四年制学院做了改变。初级学院作为两年制高等教育机构，其主要任务是普及高等教育和为进入大学本科三年级的学生做准备。因此，初级学院独立开展教学，招收高中毕业生，授以两年普通教育和职业教育，所收学费低廉或不收，学生就近入学，无入学考试，课程设置和办学形式多样，学生毕业后可就业，也可转入四年制学院和大学三年级继续学习。至此，初级学院办学目标已比较明确，并逐步形成了自己的特色。

初级学院能够满足希望进入大学学习的人数急增的需求，并且能够适应美国社会生活的实际需要，具有多方面的适应性。因此，它不仅在规模、专业设置、课程、师资和设备上不断得到改善和扩充，而且其数量也急剧增加。1940年，美国初级学院已有469所，在校学生达23.2万人，已成为美国高等教育结构中一个重要组成部分。[1]

美国高等教育通过1901~1945年的发展，已形成了由初级学院、本科学院和研究生院组成的比较完善的体系结构，可以承担培养半熟练专业人员、熟练专业人员直至高级专业人员的任务，从而基本上满足了工业化对各级各类专业人员的需求。

七 第二次世界大战后

1945年第二次世界大战结束，美苏两国为了称霸世界进入到冷战时期。美国和苏联分别成为资本主义和社会主义两大阵营的"领头羊"。鉴于这种对峙局面，美国一直将苏联当作竞争对手，在政治、经济、文化、军事、外交、教育、科学技术以及国防事业的方方面面都不甘落后。然而，苏联在1957年10月4日成功地发射了第一颗人造卫星，使得美国政府和教育界受到了极大的震撼，给美国人的冲击甚至超过了1949年苏联打破美国原子弹垄断的程度。

为何苏联的卫星上了天而美国却没有？针对这一问题，美国国内展开了激烈的争论，最终得出结论：美国的教育落后于苏联。[2] 美国著名教育家、哈佛大学校长科南特等人明确指出，苏联在技术上的突破，正是因为

---

[1] 罗建华、白莉：《试述美国现代高等教育的发展》，《中南工学院学报》1996年第13期。
[2] Urban, W. J., *American Education: A History* (Boston: McGraw-Hill Press, 1996).

苏联建立了能够培养技术优势所需要的教育制度，而美国则缺乏这种制度。[①] 第二次世界大战以后，直到20世纪50年代前半期，美国的教育状况与20世纪初没有多大区别。苏联在60年代初进行了教育现代化的改革，其中一个重要的内容就是减少学生的劳动时间，加强物理、数学、自然科学等与科学技术发展密切相关的学科，以保持与美国竞争的势头。[②] 在美国和苏联两国的科技和国防竞赛中，美国处于不利形势，迫使其在教育领域进行了一次大规模的改革。

1958年《国防教育法》颁布，标志着国家以法律的形式认同了教育具有国家安全防御的价值，规定为了国家安全，要最大限度地发展男女青年的智慧和技术，为他们提供恰当的教育机会。[③] 这一法案的颁布不仅为高等教育的发展提供了法律保障，同时还为其提供了资金支持，为大学生和研究生提供奖贷学金，使任何人都不因经济困难而失去接受高等教育的机会。此外，在政府的支持下，许多新的物理科学、生命科学和社会科学实验室和研究中心建立起来。在课程设置上表现为，各级学校除了注重基础学科的协调发展，还大力发展军事、航天、科学等专业。

一些研究型大学对科学研究的重视导致自然科学基础课程和学时的增加。例如麻省理工学院等理工科大学掀起了"工程科学运动"，使得第二次世界大战期间重视基础研究的传统渗透到高等教育，数学、物理学科的教学得到大大的加强。这一时期美国高等教育的发展在相当大程度上回应了来自苏联的军事威胁，强调教育的国家安全价值。

八 美国大学的创业教育

1945年之后，为了保证大学教师和研究人员拥有充足的科研经费进行创新与发明，美国联邦政府开始了对大学科研的高额资助政策。2005年数据显示，联邦政府向大学、医院以及研究机构总共投入了423亿美元。[④] 1980年颁布的《贝多法案》，规定了政府资助大学完成的研究成果和发明

---

① Hlebowitsh, P.S., Tellez, K., *American Education*: *Purpose and Promise* (Canada: Wadsworth Press, 1997).
② 陆有铨：《躁动的百年》，山东教育出版社，1997。
③ 夏之莲：《外国教育发展史料选粹》，北京师范大学出版社，1999。
④ 梅伟惠：《美国高校创业教育》，浙江教育出版社，2010。

归大学所有，从根本上改变了政府资助研究成果的归属权问题，为大学知识产权的出售和转让提供了制度保障，促进了大学知识产业化和资本化。1989年《国家竞争力技术转移法》指出，由政府、大学、研发机构、民间企业共同提升科技水平，促进科研成果的转化。这些法案的颁布，以及政府资助经费占大学经费总额的比例逐年下降，而企业和学术组织资助经费所占比例逐年上升的趋势，促进了美国的大学开始与产业界合作。

斯坦福大学就是这样一个例子。20世纪70年代，随着技术不断进步，出现了技术商业化的浪潮，促进了创业型大学的发展。随着创业企业在社会经济中不断取得成功，美国企业界与非政府组织也逐渐加大对创业教育的支持。企业和个人主要通过捐赠、提供师资、实习岗位等方式提供财力、人力、物力支持大学开展创业教育。斯坦福大学在1970~2010年的专利许可收入累计高达13亿美元，而且之后每年专利许可收入呈逐年上升态势。[①] 这些收入为斯坦福大学的发展提供了重要的经费支持。

如果说创业教育是顺应了社会的发展，那么创业教育也满足了学生的需求。斯坦福大学创业教育中心的执行主任蒂娜·齐莉格教授指出，发展创业教育的原因之一是斯坦福学生有创业需求，希望能够接受创业教育。[①] 受到日益浓厚的社会创业氛围的影响，学生接受创业教育的需求在不断加强。据一份针对所有在世斯坦福校友创业情况的官方调查，有29%的校友表示曾创办过企业。"因创业环境而选择就读斯坦福大学"的创业校友人数比例在最近60年以来一直呈上升趋势。20世纪40年代，只有不到20%的创业校友因为创业环境而选择就读斯坦福大学，而到了最近10年，这一人数比例则上升到55%。[②] 同时，斯坦福校友创业的行业与科技密切相关。20世纪80~90年代，斯坦福校友创业的行业主要集中在软件、通信、咨询、出版、电子、互联网、金融、生物医药等，其中，仅软件、通信、出版、咨询、电子等5大行业的比例之和就超过了50%。[②]因此，斯坦福大学实施的科技创业教育迎合了学生的创业教育需求不断增加的趋势。

美国高等教育的发展是人类教育发展历史上最精彩的篇章之一。美国的高等教育与美国经济社会一直处于一种互动状态：高等教育不断回应美

---

① Eesley, C. E., Mille, W. F., Impact: Stanford University's Economic Impact via Innovation and Entrepreneurship, Stanford University, 1997.
② 钟小彬：《美国斯坦福大学创业教育研究》，硕士学位论文，华南理工大学，2013。

国在不同阶段社会对高等教育的需求，其结果大大推动了美国的发展和进步，美国的发展和进步反过来又大大推动美国高等教育的发展，如美国政府对高等教育的巨额投入，民间对高等教育的重视和投入，远远领先于当今世界上任何一个国家。美国大学的科学研究也一直引领世界科技，这也和美国大学的科学研究很好地回应经济建设和国家需求相关。总之，美国高等教育很好地回应了社会需求，是美国高等教育获得巨大成功的关键。

第四章
教育投资对收入的影响：
理论及估计方法

  人力资本理论是劳动经济学甚至是经济学重要的理论之一，也是本书研究教育与劳动市场表现关系的基础理论之一。虽然一直受到各种批评和竞争假说的挑战，但并不能撼动其主流地位。人力资本理论的核心是解释人们的教育投资决策行为以及教育对收入的影响，但目前的解释主要是基于与物质资本投资的类比，缺少关于教育对收入影响机制的具体解释，而对教育投资决策的分析多有可商榷之处。为此本章首先对人力资本理论进行评析，对教育投资回报的机制提出解释，并基于问卷数据提出支持性的证据，在此基础上对教育投资回报的理论解释加以拓展。人力资本理论通过建立收入的多元线性回归方程估计教育对收入的影响。但这类研究实际只是评估了教育对收入的直接影响，本章提出教育通过影响其他变量进而影响收入的间接影响的概念，提出估计方法，并由此对基于多元线性回归方程分析自变量对因变量影响的一般方法提出反思。

第一节 人力资本理论的要点及评析

  本节首先对人力资本理论的要点加以归纳，进而加以评析。

一 人力资本理论的要点

威廉·配第（William Petty）一般被认为是人力资本理论的先驱。他提出劳动创造价值，复杂劳动比简单劳动创造更多价值，这就有了今天人力资本概念的含义，如果当时能把复杂劳动与教育培训相联系，几乎就是今天人力资本的概念。现代意义上的人力资本理论开始于 20 世纪 50 年代，到 60 年代基本完成。加里·贝克（Garry Becker）把以前在人力资本方面的理论发展成一个系统的理论框架，具有里程碑的意义。现在写入教科书的人力资本理论是数位经济学家的集体成果。一般来说，人力资本理论由以下部分组成。

（一）人力资本概念

1960 年，美国经济学家西奥多·舒尔茨（Theodore Schultz）把人的知识和技能统称为"人力资本"，即通过对人力资源的投资而体现在劳动者身上的，是由知识、技能和体力所构成的资本。[1] 贝克把人力资本与物质资本进行对比，指出体现在物质产品上的资本称为物质资本，与此相对应，体现在人（主要是劳动者）身上的资本，则是人力资本。[2]

（二）教育投资的均衡

仿效物质资本投资分析的理论框架，人力资本理论提出教育投资需求曲线和教育投资供给曲线，由此建立教育投资的均衡。

（三）人力资本投资模型

人力资本投资模型并不是解释人力资本投资如何带来回报，而是讨论在既定人力资本投资回报的条件下，人关于教育投资的决策。核心的观点是，如果教育投资在未来带来回报的现值之和大于教育投资的现值之和，投资教育就是合理的。

（四）在职培训分析

提出一般培训和特殊培训的概念，以及在两种培训方式的条件下，培训费用如何在企业和工人之间进行分摊。

---

[1] 〔美〕西奥多·舒尔茨：《论人力资本投资》，吴珠华等译，北京经济学院出版社，1990。

[2] Becker, G., *Human Capital: A Theoretical and Empirical Analysis, with Special Reference to Economics* (Chicago: University of Chicago Press, 1964).

(五) 工资方程

人力资本理论的重要检验同时也是重要应用，就是建立工资方程，一般是基于个人横截面数据，估计教育和培训对工资的影响。

人力资本理论还包括一些其他内容或人力资本理论的拓展，如基于人力资本理论的收入分配理论。劳动经济学教科书通常还会介绍和人力资本理论相竞争的一些观点或假说，如信号假说（Screening Hypothesis）。

二 对人力资本理论的评析

人力资本理论虽然一直占据主流地位，但也一直受到批评。以下我们对人力资本理论加以评析，旨在基于这个有意义的概念，把人力资本理论发展得更完善。

（一）教育投资回报递减

人力资本理论认为，随着受教育年数的增加，教育投资回报最终会递减，当递减到等于教育投资边际成本时，教育投入量的均衡就实现了。也就是说，如果教育投资回报不递减，教育投资就难以收敛以达到均衡。在论证教育投资回报递减时，类比物质资本投资因某些固定要素使得物质资本投资回报递减，人力资本理论也强调存在某些固定要素，如 IQ，是由基因及家庭环境决定的，导致持续增加受教育年数所带来的回报最终递减。[①] 但给定一个人 IQ，持续增加教育投资会导致其教育投资回报递减，在理论上并未给出有说服力的论证，也未见到相关的经验研究作为支持性证据。

为此，本节做一个检验。采用 2016 年问卷数据，检验随受教育年数的增加，是否回报会递减。方法是去掉数据中数量相当少的小学及以下学历、博士学历样本，剩下的样本为从初中到硕士学历样本。以第五章第一节的工资方程为基础，教育变量为高中、大专、本科、硕士，以初中为比较基础进行回归，如此可估计出与初中学历城镇居民相比，高中、大专、本科、硕士学历城镇居民工资增长的百分比（工资取对数），用后一学历对应的边际回报率（所对应学历的系数）减去前一学历对应的回报率，所得可以理解为与前一学历相比，接受后一学历教育的回报率。这一回报率

---

① McConnell, C. R., Brue, S. L., Macpherson D. A., *Contemporary Labor Economics* (Boston: McGraw-Hill Irwin, 2003).

除以完成后一学历教育的年数就可求得后一学历每增加一年所增加收入的百分比，或叫工资弹性。比如，采用表4-1数据，与初中学历城镇居民相比，高中学历城镇居民工资增加了10.36%，本科学历城镇居民工资增加43.92%，则从高中读到本科工资增加33.56%，完成本科教育需4年时间，则每年增加工资8.38%。表4-1报告了计算的过程及结果，图4-1显示，随着受教育程度增加，年教育投资回报率明显上升。这说明，就中国的经验来说，尚未观察到随着受教育年数的增加，教育投资回报递减，相反明显递增。如此，人力资本理论关于教育投资均衡分析的前提就是有问题的前提。

表4-1 不同学历年教育回报率

学历	回归方程系数	t-值	受教育年数的增加	年教育回报率（%）	样本数（个）
高中	0.1036	4.0510	比初中增加3年	3.4533	1967
大专	0.2739	10.3560	比高中增加3年	5.6767	2341
本科	0.4392	16.3144	比高中增加4年	8.3825	3024
硕士	0.7554	19.3483	比本科增加3年	10.5400	510

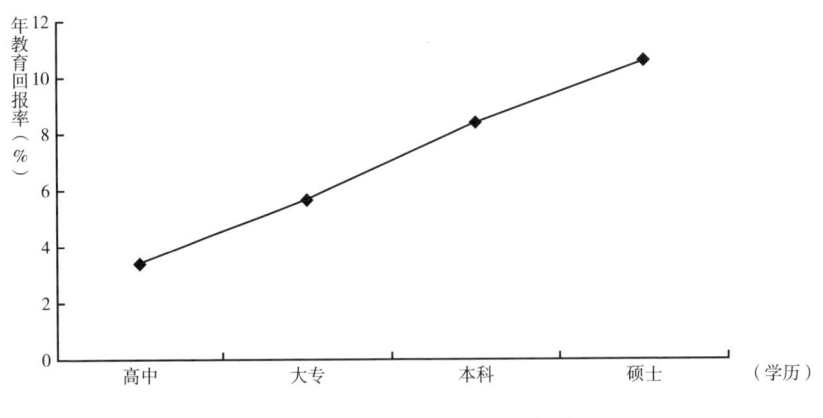

图4-1 不同学历年教育回报率

（二）受教育年数的决定：教育投资的边际成本 vs. 智力水平

人力资本理论认为，给定教育投资回报递减，教育投资的均衡条件为，教育投资回报等于教育投资的边际成本。这里，我们暂且假定教育投资回报递减成立,那么是否人力资本投资的边际成本决定人力资本投资的均衡?答案是这一分析是有问题的。在社会发展的不同阶段,决定谁能够获得受教育的机会,或社会把教育资源分配给谁的机制不完全相同。

在一个经济不发达、教育相当落后的社会,接受良好教育的必要条件是个人(家庭)拥有必要的经济资源。在这一阶段,一般只有经济富裕家庭的子女才有机会获得良好的教育,从而获得较好的就业机会以及收入。相对来说,一个人智力因素对能接受什么程度的教育居于相对次要的地位。在这一阶段因受到良好教育而增加的工资更多地反映了对投资教育的金钱方面的回报,当然也有一定的对智力水平的回报。

随着社会经济的发展、教育的普及,尤其在现代大学提供越来越多的奖学金的机会以及政府对教育贷款计划的普遍实施,个人(家庭)的经济状况对一个人能受到什么程度以及什么质量水平的教育的限制已经很小。此时,个人的智力因素将是一个人受什么程度以及什么质量水平的教育最重要的决定因素,从而也就成了决定一个人工资的重要因素。就中国的情形来说,能否接受高等教育主要取决于高考的成绩。在这一阶段,通过良好教育获得的工资增加更多地反映了对智力的回报,或可称之为智力稀缺性的租金。第五章第一节的研究将表明,智商影响受教育程度以及受到什么质量水平的教育,可为支持性的证据。

以上分析说明,当社会进入到个人(家庭)的经济条件已不是限制其接受良好教育(比如高等教育)的主要因素而是智力水平决定的时代,人力资本理论本身就相当脱离实际了。1994 年 Herrnsterin 等出版了一本书《正态曲线:美国生活中的智力和阶级结构》。此书一经出版立刻引起轰动并爆发了广泛而持久的大争论。书中的基本观点是,用 IQ 所衡量的人们的智力水平决定人们受什么水平的教育,是决定人们财富最重要的因素;一个人的家庭出生背景是穷是富已变得次要。[①] 其实这部书已经告知我们,这是一个智商比家庭背景更重要的时代,在这个时代,传统的人力资本理论已经不能很好地解释人们接受什么程度教育的理论框架。

(三)受教育程度:自主决策 vs. 被动接受

人力资本理论相信,人们选择接受什么程度的教育主要是基于成本 -

---

① Herrnsterin, R. J., Murray, C., *The Bell Curve*: *Intelligence and Class Structure in American Life* (New York: The Free Press, 1994).

收益的计算。这里隐含假定，人们对自己所接受教育程度有着完全的自主性。然而，这又是人力资本理论脱离实际之处。

人类社会发展到现在，无论经济发展到何种程度，教育都无法充分满足人们受教育的愿望。教育有两个维度：数量和质量。也许一个社会可以通过大力发展教育，让所有想接受某一层次教育的人都得到满足，但学校质量的相对差异几乎是无法消除的。拿本科教育来说，几乎每个国家的绝大多数青年都希望上大学，并且最好是名牌大学。然而，相对于广大大学申请者或考生来说，大学能招收的学生是有限的，而名牌大学更是有限的。这时，一般的录取规则是，名牌大学先录取优秀的申请者，普通大学后录取普通的申请者，剩下的就是不能上大学的，但是被录取到普通大学的学生希望被录取到名牌大学，而没有被录取的学生希望被录取。因此，一个人能接受到什么程度的教育，成本－收益的计算只能决定一个人接受什么程度教育的主观愿望，但愿望本身只是实际能接受什么教育程度的一方面因素，当然也是重要方面，而在现实中人们更多的是被动接受所能获得的最好的受教育机会。

以上分析也说明一点，要解释人力资本投资的均衡，并不需要教育投资回报最终递减这一假设，对于大量被学校拒绝的申请者来说，他们教育投资的边际回报肯定大于边际成本。

第二节 教育投资回报机制的解释及证据

鉴于人力资本理论的以上问题，本节试图对教育投资回报机制提出一种解释，并提供支持性的证据。

一 教育投资回报机制的解释

人力资本理论从概念到论证，都仿效物质资本投资理论。如此仿效是有启发性的。人力资本投资与物质资本投资确有相似性，即投入于当前，回报于未来。根据这种相似性，后来不仅把教育视为一种投资，甚至连迁徙、健康改善的投入等都视为人力资本投资，虽然这种对人力资本理论的拓展并未见到很有意义的成果。但这种对物质资本投资理论的简单仿效也带来一定的问题。

物质资本投资回报的机理比较好理解：资本雇用劳动，购买其他生产要素，经过生产过程生产出产品，卖出产品获得收益，支付劳动及各种其他生产要素后，剩余部分为利润，是为投资物质资本的回报。显然，物质资本投资回报的过程不适合人力资本。因此，过于简单地仿效物质资本投资理论可能带来问题，其中一个最大的问题是：物质资本投资能给人带来回报近乎常识，如此人力资本投资能给人带来回报也似乎就成为顺理成章的事，因而可以忽略其具体的过程和机制。鉴于目前人力资本理论缺少对教育投资回报机制的解释，以下试图提出一种解释。

人力资本理论认为，受教育程度高的人收入高是因为他们的劳动生产率高（More Productive）。但这种解释本身是有问题的，因为工资是由劳动市场上的供给和需求共同决定，而人力资本理论没有把教育投资与劳动市场的供给和需求联系起来，因而难以对工资的决定给予合理和精致的解释。本节关于教育投资对工资影响的分析，就是试图解释教育投资如何影响劳动市场的需求与供给。

下面先分析教育投资与劳动市场需求的联系。劳动市场的需求是引致需求，是厂商为了生产产品满足消费者的需求而产生了对劳动的需求。因此教育投资对劳动市场需求的影响，必须通过对产品市场需求的影响加以解释。

人力资本理论认为教育投资可以提高劳动生产率是正确的，但对此未加展开。根据定义，劳动生产率衡量单位时间和单位劳动所生产出产品的多少。在市场经济社会，产品的多少用产品的市场价值来衡量。市场价值为产品数量和价格的乘积。一种产品的价格是由产品市场供给和需求所决定，产品的效用决定了需求面，稀缺性决定了供给面。由此教育投资对产品市场供需的影响应表现在：工人受教育程度的提高或有助于提高产量，或有助于提高产品的效用，或有助于提高产品的稀缺性，当然也包括它们的各种组合。产品产量的提高可能是因为受过教育的工人技术水平提高，产品的效用会提高可能是因为质量更高，甚至设计的产品更加完善，而质量更高、设计更完善的产品在产品市场的稀缺程度一定会提高。这时，受教育程度高的工人在劳动市场就面对更大的需求。

当然，还必须考察工人受教育程度提高对劳动市场供给面的影响。供给与稀缺性相联系。受教育程度高的工人的稀缺性可以归结为受高程度教育的机会成本以及其智力的稀缺性，由此构成了人们获得教育的障碍，从而使得受教育程度高的工人具有了稀缺性。对此,上文已有分析。

至此,我们可以对以上讨论做如下归纳:受教育程度高的工人在劳动市场面对更大的需求,同时变得更为稀缺,必然增加其在劳动市场的议价能力,由此获得更高的工资收入。

二 教育投资回报机制的检验

以上分析可以得到部分检验。受教育程度高的工人在劳动市场挣得更高工资的重要原因是其在劳动市场具有较高的稀缺性,从而增加了议价能力。但如果有同样受教育程度的工人加入到同一劳动市场,就会降低这一受教育群体的稀缺性,从而降低其议价能力,进而降低其工资。为此,我们可以进行检验。

从2008年开始,本书作者之一樊明持续就某些公共政策问题在河南以及全国范围展开问卷调查,其中涉及城镇居民的受教育程度、工资收入以及其他个人信息。为了能利用各次调查数据进行比较,我们从全国样本中只抽取河南样本,这样所用数据均为河南数据。表4-2报告了各次调查年份、调查的主题、调查范围及河南城镇居民样本数。

表4-2 2008~2015年部分年份问卷调查一览表

年份	调查主题	调查范围	河南城镇居民样本数(个)
2008	退休政策	河南	1657
2009	生育政策	河南	2397
2012	收入分配政策	全国	4957
2014	三化协调发展	全国	2350
2015	中西部三化协调发展	中西部	2082

基于各年数据可就工资进行线性回归,求得以高中学历样本为比较基础,大专、本科学历城镇居民工资的增长率。由于各年调查的问题不一样,所涉及的个人变量不同,为了便于比较,工资方程的自变量均保持一致,包括受教育程度(去掉数量较少的博士研究生样本)、工龄、性别、中共党员(以其他政治身份为比较基础)、健康状况(以健康状况较差、很差为比较基础)。为了简化比较,本节我们只比较教育对工资的直接影响,而不考虑间接影响(下节讨论的概念)。我们把学历为大专、本科的

群体定义为接受高等教育的群体。与高中学历群体相比，接受高等教育人口的工资增长率定义为高等教育回报率。这样，回归方程中"大专本科"变量的系数就是高等教育回报率。教育部每年发布的《全国教育事业发展统计公报》，其中包含各年高等教育毛入学率。高等教育毛入学率是指高等教育在学人数与适龄人口之比。适龄人口是指18~22岁年龄段的人口数。高等教育毛入学率可以反映受过高等教育人才在劳动市场的稀缺度。

有了高等教育回报率以及毛入学率，我们就可以研究高等教育毛入学率对高等教育回报率的影响。根据以上分析，随着高等教育毛入学率的提高，高等教育回报率应递减。表4-3、图4-2支持了以上判断，随着高等教育毛入学率的提高，高等教育回报率明显递减，是以上所论教育投资回报机制的支持性证据。

表4-3 高等教育回报率与高等教育毛入学率

年份	高等教育毛入学率(%)	高等教育回报率(%，"大专本科"系数×100)	t-值	R^2	样本数(个)
2008	23.3	40.51	6.1688	0.3098	608
2009	24.2	31.07	7.8036	0.2383	1111
2012	30.0	16.47	7.8154	0.1106	4544
2014	37.5	17.26	5.8333	0.1074	2350
2015	40.0	11.93	3.7554	0.1301	2110

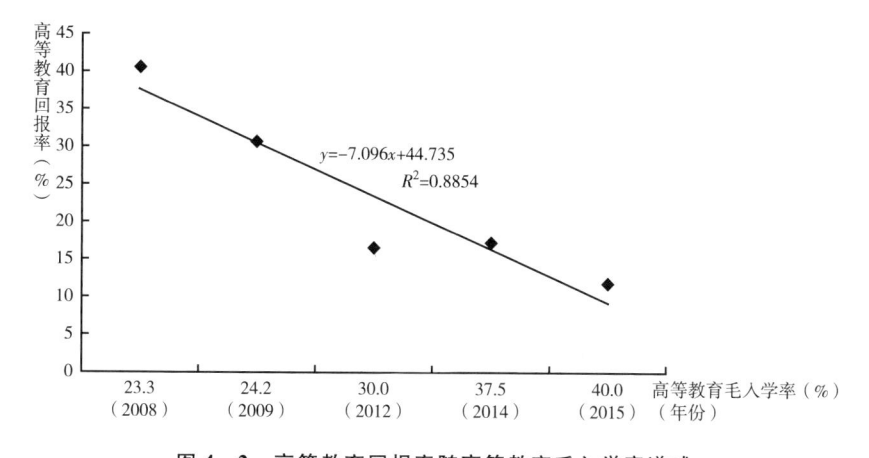

图4-2 高等教育回报率随高等教育毛入学率递减

$y=-7.096x+44.735$
$R^2=0.8854$

第三节 教育投资回报机制解释的拓展

一个良好的理论不仅需良好的解释力,还应表现出丰富性,一个具有丰富性的理论也会进一步提升理论的解释力。以下基于以上所论教育投资回报机制进行拓展性讨论。

一 如何看待民国时期和今天教师工资的差距

近年来关于民国时期教师高工资待遇成为一个话题。1927年公布的《大学教员资格条例》规定,大学教员的月薪,教授为600～400元,副教授400～260元,讲师260～160元,助教160～100元。教授最高月薪600元,与国民政府部长基本持平。在20世纪30年代初,大中小学教师的平均月薪分别为220元、120元、30元;而同期上海一般工人的月薪约为15元。[①] 但根据严奇岩对民国时期教师工资研究所做的文献综述,也有一些研究并不肯定民国时期教师工资高,认为以上规定脱离实际,在不少地方并没有真正实行。[②] 我们综合各方文献资料,认为在抗战前不少地区教师的工资是相对丰厚的,尤其是大学教师(对此少有异议)。由此,不少人赞美民国政府重视教育,潜台词就是今天政府对教育不够重视了,因为今天的教师,包括大学教师,待遇肯定比不上民国时期的教师,尤其是大学教师。

根据我们对教育投资回报机制的解释,受教育程度高者的稀缺性对工资有着显著影响。民国时期,现代教育的发展尚处初级阶段。有初、高中文化能教小学、中学在当时就算是稀缺人才,而能教大学者,至少上过大学,肯定是相当稀缺人才。面对民国时期教育发展的需要,这些受过教育的人在当时的劳动市场都有相当的议价能力,因此比受教育程度低的工人多拿工资也是市场使然。从现在披露的各种资料来看,民国政府重视教育是可以肯定的。但制定教师工资标准时,肯定要参考当时教师人才市场所形成的教师工资,因为当时存在一个民办的教师人才市

---

① 薛林:《民国时期教师的工资》,《教师博览》2008年第1期。
② 严奇岩:《民国时期教师生活待遇研究的回顾与反思》,《南通大学学报》(教育科学版)2006年第2期。

场。因此，当时国民政府所制定的工资标准也在一定程度上反映了当时教师劳动市场的供需关系。因此，不能仅从当时政府所制定的工资标准就肯定说民国政府重视教育。

随着教育的多年发展，当今能担任各类教师的人已越来越多，包括具有博士学位的人才，因此待遇必然平民化。今天公办大学老师的工资一般分为两部分：一部分是财政工资，由政府决定标准并发放，一部分是学校工资，高校相对可自由裁决。其实学校工资的决定带有相当的市场决定的性质，而民办高校教师的工资更是由市场决定。这就是说，现在大学教师的工资在相当程度上是由市场决定。如果和民国时期教师的工资相比有差距，这种差距更多的是反映了劳动市场供需关系的时过境迁，和政府对教育的重视有一定的关系，但政府对教育重视并不直接决定教师的工资，尤其是相当程度上市场化的大学教师的工资。也就是说，我们并不能凭今天教师的工资，尤其是大学教师的工资比民国时期低，就因此认为当下的政府不重视教育。

二　西方福利国家危机：人力资本理论视角

传统福利国家福利的过度扩张，不仅造成国家财政的沉重负担，同时也让人民对政府福利产生依赖，这就是所谓的"福利国家危机"。现在福利国家危机已经越来越成为西方社会一大问题，几乎积重难返。一个流行观点认为，这是西方民主选举制度的结果。西方政客为选举成功对选民承诺高福利，于是当选后不断提高社会的福利水平，结果导致福利水平越来越高，终至社会越来越难以承受。这种解释有一定道理，但肯定不是充分条件，因为高福利需社会拥有充足的财富作为前提。政客承诺的福利再高，如果社会没有充足的财富，政客也只能食言。

这里我们基于本章所论教育投资回报机制的解释做一分析。西方高福利制度大多在二战后逐渐建立起来。二战后，西方社会出现过一段经济繁荣期，教育科技发展迅速，相反广大发展中国家以及当时的社会主义国家经济发展相对较慢，教育科技相对落后。这时，西方国家可以用其少量的工业产品和发展中国家交换大量的农产品和初级产品，贸易条件十分有利于西方，进而形成了有利于西方的国际分工体系。需要指出的是，这种贸易条件的背后是西方发达国家的教育科技发达，而发展中国家的教育科技相对落后。

但后来随着发展中国家不断进步，教育科技水平普遍提高，也能生产过去只有发达国家才能生产的产品，这时发达国家与发展中国家的贸易条件开始发生改变，随之国际分工也发生改变。发达国家已不能凭借其教育科技相对优势通过国际贸易换得大量发展中国家的产品，于是高福利制度就面临危机。从一定程度上来说，西方福利国家高福利制度形成以旧时代的贸易条件和国际分工为基础，而背后是教育科技的相对优势。随着发展中国家教育科技的发展，改变了贸易条件和国际分工，但西方福利国家已形成的高福利制度具有刚性，难以适应新的贸易条件和国际分工，于是危机就出现了。当然，这一解释只是西方高福利制度形成的部分解释。

三 高等教育回报不断递减是必然趋势

表4-3显示，随着中国近年来高等教育的快速发展，高等教育的回报已大幅递减。这一结果虽然基于河南数据获得，但根据本章关于对教育投资回报机制的解释，应是教育发达国家的基本趋势。

其实随着高等教育的发展，大学生找不到合适的工作在教育发达国家已普遍存在，或者说是必然存在。据英国《每日邮报》报道，英国高校毕业生人数远高于社会工作岗位需求人数，因此数千名高校毕业生无法找到与自己专业对口的工作，而不得不从事低技能的工作，造成人才浪费。英国国家统计局（ONS）发布的调查数据显示，在英国，有数千名高校毕业生无法找到与自己专业对口的工作，六分之一的毕业生不得不选择在呼叫中心或咖啡厅打工。在受调查的24个国家中，英国的工人专业与工作不匹配程度位列第五。专家表示，英国每年的高校毕业生人数远远高于社会需求。造成这种情况的主要原因是1999年工党提出的主张，让英国的大学升学率达到50%。[①]

高等教育回报率持续下降，必将对高等教育发展政策产生影响。对此，中国以及各国政府都应做出各自的回应。就中国来说，其实争论早已

---

① 《英大学扩招弊端 毕业生埋怨被"大材小用"》，环球网，http://lx.huanqiu.com/lxnews/2016-03/8743784.html，2016年3月21日。

开始。随着中国1999年大学扩招,大学生找工作难,工资农民工化,早已常见报端。如此,社会争论大学该不该扩招。这是一个事关一国高等教育的发展甚至未来的重大教育政策,需慎重对待。针对此问题本书第十四章将有一定的讨论。

四 教育投资的相对回报:基于国际竞争视角

以往对教育投资回报的研究一般没有基于国际视角。但随着产品市场全球一体化不断向前推进,各国劳动市场通过产品市场也加入到全球化的进程,必然使得教育投资的回报包含了国际竞争的因素。这时,教育投资的回报不仅受国内产品市场及劳动市场的影响,而且会受到国际产品市场的影响。如果一国教育相对发达,所生产的产品在国际市场上会面对更大的需求,并获得更高的稀缺性,如此所形成的贸易条件和国际分工就必然有利于教育相对发达的国家,而不利于教育相对落后的发展中国家。如此,我们提出教育投资相对回报的概念。

所谓教育的相对回报,是指一国的教育水平不等于世界平均水平从而形成有利于或不利于该国的国际贸易条件和国际分工,进而对国内教育投资回报形成的调整。如果一国的教育水平超过世界平均水平,则所形成的国际贸易条件以及国际分工有利于该国,由此教育投资回报上升,上升的部分就是教育的正相对回报;相反,就是负相对回报。以上概念有以下三点隐含:

第一,发达国家通过发展教育获得巨大利益,但发展中国家发展教育一般难以获得相仿的利益,因为发达国家发展教育的获利相当一部分是来自正相对回报。也就是说,在发展中国家教育相对不发达时,发达国家发展教育可形成有利于发达国家的国际贸易条件和国际分工,而发展中国家发展教育很难获得正相对回报。

第二,发达国家要保持教育投资正相对回报的优势,就必须不断发展教育,不断提高其教育质量,否则其教育的正相对回报就会渐渐消失,并由此带来旧有福利制度的危机。要认识到,随着发展中国家教育的发展,教育的正相对回报将逐渐降低,甚至消失,为此发达国家要未雨绸缪。

第三,发展中国家一定要大力发展教育,从而改变在国际贸易和国际分工中的不利地位。要制定适合自身的教育发展战略。发展教育有多个维度,例如,是大力发展普通教育,包括普通高等教育,还是大力发展职业教育？是先普及基础教育，还是集中力量扶持部分高校冲击世界先进水平？如此等等，均需探讨。

第四节 自变量对因变量直接和间接影响的估计

经济学经常要研究一个变量对另一个变量的影响，前者称为自变量，后者则称为因变量。但一个基本困难是，可能有多个其他变量影响着因变量。这时，就希望在控制其他变量不变的条件下，观察自变量对因变量的影响。这时，这些被控制不变的变量就被称为控制变量。所采用的基本方法为多元线性回归，如此就可在保持控制变量不变的条件下，估计自变量对因变量的边际影响。我们把自变量对因变量的影响称为直接影响。但变量之间相互影响，自变量可能会影响其他控制变量，进而影响因变量。我们把通过控制变量对因变量的影响称为间接影响。以往的相关研究大多只关注直接影响而忽视间接影响，如此则必然导致自变量对因变量的影响低估或高估。本节研究如何估计自变量对因变量的直接和间接影响。

一 多元线性回归：问题的起点

和自然科学研究相比，经济学（以及几乎所有的其他社会科学）有一个基本的困难就是，很难在控制变量不变的条件下，观察一个变量对另一个变量的影响。于是，经济学引入多元线性回归方法。比如有 n 个变量 X_i，$i=1, 2, \cdots, n$，影响变量 Y。为了研究这些自变量对因变量 Y 的影响，建立多元回归方程：

$$Y = \alpha_0 + \alpha_1 X_1 + \cdots + \alpha_i X_i + \cdots + \alpha_n X_n \tag{4-1}$$

这一方程的最大优点是便于进行线性回归，以及可以在控制其他变量不变的条件下分析一个自变量 X_i 对因变量 Y 的影响。但这一方程也有一个严重的不足，即忽视自变量 X_i 之间的相互影响。一般来说，更接近真实的方程应表达为：

$$\begin{aligned} Y = {} & \alpha_0 + \alpha_1 X_1(X_2,\cdots,X_n) + \cdots + \alpha_i X_i(X_1,\cdots,X_{i-1},X_{i+1},\cdots,X_n) \\ & + \cdots + \alpha_n X_n(X_1,\cdots,X_{n-1}) \end{aligned} \tag{4-2}$$

方程（4-2）是说，每个自变量 X_i 都受其他自变量的影响，这是真实世界的情形，而方程（4-1）忽视了自变量之间的这种相互影响，把 X_i (X_1, …, X_{i-1}, X_{i+1}, …, X_n) 简化为 X_i。如果方程采用 OLS 模型回归，则把 α_i 解释为 X_i 对 Y 的影响，而忽视了 X_i 通过 X_1, …, X_{i-1}, X_{i+1}, …, X_n 对 Y 的间接影响。比如，在工资方程中，把受教育年数的系数解释为在控制其他变量不变的条件下，受教育年数每增加 1 年所导致工资的增加，这是受教育年数对工资的直接影响。但这一分析显然忽视了受教育年数通过受到受教育年数显著影响的其他变量对工资的影响，如平时学习时间、工作层次甚至健康状况等，而这些因素对工资有着显著影响。当受教育年数每增加 1 年，这些变量不可能被控制住不变。

我们认为，把多元线性方程应用到分析多个自变量解释因变量变化时，过于贪图多元线性回归的便利，以及对多元线性回归方程中自变量系数对因变量边际影响解释的明了，而明显忽视了自变量之间的相互作用，把复杂的世界过于简化。

二 自变量对因变量直接和间接影响的理论分析

为了把问题控制在可操作范围内，假定要研究某一变量 X_i 对 Y 的影响，可建立如下回归方程：

$$Y = \alpha_0 + \alpha_1 X_1 + \cdots \alpha_{i-1} X_{i-1} + \alpha_i X_i + \alpha_{i+1} X_{i+1}(X_i) + \cdots + \alpha_n X_n(X_i) \quad (4-3)$$

这里假定，X_1, …, X_{i-1} 不受 X_i 的影响，而 X_{i+1}, …, X_n 受 X_i 的影响。如果我们试图分析 X_i 对 Y 的边际影响，则有：

$$\frac{\partial Y}{\partial X_i} = \alpha_i + \alpha_{i+1} \frac{\partial X_{i+1}}{\partial X_i} + \cdots + \alpha_n \frac{\partial X_n}{\partial X_i} \quad (4-4)$$

这里，α_i 为直接影响，$\alpha_{i+1} \frac{\partial X_{i+1}}{\partial X_i} + \cdots + \alpha_n \frac{\partial X_n}{\partial X_i}$ 为全部间接影响。

间接影响可以采用以下方法估计：用 X_j, $j = i+1$, …, n，代表受 X_i 影响的变量 X_{i+1}, …, X_n。为了简化起见，我们假定 X_j 可表示为：

$$X_j = \beta_0 + \beta_i X_i + \sum_{j=1}^{m} \beta_j Z_j \quad (4-5)$$

这里，Z_j 为影响 X_j 除 X_i 以外的控制变量，并可以忽视这些变量受 X_i

的影响。则 X_i 对 X_j 的边际作用为 β_j，即

$$\frac{\partial X_j}{\partial X_i} = \beta_j \qquad (4-6)$$

如此，我们可以估计 X_i 通过 X_j 对 Y 的边际影响。当 X_i 增加一个单位，X_j 增加 β_j；当 X_j 增加一个单位，Y 增加 α_j。如此 $\alpha_j\beta_j$ 即为 X_i 通过 X_j 对 Y 的边际影响。把所有 $\alpha_j\beta_j$ 相加，$j = i+1, \cdots, n$，即 $\sum_{j=i+1}^{n}\alpha_j\beta_j$，则就求得 X_i 通过 $X_{i+1}, \cdots, X_n$ 对 Y 的全部边际影响，也就是 X_i 的全部间接影响。

三 自变量对因变量直接和间接影响的估计方法

一般来说，经济学中作为因变量的变量有三种基本形态：连续变量、0-1 变量和顺序变量。

当因变量为连续变量时，采用 OLS 模型回归，方程中自变量的系数即为该变量的边际影响。这里有一个需要变通的是，当自变量为顺序变量时，为了估计顺序变量对因变量的边际影响，要把顺序变量处理成连续变量。比如，健康状况分 5 级，赋值从 1 到 5，这时把健康状况的赋值视为连续变量。这一处理方法也适用于在因变量为 0-1 变量或顺序变量时，回归模型中所出现的顺序变量。

当因变量为 0-1 变量时，需采用单位概率模型（Probit Model）进行回归，但是方程中自变量的系数不可解释为该变量的边际影响。马达拉（Maddala）提供了针对单位概率模型计算自变量边际影响的公式[①]：

$$MP_i = \lambda_i \frac{RRS}{n-2} \qquad (4-7)$$

这里，λ_i 代表方程中自变量 X_i 的系数，RRS 代表残差（Residual Sum of Squares），n 代表样本数。

当因变量为顺序变量时，要采用排序概率模型（Ordered Probit

---

① Maddala, G. S., *Limited-dependent and Qualitative Variables in Econometrics* (Cambridge: Cambridge University Press, 1983), p. 20.

Model）回归。但回归方程中自变量的系数也不能解释为自变量对因变量的边际影响。在排序概率模型中，如何计算自变量对因变量的边际影响是一个难题。

目前文献中所介绍的方法是，边际影响可以通过估计在相关点上的合适的密度函数并乘以相关的系数所得。[①] 然而这种方法就我们当下要研究的问题来说，存在不适用之处，因为这种方法并不能表示出自变量每增加一个单位对因变量的边际影响。为此，我们提出一种具有操作性的方法：在评估自变量对因变量影响的显著性时，仍采用排序概率模型；但在估计自变量对因变量的边际影响时，则采用OLS模型。

需要说明的是，把顺序自变量以及顺序因变量处理成连续变量，存在着一定计量经济学上的问题。但在没有更好的方法条件下，采用以上变通仍可以让我们获得在顺序自变量以及顺序因变量的条件下，估计自变量的间接影响。以下的实际应用说明，应用以上所提出的方法所获得的结果是合理的，并丰富了我们关于自变量对因变量影响的理解。

四 受教育程度对受教育影响变量的边际影响估计

本书的研究主题是教育对就职者在劳动市场表现的影响。如前分析，这种影响可以分为教育的直接影响和间接影响。以下不少章节涉及对间接影响的估计。为了避免重复估计间接影响，本节统一报告受教育年数对所有间接因素的影响。间接因素可以分为两类：第一类是在以下章节被作为因变量研究，如上网学习时间等，对此相关章节有关于受教育年数对这些因变量的分析；第二类是在以下章节不被作为因变量研究，如健康状况等。对第二类间接因素变量，我们逐一进行回归分析。为了节省篇幅，我们只报告受教育年数的系数、p值、边际影响、所包含的控制变量以及所采用的回归方法。在采用OLS模型时，受教育年数的系数是受教育年数的边际影响；在采用单位概率模型时，应用马达拉公式计算受教育年数的边际影响；在采用排序概率模型时，把回归方程转变为OLS模型，受教育年数的系数即为受教育年数的边际影响。

[①] 〔英〕瓦尼·布鲁雅：《Logit与probit：次序模型和多类别模型》，张卓妮译，格致出版社、上海人民出版社，2012年。

这里有一个可能出现的问题：在采用排序概率模型时，受教育年数是一个显著变量，但在采用OLS模型时，受教育年数有可能变得不显著（出现这种情况并不会多见）。此时仍然认定受教育年数是显著变量，其边际影响采用OLS模型的系数。所有这些分析结果为全书统一引用。表4-4、表4-5、表4-6分别报告了基于城镇居民、农民工、农村居民样本受教育年数对间接因素的边际影响。

表4-4 受教育年数对间接因素的边际影响：城镇居民样本

变量名称		受教育年数系数	p-值	受教育年数边际影响	控制变量出处	所采用的回归模型
第一类变量	小时工资	0.0719	0.0000	0.0719	5章1节	OLS模型
	就业质量	0.0073	0.0000	0.0073	9章2节	OLS模型
	工作层次	0.0945	0.0000	0.0723	7章1节	排序概率模型
	创业行为	-0.0627	0.0000	-0.0101	8章1节	单位概率模型
	创新能力	0.0153	0.0001	0.0101	8章3节	排序概率模型
	上网学习时间	0.0971	0.0000	0.0971	12章1节	OLS模型
	社会责任感	0.0276	0.0000	0.0406	14章1节	排序概率模型
	颜值	0.0503	0.0000	0.0387	10章4节	排序概率模型
第二类变量	健康状况	0.0087	0.0433	0.0071	注1	排序概率模型
	沟通能力	0.0794	0.0000	0.0180	注2	排序概率模型
	团队精神	0.0387	0.0000	0.0269	注3	排序概率模型
	领导才能	0.0729	0.0000	0.0474	注4	排序概率模型
	技术职称	0.0167	0.0006	0.0152	注5	排序概率模型
	工作技能	0.0490	0.0000	0.0331	注6	排序概率模型
	创业精神	-0.0398	0.0000	-0.0382	注7	排序概率模型

注：1. 年龄、性别、家庭背景、月工作时间

2. 性别、性格、政治身份、智商、家庭背景、上网学习时间

3. 性别、年龄、性格、政治身份、智商、家庭背景

4. 性别、年龄、性格、政治身份、家庭背景

5. 性别、年龄、政治身份、智商、上网学习时间、工作层次、月工作时间

6. 年龄、性别、家庭背景、健康状况、月工作时间、政治身份、智商、技术职称、创新能力、上网学习时间

7. 年龄、性别、家庭背景、健康状况、上网学习时间、智商

第四章 教育投资对收入的影响：理论及估计方法

表 4-5 受教育年数对间接因素的边际影响：农民工样本

变量名称		受教育年数系数	p-值	受教育年数边际影响	控制变量出处	所采用的回归模型
第一类变量	小时工资	0.0275	0.0000	0.0275	5章2节	OLS 模型
	就业质量	0.0075	0.0119	0.0075	9章3节	OLS 模型
	工作层次	0.0801	0.0000	0.0455	7章2节	排序概率模型
	创业行为	0.0433	0.0014	0.0056	8章2节	单位概率模型
	创新能力	0.0422	0.0000	0.0421	8章4节	排序概率模型
	上网学习时间	0.0552	0.0000	0.0552	12章2节	OLS 模型
	社会责任感	0.0248	0.0049	0.0216	14章2节	排序概率模型
第二类变量	健康状况	0.0478	0.0000	0.0384	注1	排序概率模型
	沟通能力	0.0153	0.0772	0.0103	注2	排序概率模型
	表达能力	0.0379	0.0000	0.0242	注3	排序概率模型
	团队精神	0.0458	0.0005	0.0321	注4	排序概率模型
	领导才能	0.0707	0.0000	0.0516	注5	排序概率模型
	打工技能	0.0374	0.0048	0.0236	注6	排序概率模型
	创业精神	0.0173	0.0550	0.0130	注7	排序概率模型
	城市融入感	0.0173	0.0550	0.0331	注8	排序概率模型

注：1. 性别、年龄、婚姻状况、工作时间、月小时工资
2. 性别、年龄、健康状况、性格、智商、工作层次
3. 性别、健康状况、性格、智商、工作层次
4. 性别、年龄、性格、智商、工作层次、上网学习时间、政治身份
5. 性别、性格、智商、工作层次、政治身份
6. 性别、年龄、健康状况、智商、沟通能力、培训、上网学习时间
7. 性别、年龄、政治身份、婚姻状况、健康状况、智商、沟通能力、培训、打工技能、小时工资、工作层次、创新能力
8. 性别、年龄、政治身份、健康状况、智商、沟通能力、培训、小时工资、打工区域、上网学习时间、创新能力、创业精神

表 4-6 受教育年数对间接因素的边际影响：农村居民样本

变量名称		受教育年数系数	p-值	受教育年数边际影响	控制变量出处	所采用的回归模型
第一类变量	务农收入	171.2008	0.0023	171.2008	5章3节	OLS 模型
	小时工资	0.0318	0.0000	0.0318	5章3节	OLS 模型
	上网学习时间	0.0920	0.0000	0.0555	12章3节	排序概率模型
	社会责任感	0.0374	0.0000	0.0356	14章3节	排序概率模型

续表

变量名称		受教育年数系数	p-值	受教育年数边际影响	控制变量出处	所采用的回归模型
第二类变量	健康状况	0.0530	0.0000	0.0530	注1	排序概率模型
	农业生产技能	-0.0162	0.0802	-0.0125	注2	排序概率模型
	务工技能	0.0661	0.0000	0.0452	注3	排序概率模型
	创新能力	0.0498	0.0000	0.0434	注4	排序概率模型
	创业行为	0.0410	0.0000	0.0059	注5	单位概率模型
	创业精神	0.0668	0.0000	0.0701	注6	排序概率模型
	务工月收入	0.0232	0.0000	0.0232	注7	OLS模型

注：1. 年龄、务农收入、小时工资

2. 健康状况、智商、亩均劳动力、上网学习时间、创新能力
3. 年龄、智商、上网学习时间、创新能力
4. 性别、年龄、政治身份、婚姻状况、健康状况、智商、上网学习时间
5. 性别、年龄、政治身份、婚姻状况、健康状况、性格、智商、上网学习时间
6. 性别、年龄、政治身份、婚姻状况、健康状况、智商、上网学习时间
7. 性别、工龄、政治身份、婚姻状况、健康状况、智商、打工技能、创新能力

在分析间接因素对某一具体劳动市场表现的影响时，如工资、劳动市场参与等，间接因素以及这一劳动市场表现的变量均可能是顺序变量。为了估计间接因素对这一劳动市场表现的边际影响，凡顺序变量均处理成连续变量。

本节提出了经济学研究的一个严重的缺陷，也提出了一定的解决方案，但受制于当下计量经济学研究的限制，我们尚提不出完备的解决方案。我们希望学术界的同行们首先正视我们今天所提出的问题，大家共同努力来解决这个问题。也许，这将导致经济学研究的重大改变。

第五章
教育与工资收入

工资收入是就职者最重要的劳动市场表现之一,受到诸多因素的影响,教育无疑是最重要的因素之一,对此人力资本理论多有分析讨论,并得到大量的经验研究支持,包括本书作者过去所做的大量经验研究。本章基于2016年问卷数据分析教育对城镇居民工资收入的影响,基于本科学历样本、高中学历样本讨论城镇居民的学习行为对工资收入的影响,教育对农民工工资收入的影响,以及教育对农村居民经济收入的影响。

第一节 教育与工资:基于城镇居民样本

根据2016年《国家新型城镇化报告2015》,2015年中国的城镇化率为56.1%,城镇居民已超过总人口的半数,其收入状况值得关注。本节基于2016年问卷调查数据,分析城镇居民工资收入的影响因素,侧重于教育的影响。

一 城镇居民工资收入影响因素分析

衡量工资收入水平有两种可供选择的指标:月工资和小时工资。月工资反映个人单月工资收入总和,但不涉及挣得这个工资收入所用工作时间;而小时工资反映单位时间工资所得,更体现工作的效率。本节研究的重点是教育对城镇居民工资收入的影响,强调的是工作的效率,故采用小时工资作为衡量工资收入水平的指标。2016年问卷调查询问受访者的月工资收入、周工作天数以及每天工作的小时数，由此求得小时工资。

（一）受教育程度

人力资本理论强调教育对工资收入的影响，[1] 明瑟（Mincer）提出工资方程，[2] 进一步从数量上测量了受教育年数对工资的影响。根据第四章第一节的分析，我们认为人们接受教育会同时使得受教育者在劳动市场变得稀缺，与此同时所面对的需求增加，由此增加了其议价能力，导致其工资收入上升。表5-1显示，忽略问卷数量相当少的小学及以下样本，随着受教育程度的提高，小时工资呈现明显上升趋势。用 EDU 代表受教育程度，以受教育年数衡量。

表5-1 受教育程度与工资收入

受教育程度	小时工资（元）	样本数（个）
未受正规教育	20.33	17
小学	24.20	130
初中	20.70	874
高中/高职/中专	24.18	1967
大专	31.95	2341
本科	37.32	3024
硕士及以上	60.64	555

（二）智商

智商反映一个人的智力水平，可以理解为人力资本的一种自然禀赋。高智商者本身就具有自然的稀缺性并面对高需求，从而在劳动市场表现出高议价能力。此外，智商还通过诸多因素间接影响就职者的劳动市场表现，如受教育程度、工作技能等。2016年问卷调查请受访者按10级自评其智商。为了避免回归分析时出现过多虚拟变量，等距离简化为5级，赋值从1到5，构成自评智商指数。表5-2显示，随着自评智商指数的上

---

[1] Becker, G. S., *The Economic Approach to Human Behavior* (Chicago: The University of Chicago Press, 1976).

[2] Mincer, J., *Schooling, Experience and Earnings* (New York: Columbia University Press, 1974).

升，小时工资随之增加，同时受教育年数也随之增加，说明智商通过受教育程度对工资收入的间接影响。回归分析时，以智商较低的"1""2"为比较基础。

表5-2 自评智商与工资收入

自评智商指数	变量名称	小时工资(元)	受教育年数	样本数(个)
1	$IQ1$	25.12	12.64	166
2	$IQ2$	26.77	13.12	492
3	$IQ3$	29.60	13.80	4148
4	$IQ4$	36.52	14.82	3606
5	$IQ5$	37.54	14.74	496

（三）上网学习时间

随着职场竞争的日趋激烈，终身学习已成为越来越多城镇居民的普遍行为。随着网络的普及，城镇居民普遍上网，除娱乐外，还上网学习、获取信息，有助于提高其工资收入。2016年问卷调查询问受访者平均每天上网时间以及用于学习的时间占上网时间的比重，由此求得受访者上网学习时间。表5-3显示，随着上网学习时间的延长，城镇居民小时工资呈上升趋势。此外，受教育年数也随之增加。用 $STUDYNET$ 代表上网学习时间。

表5-3 上网学习时间与工资收入

上网学习时间(小时)	小时工资(元)	受教育年数	样本数(个)
[0,0.1]	28.10	12.63	919
(0.1,0.5]	30.33	14.08	1768
(0.5,1]	33.30	14.56	1914
(1,2]	33.93	14.82	1371
>2	37.04	15.04	1721

（四）工作技能

就职者所掌握的工作技能越高，在劳动市场中就越加处于高需求和低供给的状态，由此获得更高的议价能力，从而可挣得更高的工资。表5-4显示，随着城镇居民工作技能的提升，小时工资呈上升趋势，同时受教育年数也随之增加。回归分析时，以工作技能"很低""较低"为比较基础。

表 5-4 工作技能与工资收入

工作技能	变量名称	小时工资(元)	受教育年数	样本数(个)
很低	SKILL1	35.98	13.56	472
较低	SKILL2	27.77	13.52	655
一般	SKILL3	27.79	13.87	4567
较高	SKILL4	38.40	14.93	2737
很高	SKILL5	55.74	15.26	322

(五) 工作层次

随着工作层次的提升，对就职者在知识、技能、经验及其诸多个人特质方面的要求也随之提升。能胜任高层次工作岗位的人在劳动市场就必然具有稀缺性，与此同时，劳动市场对其需求也随之增加。这样能胜任高工作层次岗位的就职者就获得高议价能力，从而可挣得高工资。表5-5显示，随着工作层次的提升，小时工资随之明显上升，受教育年数也随之增加。回归分析时，以工作层次"操作层""低层管理或技术"为比较基础。

表 5-5 工作层次与工资收入

工作层次	变量名称	小时工资(元)	受教育年数	样本数(个)
操作层	WORKRANK1	21.10	12.97	2208
低层管理或技术	WORKRANK2	25.75	14.34	2727
中层管理或技术	WORKRANK3	36.07	14.71	2962
中高层管理或技术	WORKRANK4	56.99	15.07	826
高层管理或技术	WORKRANK5	106.62	14.90	185

(六) 领导才能

高领导才能是一种稀缺资源。具有高领导才能的就职者可获得更多的机会担任领导管理岗位，从而可挣得更高的工资。2016年问卷调查请受访者自评其领导才能，备选答案有：很差、较差、一般、较好、很好。表5-6显示，随着领导才能的提升，小时工资随之提高，受教育年数也随之提高。回归分析时，以领导才能"很差""较差"为比较基础。

表 5-6 领导才能与工资收入

领导才能	变量名称	受教育年数	小时工资（元）	样本数（个）
很差	LEADSHIP1	11.75	20.80	158
较差	LEADSHIP2	12.74	25.89	544
一般	LEADSHIP3	14.01	27.17	5091
较好	LEADSHIP4	14.94	41.00	2650
很好	LEADSHIP5	14.75	56.11	465

（七）工龄

工龄在一定程度上反映了就职者通过干中学所积累的人力资本。一般来说，起初随着工龄的增加，通过干中学人力资本在积累，工资也随之增加；当达到一定年龄段后达到峰值；之后随着工龄的增加，人力资本以折旧为主，加之体力渐衰，工资下降。表 5-7 支持了这一分析：起初小时工资随工龄的增加而增加，在 [11, 15] 工龄段达到峰值，之后有所下降，工龄超过 20 年后，工资明显下降。这就是说，工资与工龄是非线性关系，要以虚拟变量代表不同的工龄段。回归分析时，以对应小时工资最高工龄段 [11, 15] 为比较基础。

表 5-7 工龄与工资收入

工龄段	变量名称	小时工资（元）	样本数（个）
≤5	WORKAGE1	28.32	3431
[6,10]	WORKAGE2	36.18	2017
[11,15]	WORKAGE3	38.64	979
[16,20]	WORKAGE4	38.11	826
≥21	WORKAGE5	30.97	1586

（八）创新能力

在当下企业所面临的市场和技术竞争日趋激烈的条件下，创新日显重要。创新需具有创新能力的人来实施，因而具有高创新能力的就职者在劳动市场面临高需求。而高创新能力具有高稀缺性，这是因为创新能力不仅受知识经验的影响，还受着某些独特的个人特质的影响，比如考察问题的独特视角、特别的敏锐性等。2016年问卷调查请受访者按10级自评其创新能力。为了避免回归分析时出现过多虚拟变量，等距离简化为5级，赋值从1到5，构成创新能力指数。表5-8显示，随着创新能力指数的增加，小时工资明显上升，受教育年数也随之上升。还值得关注的是，创新能力指数"5"的样本只占总样本的6.39%，这也是以上所论高创新能力稀缺性的证据。回归分析时，以创新能力指数"1""2"为比较基础。

表5-8 创新能力与工资收入

创新能力指数	变量名称	小时工资（元）	受教育年数	样本数（个）
1	INNOV1	30.42	13.48	537
2	INNOV2	26.72	14.05	1524
3	INNOV3	31.19	14.14	3895
4	INNOV4	36.84	14.57	2383
5	INNOV5	42.36	14.20	569

（九）颜值

关于颜值和工资的关系，国外有一些研究。Hamemesh等发现，颜值较差一些的比颜值平均的人少挣5%~10%，颜值超过平均水平的多挣5%。不仅对颜值有特别要求的行业，如空中服务，颜值较好的人挣钱多，在和颜值无关的行业颜值较好的人挣钱也较多。[1]

好的颜值是一种稀缺资源，有一定的市场价值，尤其在服务业。本次调查也调查了受访者的颜值。在问卷调查结束后，由调查者对受访者的颜值打分，分7档，1代表最差，7代表最好。表5-9显示，随着颜值指数从低到高，小时工资呈上升趋势。但在颜值最高的"6/7"，小时工资反而下降。可能的原因是，颜值随年龄递减，较高颜值者往往较为年轻，因而工资有所降低。回归分析时，以颜值"1/2/3"为比较基础。

---

[1] Hamemesh, D. S., Biddle, J. E., "Beauty and the Labor Market," *American Economic Review* 84（1994）.

表 5-9　颜值与工资收入

颜值	变量名称	小时工资(元)	工龄	样本数(个)
1/2/3	FACE1	31.28	13.10	1017
4	FACE2	32.67	11.90	3481
5	FACE3	33.39	10.16	3255
6/7	FACE4	31.36	9.34	1155

(十) 政治身份

在中国，中共党员通常要经过党组织较为严格的考核，一般来说，是相对优秀的群体，这种优秀性在劳动市场会转化为较高的议价能力。表5-10显示，中共党员的小时工资高于其他政治身份群体。用 CPC 代表中共党员。回归分析时，以其他政治身份为比较基础。

表 5-10　政治身份与工资收入

政治身份	小时工资(元)	样本数(个)
中共党员	39.58	1946
团员	28.01	2509
民主党派	35.90	59
群众	31.86	3951

(十一) 性别

在劳动市场普遍存在性别歧视。此外，女性由于体力、生育及照看幼童导致职业生涯中断，也会导致女性在劳动市场的议价能力降低，以至于不少女性感叹找工作难。表5-11显示，在城镇居民中女性的工资收入明显比男性低，只有男性的69.56%。用 MALE 代表男性。回归分析时，以女性为比较基础。

表 5-11　性别与工资收入

性别	小时工资(元)	样本数(个)
男	36.40	5854
女	25.32	3054

(十二) 婚姻状况

与未婚者相比，已婚者相对年长，工龄较长，积累的人力资本较多，受到来自家庭更大的经济压力，因而工作责任心更强，工作更努力，在劳动市场有更好的表现。表5-12显示，已婚者的小时工资明显高于大样本的未婚者。用 MARRIED 代表"已婚"。回归分析时，以非在婚的"离异""丧偶""未婚"为比较基础。

表5-12 婚姻状况与工资收入

婚姻状况	小时工资（元）	样本数（个）
已婚	35.20	5443
离异	37.86	163
丧偶	17.98	39
未婚	28.18	3255

（十三）健康状况

健康状况好，就职者会表现出更高的劳动生产率，从而在劳动市场具有较高的议价能力。2016年问卷调查请受访者自评其健康状况，备选答案有：很差、较差、一般、较健康、很健康。表5-13显示，不考虑健康状况"很差"的小样本，与健康状况"较差""一般"的样本相比，"较健康""很健康"城镇居民的小时工资有所上升。回归分析时，以健康状况"很差""较差""一般"为比较基础。

表5-13 健康状况与工资收入

健康状况	变量名称	小时工资（元）	样本数（个）
很差	$HEALTH1$	35.53	32
较差	$HEALTH2$	30.72	100
一般	$HEALTH3$	30.04	1738
较健康	$HEALTH4$	33.71	3812
很健康	$HEALTH5$	32.01	3147

二 回归模型及结果

用 WAGEHR 代表小时工资。由于工资变量存在异方差问题，工资采取对数形式以减缓异方差问题，同时也便于对结果解释。根据以上分析，我们构造以下城镇居民的半对数工资方程：

$$\begin{aligned}\log(WAGEHR) = &\alpha_0 + \alpha_1 EDU + \alpha_2 IQ3 + \alpha_3 IQ4 + \alpha_4 IQ5 + \alpha_5 STUDYNET + \\ &\alpha_6 SKILL3 + \alpha_7 SKILL4 + \alpha_8 SKILL5 + \alpha_9 WORKRANK3 + \\ &\alpha_{10} WORKRANK4 + \alpha_{11} WORKRANK5 + \alpha_{12} LEADSHIP3 + \\ &\alpha_{13} LEADSHIP4 + \alpha_{14} LEADSHIP5 + \alpha_{15} WORKAGE1 + \\ &\alpha_{16} WORKAGE2 + \alpha_{17} WORKAGE4 + \alpha_{18} WORKAGE5 + \\ &\alpha_{19} CREAT3 + \alpha_{20} CREAT4 + \alpha_{21} CREAT5 + \alpha_{22} FACE2 + \\ &\alpha_{23} FACE3 + \alpha_{24} FACE4 + \alpha_{25} CPC + \alpha_{26} MALE + \\ &\alpha_{27} MARRIED + \alpha_{28} HEALTH4 + \alpha_{29} HEALTH5\end{aligned}$$

表 5-14 报告了采用 OLS 的回归结果。模型 1 包含所有变量，显示绝大多数变量的符号与理论预期一致，且大多达到 90% 以上显著水平。但自评智商、工龄、创新能力、颜值、中共党员、健康状况与其他变量存在较强的相关性，导致模型 1 存在多重共线性问题。为此，模型 2 去掉与自评智商、工龄、中共党员相关性较强的变量，模型 3 去掉与创新能力、颜值、健康状况相关性较强的变量后再回归，结果显示，智商在所有程度上显著，$IQ4$、$IQ5$ 达到 99% 以上显著水平。工龄、创新能力、健康状况在所有程度上达到 99% 以上显著水平。颜值在 $FACE2$、$FACE3$ 达到显著水平。中共党员的显著水平达到 99% 以上。

表 5-14 工资方程回归结果

变量名称	模型 1		模型 2		模型 3	
	系数	t-值	系数	t-值	系数	t-值
C	1.3886	11.2442	1.9042	34.2214	2.6870	89.1845
EDU	0.0956	14.1895	0.0719	24.8285		
$IQ3$	0.0537	1.3852	0.0502	1.7489		
$IQ4$	0.0858	2.1900	0.1488	5.0799		
$IQ5$	0.0354	0.6909	0.1292	3.1889		
$STUDYNET$	0.0160	2.6839	0.0449	8.3958		
$SKILL3$	0.0260	0.9640	0.0050	0.2280		
$SKILL4$	0.0765	2.6789	0.1531	6.4241		
$SKILL5$	0.1330	2.8350	0.2902	6.9999		
$WORKRANK3$	0.2576	13.7055				
$WORKRANK4$	0.5331	17.9595				
$WORKRANK5$	1.0480	17.8935				
$LEADSHIP3$	0.0011	0.0294				

续表

变量名称	模型1		模型2		模型3	
	系数	t-值	系数	t-值	系数	t-值
LEADSHIP4	0.1174	2.8789				
LEADSHIP5	0.1066	2.0447				
WORKAGE1	-0.1030	-3.1189	-0.2631	-9.8502		
WORKAGE2	0.0196	0.6068	-0.0754	-2.9261		
WORKAGE4	-0.0279	-0.7126	-0.0670	-2.1627		
WORKAGE5	-0.0563	-1.5140	-0.1268	-4.6232		
INNOV3	0.0156	0.7153			0.1019	5.6597
INNOV4	0.0218	0.8854			0.2197	10.9551
INNOV5	0.0060	0.1556			0.2578	8.1693
FACE2	-0.0317	-1.0652	0.0031	0.1327	0.0412	1.7532
FACE3	-0.0457	-1.5436	0.0075	0.3153	0.0692	2.9137
FACE4	-0.1209	-3.5771	-0.0768	-2.7025	0.0275	0.9663
CPC	0.0095	0.5030	0.0577	3.2939	0.2151	12.7467
MALE	0.1979	11.2963	0.2530	16.8940	0.2736	18.2476
MARRIED	0.0632	3.0608	0.0565	3.1753	0.1071	7.3684
HEALTH4	0.0105	0.4786	0.0257	1.3890	0.0772	4.1476
HEALTH5	-0.0356	-1.5257	-0.0031	-0.1624	0.0342	1.7688
R^2	0.2916		0.2250		0.0916	
样本数(个)	4763		7131		8394	

以上回归结果报告了各变量对城镇居民工资收入的影响。我们关注的侧重点是教育对工资收入的影响。对这类工资方程的一般解释是，控制其他变量保持不变，受教育年数每增加一年，小时工资增加7.19%（基于模型2）。但这种解读方式存在着明显的问题：前面做描述统计分析时，多次提到"受教育年数也随之增加"，这是在提醒我们受教育年数也可能导致这一因素的变化。如果受教育年数确实影响着其他变量，这就意味着，当受教育年数每增加一年，根本无法"控制其他变量保持不变"。就本节而言，根据第四章第四节的分析，受教育年数显著影响以下变量：上网学习时间、工作层次、领导才能、工作技能、颜值、健康状况。

我们称这些变量为教育对工资收入影响的间接因素。当城镇居民的受教育年数每增加一年，这些因素也随之发生变化，进而影响工资收入。我们将这些因素对工资收入的影响称为教育对城镇居民工资收入的间接影响。第四章第四节讨论了计算间接影响的方法，表 5-15 给出了计算结果，显示受教育年数每增加一年，全部间接影响之和为 2.72%。表 5-14 报告了受教育年数对工资收入直接影响为 7.19%（基于模型 2）。直接影响加间接影响之和为 9.91%。这是一个重要的发现，说明忽视间接影响而只估计直接影响，将会导致教育对工资收入回报的低估。

表 5-15 受教育年数对工资收入的间接影响

间接影响因素	教育对间接因素的影响	间接因素对工资收入的影响	教育通过间接因素对工资收入的影响
上网学习时间	0.0971	0.0450	0.0044
工作技能	0.0331	0.0785	0.0026
工作层次	0.0723	0.2148	0.0155
领导才能	0.0474	0.0704	0.0033
创新能力	0.0101	0.0890	0.0009
颜值	0.0387	0.0102	0.0004
健康状况	0.0071	0.0118	0.0001
全部间接影响			0.0272

三 基本观察

根据以上讨论及回归结果，我们就城镇居民受教育程度对工资收入的影响形成如下基本观察。

受教育程度显著提高城镇居民工资收入，不仅通过直接影响，还通过间接影响，间接影响因素包括：上网学习时间、工作技能、工作层次、领导才能、创新能力、颜值、健康状况。智商越高的城镇居民，工资收入越高。而智商与受教育程度相关，我们认为智商和教育相互作用共同对工资收入产生影响。

经常上网学习的城镇居民可挣得更高的工资收入。工资收入与工龄呈非线性关系，在 [11，15] 工龄段达到峰值。工作技能高的城镇居民可挣得更高的工资收入。工作层次的提升可以显著提高工资水平。领导才能、创新能力越强的城镇居民挣得更高工资收入。颜值越高的城镇居民工资收入越高。男性的工资收入显著高于女性。已婚者的工资收入显著高于其他婚姻状况的群体。中共党员工资收入显著高于其他政治身份的群体。与健康状况差、较差、一般的相比,健康状况较好、好的城镇居民的工资收入有所提升。

第二节 农民工教育与工资收入

2015年农民工监测调查报告显示,农民工总量为27747万人,比2014年增加352万人,农民工总量仍在持续增加。农民工所受教育的回报直接关系到农民工收入,因此要研究农民工教育对其工资收入的影响,这一研究关系到农民工的教育和培训政策。

一 教育对农民工收入影响的因素分析

(一)受教育程度

人力资本理论认为,教育对工资收入有显著影响,但是对农民工群体,这种影响到底有多显著需要研究。过去农民工大多从事体力劳动,受教育程度对工资影响可能较弱。但现在随着农民工受教育程度的提高,所从事的行业和城镇居民也愈加接近。表5-16显示,随着受教育程度的提高,农民工的收入呈明显上升趋势。此外,自评智商与受教育程度呈正向关系。回归分析时,用 EDU 代表受教育程度,用受教育年数衡量。

表5-16 受教育程度与小时工资

受教育程度	小时工资(元)	自评智商指数	样本数(个)
未受学校教育	11.37	2.50	82
小学	15.77	2.86	580
初中	16.31	3.12	1184
高中	17.92		484
高职	18.84	3.30	96
中专及以上	24.11		243

(二)智商

关于智商对工资的影响,前面已进行了一般理论分析,同样适用于农民工。表5-17显示,除了小样本的自评智商在"1"等级以外,随着自评智商的提高,农民工的小时工资呈明显上升趋势。回归分析时,以自评智商"1""2"为比较基础。

表 5-17 自评智商与小时工资

自评智商指数	变量名称	小时工资(元)	样本数(个)
1	$IQ1$	20.60	85
2	$IQ2$	15.01	412
3	$IQ3$	16.91	1435
4	$IQ4$	18.13	621
5	$IQ5$	19.51	116

(三) 上网学习时间

随着新生代农民工不断年轻化以及受教育程度不断提高,工作对知识技能的要求越来越高,职场竞争也更趋激烈,促使农民工越来越重视学习,而上网学习是其重要的学习方式。随着网络以及智能手机的普及,农民工几乎不存在上网学习的技术困难。农民工上网学习是否对工资收入产生影响,是一个值得关注的问题。2016年问卷询问农民工上网的时间,同时询问上网时间中用于获取知识时间的百分比,由此获得农民工上网学习时间。表5-18显示,大多数农民工不同程度地选择上网学习,并且上网学习时间越长,工资越高。此外,受教育年数也随之提高。用 $STUDYNET$ 代表上网学习时间。

表 5-18 上网学习时间与小时工资

上网学习时间(小时)	小时工资(元)	受教育年数	样本数(个)
0	16.60	8.00	320
(0,1]	18.57	9.79	1013
(1,2]	18.53	10.34	147
(2,3]	20.02	10.38	87
>3	21.45	11.01	73

(四) 打工技能

打工技能是农民工劳动市场直接使用的技能,必然会对农民工的收入产生影响。2016年问卷调查请农民工自评其城镇打工技能,备选答案有:

很低、较低、一般、较高、很高。表5-19显示，随着农民工打工技能的提升，工资呈明显上升趋势。此外，受教育年数也随之上升。回归分析时，以打工技能"很低""较低"为比较基础。

表5-19 打工技能与小时工资

打工技能	变量名称	小时工资(元)	受教育年数	样本数(个)
很低	URBSKILL1	14.22	7.96	107
较低	URBSKILL2	14.73	8.09	343
一般	URBSKILL3	16.98	9.03	1694
较高	URBSKILL4	18.83	9.60	451
很高	URBSKILL5	25.81	10.18	74

（五）工龄

工龄对农民工工资的影响和城镇居民相类似：一方面工龄越长，通过干中学积累的人力资本越多；另一方面工龄越长意味着年龄越长，精力体能下降，所积累的人力资本也在折旧。因此工龄和工资之间并不一定是线性关系。城镇居民要到法定退休年龄才退休，而农民工通常较早离开城镇回到农村，因而高龄农民工的比重要少于城镇居民年长就业者的比重。表5-20显示，农民工在工龄段（12，18］工资达到峰值，随后呈下降趋势。回归分析时，以对应小时工资最高的工龄段（12，18］为比较基础。

表5-20 工龄与小时工资

工龄段	变量名称	小时工资(元)	样本数(个)
≤6	WORKAGE1	16.56	862
(6,12]	WORKAGE2	17.27	837
(12,18]	WORKAGE3	17.55	370
(18,24]	WORKAGE4	17.32	301
>24	WORKAGE5	17.27	203

（六）参加培训

第十章第二节将就农民工参加培训对工资的影响进行较为详细的讨论。表5-21显示，随着农民工更多地参加深度培训，农民工小时工资明显上升，受教育年数也随之增加。回归分析时，以"未参加培训"为比较基础。

表 5-21 参加培训与小时工资

参加培训	变量名称	小时工资(元)	受教育年数	样本数(个)
未参加培训		16.55	8.60	1680
引导性培训	TRAININTROD	18.82	9.20	134
技能性培训	TRAINSKI	18.18	9.66	515
二者均参加	TRAINBOTH	17.57	10.24	235

（七）创新能力

随着新生代农民工逐渐从体力劳动向智力劳动的转化，工作的自主性加强，创新能力也日显重要。如果农民工在工作中表现出良好的创新能力，就可能获得更高的职业认可，从而获得更高的工资收入。表 5-22 显示，随着创新能力指数的上升，农民工的小时工资随之提高，受教育年数也随之增加。回归分析时，以创新能力"1""2"为比较基础。

表 5-22 创新能力与小时工资

创新能力指数	变量名称	小时工资(元)	受教育年数	样本数(个)
1	INNOV1	14.63	7.52	356
2	INNOV2	15.54	8.51	699
3	INNOV3	17.71	9.39	1007
4	INNOV4	19.17	9.58	487
5	INNOV5	20.79	9.80	120

（八）性别

农民工性别工资差异较为明显，女性农民工的小时工资低于男性。[1] 表 5-23 显示，男性工资明显高于女性。用 MALE 代表男性。回归分析时，以女性为比较基础。

---

[1] 罗俊峰：《农民工性别工资差异研究》，博士学位论文，首都经济贸易大学，2015。

表 5-23　性别与小时工资

性别	小时工资（元）	样本数（个）
男	17.98	2152
女	13.61	517

（九）政治身份

中共党员大多经过严格选拔，在劳动市场通常也会表现出更高的竞争力。表 5-24 显示，除了小样本的民主党派以外，中共党员农民工小时工资高于团员和群众。用 CPC 代表中共党员。回归分析时，以其他政治身份为比较基础。

表 5-24　政治身份与小时工资

政治身份	小时工资（元）	样本数（个）
中共党员	21.85	127
民主党派	24.53	6
团员	19.30	365
群众	16.47	2171

（十）健康状况

樊明的多项调查研究发现，健康状况对工资有显著影响。[①] 表 5-25 显示，随着健康状况的改善，农民工工资呈上升趋势。回归分析时，以健康状况"很差""较差"为比较基础。

表 5-25　健康状况与小时工资

健康状况	变量名称	小时工资（元）	样本数（个）
很差	$HEALTH1$	15.23	19
较差	$HEALTH2$	11.94	71
一般	$HEALTH3$	14.88	630
较健康	$HEALTH4$	17.46	1033
很健康	$HEALTH5$	18.77	916

---

① 樊明等：《收入分配行为与政策》，社会科学文献出版社，2014；樊明：《健康对劳动力参与、就业、工资和工作时间的影响》，载刘民权、顾昕、王曲主编《健康的价值与健康不平等》（第二章），中国人民大学出版社，2010。

（十一）工作层次

在新生代农民工群体中，已有越来越多的人晋升到较高的工作层次，必然有助于提高其工资收入。表5-26显示，随着工作层次的上升，农民工的工资明显上升。回归分析时，以"操作层"为比较基础。

表5-26 工作层次与小时工资

工作层次	变量名称	小时工资（元）	样本数（个）
操作层	WORKRANK1	15.76	1698
低层	WORKRANK2	16.93	579
中层	WORKRANK3	21.30	299
中高层、高层	WORKRANK4/5	29.97	93

（十二）打工区域

不同区域的劳动市场的供求关系有一定差别，不同地区的生活成本也相差较大，工资水平表现出区域差异。表5-27显示，北京、上海、天津以及东部沿海省份工资水平高于其他地区。传统上认为，广东、福建是农民工高收入的地区，但本次调查发现，广东、福建的农民工工资却较低。我们提出以下解释：在广东、福建调查时发现，当地农民工难以找到工作，即使找到工作，工资也较低，这可能与当地劳动市场过剩有关。回归分析时，以小时工资较少的"广东、福建""东北""中部省份"为比较基础。

表5-27 打工区域与小时工资

打工区域	变量名称	小时工资（元）	样本数（个）
北京、上海、天津	BST	18.55	420
广东、福建		16.69	410
东北		16.70	207
东部沿海省份	EAST	18.24	358
中部省份		14.80	647
西部省份	WEST	17.91	487

(十三) 行业

不同行业对从业者的专业技能和综合素质要求有所差异,工资水平也有所不同。表 5-28 显示,农民工工资较高的行业主要是采掘业、金融保险、科教文卫以及 IT 业。回归分析时,以小时工资最低的"商业饮食服务业"为比较基础。

表 5-28 行业与小时工资

行业	变量名称	小时工资(元)	样本数(个)	行业比重(%)	城镇居民行业比重(%)
制造业	MANUPCONS	17.15	598	23.18	23.08
建筑业		17.54	1201	46.55	16.54
采掘业		23.11	21	0.81	0.26
交通运输	TRANSPOST	18.44	156	6.05	7.64
邮电通信		17.99	68	2.64	4.74
商业饮食服务业	SERVICE	14.97	423	16.40	16.76
金融保险	TECHADM	22.01	31	1.20	6.52
IT		21.29	18	0.80	3.37
科教文卫		23.09	43	1.67	13.38
政府行政管理		19.50	21	0.81	7.71

(十四) 颜值

关于颜值对工资收入的影响,本章第一节已做分析,在此不再重复。表 5-29 显示,随着颜值的提升,农民工的小时工资上升。回归分析时,以颜值等级较低的"1/2/3"为比较基础。

表 5-29 颜值与小时工资

颜值	变量名称	小时工资(元)	样本数(个)
1/2/3	FACE1	16.67	754
4	FACE2	17.15	1177
5	FACE3	17.47	549
6/7	FACE4	17.91	182

二 回归模型及结果

用 $WAGEHR$ 代表小时工资,根据以上分析和讨论,建立以下农民工小时工资方程:

$$\begin{aligned}\log(WAGEHR) = &\alpha_0 + \alpha_1 EDU + \alpha_2 IQ3 + \alpha_3 IQ4 + \alpha_4 IQ5 + \alpha_5 INTERNET + \\ &\alpha_6 URBSKILL3 + \alpha_7 URBSKILL4 + \alpha_8 URBSKILL5 + \\ &\alpha_9 WORKAGE1 + \alpha_{10} WORKAGE2 + \alpha_{11} WORKAGE4 + \\ &\alpha_{12} WORKAGE5 + \alpha_{13} TRAININTROD + \alpha_{14} TRAINSKI + \\ &\alpha_{15} TRAINBOTH + \alpha_{16} INNOV3 + \alpha_{17} INNOV4 + \\ &\alpha_{18} INNOV5 + \alpha_{19} MALE + \alpha_{20} CPC + \alpha_{21} HEALTH3 + \\ &\alpha_{22} HEALTH4 + \alpha_{23} HEALTH5 + \alpha_{24} WORKRANK2 + \\ &\alpha_{25} WORKRANK3 + \alpha_{26} WORKRANK4/5 + \alpha_{27} BST + \\ &\alpha_{28} EAST + \alpha_{29} WEST + \alpha_{30} MANUPCONS + \\ &\alpha_{31} TRANSPOST + \alpha_{32} TECHADM + \alpha_{33} FACE2 + \\ &\alpha_{34} FACE3 + \alpha_{35} FACE4\end{aligned}$$

表 5-30 报告了采用 OLS 进行回归的结果。其中模型 1 为包含所有变量的回归结果,绝大多数变量的符号与理论预期一致,并达到 90% 以上显著水平。但农民工的创新能力与打工技能、工作层次等存在一定的相关性,意味着模型 1 存在多重共线性问题。模型 2 去除相关变量后再回归,显示创新能力 $INNOV3$、$INNOV4$ 达到 90% 以上显著水平。智商也与多种因素相关,模型 3 去除相关变量后再回归,显示 $IQ3$、$IQ4$ 达到 90% 以上显著水平。

为了进一步确定智商对工资收入的影响,我们选取了受教育程度低的小学农民工样本(580 个),采用模型 3 去掉 EDU 重新回归,发现 $IQ3$、$IQ4$ 都达到 93% 以上显著水平,为节省篇幅,不再报告全部回归结果。这一结果更直接说明,智商本身对农民工的收入有着直接的影响。

中共党员与性别、打工区域、行业等相关,因而未达显著水平,去除这些变量后再回归,中共党员的显著性超过 90%。为节省篇幅,不再报告全部回归结果。模型 2 显示,$FACE2$ 达到 95% 以上显著水平,而 $FACE3$、$FACE4$ 未达显著。可能的原因是,对应这两个变量的样本量较少,对农民工来说,颜值大多集中在 7 等量表中的第 4 等($FACE2$)。如此,只有 $FACE2$ 达到显著,而 $FACE3$、$FACE4$ 则未达显著。

表5-30 农民工工资方程回归结果

变量名称	模型1 系数	模型1 t-值	模型2 系数	模型2 t-值	模型3 系数	模型3 t-值
C	1.8756	25.4993	1.9098	26.1817	2.0674	29.6331
EDU	0.0275	6.8917	0.0321	8.1064		
IQ3	0.0364	1.3153			0.0743	2.7196
IQ4	0.0053	0.1611			0.0598	1.8540
IQ5	-0.0522	-0.9611			0.0078	0.1453
STUDYNET	0.0270	2.3702	0.0381	3.2665	0.0394	3.4758
SKILL3	0.0528	1.9252				
SKILL4	0.1333	3.8127				
SKILL5	0.1951	3.0443				
WORKAGE1	-0.0771	-2.4897	-0.0733	-2.3299	-0.0742	-2.3683
WORKAGE2	-0.0444	-1.4400	-0.0386	-1.2311	-0.0462	-1.4793
WORKAGE4	-0.0102	-0.2640	-0.0062	-0.1598	-0.0132	-0.3374
WORKAGE5	-0.0093	-0.2151	-0.0109	-0.2475	-0.0091	-0.2079
TRAININTROD	0.0414	0.9049	0.0394	0.8453	0.0592	1.2798
TRAINSKI	0.0443	1.7184	0.0567	2.1721	0.0675	2.6199
TRAINBOTH	-0.0081	-0.2266	0.0156	0.4314	0.0301	0.8358
INNOV3	0.0091	0.3848	0.0458	1.9538		
INNOV4	0.0202	0.6765	0.0692	2.3758		
INNOV5	0.0086	0.1676	0.0758	1.4843		
MALE	0.2243	8.5078	0.2352	8.8062	0.2277	8.5223
CPC	0.0278	0.5932	0.0657	1.4153	0.0487	1.0275
HEALTH3	0.0429	0.7345	0.0529	0.9010	0.0782	1.3256
HEALTH4	0.1491	2.6042	0.1875	3.2700	0.1994	3.4581
HEALTH5	0.1687	2.8958	0.2091	3.5952	0.2315	3.9540
WORKRANK2	0.0123	0.4869			0.0472	1.8725
WORKRANK3	0.1817	5.3151			0.2316	6.7911
WORKRANK4/5	0.2730	5.1230			0.3311	6.2123
BST	0.1109	3.8913			0.1257	4.3659
EAST	0.1145	3.8957			0.1290	4.3423
WEST	0.0819	3.0704			0.0797	2.9624
MANUPCONS	0.0916	3.2449	0.0963	3.3713	0.0791	2.7673
TRANSPOST	0.1145	2.7843	0.1298	3.1193	0.1227	2.9462
TECHADM	0.1389	2.5613	0.1610	2.9350	0.1543	2.8098
FACE2	0.0389	1.6510	0.0492	2.0653	0.0480	2.0099

续表

变量名称	模型1		模型2		模型3	
	系数	t-值	系数	t-值	系数	t-值
FACE3	0.0101	0.3528	0.0211	0.7307	0.0269	0.9328
FACE4	0.0199	0.4846	0.0153	0.3677	0.0412	0.9939
R^2	0.1799		0.1338		0.1522	
样本数(个)	2231		2310		2231	

以上回归结果只考察了单个变量在控制其他因素不变的条件下，对农民工工资收入的影响。但就教育对工资收入的影响而言，这种分析方法存在严重不足：因为教育对回归方程中诸多变量存在显著影响，这就意味着，当受教育年数每增加一年，根本无法控制其他变量保持不变。就本节所涉及的变量而言，根据第四章第四节的分析，受教育程度对上网学习时间、工作层次、打工技能、创新能力、健康状况等有显著影响。我们称这些因素为教育对工资收入影响的间接因素。当受教育年数每增加一年，这些因素都随之变化并进而影响农民工的工资收入，由此所产生的影响为教育对农民工工资收入的间接影响。第四章第四节讨论了计算间接影响的方法，表5-31报告了计算结果，显示受教育年数每增加一年的全部间接因素的影响之和为0.0093。表5-30报告了受教育年数对工资收入直接的影响为0.0275（基于模型1）。直接影响加间接影响之和为0.0368。

表5-31 受教育年数对农民工工资收入的间接影响

间接影响因素	教育对间接因素的影响	间接因素对工资收入的影响	教育通过间接因素对工资收入的影响
上网学习时间	0.0552	0.0276	0.0015
工作层次	0.0455	0.0822	0.0037
打工技能	0.0236	0.0589	0.0014
创新能力	0.0421	0.0113	0.0005
健康状况	0.0384	0.0574	0.0022
全部间接影响			0.0093

三 基本观察

根据上述讨论及回归结果，我们获得以下观察。

第一,教育对农民工工资有显著影响。根据模型1和模型2,受教育年数每增加一年,工资会增加2.8%~3.2%,但和城镇居民(7.2%~9.6%)相比,投资回报相对较低,这可能与农民工所受教育大多是在农村完成及教学质量较差有关,此外也与农民工在劳动市场难免受到的户籍歧视和就业歧视有关。

第二,智商本身对农民工的收入有着直接的影响。此外,智商对受教育程度等多个体现能力的变量相关。因此,教育和智商交织在一起并直接或通过其他因素间接对工资产生影响。

第三,教育不仅对农民工工资产生直接影响,还通过上网学习时间、工作层次、打工技能、创新能力、健康状况对农民工工资产生间接影响,且间接影响占到教育对农民工工资全部影响的25.27%。传统的研究只关注教育对工资收入的直接影响而忽视了间接影响,由此导致教育对工资收入回报的低估。

第四,随着工龄的增加,起初工资会上升,工龄在(12,18]段时工资达到最高,之后趋于下降。男性农民工工资高于女性。政治身份为中共党员的农民工,工资显著高于其他政治身份的农民工。健康状况越好、工作层次越高的农民工,工资越高。北京、上海、天津、西部以及东部沿海地区农民工工资高于其他地区。农民工收入较高的行业更多地集中在采掘业、金融保险和科教文卫等行业。

第三节 教育与农村经济活动收入:基于农村居民样本

根据国家统计局公布的数据,2015年城镇居民人均可支配收入为31194.8元,而农村居民人均可支配收入仅为11421.7元,城乡收入比高达2.73∶1。因此,中国农民收入低,城乡收入差距大,仍然是中国一个严重的社会问题。导致这个问题的原因是多方面的,本节侧重分析教育对农民经济活动收入的影响。

一 文献回顾

关于中国农民的收入问题,已有诸多文献进行了大量研究,下面仅就几个近年来的代表性文献进行简要回顾。

陈贤银基于1997~2001年农业部农村固定观察点数据，通过对农村劳动力人均纯收入与受教育年限二者进行相关性分析和回归分析得出：教育对农民增收作用是显著的，在任何受教育水平上，提高劳动力受教育水平均可以增加农民收入；随着受教育年限的逐步提高，教育对农民增收作用逐步增大，特别是对初中以上文化程度的劳动力提高其受教育水平，对其收入的贡献大于小学水平；随着受教育年限的逐步提高，农民增收持续性、稳定性逐步提高。①

张淑英等以农村人力资本为切入点，把人力资本理论运用到农村人力资本投资分析中，通过规范分析和实证分析发现，农民受教育程度与工资收入之间存在显著的正相关关系，即农民受教育年限越长，其所得的工资收入越高。②

徐辉等通过构建明塞尔半对数模型，采用典型相关分析法分析，发现教育型人力资本对农民农业收入的影响具有明显的正效应，即农民受教育程度越高，收入越高。③

辛岭等采用Panel Data的研究发现，农民受教育水平是影响农民收入的因素，且农民受教育水平是农民收入的格兰杰原因。在长期，二者存在协整关系，即农民收入和农民受教育水平之间存在着长期稳定的均衡关系。④

以上对农民教育与收入关系的研究中，教育因素主要侧重于农民的受教育程度。但我们认为，教育对农民经济收入的影响是一个更加综合和复杂的过程，既要研究教育对农民经济活动收入的直接影响，还要分析教育通过其他因素对农民经济活动收入的间接影响。

研究农民经济活动收入，首先要明确农民经济活动收入的含义。我们将农民经济活动收入分为务农收入和非农经济活动收入，简称为务工收入。确定农民务农收入的方法是，首先询问家庭年务农收入，再询问

---

① 陈贤银：《教育对我国农民收入持续增长的影响研究》，《农业技术经济》2006年第6期。
② 张淑英、刘朝臣：《农民工资收入与受教育程度关系研究》，《科技与经济》2009年第5期。
③ 徐辉、黎东升：《教育型人力资本对农民收入影响的典型相关分析》，《农业技术经济》2011年第8期。
④ 辛岭、王艳华：《农民受教育水平与农民收入关系的实证研究》，《中国农村经济》2007年第1期。

受访者对家庭年务农收入的贡献率，由此得出其个人年务农收入。确定农民非农经济活动收入或务工收入的方法是直接询问其月工资收入、工作日工作时间、每周工作几个工作日，由此计算出其务工小时工资。

二 影响农民经济活动收入的个人因素分析

（一）受教育程度

受教育程度高的农民，可以更多地将所学的知识应用于农业生产和非农经济活动，这些都有助于提高农民的收入。同时，农民受教育程度越高，从事收入较高的非农经济活动的机会就越多，进而提高其收入。表5－32显示，受教育程度越高，年务农收入和务工小时工资越高。值得关注的是，智商与受教育年数之间存在正向关系。用EDU代表受教育程度，以受教育年数衡量。

表5－32 受教育程度与经济活动收入

受教育程度	自评智商	年务农收入（元）	样本数（个）	务工小时工资（元）	样本数（个）
未受学校教育	2.46	2381.15	130	11.93	46
小学	2.83	3441.49	451	14.84	295
初中	3.13	4737.70	576	14.42	416
高中及以上	3.42	5382.82	279	30.17	240

（二）智商

Herrnstein等认为，智商是天生的，影响着人们的受教育程度，教育虽不能提高智商，但可以开发既有智商中所蕴含的潜能。[①] 自评智商为受访者按10级自评其智商。为了避免回归分析时出现过多虚拟变量，等距离简化为5级，赋值从1到5，构成自评智商指数。表5－33显示，农民的自评智商越高，其年务农收入、务工小时工资越高。回归分析时，以自评智商"1""2"为比较基础。

---

① Herrnstein, R. J., Murray, C., *The Bell Curve: Intelligence and Class Structure in American Life* (New York: Free Press, 1994).

表 5-33　智商与经济活动收入

自评智商	变量名称	年务农收入（元）	样本数（个）	务工小时工资（元）	样本数（个）
1	IQ1	4137.20	84	13.42	26
2	IQ2	2985.70	289	12.79	149
3	IQ3	4246.28	691	17.91	505
4	IQ4	4952.39	314	19.90	270
5	IQ5	5190.18	80	26.11	69

（三）上网学习时间指数

2016年问卷调查询问农民上网程度，备选答案有：从不，因为村里没网络；我不上网；偶尔上网；经常上网；离不开。"从不，因为村里没网络""我不上网"均属于农民不上网情况，我们将二者合并，依次赋值从1到4，构成农民上网指数。然后继续询问农民上网用于学习时间比重。将上网用于学习时间比重乘以农民上网指数，构成农民上网学习时间指数。

随着网络以及智能手机的普及，农民的上网条件越来越充分，由此，上网学习成为农民的一种新型学习方式。农民通过上网，能够学习到更多的知识，了解到更多的农业技术、市场、就业机会以及政策环境的信息。表5-34显示，农民上网学习时间指数越高，其年务农收入、务工小时工资越高。回归分析时，以上网学习时间指数"0"为比较基础。

表 5-34　上网学习时间指数与经济活动收入

上网学习时间指数	变量名称	受教育程度	年务农收入（元）	样本数（个）	务工小时工资（元）	样本数（个）
0	STUDYNET1	7.28	3759.74	1000	15.92	656
(0,0.6]	STUDYNET2	8.86	4886.87	322	16.14	245
>0.6	STUDYNET3	10.03	5746.51	136	34.56	118

（四）务农年数/务工年数

随着农民务农年数以及务工年数的增长，农民通过干中学所获得的生产知识和技能就越多，代表着人力资本的积累，有助于提高其收入。但随着农民务农年数、务工年数的增加，所积累的人力资本也会折旧。在当下农业技术快速发展的情况下,对一些年龄偏大的农民来说,这种折旧尤显严重。再者,随着务农年数、务工年数的增加,农民的体力也在下降,降低其经济活动的效率。表5-35显示,随着务农年数、务工年数的增加,农民收入持续降低。这可能与农民通过干中学所积累的人力资本折旧以及体力下降有关。用AGRAGE代表务农年数,WORKAGE代表务工年数。

表5-35 务农年数/务工年数与经济活动收入

务农年数	年务农收入(元)	样本数(个)	务工年数	务工小时工资(元)	样本数(个)
≤10	4685.11	468	≤1	23.97	130
(10,20]	4471.80	308	(1,5]	21.05	228
(20,30]	4397.03	299	(5,10]	18.60	284
(30,40]	3933.07	212	(10,15]	14.62	134
>40	2496.45	131	>15	13.99	216

(五)农业生产技能/务工技能

农民的农业生产技能越高,其劳动生产率越高,有利于农民提高务农收入。同样,农民的务工技能越高,在非农劳动市场上就具备更高的竞争力,从而有更好的劳动市场表现。农业生产技能、务工技能由受访者自评给出,分为5个等级。表5-36、表5-37显示,农民的农业生产技能、务工技能越高,务农收入和务工小时工资也越高。回归分析时,以农业生产技能、务工技能"较低及以下"为比较基础。

表5-36 农业生产技能与年务农收入

农业生产技能	变量名称	年务农收入(元)	样本数(个)
较低及以下	AGRSKILL1/2	2615.02	247
一般	AGRSKILL3	3838.08	828
较高及以上	AGRSKILL4/5	5981.70	383

表5-37 务工技能与务工小时工资

城镇打工技能	变量名称	务工小时工资(元)	样本数(个)
较低及以下	URBSKILL1/2	17.24	160
一般	URBSKILL3	16.61	628
较高及以上	URBSKILL4/5	22.90	231

（六）创新能力

在传统的小农经济社会，农业技术的发展相对缓慢，农业生产与创新能力的相关性较弱。而当下的农业科技日新月异，如果农民在农业生产中表现出较强的创新能力，将有助于提高其劳动生产率，从而获得更高的务农收入。在非农经济活动中，由于技术更新较快，经济活动的自主性加强，农民所具有的创新能力也能得到来自市场的高回报。创新能力为受访者按10级自评其创新能力。为了避免回归分析时出现过多虚拟变量，等距离简化为5等，赋值从1到5，构成创新能力指数。表5-38支持了这一判断。回归分析时，以创新能力"1""2"为比较基础。

表5-38 创新能力与经济活动收入

创新能力指数	受教育年数	变量名称	年务农收入（元）	样本数（个）	务工小时工资（元）	样本数（个）
1	6.40	INNOV1	3110.11	352	13.54	155
2	7.30	INNOV2	3017.56	428	12.67	296
3	8.97	INNOV3	5482.36	430	17.20	350
4	9.17	INNOV4	5687.95	187	23.69	160
5	8.70	INNOV5	5040.95	61	48.53	58

（七）性别

在农村，无论从事农业生产还是非农经济活动，男性农民在体力以及技能等方面比女性农民更具优势。再者，农村传统的"重男轻女"思想，使女性农民受教育程度普遍低于男性，这就造成农民收入之间的性别差距。表5-39显示，相对于女性农民而言，男性农民务农收入和务工小时工资更高。用 MALE 代表男性。回归分析时，以女性为比较基础。

表5-39 性别与经济活动收入

性别	受教育年数	年务农收入（元）	样本数（个）	务工小时工资（元）	样本数（个）
男	8.15	4518.19	992	19.26	751
女	7.36	3503.85	466	14.98	268

(八) 健康状况

樊明认为,健康状况对就业者在劳动市场的表现有显著影响,具体表现在工资、劳动市场参与、工作时间等方面。① 很显然,农民健康状况越好,无论从事农业生产活动还是非农经济活动,都有助于其收入水平的提高。表5-40支持了这一判断。回归分析时,以健康状况"较差及以下""一般"为比较基础。

表5-40 健康状况与经济活动收入

健康状况	变量名称	年务农收入(元)	样本数(个)	务工小时工资(元)	样本数(个)
较差及以下	$HEALTH1/2$	3433.49	166	11.06	64
一般	$HEALTH3$	3972.58	356	14.81	225
较健康	$HEALTH4$	4237.87	496	20.34	369
很健康	$HEALTH5$	4610.57	440	19.20	361

(九) 亩均劳动力

亩均劳动力决定了农民所能耕种土地的多少。显然,亩均劳动力越多,农民所耕种土地越少,其务农收入就会因此减少。表5-41支持了这一分析。用$LABORPMU$代表亩均劳动力。

表5-41 亩均劳动力与年务农收入

亩均劳动力(个)	年务农收入(元)	样本数(个)
≤0.2	6974.40	349
(0.2,0.4]	4284.18	466
(0.4,0.6]	2945.61	241
>0.6	2226.87	358

(十) 地貌形态

相对于山区来说,平原地形更有利于使用高效大型的农业机械,且灌溉条件、交通条件也相对较好,因此,平原地区农民的务农收入应高于丘

---

① 樊明:《健康对劳动力参与、就业、工资和工作时间的影响》,载刘民权、顾昕、王曲主编《健康的价值与健康不平等》(第二章),中国人民大学出版社,2000。

陵山区农民。表 5-42 支持了这一判断。回归分析时，以务农收入较低的"丘陵山区"为比较基础。

表 5-42 地貌形态与年务农收入

地貌形态	变量名称	年务农收入(元)	样本数(个)
平原	PLAIN	4710.75	833
丘陵山区	MOUTAIN	3505.24	625

三 务农收入回归模型及结果

用 $AGRINC$ 代表务农收入。根据以上分析，我们提出以下务农收入回归方程：

$$AGRINC = \alpha_0 + \alpha_1 EDU + \alpha_2 IQ3 + \alpha_3 IQ4 + \alpha_4 IQ5 + \alpha_5 STUDYNET2 +$$
$$\alpha_6 STUDYNET3 + \alpha_7 AGRAGE + \alpha_8 AGRSKILL3 + \alpha_9 AGRSKILL4/5 +$$
$$\alpha_{10} INNOV3 + \alpha_{11} INNOV4 + \alpha_{12} INNOV5 + \alpha_{13} MALE +$$
$$\alpha_{14} HEALTH4 + \alpha_{15} HEALTH5 + \alpha_{16} LABORPMU + \alpha_{17} PLAIN$$

收入方程通常采用半对数形式以弱化异方差，但由于一些农民务农收入为负，故无法取对数。表 5-43 报告了采用 OLS 模型的回归结果。包含所有变量的模型 1 显示，大多变量符号与理论预期一致，且达到 90% 以上显著水平。但相关分析显示，受教育程度、上网学习时间、自评智商、农业生产技能、创新能力之间存在相关性，因此模型 1 存在多重共线性问题。为此，模型 2 去掉受教育程度、农业生产技能、创新能力再回归，$IQ3$、$STUDYNET2$ 显著性均超过 90%，且符号与理论预期一致。

表 5-43 务农收入方程回归结果

变量名称	模型 1		模型 2	
	系数	t-值	系数	t-值
C	-1019.3840	-0.8653	2376.5800	2.5949
EDU	171.2008	1.9805		
IQ3	284.2045	0.4715	1234.9600	2.0851
IQ4	111.9367	0.1456	1217.3310	1.6315
IQ5	169.7240	0.1393	1164.0960	1.0107

续表

变量名称	模型1		模型2	
	系数	t-值	系数	t-值
STUDYNET2	1414.6440	2.4567	1444.7930	2.4703
STUDYNET3	-145.1508	-0.1679	571.2690	0.6649
AGRAGE	13.4482	0.6718	-10.3292	-0.5551
AGRSKILL3	1061.1150	1.6624		
AGRSKILL4/5	2946.3090	4.0610		
INNOV3	2611.2430	4.6648		
INNOV4	1838.6130	2.3172		
INNOV5	-754.8393	-0.6271		
MALE	655.7950	1.2270	648.6827	1.1939
HEALTH4	1297.5910	2.1950	1461.1190	2.4258
HEALTH5	1409.1660	2.5036	1581.2400	2.7641
LABORPMU	-1136.8580	-3.4896	-1294.1030	-3.8807
PLAIN	538.0674	1.1343	403.2496	0.8366
R^2	0.1220		0.0580	
样本数(个)	770		777	

四 务工小时工资回归模型及结果

用 WAGEHR 代表务工小时工资。根据以上分析，我们提出以下务工小时工资回归方程：

$$\log(WAGEHRS) = \alpha_0 + \alpha_1 EDU + \alpha_2 IQ3 + \alpha_3 IQ4 + \alpha_4 IQ5 + \\ \alpha_5 STUDYNET2 + \alpha_6 STUDYNET3 + \alpha_7 WORKAGE + \\ \alpha_8 URBSKILL3 + \alpha_9 URBSKILL4/5 + \alpha_{10} INNOV3 + \alpha_{11} INNOV4 + \\ \alpha_{12} INNOV5 + \alpha_{13} MALE + \alpha_{14} HEALTH4 + \alpha_{15} HEALTH5$$

用 OLS 模型回归，表5-44报告了回归结果。包含所有变量的模型1显示，几乎所有变量符号与理论预期一致，且大多达到90%以上显著水平。但相关分析显示，自评智商、务工技能、受教育年数、创新能力、健康状况存在相关性，导致模型1存在多重共线性问题。为了检验自评智商对农民务工小时工资的影响，模型2去掉受教育年数、创新能力、健康状况再回归，自评智商显著性超过90%，URBSKILL4/5 显著性也超过90%。

表5-44 务工小时工资方程回归结果

变量名称	模型1		模型2	
	系数	t-值	系数	t-值
C	2.0392	16.2259	2.1412	23.8183
EDU	0.0318	3.0065		
IQ3	0.0752	0.9726	0.1374	2.0261
IQ4	0.0605	0.6375	0.1213	1.6005
IQ5	-0.0402	-0.2731	-0.0077	-0.0690
STUDYNET2	0.0363	0.5089	0.1213	2.0830
STUDYNET3	0.1874	1.9840	0.3934	5.1250
WORKAGR	-0.0070	-2.0155	-0.0108	-3.7434
URBSKILL3	-0.0501	-0.6156	0.0594	0.8657
URBSKILL4/5	-0.0150	-0.1519	0.1471	1.8115
INNOV3	0.1783	2.6492		
INNOV4	0.2573	2.7768		
INNOV5	-0.0065	-0.0472		
MALE	0.1406	2.0715	0.2253	4.0666
HEALTH4	0.0887	1.2694		
HEALTH5	0.0752	1.1188		
R^2	0.0843		0.0644	
样本数(个)	647		992	

以上回归结果考察了各变量对农民经济活动收入的影响。但就教育对农民经济活动收入的影响而言，这种分析方法存在严重不足：因为教育对回归方程中诸多变量存在显著影响，这就意味着，当受教育年数每增加一年，根本无法控制其他变量保持不变。根据第四章第四节的分析，受教育程度对上网学习时间、打工技能、农业生产技能、创新能力、健康状况有显著影响。我们称这些受教育影响的因素为教育对农民经济活动收入影响的间接因素。当受教育年数每增加一年，这些因素都随之变化并进而影响农民的经济活动收入，由此所产生的影响为教育对农民经济活动收入的间接影响。第四章第四节讨论了计算间接影响的方法。表5-45、表5-46报告了计算结果，显示受教育年数每增加一年，务农收入、务工小时工资的全部间接影响分别为36.7459、0.0155。根据第四章第四节的分析，受教育年数对务农收入、务工小时工资的直接影响分别为171.2008、

0.0318。务农收入、务工小时工资的直接影响加间接影响之和分别为207.9467、0.0473。这说明忽视间接影响而只估计直接影响,将会造成教育对农民经济活动收入回报的低估。

表 5-45 受教育年数对农民务农收入的间接影响

间接影响因素	教育对间接因素的影响	间接因素对务农收入的影响	教育通过间接因素对工资收入的影响
农业生产技能	-0.0125	1212.8710	-15.1609
健康状况	0.0530	-149.1667	-7.7058
创新能力	0.0434	658.4720	28.5777
上网学习时间	0.0555	559.1881	31.0349
全部间接影响			36.7459

表 5-46 受教育年数对农民务工小时工资的间接影响

间接影响因素	教育对间接因素的影响	间接因素对务工小时工资的影响	教育通过间接因素对工资收入的影响
上网学习时间	0.0555	0.1030	0.0057
务工技能	0.0452	0.0462	0.0021
创新能力	0.0434	0.1020	0.0044
健康状况	0.0530	0.0619	0.0033
全部间接影响			0.0155

五 基本观察

根据以上分析及回归结果,我们对农民务农收入、务工小时工资获得以下基本观察。

受教育程度高、智商高的农民务农收入、务工小时工资较高。考虑到受教育程度与智商的相关性我们判断,受教育程度和智商相互交织在一起,共同显著提高农民的务农收入、务工小时工资。教育通过其他与教育相关的变量间接影响农民务农收入、务工小时工资,包括上网学习时间、农业生产技能/务工技能、创新能力等。

当然,这些因素本身也会对农民务农收入、务工小时工资产生显著影响。上网学习时间越长的农民,其务农收入和务工小时工资越高。农业生产技能/务工技能越高的农民的务农收入、务工小时工资越高。创新能力越强的农民,务农收入和务工小时工资越高。随着务农年数/务工年数的增加,农民务农收入、务工小时工资持续降低。男性农民务农收入、务工小时工资显著高于女性。健康状况越好的农民,务农收入、务工小时工资越高。平原地区农民的务农收入显著高于丘陵山区。人多地少的农民的务农收入较低。

第四节 城镇居民学习行为与工资:基于本科层次样本

上一节讨论了受教育程度对城镇居民工资收入的影响,现在我们关注的重点是学习行为对工资收入的影响。然而,当样本包含不同受教育程度群体时,不同群体的学习行为缺少可对比性。如大学生的学习成绩与小学生的学习成绩无法进行对比。为了避免这个复杂性,本节仅选取本科层次样本,探讨学习行为对工资收入的影响。

一 影响城镇居民工资的个人因素分析

上一节讨论了诸多影响工资收入的个人因素,这些分析大多也适用于本节对个人因素的分析。对这些因素,本节不再重复讨论,只描述统计结果,只有对本科样本有某种特殊性时,才加以分析。

(一) 学习成绩

学习成绩反映的是学生通过个人学习所掌握知识和技能的扎实程度,也可以理解为人力资本的一个指标。学习成绩越好,所积累的人力资本越多,必然会有助于工资收入的提升。表5-47显示,随着学习成绩的提升,小时工资持续上升,但所增加的量有限。回归分析时,以学习成绩"较差及以下""一般"为比较基础。

表 5-47 学习成绩与工资

学习成绩	变量名称	小时工资(元)	样本数(个)
较差及以下	GRADE1/2	36.31	83
一般	GRADE3	36.86	1432
较好	GRADE4	36.94	1247
很好	GRADE5	37.14	215

(二) 智商

表5-48显示,智商越高的就职者,其小时工资越高。值得注意的是,智商与学习成绩呈正相关关系。回归分析时,以自评智商"1""2"为比较基础。

表5-48 智商与工资

自评智商指数	变量名称	学习成绩指数	小时工资(元)	样本数(个)
1	IQ1	3.38	29.83	42
2	IQ2	3.36	37.41	103
3	IQ3	3.46	34.86	1181
4	IQ4	3.58	38.58	1507
5	IQ5	3.67	40.59	170

(三) 学校等级

在中国,把高校按其办学条件和教学质量进行分级,从低到高有:三本、二本、一本、"211"、"985"。2016年问卷调查询问本科层次城镇居民就读学校的学校等级。学校等级越高,一方面可以吸收到更优质的生源,并为这些学生提供更好的教育服务;另一方面也起到一个信号作用,用人单位通过学校等级可以有效甄别就职者的劳动生产率。由此,毕业于高等级高校的毕业生可获得较高的职场起点,进而影响后来的工资提升。表5-49显示,学校等级越高,小时工资越高。回归分析时,以学校等级"三本""二本"为比较基础。

表5-49 学校等级与工资

学校等级	变量名称	小时工资(元)	样本数(个)
三本	SCHRANK1	29.12	374
二本	SCHRANK2	32.00	1402
一本	SCHRANK3	44.76	730
"211"	SCHRANK4	44.64	288
"985"	SCHRANK5	51.38	143

(四) 担任学生干部级别

在大学获得担任学生干部的机会,有助于提升学生的沟通能力、表达能力、团队精神、领导才能等。也可能学生由于在这些方面有较好地表现而获得担任学生干部的机会。表5-50显示，与在大学期间未担任学生干部的就职者相比，曾担任过学生干部的就职者小时工资更高。回归分析时，以大学期间"未担任"学生干部、"组长级"为比较基础。

表5-50 担任学生干部级别与工资

担任学生干部级别	变量名称	小时工资	样本数（个）
未担任	$STDLEADER1$	35.16	1323
组长级	$STDLEADER2$	35.29	598
正副班长级	$STDLEADER3$	39.53	689
学生会主席及以上	$STDLEADER4$	42.62	241
校级社团主要领导	$STDLEADER5$	40.74	276

（五）上网学习时间

表5-51显示，随着上网学习时间的增加，小时工资随之上升。用 $STUDYNET$ 代表上网学习时间。

表5-51 上网学习时间与工资

上网学习时间（小时）	小时工资（元）	样本数（个）
0	32.72	47
(0,0.5]	36.55	667
(0.5,1]	36.70	708
>1	37.01	927

（六）工龄

上节分析显示，工龄和工资呈非线性关系。但表5-52显示工龄与工资呈线性关系，也就是说，工龄越长，小时工资越高。对此我们认为，本科毕业生形成的劳动市场有一定的特殊性，相当数量本科毕业生在行政事业单位、管理规范的企业就业，通常工资随年龄和资历而增长。用 $WORKAGE$ 代表工龄。

表 5-52　工龄与工资

工龄段	小时工资（元）	样本数（个）
≤1	23.43	530
(1,5]	32.99	1021
(5,10]	43.18	659
(10,20]	47.14	487
>20	48.10	271

（七）技术职称

技术职称是对一个人技术能力的官方认定。技术职称越高，在劳动市场越稀缺，同时所面对的需求越高，由此在劳动市场获得高议价能力。表5-53显示，随着技术职称的提高，小时工资随之明显提高。回归分析时，以"无技术职称"、技术职称"初级"为比较基础。

表 5-53　技术职称与工资

技术职称	变量名称	小时工资（元）	样本数（个）
无技术职称	TECHRANK1	33.29	1066
初级	TECHRANK2	29.42	700
中级	TECHRANK3	40.74	914
副高	TECHRANK4	50.93	202
正高	TECHRANK5	105.02	51

（八）英语考试过级

在中国大学，有测量大学生英语水平的四六级考试。如果通过考试，就意味着英语达到一定的水平，就可能获得更多需使用英语的就业机会。一般来说，这种岗位的工资较高。本书第十一章第二节将详细解释，英语考试过级可作为一种甄别高质量劳动力的信号，由此英语考试过级者可获得较高的职场起点，进而较高的起薪。表5-54显示，与未过级者相比，英语过四级和过六级者小时工资更高。回归分析时，以英语考试"未过级"为比较基础。

表 5-54　英语考试过级与工资

英语考试过级	变量名称	小时工资(元)	样本数(个)
未过级		33.44	519
四级	CET4	36.30	1205
六级	CET6	39.70	502

（九）专业对口度

一般来说，专业对口意味着就职者在校所学知识和技能能更多地应用到职场，进而取得更好的劳动市场表现。但表 5-55 显示，专业对口程度较低的就职者的小时工资反而要高。回归分析时，以专业"很不对口""不太对口"为比较基础。

表 5-55　专业对口度与工资

专业对口度	变量名称	小时工资(元)	样本数(个)
很不对口	MATCH1	42.21	487
不太对口	MATCH2	38.89	591
一般	MATCH3	34.07	477
比较对口	MATCH4	34.72	858
非常对口	MATCH5	37.07	546

（十）创新能力

表 5-56 显示，随着创新能力指数上升，小时工资呈明显上升趋势。回归分析时，以创新能力指数"1""2"为比较基础。

表 5-56　创新能力与工资

创新能力指数	变量名称	小时工资(元)	样本数(个)
1	INNOV1	38.43	91
2	INNOV2	29.55	520
3	INNOV3	35.31	1273
4	INNOV4	40.52	874
5	INNOV5	53.95	173

（十一）家庭背景

表 5-57 显示，随着家庭背景的改变，小时工资明显提高。回归分析时，以家庭"条件较差及以下"为比较基础。

表 5-57　家庭背景与工资

家庭背景	变量名称	小时工资（元）	样本数（个）
条件较差及以下	FAMBACK1/2	33.72	143
普通家庭	FAMBACK3	35.53	2531
有一定经济社会地位及以上	FAMBACK4/5	55.39	227

（十二）工作层次

表 5-58 显示，工作层次越高，小时工资越高。回归分析时，以"操作层""低层"为比较基础。

表 5-58　工作层次与工资

工作层次	变量名称	小时工资（元）	样本数（个）
操作层	WORKRANK1	24.70	489
低层	WORKRANK2	27.54	1022
中层	WORKRANK3	39.87	1123
中高层	WORKRANK4	60.45	310
高层	WORKRANK5	128.67	59

（十三）沟通能力、表达能力、团队精神、领导才能

表 5-59、表 5-60、表 5-61、表 5-62 显示，沟通能力、表达能力、团队精神、领导才能越高，小时工资越高。这四项特质变量之间存在较强的相关关系，回归分析时，我们仅选取沟通能力作为代表，以沟通能力"较差及以下"为比较基础，之后再将其他三项特质变量依次取代沟通能力，估计其对小时工资的影响。

表 5-59　沟通能力与工资

沟通能力	变量名称	小时工资（元）	样本数（个）
较差及以下	COMABILITY1/2	30.18	93
一般	COMABILITY3	32.24	1275
较好	COMABILITY4	39.35	1349
很好	COMABILITY5	50.10	286

表 5-60　表达能力与工资

表达能力	变量名称	小时工资(元)	样本数(个)
较差及以下	EXPABILITY1/2	28.86	96
一般	EXPABILITY3	33.30	1198
较好	EXPABILITY4	38.38	1075
很好	EXPABILITY5	54.27	222

表 5-61　团队精神与工资

团队精神	变量名称	小时工资(元)	样本数(个)
较差及以下	TEAMSPIRIT1/2	26.32	35
一般及以下	TEAMSPIRIT3	31.41	690
较好	TEAMSPIRIT4	37.29	1679
很好	TEAMSPIRIT5	42.89	597

表 5-62　领导才能与工资

领导才能	变量名称	小时工资(元)	样本数(个)
较差及以下	LEADSHIP1/2	31.78	132
一般	LEADSHIP3	31.03	1614
较好	LEADSHIP4	42.75	1092
很好	LEADSHIP5	62.86	165

(十四) 政治身份

表 5-63 显示,与其他政治身份的群体相比,中共党员的小时工资明显要高。用 CPC 代表中共党员。回归分析时,以"团员""民主党派""群众"为比较基础。

表 5-63　政治身份与工资

政治身份	小时工资(元)	样本数(个)
中共党员	40.19	861
团员	31.51	885
民主党派	29.90	18
群众	39.40	1008

(十五) 健康状况

表 5-64 显示,健康状况越好,小时工资越高。回归分析时,以健康状况"较差及以下""一般"为比较基础。

表 5-64　健康状况与工资

健康状况	变量名称	小时工资（元）	样本数（个）
较差及以下	HEALTH1/2	31.76	29
一般	HEALTH3	34.43	528
较健康	HEALTH4	37.59	1393
很健康	HEALTH5	37.63	1021

（十六）性别

表 5-65 显示，即使在本科层次，女性的小时工资仍明显低于男性。用 MALE 代表男性。回归分析时，以女性为比较基础。

表 5-65　性别与工资

性别	小时工资（元）	样本数（个）
男	41.09	2018
女	28.85	985

二　回归模型及结果

用 WAGEHR 代表小时工资。根据以上分析，我们提出以下半对数小时工资回归方程：

$$\begin{aligned}\log(WAGEHR) =\ & \alpha_0 + \alpha_1 GRADE4 + \alpha_2 GRADE5 + \alpha_3 IQ3 + \alpha_4 IQ4 + \alpha_5 IQ5 + \\ & \alpha_6 SCHRANK3 + \alpha_7 SCHRANK4 + \alpha_8 SCHRANK5 + \\ & \alpha_9 STDLEADER3 + \alpha_{10} STDLEADER4 + \alpha_{11} STDLEADER5 + \\ & \alpha_{12} STUDYNET + \alpha_{13} WORKAGE + \alpha_{14} TECHRANK3 + \\ & \alpha_{15} TECHRANK4 + \alpha_{16} TECHRANK5 + \alpha_{17} CET4 + \\ & \alpha_{18} CET6 + \alpha_{19} MATCH3 + \alpha_{20} MATCH4 + \alpha_{21} MATCH5 + \\ & \alpha_{22} INNOV3 + \alpha_{23} INNOV4 + \alpha_{24} INNOV5 + \\ & \alpha_{25} FAMBACK3 + \alpha_{26} FAMBACK4/5 + \alpha_{27} WORKRANK3 + \\ & \alpha_{28} WORKRANK4 + \alpha_{29} WORKRANK5 + \alpha_{30} COMABILITY3 + \\ & \alpha_{31} COMABILITY4 + \alpha_{32} COMABILITY5 + \alpha_{33} CPC + \\ & \alpha_{34} HEALTH4 + \alpha_{35} HEALTH5 + \alpha_{36} MALE\end{aligned}$$

用 OLS 模型回归，表 5-66 报告了回归结果。包含所有变量的模型 1

显示,几乎所有变量符号与理论预期一致,且大多达到90%以上显著水平。但相关分析显示,担任学生干部、智商、创新能力、家庭背景与学习成绩等变量相关,导致模型1存在多重共线性问题。为了更好地检验学生干部、智商、创新能力、家庭背景、专业对口程度对小时工资的影响,模型2去掉智商、工龄、英语水平、工作层次、健康状况、性别再回归,显示创新能力、家庭背景符号与理论预期一致,且达到90%以上显著水平。模型3去掉学习成绩、英语水平、创新能力、工作层次、沟通能力、党员、健康状况、性别再回归,显示智商、学生干部、专业对口程度符号与理论预期一致,且达到90%以上显著水平。

表5-66 工资收入方程回归结果

变量名称	模型1		模型2		模型3	
	系数	t-值	系数	t-值	系数	t-值
C	2.6277	23.4106	2.7839	31.2650	3.0044	42.4292
GRADE4	-0.0604	-2.0984	-0.0261	-0.9869		
GRADE5	-0.0772	-1.3848	-0.0569	-1.0862		
IQ3	0.0232	0.3554			0.0190	0.3350
IQ4	0.0423	0.6512			0.1226	2.1965
IQ5	-0.0351	-0.4066			0.0691	0.9406
SCHRANK3	0.1325	4.0997	0.1849	6.2641	0.1658	5.8060
SCHRANK4	0.2027	4.6537	0.2334	5.6178	0.2630	6.5871
SCHRANK5	0.2884	4.6930	0.3833	6.6741	0.3816	7.0543
STDLEADER3	0.0259	0.7748	0.0173	0.5524	0.0694	2.3839
STDLEADER4	0.0314	0.6234	-0.0106	-0.2246	0.0937	2.1045
STDLEADER5	0.0081	0.1805	0.0153	0.3525	0.0600	1.4329
STUDYNET	0.0217	2.3230	0.0246	2.8164	0.0308	3.6937
WORKAGE	0.0091	4.1335			0.0130	7.3593
TECHRANK3	0.0388	1.2231	0.1524	5.5318	0.1118	4.0285
TECHRANK4	0.0142	0.2324	0.2891	5.6985	0.1767	3.3670
TECHRANK5	0.3834	2.9752	0.5700	5.5667	0.4943	5.0203
CET4	0.1265	3.8327				
CET6	0.2075	5.0574				
MATCH3	-0.0565	-1.4436	-0.0413	-1.1214	-0.0261	-0.7352
MATCH4	-0.0502	-1.5488	-0.0472	-1.5558	-0.0602	-2.0650
MATCH5	0.0116	0.3101	-0.0187	-0.5345	-0.0254	-0.7623

续表

变量名称	模型1		模型2		模型3	
	系数	t-值	系数	t-值	系数	t-值
INNOV3	0.0350	1.0164	0.0841	2.6337		
INNOV4	0.0324	0.8338	0.1280	3.6193		
INNOV5	0.0172	0.2617	0.1039	1.7408		
FAMBACK3	-0.0194	-0.3597	0.0246	0.4867	-0.0074	-0.1502
FAMBACK4/5	0.0449	0.6375	0.1762	2.6443	0.1222	1.9056
WORKRANK3	0.2875	9.3539				
WORKRANK4	0.4697	9.6185				
WORKRANK5	0.9870	9.6996				
COMABILITY3	0.1130	1.4927	0.0923	1.2914		
COMABILITY4	0.1612	2.1124	0.2175	3.0195		
COMABILITY5	0.2907	3.3720	0.3315	4.0994		
CPC	-0.0259	-0.8788	0.0134	0.4892		
HEALTH4	0.0356	0.9848				
HEALTH5	-0.0222	-0.5746				
MALE	0.1819	6.3234				
R^2	0.2836		0.1639		0.2395	
样本数(个)	1794		2307		2500	

为了研究表达能力、团队精神、领导才能对本科层次城镇居民小时工资的影响，我们将四个特质变量依次放进模型1中进行回归，为节省篇幅，表5-67仅报告了四个特质变量系数和t值，显示大多数变量符号与理论预期一致，几乎所有变量达到90%以上显著水平。

表5-67 沟通能力等四个特质变量分别回归结果

	沟通能力		表达能力		团队精神		领导才能	
	系数	t-值	系数	t-值	系数	t-值	系数	t-值
一般	0.1130	1.4927	0.1717	2.4168	0.0962	0.7446	0.0476	0.7481
较好	0.1612	2.1124	0.2118	2.9466	0.1664	1.3038	0.1672	2.5182
很好	0.2907	3.3720	0.3373	3.9942	0.2434	18656	0.2204	2.5720

关于学习成绩对工资收入的影响，有两个关注点：一是表5-47显示，随着学习成绩的提升，小时工资有所提升，但增长幅度有限；二是如果把学习成绩与工资单独回归，虽然学习成绩系数为正，但远未达到显著水平。这就提出一个可能的解释：高分低能。这是一个需讨论的问题。表

5-68显示，随着学习成绩的提高，5项个人特质指数均呈上升趋势，这个结果并不支持"高分低能"。

由此，我们提出一个假说：就本科生来说，专业不对口是一个普遍问题，2016年问卷调查关注了这个问题，显示50.91%的本科生专业对口程度在一般及以下。此外，据表5-66和表5-68显示，专业对口程度与小时工资呈显著的负相关，与学习成绩呈现正相关。由此，本科生在专业上的学习成绩对小时工资也没有显著影响。

表5-68 学习成绩与诸多个人特质的关系

学习成绩	专业对口度指数	沟通能力	表达能力	团队精神	领导才能	自评智商	样本数（个）
很差	2.95	3.36	3.67	3.82	3.36	2.93	22
较差	2.62	3.47	3.44	3.85	3.44	3.44	62
一般	2.97	3.51	3.43	3.83	3.32	3.24	1432
较好	3.28	3.68	3.63	4.04	3.49	3.36	1247
很好	3.49	3.86	3.81	4.20	3.73	3.52	215

三 基本观察

根据以上讨论及回归结果，我们获得以下观察。

学习成绩对就职者的小时工资没有显著影响。智商高的就职者小时工资更高。学校等级越高的就职者小时工资越高。与未担任学生干部的就职者相比，担任过学生干部的就职者小时工资更高。随着就职者上网学习时间的增加，小时工资随之提高。工龄越长就职者的小时工资越高。拥有高技术职称的就职者小时工资更高。与英语未过级者相比，英语考试已过级的就职者小时工资更高。专业对口程度与小时工资呈显著的负相关。创新能力高的就职者小时工资越高。有一定家庭背景的就职者小时工资更高。工作层次越高的就职者小时工资越高。就职者沟通能力越强小时工资越高。男性就职者比女性就职者小时工资高。没有发现政治身份、健康状况对小时工资有显著影响。

第五节 城镇居民学习行为与工资收入：基于高中层次样本

目前在中国城镇居民劳动力中，高中学历的群体仍占有较大比重，所以高中学历群体的学习行为对工资收入的影响值得关注。上一节基于本科层次样本讨论了城镇居民学习行为对工资收入的影响，这一分析也基本适合于高中学历群体，故原则上本节不再重复以上分析，仅在对高中学历群体有某些特殊性时才加以分析。

一 影响城镇居民工资收入的个人因素分析

（一）学习成绩

就学习成绩而言，高中学历群体有一定的特殊性：他们经过中考考入高中，表明他们具有一定的学习能力，但最终并未考入大学。这个群体的学习成绩仍有很大差异，是否对其就业后的工资收入产生显著影响值得关注。表5-69显示，除去小样本的学习成绩"很差"外，学习成绩越好则小时工资越高。回归分析时，以学习成绩"很差""较差"为比较基础。

表 5-69　学习成绩与工资收入

学习成绩	变量名称	小时工资（元）	样本数（个）
很差	GRADE1	26.62	51
较差	GRADE2	21.51	147
一般	GRADE3	23.44	1183
较好	GRADE4	25.56	504
很好	GRADE5	29.52	65

（二）智商

表5-70显示，随着自评智商指数的提高，小时工资呈上升趋势。回归分析时，以自评智商指数"1""2"为比较基础。

表 5-70　自评智商与工资收入

自评智商指数	变量名称	小时工资（元）	样本数（个）
1	IQ1	22.86	41
2	IQ2	20.08	139
3	IQ3	22.47	1036
4	IQ4	27.55	650
5	IQ5	26.25	101

(三) 所就读高中教学条件

高中教学条件有很大差异，可分为省重点、市重点和普通中学。高中教育在中国属非义务教育，需考试录取。教学条件好的高中能够吸引到更优秀的学生，同时又能提供更优质的教育服务。此外，高中教学条件还具有一定的信号作用，因为教学条件较好的高中录取较优秀的学生，这样学生所就读高中的教学条件又能反映学生的优秀程度，如此高中教学条件可被用人单位用作甄别优秀高中生的工具。表5-71显示，高中教学条件越好的学校，毕业生的小时工资越高。回归分析时，以高中教学条件"很差""较差"为比较基础。

表5-71 高中教学条件与工资收入

高中教学条件	变量名称	小时工资(元)	样本数(个)
很差	$SCHQLTY1$	21.02	47
较差	$SCHQLTY2$	21.07	150
一般	$SCHQLTY3$	23.22	1162
较好	$SCHQLTY4$	25.57	477
很好	$SCHQLTY5$	34.35	106

(四) 上网学习时间

表5-72显示，随着上网学习时间的增加，工资收入随之上升。用$STUDYNET$代表上网学习时间。

表5-72 上网学习时间与工资收入

上网学习时间(小时)	小时工资(元)	样本数(个)
≤0.1	21.66	270
(0.1,0.5]	22.75	430
(0.5,1]	23.34	431
(1,2]	27.34	265
>2	27.68	288

(五) 工龄

上一节已分析，就本科学历城镇居民而言，工龄与工资收入具有非线性关系。表 5-73 显示,这一非线性关系也适用于高中学历城镇居民,在 [11,20] 工龄段高中学历城镇居民的小时工资最高。回归分析时,以对应小时工资最高的 [11,20] 工龄段为比较基础。

表 5-73 工龄与工资收入

工龄段	变量名称	小时工资(元)	样本数(个)
[0,10]	WORKAGE1	23.29	962
[11,20]	WORKAGE2	27.17	461
[21,30]	WORKAGE3	22.76	389
>31	WORKAGE4	24.47	152

(六) 工作技能

表 5-74 显示,随着工作技能的提高,小时工资呈上升趋势。回归分析时,以工作技能"很低""较低"为比较基础。

表 5-74 工作技能与工资收入

工作技能	变量名称	小时工资(元)	样本数(个)
很低	SKILL1	23.77	106
较低	SKILL2	20.33	148
一般	SKILL3	21.89	1135
较高	SKILL4	29.05	498
很高	SKILL5	35.67	43

(七) 工作层次

表 5-75 显示,随着工作层次的提高,小时工资明显上升。回归分析时,以"操作层""低层管理或技术"为比较基础。

表 5-75 工作层次与小时工资

工作层次	变量名称	小时工资(元)	样本数(个)
操作层	WORKRANK1	18.492	647
低层管理或技术	WORKRANK2	21.129	556
中层管理或技术	WORKRANK3	28.112	576

续表

工作层次	变量名称	小时工资(元)	样本数(个)
中高层管理或技术	WORKRANK4	35.788	160
高层管理或技术	WORKRANK5	69.084	28

（八）沟通能力、表达能力、团队精神、领导才能

表 5-76、表 5-77、表 5-78、表 5-79 显示，沟通能力、表达能力、团队精神、领导才能与工作层次有正向关系，小时工资随着四项特质的提高呈上升趋势。四项特质之间存在较强的相关性，为此，侧重分析"沟通能力"对就业质量的影响。回归分析时，以沟通能力"很差/较差"为比较基础。之后，再以其他三项特质变量取代沟通能力逐一进行分析。

表 5-76 沟通能力与工资收入

沟通能力	变量名称	小时工资(元)	工作层次	样本数(个)
很差/较差	COMABILITY1/2	20.12	1.93	124
一般	COMABILITY3	21.40	1.98	984
较好	COMABILITY4	27.87	2.40	721
很好	COMABILITY5	28.34	2.54	138

表 5-77 表达能力与工资收入

表达能力	变量名称	小时工资(元)	工作层次	样本数(个)
很差/较差	SPEABILITY1/2	22.08	1.78	347
一般	SPEABILITY3	23.31	2.15	1007
较好	SPEABILITY4	29.63	2.64	301
很好	SPEABILITY5	31.85	2.75	52

表 5-78 团队精神与工资收入

团队精神	变量名称	小时工资(元)	工作层次	样本数(个)
很差/较差	TEAMSPIRIT1/2	20.41	1.94	51
一般	TEAMSPIRIT3	21.83	1.98	650
较好	TEAMSPIRIT4	25.33	2.25	954
很好	TEAMSPIRIT5	26.27	2.36	311

表 5-79 领导才能与工资收入

领导才能	变量名称	小时工资(元)	工作层次	样本数(个)
很差/较差	LEADSHIP1/2	20.04	1.80	230
一般	LEADSHIP3	21.30	2.05	1225
较好	LEADSHIP4	32.84	2.61	437
很好	LEADSHIP5	33.43	2.75	75

(九) 创新能力

在大学还未普及的时代,高中代表着较高的学历。即便在今天,高中生仍然代表着社会中相对高学历的群体,通常在工作中具有一定的自主决策空间。如果他们具有较强的创新能力,就更可能创造性地开展工作,由此挣得更高的工资。表 5-80 显示,随着创新能力指数的提高,工资收入呈上升趋势。回归分析时,以创新能力"1""2"为比较基础。

表 5-80 创新能力与工资收入

创新能力指数	变量名称	小时工资(元)	样本数(个)
1	INNOV1	21.42	126
2	INNOV2	21.23	339
3	INNOV3	23.67	885
4	INNOV4	26.39	499
5	INNOV5	30.13	118

(十) 颜值

表 5-81 显示,随着颜值的提高,小时工资随之上升,但在颜值为"6/7"时,小时工资有所下降,这可能与获得最高颜值评价的群体年龄较小有关。回归分析时,以颜值"1/2/3"为比较基础。

表 5-81 颜值与工资收入

颜值	变量名称	小时工资(元)	年龄	样本数(个)
1/2/3	FACE1	21.91	35.21	285
4	FACE2	24.66	35.78	857
5	FACE3	24.87	38.69	642
6/7	FACE4	23.10	30.42	183

(十一) 家庭背景

表 5-82 显示,家庭背景越好,工资收入越高。回归分析时,以家庭背景"条件很差""条件较差"为比较基础。

表 5-82 家庭背景与工资收入

家庭背景	变量名称	小时工资(元)	样本数(个)
条件很差	FAMBACK1	27.00	33
条件较差	FAMBACK2	19.34	104
普通家庭	FAMBACK3	23.17	1647
有一定经济社会地位	FAMBACK4	34.40	138
有很高经济社会地位	FAMBACK5	58.93	7

(十二) 性别

表 5-83 显示,男性小时工资明显高于女性。用 $MALE$ 代表男性。回归分析时,以女性为比较基础。

表 5-83 性别与工资收入

性别	小时工资(元)	样本数(个)
男	26.66	1270
女	19.66	697

(十三) 政治身份

表 5-84 显示,中共党员的小时工资明显高于其他政治身份的群体。用 CPC 代表"中共党员"。回归分析时,以"团员""民主党派""群众"为比较基础。

表 5-84 政治身份与工资收入

政治身份	小时工资(元)	样本数(个)
中共党员	28.63	289
团员	23.23	645
民主党派	20.00	14
群众	23.58	1019

（十四）健康状况

将小样本的健康状况"很差""较差"与"一般"合并。表 5-85 显示，健康状况越好，工资收入越高。回归分析时，以健康状况"很差/较差/一般"为比较基础。

表 5-85　健康状况与工资收入

健康状况	变量名称	小时工资（元）	样本数（个）
很差/较差/一般		23.52	461
较健康	HEALTH4	24.12	810
很健康	HEALTH5	24.69	696

二　回归模型及结果

用 WAGEHR 代表小时工资。根据以上分析，构造如下高中学历城镇居民的小时工资回归方程：

$$\begin{aligned}\log(WAGEHR) =\ & \alpha_0 + \alpha_1 GRADE3 + \alpha_2 GRADE4 + \alpha_3 GRADE5 + \alpha_4 IQ3 + \alpha_5 IQ4 + \\ & \alpha_6 IQ5 + \alpha_7 SCHQLITY3 + \alpha_8 SCHQLITY4 + \alpha_9 SCHQLITY5 + \\ & \alpha_{10} STUDYNET + \alpha_{11} WORKAGE1 + \alpha_{12} WORKAGE3 + \alpha_{13} WORKAGE4 + \\ & \alpha_{14} SKILL3 + \alpha_{15} SKILL4 + \alpha_{16} SKILL5 + \alpha_{17} WORKRANK3 + \\ & \alpha_{18} WORKRANK4 + \alpha_{19} WORKRANK5 + \alpha_{20} COMABILITY3 + \\ & \alpha_{21} COMABILITY4 + \alpha_{22} COMABILITY5 + \alpha_{23} INNOV3 + \alpha_{24} INNOV4 + \\ & \alpha_{25} INNOV5 + \alpha_{26} FACE2 + \alpha_{27} FACE3 + \alpha_{28} FACE4 + \alpha_{29} FAMBACK3 + \\ & \alpha_{30} FAMBACK4 + \alpha_{31} FAMBACK5 + \alpha_{32} MALE + \alpha_{33} CPC + \\ & \alpha_{34} HEALTH4 + \alpha_{35} HEALTH5\end{aligned}$$

表 5-86 报告了采用 OLS 的回归结果。模型 1 包含所有变量，显示绝大多数变量的符号与理论预期一致，但一些变量未达到显著水平。相关分析显示，学习成绩与智商、学校教学条件、上网学习时间相关性较强，工作层次、创新能力也与诸多变量存在相关关系，导致模型 1 存在多重共线性问题。为此，我们在模型 2 中去掉与学习成绩、沟通能力、创新能力相关的变量，在模型 3 中去掉与智商、学校教学条件相关的变量，在模型 4 中去掉与工作技能相关的变量分别回归。结果显示，智商在"一般"和"较好"程度上显著。学习成绩、学校教学条件、工

作技能均在"较好"和"很好"程度上显著。创新能力在所有程度上显著。

表 5-86 工资方程回归结果

变量名称	模型1 系数	模型1 t-值	模型2 系数	模型2 t-值	模型3 系数	模型3 t-值	模型4 系数	模型4 t-值
C	2.5020	26.0383	2.5118	37.6600	2.6964	41.5257	2.5153	35.1540
GRADE3	0.0182	0.4168	0.0483	1.1060				
GRADE4	0.0487	0.9857	0.1060	2.1954				
GRADE5	0.0161	0.1879	0.1390	1.7036				
IQ3	0.0437	0.9283			0.0874	1.8907		
IQ4	0.1341	2.6710			0.2125	4.3911		
IQ5	0.0579	0.7897			0.0963	1.3615		
SCHQLITY3	0.0041	0.0905			0.0315	0.7141		
SCHQLITY4	-0.0316	-0.6187			0.1151	2.3614		
SCHQLITY5	0.0991	1.4028			0.2849	4.1306		
STUDYNET	0.0362	3.2814						
WORKAGE1	-0.1122	-3.5418			-0.1309	-4.0667		
WORKAGE3	-0.1681	-4.2523			-0.1736	-4.4193		
WORKAGE4	-0.2055	-3.4000			-0.1703	-3.1632		
SKILL3	-0.0130	-0.3304					0.0211	0.5451
SKILL4	0.1001	2.2334					0.2133	4.9119
SKILL5	0.0397	0.4111					0.3042	3.3089
WORKRANK3	0.2515	8.4180						
WORKRANK4	0.3896	7.7742						
WORKRANK5	0.6856	5.8975						
COMABILITY3	-0.0049	-0.0866	0.0346	0.6371			0.0171	0.3157
COMABILITY4	0.1074	1.8215	0.2124	3.7902			0.1613	2.8863
COMABILITY5	0.0762	1.0395	0.2340	3.2815			0.1943	2.7656
INNOV3	-0.0371	-1.0977	0.0751	2.3120				
INNOV4	0.0079	0.2048	0.1497	4.0841				
INNOV5	-0.0281	-0.4556	0.1797	3.0573				
FACE2	0.0703	1.8169						
FACE3	0.0861	2.1486						
FACE4	0.0571	1.0847						
FAMBACK3	0.0645	1.2688					0.1106	2.2144
FAMBACK4	0.2322	3.3100					0.3658	5.3773

续表

变量名称	模型 1		模型 2		模型 3		模型 4	
	系数	t-值	系数	t-值	系数	t-值	系数	t-值
$FAMBACK5$	0.7180	3.0416					0.8045	3.7795
$MALE$	0.2601	9.5670	0.2904	10.8476	0.2878	10.6434	0.2802	10.6139
CPC	0.0426	1.1110	0.0847	2.3315	0.1264	3.3893	0.0599	1.6646
$HEALTH4$	−0.0126	−0.3805	0.0251	0.7631	0.0236	0.7094	0.0020	0.0623
$HEALTH5$	−0.0324	−0.9284	0.0136	0.3981	0.0050	0.1428	−0.0209	−0.6154
R^2	0.2473		0.1119		0.1049		0.1413	
样本数(个)	1612		1950		1940		1900	

沟通能力、表达能力、团队精神、领导才能存在较强的相关性，同时放入回归方程必然导致严重的多重共线性问题。为此，在模型 1 的基础上，去掉与沟通能力、表达能力、团队精神、领导才能高度相关的变量，将四个变量分别放入模型 1 进行回归。为节省篇幅，表 5-87 报告了四个变量分别回归的系数和 t 值，显示符号与理论预期一致，沟通能力、表达能力和领导才能均在"较好"和"很好"程度上显著，团队精神仅在"很好"程度上显著。

表 5-87 沟通能力等四个特质变量分别回归结果

	沟通能力		表达能力		团队精神		领导才能	
	系数	t-值	系数	t-值	系数	t-值	系数	t-值
一般	0.0025	0.0458	0.0325	0.9180	0.0184	0.2217	−0.0022	−0.0575
较好	0.1530	2.7112	0.1586	3.5005	0.1034	1.2511	0.1803	4.0279
很好	0.1629	2.2966	0.1982	2.3798	0.1569	1.8099	0.1958	2.7093

三 基本观察

根据以上讨论及回归结果，我们获得以下基本观察。

高中学历城镇居民在高中的学习成绩越好、智商越高，其工资收入越高。智商对学习成绩有显著影响，因而智商还通过学习成绩间接影响高中学历城镇居民的工资收入。高中学历城镇居民所就读学校教学条件越好工资收入越高。随着上网学习时间的增加，高中学历城镇居民的工资收入明显上升。工龄在［11，20］的高中学历城镇居民的工资收入显著高于其他工龄段的群体。工作技能越高的高中学历城镇居民的工资收入越高。居于高工作层次者挣得更高的工资。较高的沟通能力、表达能力、团队精神和领导才能均有助于高中学历城镇居民提高工资收入。创新能力越强的高中学历城镇居民的工资收入越高。来自较好家庭背景者挣得更高的工资。与其他政治身份群体相比，中共党员高中学历城镇居民能获得更高的工资收入。男性的工资收入明显高于女性。没有发现健康状况对工资收入有显著影响。

# 第六章
教育对劳动市场参与及失业的影响

劳动市场参与及失业是最重要的劳动市场表现之一。劳动市场参与决定劳动市场的供给，而就业则决定实际投入生产活动的劳动力，直接决定着一国的经济规模和经济增长。如果一个经济社会劳动市场参与率低，大量劳动力闲置，或虽参与却难以获得就业机会，则这个经济社会就将面临重大经济问题和社会问题。教育对劳动市场参与率及失业率是否具有显著影响是一个值得关注的问题。一方面，对这一问题的回答，可以使我们更深刻地认识教育与劳动市场表现的关系；另一方面，如果受教育程度的提高有助于提高劳动市场参与率及降低失业率，则加大教育投入就可以成为一个有效的政策变量。本章从个体层面分析影响劳动市场参与及失业的因素，侧重分析教育的影响。

第一节　教育对城镇居民劳动市场参与及失业的影响

据国家统计局公布的数据，2015年中国城镇化率为56.1%，主要在城镇生产的第二、第三产业的GDP达到90%。此外，每年仍有大量农村人口来到城镇寻找就业机会。如此，城镇居民的劳动市场参与率以及失业率就是一个值得关注的问题。本节从城镇居民的个人因素分析影响其劳动市场参与及失业的因素，侧重于教育的影响。

第六章 教育对劳动市场参与及失业的影响

一 基本概念

根据中国统计制度,经济活动人口是指所有年龄在 16 岁及以上、在一定时期内为各种经济生产和服务活动提供劳动力供给的人口。这些人被视为实际参加或要求参加社会经济活动的人口。劳动市场参与率是指在全部劳动年龄人口中经济活动人口所占的比例。失业者是指所有年龄在 15 岁以上,有劳动能力,在一定时期内没有工作,有就业意愿并且正在积极寻找工作的人口。失业率则是失业者占经济活动人口的比例。

以上是关于劳动市场参与及失业的一般性定义。本章基于 2016 年问卷数据分析教育对劳动市场参与及失业的影响,为此要基于问卷数据定义劳动市场参与及失业。调查询问受访者是否就业,如果未就业,再询问是否正在寻找工作。将"已就业"和"正在寻找工作"的人定义为劳动市场参与者。将未就业中"正在寻找工作"的人定义为失业者。劳动市场参与率为全部受访者中劳动市场参与者所占比例,失业率则为失业者占劳动市场参与者的比例。

二 劳动市场参与及失业的影响因素分析

樊明认为,就影响劳动市场参与及失业的因素而言,如果一个因素影响劳动市场参与,一般来说,也会影响到其就业的机会。原因在于,那些来自于需求方或供给方的因素如果是鼓励一个人参与劳动市场,那么,这些因素也将增加这个人的就业机会。[①] 比如,一个人健康状况不良,这一因素会影响其在劳动市场寻找到就业机会,也会因此不鼓励其劳动市场参与。如此,以下将同时讨论影响劳动市场参与及失业的因素,侧重于教育的影响。

(一) 受教育程度

受教育程度越高,个体所积累的人力资本就越多。要使积累的人力资本得到相应的回报,就要参与劳动市场。因此,受教育程度越高的人越倾向于参与劳动市场。从需求的视角来分析,受教育程度高的劳动力在劳动市场面对较大需求却处于相对稀缺的状态。这样,受教育程度越高,越可能选择参与劳动市场,且一旦参与就会获得更多的就业机会。表 6-1 显示,随着受教育程度的提高,劳动市场参与率有明显的上升趋势,失业率

---

① 樊明:《健康经济学:健康对劳动市场表现的影响》,社会科学文献出版社,2002。

有明显的下降趋势。此外，受教育程度与自评智商呈正向关系。自评智商为受访者按10级自评其智商。为了避免回归分析时出现过多的虚拟变量，等距离简化为5级，赋值从1到5，构成自评智商指数。用 EDU 代表受教育程度，以受教育年数衡量。

表6-1 受教育程度与劳动市场参与及失业

受教育程度	劳动市场参与率(%)	样本数(个)	失业率(%)	自评智商指数	样本数(个)
小学及以下	90.24	205	7.57	2.96	185
初中	93.79	1112	6.14	3.15	1043
高中/中专	94.56	2318	3.28	3.34	2192
大专	95.77	2815	3.08	3.42	2696
本科	96.09	3605	3.00	3.57	3464
本科以上	96.92	649	2.38	3.73	629

(二) 智商

智商本身也可以理解成为一种人力资本的初始禀赋。如此，分析和以上类似，为了使这种人力资源的禀赋得到相应的回报，劳动力会更多地参与到劳动市场。另外高智商者在劳动市场也面对较大的需求。这些因素会使高智商者更多地参与劳动市场，并获得更多的就业机会。但表6-2显示，自评智商与劳动市场参与率、失业率并无明显的趋势性关系。回归分析时，以自评智商指数"1""2"为比较基础。

表6-2 智商与劳动市场参与及失业

自评智商指数	变量名称	劳动市场参与率(%)	样本数(个)	失业率(%)	样本数(个)
1	$IQ1$	94.09	220	3.86	207
2	$IQ2$	93.93	626	5.44	588
3	$IQ3$	95.56	4862	3.79	4646
4	$IQ4$	95.82	4445	2.75	4259
5	$IQ5$	92.72	659	4.91	611

(三) 上网学习时间

随着网络时代的到来，城镇居民上网越来越方便，通过网络来获取知识已经成为一种重要的自主学习方式。2016年问卷调查询问城镇居民上网时间以及上网学习时间占上网时间的比重，由此可求得城镇居民的上网学习时间。上网学习也是一种人力资本的积累。因此，讨论受教育程度对劳动市场参与及失业的分析，同样适用于对上网学习时间的分析。表6-3显示，和从不上网学习的城镇居民相比，上网学习的劳动市场参与率较高，失业率较低。用 $STUDYNET$ 代表上网学习时间。

表6-3　上网学习时间与劳动市场参与及失业

上网学习时间 （小时）	劳动市场参与率 （%）	样本数 （个）	失业率 （%）	样本数 （个）
0	93.21	1664	4.64	1551
(0,1]	95.97	3652	3.14	3504
(1,2]	95.68	2640	3.09	2526
>2	96.06	2523	3.87	2422

（四）工作技能

2016年问卷调查请受访者自评其工作技能，备选答案有：很低、较低、一般、较高、很高。工作技能也是一种人力资本存量的表现。工作技能越高的城镇居民越希望参与劳动市场，使工作技能所体现的人力资本得到相应的回报。而且工作技能高的劳动力在劳动市场面临更大的需求。这些因素有助于促进高工作技能者更积极地参与劳动市场，并获得更多的就业机会。表6-4显示，随着工作技能的提高，劳动市场参与率没有明显的趋势性变化，但失业率的下降趋势较明显。回归分析时，以工作技能"很低""较低"为比较基础。

表6-4　工作技能与劳动市场参与及失业

工作技能	变量名称	劳动市场 参与率（%）	样本数 （个）	失业率 （%）	样本数 （个）
很低	$SKILL1$	94.44	629	6.23	604
较低	$SKILL2$	94.79	806	5.50	764
一般	$SKILL3$	95.00	5600	4.06	5320
较高	$SKILL4$	96.37	3334	1.65	3213
很高	$SKILL5$	94.04	436	1.71	410

(五) 家庭背景

家庭背景对劳动市场参与及失业的影响主要表现在两方面。一方面，背景好的家庭会让子女接受更多的教育，表6-5显示，随着家庭背景的改变，受教育年数明显增加。并且，中国是人情社会，好的家庭背景有助于其子女找到较好的就业机会。但另一方面，好的家庭背景也意味着家庭可以提供较多的经济资源，由此降低了参与劳动市场的经济动力。表6-5显示，随着家庭背景的改变，劳动市场参与率有所下降，失业率有明显的下降趋势。回归分析时，以家庭背景"条件很差""条件较差"为比较基础。

表6-5 家庭背景与劳动市场参与及失业

家庭背景	变量名称	劳动市场参与率(%)	样本数(个)	失业率(%)	受教育年数	样本数(个)
条件很差	FAMBACK1	95.63	206	5.58	13.03	197
条件较差	FAMBACK2	96.11	591	4.93	13.77	568
普通家庭	FAMBACK3	95.35	9047	3.47	14.15	8627
有一定/很高经济社会地位	FAMBACK4/5	93.76	803	2.26	14.37	858

(六) 性别

对已婚的女性来说，如果丈夫已就业，所面临的经济压力相对较小，参与劳动市场的经济动力较低。女性体力较弱，生育以及抚养幼童导致职业中断，甚至劳动市场上对女性有歧视，通常对女性的劳动需求相对较弱，从而降低女性参与的动力并减少其就业机会。[①] 表6-6显示，女性的劳动市场参与率低于男性，失业率明显高于男性。用 MALE 代表男性。回归分析时，以"女性"为比较基础。

表6-6 性别与劳动市场参与及失业

性别	劳动市场参与率(%)	样本数(个)	失业率(%)	样本数(个)
男	95.64	7011	2.61	6705
女	94.70	3549	5.24	3360

---

① 樊明：《健康经济学：健康对劳动市场表现的影响》，社会科学文献出版社，2002。

第六章 教育对劳动市场参与及失业的影响

（七）婚姻状况

忽略样本量较小的离异和丧偶样本，与未婚者相比，已婚女性的劳动市场参与动力降低，而已婚男性可能会提高，综合而言，婚姻对劳动市场参与的影响不确定。就失业来说，未婚者年纪较轻，缺少工作经验以及职场磨炼，初进入劳动市场有一段适应期，工作稳定性较差，因而失业的可能性比已婚者大。表6-7显示，与未婚者相比，已婚者的劳动市场参与率相差有限，而失业率低于未婚者。用 $MARRIED$ 代表已婚。回归分析时，以"未婚""离异""丧偶"为比较基础。

表6-7 婚姻状况与劳动市场参与及失业

婚姻状况	劳动市场参与率(%)	样本数(个)	失业率(%)	样本数(个)
已婚	95.32	6070	2.25	5786
未婚	95.72	3880	5.36	3714
离异	92.79	208	3.63	193
丧偶	90.00	50	6.67	45

（八）年龄

就劳动市场参与而言，表6-8显示，随着年龄的增加，男性变化较小，只有到45岁后，才稍有降低。而女性在45岁之前随着年龄增加变化较小，只稍有降低；但超过45岁后，则大幅降低，这可能与中国女性50岁退休有相当的关系。回归分析时，以对应劳动市场参与率最低的">45"年龄段为比较基础。

就失业而言，表6-9显示，随着年龄的增加，不管男性还是女性，起初失业率下降，在[31，36]年龄段达最低点，之后随年龄增加而上升。可能的解释为，在[16，24]年龄段初入职场，工作经验和社会阅历不足，找工作有难度，找到工作后稳定性较差。到[25，30]年龄段，失业率已明显下降，到[31，36]年龄段下降到最低点。这和这些年龄段通过干中学所积累的人力资本有关，并且随着社会阅历的增加人也渐趋成熟。在[37，45]年龄段，失业率稍有上升，但仍维持在较低水平。但到45岁后，失业率上升幅度较大，因为到这一阶段过去所积累的人力资本明显折旧，体力也下降，在劳动市场会受到明显的年龄歧视。回归分析时，以对应失业率最低的[31，36]年龄段为比较基础。

表6-8 年龄与劳动市场参与

年龄段	变量名称	男性		女性		全部	
		劳动市场参与率(%)	样本数(个)	劳动市场参与率(%)	样本数(个)	劳动市场参与率(%)	样本数(个)
[6,24]	AGE1	95.46	1345	95.87	920	95.63	2264
[25,30]	AGE2	95.93	2531	95.88	1164	95.91	3694
[31,36]	AGE3	96.17	1435	94.85	524	95.81	1958
[37,45]	AGE4	95.48	1238	94.84	543	95.28	1780
>45	AGE5	94.32	862	88.53	435	92.28	1230

表6-9 年龄与失业

年龄段	男性		女性		全部	
	失业率(%)	样本数(个)	失业率(%)	样本数(个)	失业率(%)	样本数(个)
[16,24]	6.54	1284	10.66	882	8.22	2166
[25,30]	2.14	2428	3.76	1116	2.65	3543
[31,36]	1.23	1380	2.01	497	1.44	1876
[37,45]	1.44	1182	3.50	515	2.06	1697
>45	2.46	813	3.41	323	2.72	1136

（九）政治身份

一般来说，中共党员经过党组织较为严格的选拔，是一个相对优秀的群体。就此而言，他们会比一般群众更积极地参与劳动市场，并在劳动市场获得较高的需求。但与团员相比，年纪较大，会减少对劳动市场的参与。但中共党员一旦参与劳动市场，就会获得较高的需求，失业率比其他政治身份群体低。表6-10显示，中共党员的劳动市场参与率比群众高，但比团员低，失业率最低。对劳动市场参与进行回归分析时，以"民主党派""群众"为比较基础；对失业进行回归分析时，以"团员""民主党派""群众"为比较基础。

表6-10 政治身份与劳动市场参与及失业

政治身份	变量名称	劳动市场参与率(%)	样本数(个)	失业率(%)	样本数(个)
中共党员	CPC	95.95	2345	1.87	2250
团员	CLC	96.17	3080	5.23	2962
民主党派	DCP	92.68	82	2.63	76
群众	MASS	94.54	4231	3.35	4000

（十）健康状况

健康状况好是鼓励劳动力参与劳动市场的积极因素，也会增加其就业的机会。2016年问卷调查请城镇居民自评其健康状况，备选答案有：很差、较差、一般、较健康、很健康。表6-11显示，随着健康状况的改善，劳动市场参与率呈上升趋势，失业率呈下降趋势。回归分析时，以健康状况"很差""较差"为比较基础。

表6-11 健康状况与劳动市场参与及失业

健康状况	变量名称	劳动市场参与率(%)	样本数（个）	失业率（%）	样本数（个）
很差	HEALTH1	86.67	45	10.25	39
较差	HEALTH2	92.48	133	8.94	123
一般	HEALTH3	94.97	2186	4.14	2076
较健康	HEALTH4	95.96	4652	3.30	4460
很健康	HEALTH5	95.13	3877	3.14	3692

三 回归模型及结果

根据以上讨论，促进劳动市场参与的因素，也是增加就业的因素。总的来说，我们可以合理地考虑这两个方程具有同样的设定。但年龄与劳动市场参与的关系以及年龄与失业的关系有所不同，为此，我们分别设定劳动市场参与（LFP）方程和失业（UNEMP）方程：

$$\begin{aligned} LFP = & \alpha_0 + \alpha_1 EDU + \alpha_2 IQ3 + \alpha_3 IQ4 + \alpha_4 IQ5 + \alpha_5 STUDYNET + \\ & \alpha_6 SKILL3 + \alpha_7 SKILL4 + \alpha_8 SKILL5 + \alpha_9 FAMBACK3 + \\ & \alpha_{10} FAMBACK4/5 + \alpha_{11} MEAL + \alpha_{12} MARRIED + \alpha_{13} AGE1 + \\ & \alpha_{14} AGE2 + \alpha_{15} AGE3 + \alpha_{16} AGE4 + \alpha_{17} CPC + \alpha_{18} CLC + \\ & \alpha_{19} HEALTH3 + \alpha_{20} HEALTH4 + \alpha_{21} HEALTH5 \end{aligned}$$

$$\begin{aligned} UNEMP = & \alpha_0 + \alpha_1 EDU + \alpha_2 IQ3 + \alpha_3 IQ4 + \alpha_4 IQ5 + \alpha_5 STADYNET + \\ & \alpha_6 SKILL3 + \alpha_7 SKILL4 + \alpha_8 SKILL5 + \alpha_9 FAMBACK3 + \\ & \alpha_{10} FAMBACK4/5 + \alpha_{11} MEAL + \alpha_{12} MARRIED + \alpha_{13} AGE1 + \\ & \alpha_{14} AGE2 + \alpha_{15} AGE4 + \alpha_{16} AGE5 + \alpha_{17} CPC + \alpha_{18} HEALTH3 + \\ & \alpha_{19} HEALTH4 + \alpha_{20} HEALTH5 \end{aligned}$$

劳动市场参与和失业变量只取 0 和 1，也就是虚拟应变量（Dummy - dependent Variables），故采用单位概率模型（Probit Model）。表 6 - 12 模型 1 报告了包含所有变量的回归结果，显示所有变量的符号与理论预期一致，且大多达到 90% 以上显著水平。但相关分析显示，智商、团员与受教育程度相关，这意味着模型 1 存在多重共线性问题。为此，模型 2 去掉受教育程度后再回归，显示 $IQ3$、$IQ4$ 达到 90% 以上显著水平，$IQ5$ 未达显著，可能与 $IQ5$ 对应的样本量较小有关，中共党员达到 95% 以上显著水平。

表 6 - 13 模型 1 报告了包含所有变量的回归结果，显示所有变量的符号与理论预期一致，且大多达到 90% 以上显著水平。但相关分析显示，年龄、中共党员与受教育程度、工作技能相关，家庭背景与受教育程度、工作技能、中共党员相关。这意味着模型 1 存在多重共线性问题。为此，模型 2 去掉受教育程度、工作技能再回归，显示中共党员达到 90% 以上显著水平，$AGE1$、$AGE2$、$AGE5$ 达到 90% 以上显著水平。模型 3 去掉受教育程度、工作技能、中共党员再回归，显示家庭背景达到 90% 以上显著水平。

表 6 - 12　劳动市场参与方程回归结果

变量名称	模型 1		模型 2	
	系数	p - 值	系数	p - 值
C	0.5007	0.0162	0.8258	0.0000
EDU	0.0330	0.0001		
$IQ3$	0.1195	0.1490	0.1360	0.0986
$IQ4$	0.1237	0.1515	0.1646	0.0532
$IQ5$	- 0.2063	0.0674	- 0.1712	0.1257
$STUDYNET$	- 0.0196	0.2444	- 0.0110	0.5088
$SKILL3$	0.0399	0.5701	0.0463	0.5088
$SKILL4$	0.1997	0.0135	0.2319	0.0038
$SKILL5$	- 0.0066	0.9600	0.0285	0.8282
$FAMBACK3$	- 0.1891	0.0571	- 0.1804	0.0690
$FAMBACK4/5$	- 0.2199	0.0809	- 0.1988	0.1136
$MEAL$	0.1151	0.0226	0.1121	0.0261
$MARRIED$	0.1041	0.1073	0.0825	0.2003
$AGE1$	0.3503	0.0003	0.3682	0.0002
$AGE2$	0.3135	0.0001	0.3498	0.0000

续表

变量名称	模型1		模型2	
	系数	p-值	系数	p-值
AGE3	0.2426	0.0039	0.2808	0.0007
AGE4	0.2994	0.0004	0.3136	0.0002
CPC	0.1135	0.0625	0.1569	0.0088
CLC	0.0665	0.3124	0.1416	0.0235
HEALTH3	0.3278	0.0353	0.3439	0.0265
HEALTH4	0.3948	0.0096	0.4206	0.0055
HEALTH5	0.3067	0.0446	0.3216	0.0343
Prob(LR statistic)	0.0000		0.0000	
样本数(个)	8488		8488	

表6-13 失业方程回归结果

变量名称	模型1		模型2		模型3	
	系数	p-值	系数	p-值	系数	p-值
C	-0.6614	0.0070	-1.1002	0.0000	-1.0744	0.0129
EDU	-0.0323	0.0015				
IQ3	-0.0176	0.8553	-0.0519	0.5800	-0.0534	0.5533
IQ4	-0.0863	0.3985	-0.1631	0.0966	-0.1588	0.0908
IQ5	0.1466	0.2963	0.0397	0.7709	0.0723	0.5765
STUDYNET	-0.0221	0.3138	-0.0414	0.0515	-0.0464	0.0238
SKILL3	-0.1754	0.0163				
SKILL4	-0.4507	0.0000				
SKILL5	-0.5680	0.0095				
FAMBACK3	-0.0505	0.6105	-0.1096	0.2472	-0.1662	0.0643
FAMBACK4/5	-0.2109	0.1677	-0.2822	0.0535	-0.3684	0.0093
MEAL	-0.2487	0.0000	-0.2479	0.0000	-0.2541	0.0000
MARRIED	-0.1433	0.0590	-0.1381	0.0610	-0.1345	0.0598
AGE1	0.5728	0.0000	0.6031	0.0000	0.6129	0.0000
AGE2	0.1560	0.1386	0.1692	0.0995	0.1591	0.1060
AGE4	0.1013	0.3901	0.1198	0.2966	0.1007	0.3611
AGE5	0.1776	0.1610	0.2492	0.0382	0.2319	0.0448
CPC	-0.1207	0.1395	-0.2086	0.0069		
HEALTH3	-0.3639	0.0373	-0.4190	0.0118	-0.4143	0.0121
HEALTH4	-0.4273	0.0126	-0.5021	0.0020	-0.5200	0.0013
HEALTH5	-0.3747	0.0297	-0.4686	0.0042	-0.4960	0.0023
Prob(LR statistic)	0.0000		0.0000		0.0000	
样本数(个)	8091		8091		9034	

以上回归结果考察了各变量在其他因素不变的条件下对城镇居民的劳动市场参与及失业的影响，但就教育对劳动市场参与及失业的影响而言，这种分析方法有着内生的缺陷，因为教育对诸多方程变量有显著影响。就本节所涉及的变量而言，根据第四章第四节的分析，受教育程度对上网学习时间、工作技能、健康状况有着显著的影响，这就意味着，当受教育年数每增加一年，这些因素都随之变化并进而影响城镇居民的劳动市场参与及失业，由此所产生的影响是为教育对城镇居民的劳动市场参与及失业的间接影响。第四章第四节讨论了采用马达拉公式计算单位概率模型变量边际影响的方法。表6-14报告了变量对劳动市场参与的全部间接影响之和为0.0001057。应用马达拉公式求得城镇居民受教育年数对劳动市场参与直接的影响为0.0016。直接影响加间接影响之和为0.0017057。表6-15报告了变量对失业的全部间接影响之和为-0.00030923。应用马达拉公式求得城镇居民受教育年数对失业直接的边际影响为-0.0012。直接影响加间接影响之和为-0.00150923。

表6-14 受教育程度对劳动市场参与的间接影响

间接影响因素	教育对变量的影响	变量对劳动市场参与的影响	教育通过变量对劳动市场参与的影响
工作技能	0.0331	0.0027	0.0001
健康状况	0.0071	0.0008	0.000057
全部间接影响			0.0001057

表6-15 受教育程度对失业的间接影响

间接影响因素	教育对变量的影响	变量对劳动市场参与的影响	教育通过变量对劳动市场参与的影响
上网学习时间	0.0971	-0.0008	-0.0001
工作技能	0.0331	-0.0055	-0.0002
健康状况	0.0071	-0.0013	-0.00000923
全部间接影响			-0.00030923

四 基本观察

根据以上分析和讨论，我们获得以下基本观察。

受教育程度的提高显著促进了城镇居民参与劳动市场。自评智商对劳动市场参与也表现出显著影响。考虑到受教育程度与自评智商的相互作用，我们判断，受教育程度与智商交织在一起共同影响城镇居民的劳动市场参与。工作技能只在"较高"（$SKILL4$）层次上显著，说明对劳动市场参与有一定的作用。良好的家庭背景对劳动市场参与的影响以负面为主，可能与减轻了经济压力有关。男性比女性参与劳动市场率高。年龄在45岁以上的城镇居民的劳动市场参与率显著下降。具有中共党员、团员政治身份的城镇居民会更多地参与劳动市场。健康状况的改善有助于城镇居民的劳动市场参与。但没有发现上网学习时间、婚姻状况对劳动市场参与有显著影响。此外，受教育程度还通过工作技能和健康间接影响城镇居民的劳动市场参与。

受教育程度的提高显著降低了城镇居民的失业率。自评智商仅在"$IQ4$"水平上显著，但考虑到自评智商与失业率缺少趋势性关系，我们不能肯定智商是否对失业显著影响。上网学习时间越长、工作技能越高的城镇居民的失业率越低。良好的家庭背景对降低城镇居民的失业率有显著影响。与女性相比，男性城镇居民的失业率显著降低。与其他婚姻状态的城镇居民相比，已婚城镇居民的失业率显著降低。年龄与失业率表现为非线性关系：起初随着年龄增加，失业率下降；在 [31，36] 年龄段达到最低点后又上升。中共党员的失业率比其他政治身份群体要低。健康状况的改善有助于降低失业率。此外，受教育程度还通过上网学习时间、工作技能和健康状况间接影响城镇居民的失业率。

第二节　学习行为对劳动市场参与及就业的影响：基于城镇本科样本

本章第一节讨论了受教育程度对城镇居民劳动市场参与及就业的影响。现在关注的重点是，学习行为对劳动市场参与及就业的影响。不同受教育程度群体的学习行为缺少可比性，比如本科的学习成绩好与小学的学习成绩好难以相提并论。为了避免这种复杂性，本节仅选取本科层次的样本分析学习行为对劳动市场参与及就业的影响。

一 学习行为对劳动市场参与及就业的影响

本章第一节研究了受教育程度对劳动市场参与及就业的影响，涉及诸多个人因素作为控制变量。本节研究学习行为对劳动市场参与及就业的影响，所涉及个人因素控制变量与上节大多相同。为此，本节不再重复讨论这些相同的个人因素控制变量，仅描述统计结果，只有对本科样本有某种特殊性时，才加以讨论。

（一）学习成绩

如果给定同一个受教育程度，学习成绩可以理解为衡量学生掌握知识技能扎实程度的一个指标，也可以理解为通过学习所积累的人力资本的差别。学习成绩优秀者希望通过参与劳动市场使所积累的人力资本得到相应的回报，因而更愿意参与劳动市场，参与后也更容易获得就业机会。表6-16显示，随着学习成绩的提高，劳动市场参与率变化趋势不明显，而失业率下降较为明显。对本科生来说，参与劳动市场是基本的选择，但到了劳动市场能否找到工作，就可能与学习成绩有一定关系。回归分析时，以学习成绩"很差""较差"为比较基础。

表 6-16　学习成绩与劳动市场参与及就业

学习成绩	变量名称	参与率（%）	样本量（个）	失业率（%）	样本量（个）
很差	GRADE1	89.19	37	8.33	36
较差	GRADE2	95.06	81	3.70	81
一般	GRADE3	95.02	1887	3.70	1864
较好	GRADE4	96.37	1679	2.65	1662
很好	GRADE5	95.09	407	3.25	400

（二）学校档次

在中国，高校被划分为不同的档次，从低到高有：三本、二本、一本、"211"、"985"。不同档次代表不同的生源质量和教学质量，从而决定毕业生不同水平的人力资本积累，且在劳动市场也面临不同的需求。从理论上来说，高档次学校的毕业生更愿意参与劳动市场，以使所积累的人力资本通过市场得以回报，且在劳动市场也比较容易获得就业机会。表 6-17 显示，随着学校档次的提高，劳动市场参与率有所上升，失业率明显下降。回归分析时，以学校档次较低的"三本"为比较基础。

表 6-17 学校档次与劳动市场参与及就业

学校档次	变量名称	参与率（%）	样本量（个）	失业率（%）	样本量（个）
三本	SCHRANK1	92.01	388	6.79	383
二本	SCHRANK2	95.23	1844	3.94	1828
一本	SCHRANK3	96.15	986	2.57	973
211/985	SCHRANK4/5	97.25	873	1.16	859

（三）英语水平

本书第十一章第二节将对英语教育的回报进行研究，认为英语考试通过四六级代表着人力资本的积累达到较高的水平，当然就更希望进入劳动市场获得回报。英语考试通过四六级通常代表较高的个人素质和较好的劳动市场表现。在用人单位对应聘者的生产率缺少了解的情况下，英语过级可以成为雇主有效甄别高质量劳动力的"信号"。表 6-18 显示，与英语未过级者相比，通过英语四级和六级的本科毕业生劳动市场参与率明显提高，失业率则明显降低。回归分析时，以英语考试"未过级"为比较基础。

表 6-18 英语水平与劳动市场参与及就业

英语水平	变量名称	参与率（%）	样本量（个）	失业率（%）	样本量（个）
未过级	ENGLISH1	91.85	687	6.38	674
四级	ENGLISH2	96.34	2543	2.61	2524
六级	ENGLISH3	96.40	861	2.49	845

（四）智商

表 6-19 显示，智商与劳动市场参与率、失业率无明显的趋势性关系。回归分析时，以自评智商"1""2"为比较基础。

表 6-19　智商与劳动市场参与及失业

自评智商	变量名称	参与率(%)	样本数(个)	失业率(%)	样本数(个)
1	IQ1	96.23	53	1.92	52
2	IQ2	93.21	162	6.79	162
3	IQ3	95.49	1597	3.72	1584
4	IQ4	96.29	2022	2.60	1999
5	IQ5	94.40	250	4.07	246

（五）上网学习时间

表 6-20 显示，随着上网学习时间的增加，劳动市场参与率未表现出明显的趋势性变化，而失业率下降明显。用 STUDYNET 代表上网学习时间。

表 6-20　上网学习时间与劳动市场参与及失业

上网学习时间（小时）	参与率（%）	样本数（个）	失业率（%）	样本数（个）
0	91.98	262	5.86	256
(0,1]	95.74	1336	3.08	1330
(1,2]	96.15	1248	2.83	1235
>2	95.57	1265	3.43	1252

（六）技术职称

技术职称是一个人技术水平的官方肯定。获得高技术职称者积累了较高的人力资本，就更愿意参与劳动市场以获得回报。在劳动市场，高技术职称者面对更高的需求，更容易找到就业机会。表 6-21 显示，随着技术职称的提高，劳动市场参与率有所提升，失业率明显降低。回归分析时，以"无技术职称"为比较基础。

表 6-21　技术职称与劳动市场参与及就业

技术职称	变量名称	参与率(%)	样本量(个)	失业率(%)	样本量(个)
无技术职称	TECHRANK1	96.16	1436	6.43	1399
初级	TECHRANK2	98.19	883	1.59	881
中级	TECHRANK3	98.03	1269	1.43	1262
副高、正高	TECHRANK4/5	98.21	504	1.39	502

(七) 家庭背景

表 6-22 显示，随着家庭背景的改变，劳动市场参与率呈上升趋势，失业率呈下降趋势。回归分析时，以家庭背景"条件很差"为比较基础。

表 6-22　家庭背景与劳动市场参与及失业

家庭背景	变量名称	参与率(%)	样本数(个)	失业率(%)	样本数(个)
条件很差	FAMBACK1	92.67	150	6.08	148
条件较差	FAMBACK2	93.40	212	5.80	207
普通家庭	FAMBACK3	95.70	3399	3.13	3358
有一定/很高经济社会地位	FAMBACK4/5	98.48	330	1.52	330

(八) 性别

表 6-23 显示，女性的劳动市场参与率低于男性，失业率明显高于男性。用 MALE 代表男性。回归分析时，以"女性"为比较基础。

表 6-23　性别与劳动市场参与及失业

性别	参与率(%)	样本数(个)	失业率(%)	样本数(个)
男	96.55	2724	2.45	2696
女	93.64	1364	4.97	1347

(九) 婚姻状况

表 6-24 显示，与其他婚姻状况的就职者相比，已婚者的劳动市场参与率更高，失业率更低。用 MARRIED 代表已婚。回归分析时，以"未婚""离异""丧偶"为比较基础。

表 6-24　婚姻状况与劳动市场参与及失业

婚姻状况	参与率(%)	样本数(个)	失业率(%)	样本数(个)
已婚	98.80	2247	0.85	2239
未婚	92.61	1772	5.53	1737
离异	96.55	29	3.45	29
丧偶	85.71	7	14.29	7

(十) 政治身份

表 6-25 显示，与其他政治身份相比，中共党员的劳动市场参与率最高，失业率最低。用 CPC 代表中共党员。回归分析时，以"团员""群众及其他"为比较基础。

表 6-25 政治身份与劳动市场参与及失业

政治身份	参与率(%)	样本数(个)	失业率(%)	样本数(个)
中共党员	97.97	1278	1.34	1269
团员	92.92	1440	5.64	1418
群众及其他	96.14	1373	2.65	1356

(十一) 健康状况

表 6-26 显示，随着健康状况的改善，劳动市场参与率呈上升趋势，失业率呈下降趋势。回归分析时，以健康状况"很差/较差"为比较基础。

表 6-26 健康状况与劳动市场参与及失业

健康状况	变量名称	参与率(%)	样本数(个)	失业率(%)	样本数(个)
很差/较差	HEALTH1/2	93.14	102	5.94	101
一般	HEALTH3	94.92	728	4.29	722
较健康	HEALTH4	95.66	1842	2.97	1816
很健康	HEALTH5	95.98	1419	2.92	1404

二 回归模型及结果

根据以上讨论，影响劳动市场参与的因素同样也是影响就业的因素。因此劳动市场参与率和失业率可以用相同的方程设定。用 LFP 代表劳动市场参与，用 UNEMP 代表失业，我们提出以下劳动市场参与和失业回归方程：

$$\begin{aligned}LFP \text{ 或 } UNEMP = &\ \alpha_1 C + \alpha_2 GRADE3 + \alpha_3 GRADE4 + \alpha_4 GRADE5 + \alpha_5 SCHRANK2 + \\ &\ \alpha_6 SCHRANK3 + \alpha_7 SCHRANK4/5 + \alpha_8 ENGLISH2 + \alpha_9 ENGLISH3 + \\ &\ \alpha_{10} IQ3 + \alpha_{11} IQ4 + \alpha_{12} IQ5 + \alpha_{13} STUDYNET + \alpha_{14} TECHRANK2 + \\ &\ \alpha_{15} TECHRANK3 + \alpha_{16} TECHRANK4/5 + \alpha_{17} FAMBACK2 + \\ &\ \alpha_{18} FAMBACK3 + \alpha_{19} FAMBACK4/5 + \alpha_{20} MALE + \alpha_{21} MARRIED + \\ &\ \alpha_{22} CPC + \alpha_{23} HEALTH3 + \alpha_{24} HEALTH4 + \alpha_{25} HEALTH5\end{aligned}$$

劳动市场参与和失业变量只取 0 和 1，也就是 0-1 变量，故采用单位概率模型（Probit Model）回归。

表 6-27 报告了劳动市场参与率模型的回归结果。模型 1 报告了包含所有变量的回归结果，显示大多数变量的符号与理论预期一致，且达到 90% 以上显著水平。但相关分析显示，学校档次、家庭背景与其他变量相关，因此模型 1 存在多重共线性问题。为此，模型 2 去掉与学校档次相关的变量再回归，显示学校档次达到 90% 以上显著水平。模型 3 去掉与家庭背景相关的变量再回归，显示家庭背景在"普通家庭""有一定/很高经济社会地位"两个变量达到 90% 以上显著水平。

表 6-28 报告了失业率模型的回归结果。模型 1 报告了包含所有变量的回归结果，显示大多数变量的符号与理论预期一致，且达到 90% 以上显著水平。但相关分析显示，学习成绩、学校档次、家庭背景与其他变量相关，因此模型 1 存在多重共线性问题。为此，模型 2 去掉与学习成绩、学校档次、家庭背景相关的变量再回归，显示学习成绩在"较好"层次（$GRADE4$）达到 90% 以上显著水平，学校档次、家庭背景达到 90% 以上显著水平。

表 6-27　劳动市场参与方程回归结果

变量名称	模型 1		模型 2		模型 3	
	系数	p-值	系数	p-值	系数	p-值
C	0.0197	0.9598	0.6593	0.0245	0.3901	0.0584
$GRADE3$	-0.1809	0.4654				
$GRADE4$	-0.1580	0.5342				
$GRADE5$	-0.4176	0.1267				
$SCHRANK2$	0.1116	0.3593	0.1812	0.0977	0.1515	0.2005
$SCHRANK3$	0.1432	0.3063	0.2540	0.0418	0.1516	0.2622
$SCHRANK4/5$	0.2274	0.1357	0.4182	0.0023	0.2690	0.0675
$ENGLISH2$	0.5554	0.0000	0.4393	0.0000	0.5296	0.0000
$ENGLISH3$	0.3072	0.0115	0.1043	0.3290	0.2423	0.0361
$IQ3$	0.1390	0.4318	0.0706	0.6433		
$IQ4$	0.1583	0.3686	0.1495	0.3270		
$IQ5$	-0.0788	0.7220	-0.0731	0.7108		
$STUDYNET$	0.0606	0.0379	0.0320	0.1850	0.0689	0.0152

续表

变量名称	模型1 系数	模型1 p-值	模型2 系数	模型2 p-值	模型3 系数	模型3 p-值
TECHRANK2	0.6915	0.0000				
TECHRANK3	0.4408	0.0001				
TECHRANK4/5	0.3297	0.0335				
FAMBACK2	-0.1802	0.4145	-0.1651	0.4094	-0.1490	0.4855
FAMBACK3	0.2418	0.1626	0.2200	0.1769	0.2785	0.0984
FAMBACK4/5	0.6470	0.0190	0.6651	0.0067	0.6302	0.0174
MALE	0.2639	0.0018			0.2575	0.0014
MARRIED	0.6770	0.0000			0.7546	0.0000
CPC	0.2919	0.0066	0.4241	0.0000	0.2986	0.0039
HEALTH3	0.3138	0.2006	0.0756	0.7296		
HEALTH4	0.2902	0.2114	0.1206	0.5661		
HEALTH5	0.2351	0.3142	0.1132	0.5947		
Prob(LR statistic)	0.0000		0.0000		0.0000	
样本数(个)	4061		4091		4061	

表6-28 失业方程回归结果

变量名称	模型1 系数	模型1 p-值	模型2 系数	模型2 p-值
C	-0.0648	0.8758	0.7313	0.0072
GRADE3	-0.1333	0.6174	0.2490	0.2179
GRADE4	-0.1042	0.7041	0.3458	0.0940
GRADE5	-0.2672	0.3720	0.2229	0.3426
SCHRANK2	0.1138	0.3782	0.1992	0.0832
SCHRANK3	0.2378	0.1211	0.3298	0.0144
SCHRANK4/5	0.5439	0.0037	0.6596	0.0000
ENGLISH2	0.4924	0.0000		
ENGLISH3	0.3063	0.0262		
IQ3	0.2385	0.1944		
IQ4	0.2491	0.1737		
IQ5	0.0573	0.8118		
STUDYNET	0.0428	0.1812		
TECHRANK2	0.5695	0.0000		
TECHRANK3	0.3538	0.0048		
TECHRANK4/5	0.1507	0.3596		

续表

变量名称	模型1		模型2	
	系数	p - 值	系数	p - 值
FAMBACK2	-0.1601	0.5014	-0.1177	0.5909
FAMBACK3	0.2924	0.1172	0.3240	0.0649
FAMBACK4/5	0.5263	0.0648	0.5589	0.0266
MALE	0.2740	0.0038	0.3161	0.0001
MARRIED	0.6982	0.0000	0.3909	0.0003
CPC	0.2826	0.0214		
HEALTH3	0.3347	0.1918		
HEALTH4	0.4152	0.0893		
HEALTH5	0.3051	0.2128		
Prob(LR statistic)	0.0000		0.0000	
样本数(个)	4018		4043	

三 基本观察

根据以上分析和讨论，我们获得以下基本观察。

就劳动市场参与情况而言，学习成绩对劳动市场参与没有表现出显著影响。毕业于较高档次高校的本科生会更积极参与劳动市场。与英语考试未过级者相比，英语考试已过四六级者更积极参与劳动市场。善于通过网络学习者更积极参与劳动市场。良好的家庭背景也鼓励其本科毕业的家庭成员更积极地参与劳动市场。男性比女性会更多地选择参与。与其他婚姻状态群体相比，已婚者更愿意参与劳动市场。具有中共党员政治身份的城镇居民会更多地参与劳动市场。但没有发现自评智商、健康状况对劳动市场参与有显著影响。

就失业率而言，表6-16显示失业率随学习成绩上升而下降，表6-28显示在学习成绩"较好"层次上显著，我们倾向于认为，较好的学习成绩对降低失业率有一定的影响。毕业于较高档次高校的毕业生失业率较低。英语考试已过级、高技术职称显著降低了本科学历城镇居民的失业率。具有良好家庭背景者也较少失业。与女性相比，男性的失业率显著降低。与其他婚姻状态群体相比，已婚者的失业率显著降低。政治身份为中共党员的本科学历城镇居民的失业率比其他政治身份群体要低。良好的健康状况对降低失业率有一定的影响。没有发现自评智商、上网学习时间对本科学历城镇居民的失业率有显著影响。

对具有本科学历的城镇居民来说,本节发现学习成绩对劳动市场参与无显著影响,但对失业率有一定的影响。综合以上这些发现,我们认为,对具有本科学历的城镇居民来说,参与劳动市场的决策较少受到大学学习的影响,但进入到劳动市场后,能否获得就业机会,受到大学期间学习成绩的一定影响。

第七章
教育对晋升的影响

职场晋升是劳动市场的重要表现，获得职场晋升不仅代表着拥有更高的收入，而且代表着拥有更高的社会地位。本章分析影响职场晋升的个人因素，侧重于教育对职场晋升的影响，所分析的群体为城镇居民和农民工。

第一节 教育对晋升的影响：基于城镇居民样本

影响城镇居民晋升的因素有很多，本节分析影响城镇居民晋升的个人因素，侧重于教育的影响。

一 城镇居民工作层次分布

为了衡量城镇居民的晋升状况，2016年问卷调查询问受访者的工作层次，备选答案有：操作层、低层管理或技术、中层管理或技术、中高层管理或技术、高层管理，分别赋值从1到5，构成工作层次指数。表7-1报告了城镇居民工作层次分布。2016年问卷调查共获得城镇居民有效样本11018个。因创业者不存在晋升问题，故删除个体户及已雇人的样本，剩余7907个样本用于分析。

表 7-1 城镇居民工作层次分布

城镇居民工作层次	所占比例(%)	样本数(个)
操作层	25.22	1994
低层管理或技术	31.76	2511
中层管理或技术	32.58	2576
中高层管理或技术	8.68	686
高层管理或技术	1.76	140

二 影响城镇居民晋升的个人因素

(一) 受教育程度

城镇居民所受教育程度高,意味着更丰富的知识和更好的职业训练,有助于职场晋升。此外,受教育程度可为用人单位提供廉价且有效的甄别求职者劳动生产率高低的工具,有利于受教育程度高的求职者获得较高的职场起点,对以后的职场晋升产生影响。表 7-2 显示,随着受教育程度的提高,城镇居民的工作层次指数明显上升。此外,自评智商也随之提高。自评智商为受访者按 10 级自评其智商。为了避免回归分析时出现过多虚拟变量,等距离简化为 5 等,赋值从 1 到 5,构成自评智商指数。用 EDU 代表受教育程度,以受教育年数衡量。

表 7-2 所受教育程度与晋升

所受教育程度	工作层次指数	自评智商指数	样本数(个)
小学及以下	1.81	2.86	126
初中	1.80	3.10	692
高中/中专	2.07	3.31	1574
大专	2.33	3.39	2042
本科	2.45	3.55	2918
硕士	2.75	3.71	475
博士	3.01	3.78	80

(二) 智商

智商是一个人智力水平的表现,高智商的人更容易获得良好的职场

第七章 教育对晋升的影响

表现,进而得到更多的晋升机会。表 7-3 显示,随着自评智商的提高,工作层次指数随之上升。回归分析时,以自评智商指数"1""2"为比较基础。

表 7-3 智商与晋升

自评智商指数	变量名称	工作层次指数	样本数(个)
1	$IQ1$	2.01	150
2	$IQ2$	2.04	445
3	$IQ3$	2.17	3664
4	$IQ4$	2.46	3229
5	$IQ5$	2.57	429

(三) 上网学习时间

随着职场竞争的加剧,人们越来越重视学习。随着网络的普及,对城镇居民来说,上网学习逐渐成为一种重要的学习方式。2016 年问卷调查询问受访者上网时间以及用于学习的比重,由此求得上网学习时间。表 7-4 显示,随着上网学习时间的增加,工作层次指数随之增加。用 $STUDYNET$ 代表上网学习时间。

表 7-4 上网学习时间与晋升

上网学习时间(小时)	工作层次指数	受教育年数	样本数(个)
0	2.01	11.94	329
(0,1]	2.27	14.35	3624
(1,2]	2.38	14.99	1193
(2,3]	2.43	15.07	809
>3	2.52	15.46	694

(四) 技术职称

技术职称是对就职者专业技能的衡量和官方肯定。显然,技术职称越高,其专业技能越高,有助于就职者获得更多的晋升机会。表 7-5 显示,随着技术职称的提高,就职者工作层次指数随之上升。回归分析时,以"无技术职称"、技术职称"初级"为比较基础。

表7-5 技术职称与晋升

技术职称	变量名称	工作层次指数	样本数(个)
无技术职称	TECHRANK1	2.03	2674
初级	TECHRANK2	2.07	1719
中级	TECHRANK3	2.51	2586
副高	TECHRANK4	3.06	511
高级	TECHRANK5	3.11	185

(五) 政治身份

在中国，中共党员一般经过较为严格的选拔，是相对优秀的群体。对一些岗位，特别是政府机关、事业单位以及国有企业，提拔存在党员偏好或优先，甚至作为必要条件。这些因素都使得具有中共党员政治身份的就职者获得更多的晋升机会。表7-6显示，中共党员的工作层次指数高于其他政治身份群体。用 CPC 代表中共党员。回归分析时，以其他政治身份群体为比较基础。

表7-6 政治身份与晋升

政治身份	工作层次指数	样本数(个)
中共党员	2.23	1525
团员	2.06	1578
民主党派	1.99	42
群众	2.20	1953

(六) 创新能力

随着市场、技术竞争的日趋激烈，创新对企业的生存和发展日显重要。而创新需要有创新能力的人来实施，因此具有较强创新能力的人更容易获得晋升机会。2016年问卷调查询问企业代表评价创新能力对其所代表企业的重要性。表7-7显示，55.58%（35.20%+20.38%）的企业代表肯定了创新对企业的重要性。2016年问卷调查请城镇居民按10级自评其创新能力，为了避免回归分析时出现过多虚拟变量，等距离简化为5等，依次赋值从1到5，构成创新能力指数。表7-8显示，随着创新能力指数的提升，工作层次指数明显上升。此外，受教育年数也随之上升。回归分析时，以创新能力指数"1""2"为比较基础。

表 7-7 创新对企业的重要性

创新对企业的重要性	所占比例(%)	样本数(个)
按部就班运作就可	6.43	125
需要一些创新	24.45	475
一般	13.54	263
需要不断创新	35.20	684
不创新就难以生存发展	20.38	396

表 7-8 创新能力与晋升

创新能力指数	变量名称	工作层次指数	受教育年数	样本数(个)
1	INNOV1	1.91	13.48	519
2	INNOV2	2.06	14.14	1403
3	INNOV3	2.29	14.30	3515
4	INNOV4	2.52	14.84	2034
5	INNOV5	2.62	14.49	436

(七) 颜值

颜值高的人在职场更容易让人接受,人们也更愿意与之交往、结交朋友。因此颜值高的人待人接物更宽容大度。在服务业,颜值就是生产力,有助于提高服务质量。这些因素有助于颜值高的就职者获得更多的晋升机会。2016年问卷调查时,调查者给受访者的颜值打分,共分7等。表7-9显示,随着颜值的上升,就职者的工作层次指数呈上升趋势。此外,受教育年数也随之增加,这也有助于增加就职者晋升的机会。回归分析时,以颜值最低的"1/2/3"为比较基础。

表 7-9 颜值与晋升

颜值	变量名称	工作层次指数	受教育年数	样本数(个)
1/2/3	FACE1	2.23	13.70	874
4	FACE2	2.29	14.10	8830
5	FACE3	2.33	14.65	2904
6/7	FACE4	2.31	14.92	1041

(八) 工龄

工龄可以理解为就职者通过干中学所积累的人力资本。起初，随着工龄的增加，就职者通过干中学所积累的人力资本明显增多，但达到一定工龄后人力资本的折旧表现明显。此外，体能精力也随之下降。由此，工龄与职场晋升之间并不是线性关系。表7-10支持了这一判断：起初随着工龄的增加，工作层次指数增加；到达（10，20］工龄段时，工作层次指数达到峰值；之后随着工龄的增加，工作层次指数下降。回归分析时，以对应工作层次指数达到峰值的（10，20］年龄段为比较基础。

表7-10 工龄与晋升

工龄	变量名称	工作层次指数	样本数（个）
(0,3]	WORKAGE1	2.02	2205
(3,10]	WORKAGE2	2.35	2739
(10,20]	WORKAGE3	2.49	1525
>20	WORKAGE4	2.45	1373

(九) 性别

在劳动市场，对女性的职业歧视是普遍存在的，而鼓励男性更为进取以求得晋升，与此同时女性则在职场竞争中受到压制而趋于被动。此外，女性因为生育子女、抚养幼童导致职业中断，也会影响晋升。秦广强基于2006年中国综合社会调查数据，从人力资本、组织制度环境、管理位置等级等多个维度分析发现，与男性相比，女性在职场晋升中处于劣势地位。[①] 表7-11显示，男性的工作层次指数高于女性。用 $MALE$ 代表男性。回归分析时，以女性为比较基础。

表7-11 性别与晋升

性别	工作层次指数	样本数（个）
男	2.36	5218
女	2.18	2689

---

① 秦广强：《职业晋升中的性别不平等——基于CGSS2006数据的分析》，《社会学评论》2014年第3期。

(十) 团队精神

在现代职场，因大部分工作以团队的组织形式完成，团队精神就显得很重要。团队精神差的就职者，不容易得到他人的认可，相应地也就更难获得晋升的机会。且团队精神差的就职者不易和同事很好地合作完成任务，因而也难以得到提拔。表 7-12 显示，随着团队精神提升，就职者工作层次指数也随之增加。回归分析时，以团队精神"很差/较差"为比较基础。

表 7-12 团队精神与晋升

团队精神	变量名称	工作层次指数	样本数（个）
很差/较差	TEAMSPRIT1/2	1.89	175
一般	TEAMSPRIT3	2.04	2230
较好	TEAMSPRIT4	2.35	4107
好	TEAMSPRIT5	2.60	1395

(十一) 领导才能

晋升意味着一个人要去管理更多的人，领导才能显然是一个很重要的因素。表 7-13 显示，随着领导才能的提高，就职者工作层次指数随之增加。回归分析时，以领导才能"很差""较差"为比较基础。

表 7-13 领导才能与晋升

领导才能	变量名称	工作层次指数	样本数（个）
很差	LEADSHIP1	1.72	150
较差	LEADSHIP2	1.84	504
一般	LEADSHIP3	2.12	4490
较好	LEADSHIP4	2.67	2371
好	LEADSHIP5	2.97	392

(十二) 家庭背景

家庭背景包含诸多信息，如家庭教育、个人素养、道德养成、社会资源等。家庭背景好的就职者在晋升竞争中就会有更多的机会处于优势地位，从而获得更多的晋升机会。表 7-14 显示，随着家庭条件的提高，工作层次指数也随之增加。回归分析时，以家庭背景"条件很差""条件较差"为比较基础。

表 7 - 14 家庭背景与晋升

家庭背景	变量名称	工作层次指数	样本数(个)
条件很差	FAMBACK1	2.28	869
条件较差	FAMBACK2	2.47	2088
一般	FAMBACK3	2.65	2181
有一定经济地位	FAMBACK4	2.74	699
有很高经济地位	FAMBACK5	2.80	517

(十三) 健康状况

领导岗位往往意味着更大的责任、更多的精力和体能消耗，更需要健康的身体。此外，身体健康状况良好的就职者通常会表现出更强的进取心，会有更多的体力和精力，更好地完成自己的工作，由此也会有更多的机会获得晋升。表 7 - 15 显示，随着健康状况的改善，工作层次指数呈上升趋势。回归分析时，以健康状况"很差/较差"为比较基础。

表 7 - 15 健康状况与晋升

健康状况	变量名称	工作层次指数	样本数(个)
很差/较差	HEALTH1/2	1.92	665
一般	HEALTH3	2.27	2227
较健康	HEALTH4	2.32	1373
很健康	HEALTH5	2.30	664

三 回归模型及结果

根据以上分析，构造以下城镇居民工作层次指数的回归方程：

$$\begin{aligned} WORKRANK = & \alpha_1 EDU + \alpha_2 IQ3 + \alpha_3 IQ4 + \alpha_4 IQ5 + \alpha_5 STUDYNET + \\ & \alpha_6 TECHRANK3 + \alpha_7 TECHRANK4 + \alpha_8 TECHRANK5 + \\ & \alpha_9 CPC + \alpha_{10} CREAT3 + \alpha_{11} CREAT4 + \alpha_{12} CREAT5 + \\ & \alpha_{13} FACE2 + \alpha_{14} FACE3 + \alpha_{15} FACE4 + \alpha_{16} WORKAGE1 + \\ & \alpha_{17} WORKAGE2 + \alpha_{18} WORKAGE4 + \alpha_{19} MALE + \\ & \alpha_{20} TEAMSPIRIT3 + \alpha_{21} TEAMSPIRIT4 + \alpha_{22} TEAMSPIRIT5 + \\ & \alpha_{23} LEADSHIP3 + \alpha_{24} LEADSHIP4 + \alpha_{25} LEADSHIP5 + \\ & \alpha_{26} FAMBACK3 + \alpha_{27} FAMBACK4 + \alpha_{28} FAMBACK5 + \\ & \alpha_{29} HEALTH3 + \alpha_{30} HEALTH4 + \alpha_{31} HEALTH5 \end{aligned}$$

第七章 教育对晋升的影响

由于工作层次从低到高分为5级，构成的工作层次指数是虚拟应变量（Dummy - dependent Variable），故采用排序概率模型（Ordered Probit Model）回归。表7-16模型1报告了包含所有变量的回归结果，显示大多变量符号与理论预期一致，且达到90%以上显著水平。但相关分析发现，智商、团队精神和政治面貌均与受教育程度、领导才能相关，因此模型1存在多重共线性问题。模型2去除受教育程度、领导才能再回归，显示智商、团队精神、政治面貌达到90%以上显著水平。模型3去除与健康状况相关的变量再回归，显示健康状况在"较健康""很健康"层次上达到95%以上显著水平。模型4去除与颜值相关的变量再次回归，显示颜值达到95%以上显著水平。

表7-16 城镇居民职场晋升方程回归结果

变量名称	模型1 系数	模型1 p-值	模型2 系数	模型2 p-值	模型3 系数	模型3 p-值	模型4 系数	模型4 p-值
EDU	0.0945	0.0000			0.1363	0.0000		
IQ3	0.0028	0.9631	0.0444	0.4522			0.1087	0.0283
IQ4	0.0958	0.1199	0.2501	0.0000			0.3564	0.0000
IQ5	-0.0070	0.9351	0.1981	0.0196			0.3917	0.0000
STUDYNET	0.0008	0.0000	0.0011	0.0000				
TECHRANK3	0.3119	0.0000	0.3488	0.0000			0.4850	0.0000
TECHRANK4	0.7535	0.0000	0.8731	0.0000			1.0392	0.0000
TECHRANK5	0.8802	0.0000	0.9527	0.0000			1.0749	0.0000
CPC	0.0443	0.1966	0.2293	0.0000				
INNOV1	0.1959	0.0000	0.2115	0.0000				
INNOV2	0.2988	0.0000	0.3432	0.0000				
INNOV3	0.3040	0.0000	0.3444	0.0000				
FACE2	0.0140	0.7707	0.0239	0.6152	0.0231	0.5787	0.0663	0.1149
FACE3	0.0190	0.6943	0.0580	0.2261	0.0568	0.1761	0.1061	0.0123
FACE4	-0.0190	0.7390	0.0484	0.3924	0.0098	0.8442	0.1176	0.0199
WORKAGE1	-0.6075	0.0000	-0.4691	0.0000	-0.7228	0.0000		
WORKAGE2	-0.2063	0.0000	-0.1497	0.0001	-0.2420	0.0000		
WORKAGE3	0.0520	0.2783	-0.0543	0.2503	0.1027	0.0103		
MALE	0.1580	0.0000	0.1627	0.0000			0.1697	0.0000
TEAMSPIRIT3	-0.0009	0.9936	0.1460	0.1628			0.2211	0.0133

续表

变量名称	模型1 系数	模型1 p-值	模型2 系数	模型2 p-值	模型3 系数	模型3 p-值	模型4 系数	模型4 p-值
$TEAMSPIRIT4$	0.0447	0.6737	0.3165	0.0022			0.4643	0.0000
$TEAMSPIRIT5$	0.1054	0.3400	0.4767	0.0000			0.6673	0.0000
$LEADSHIP3$	0.1284	0.0212						
$LEADSHIP4$	0.5028	0.0000						
$LEADSHIP5$	0.7961	0.0000						
$FAMBACK3$	0.0597	0.2763	0.0850	0.1176				
$FAMBACK4$	0.2753	0.0003	0.3529	0.0000				
$FAMBACK5$	0.8639	0.0016	0.9440	0.0005				
$HEALTH3$	0.0300	0.8020	0.0601	0.6137	0.1288	0.2210		
$HEALTH4$	0.0357	0.7612	0.0898	0.4436	0.1975	0.0561		
$HEALTH5$	-0.0371	0.7542	0.0026	0.9823	0.2542	0.0143		
Prob(LR statistic)	0.0000		0.0000		0.0000		0.0000	
样本数(个)	6043		6043		7830		7675	

以上回归结果只考察了各变量对城镇居民工作层次指数的影响。但就教育对工作层次指数的影响来说，这种分析方法存在着严重的不足：因为教育对回归方程中的诸多变量存在着显著影响。这就意味着，当受教育年数每增加一年，不可能控制其他变量保持不变。就本节所涉及的变量而言，根据第四章第四节的分析，受教育程度对上网学习时间、创新能力、团队精神、领导才能等有显著影响。我们称这些因素为教育对工作层次指数影响的间接因素。当受教育年数每增加一年，这些间接因素都随之变化并进而影响城镇居民的工作层次指数，由此所产生的影响为教育对城镇居民晋升的间接影响。

表7－16显示，受教育年数对晋升有显著影响，但受教育年数的系数并不能为受教育年数对晋升的边际影响。第四章第四节讨论了在因变量为顺序变量条件下采用OLS估计自变量对因变量边际影响的方法，经计算求得受教育年数对晋升的直接影响为0.0723。表7－17报告了受教育年数对晋升的全部间接影响为0.0207。直接影响加间接影响之和为0.0930。这说明忽视间接影响而只估计直接影响，将会造成教育对晋升影响的低估。

表 7-17　城镇居民受教育年数对工作层次指数的间接影响

间接影响因素	教育对间接因素的影响	间接因素对工作层次指数的影响	教育通过间接因素对工作层次指数的影响
上网学习时间	0.0971	0.0523	0.0051
技术职称	0.0152	0.1717	0.0026
创新能力	0.0101	0.0775	0.0008
团队精神	0.0269	0.0616	0.0017
领导才能	0.0474	0.2221	0.0105
全部间接影响			0.0207

四　基本观察

根据以上理论与回归结果，我们获得以下基本观察。

随着受教育程度、自评智商的提高，城镇居民获得晋升的机会也增加，我们判断教育和智商交织在一起共同影响城镇居民的晋升。网络学习时间较长、技术职称较高、创新能力较强的就职者获得更多的晋升机会。拥有较高颜值的就职者能够获得更多的晋升机会。值得关注的是，受教育程度是影响这些因素的显著变量，因此受教育程度通过这几个因素间接地影响城镇居民的晋升。工龄对城镇居民晋升的影响是非线性的：起初随着工龄的增加，晋升机会增多；到达（10，20］工龄段时，工作层次达到峰值；之后随着工龄的增加，工作层次下降。男性比女性获得更多的晋升机会。团队精神、领导才能对城镇居民的晋升有着显著影响。来自较好家庭背景的城镇居民获得更多的晋升机会。健康状况好的城镇居民也会获得更多的晋升机会。

第二节　教育对晋升的影响：基于农民工样本

2015 年我国农民工总量达 2.77 亿，是劳动市场中的庞大群体，其在劳动市场的晋升表现值得关注。如果农民工在劳动市场难以获得合理晋升，不仅对这个庞大群体不公平，还伤害其上进心，加剧其边缘化，并由此引发诸多社会问题。农民工的晋升有诸多因素影响，本节研究影响农民工晋升的个人因素，侧重于教育对农民工晋升的影响。

一 农民工晋升调查

2016年问卷调查关注农民工劳动市场晋升表现。问卷询问农民工的工作层次,备选答案有:操作层、低层、中层、中高层、高层,依次赋值从1到5,构成工作层次指数,以此衡量农民工的晋升表现。调查共获得农民工样本2921个。考虑到个体户以及已雇人创业者不是我们的研究对象,故删除这些样本,共保留2447个样本用于分析。

表7-18报告了农民工工作层次的分布,并和高中及以下学历城镇居民、专科及以上学历城镇居民加以对比,显示在较低工作层次农民工所占比重明显较高,相反在较高工作层次所占比重明显较低。

表7-18 工作层次分布

	操作层(%)	低层(%)	中层(%)	中高层(%)	高层(%)	工作层次指数	样本量(个)
农民工	58.99	24.37	12.67	3.05	0.92	1.63	2392
高中及以下	38.18	27.70	25.82	6.73	1.57	2.06	3180
专科及以上	18.30	32.01	36.91	10.42	2.35	2.47	6245

二 影响农民工晋升的个人因素分析

本章第一节就城镇居民样本分析了影响其晋升的个人因素,这些分析大多也适用于农民工。在适合农民工的情况下,本节不再重复理论分析,只给出描述统计。只有在针对农民工样本有某种特殊性时,才做相应的分析。

(一) 受教育程度

老一代农民工主要从事体力劳动,技术含量低,工作对受教育程度要求低,晋升空间小。随着新生代农民工不断进入城镇,农民工受教育程度明显提高,其行业分布与城镇居民不断接近,因而受教育程度对其晋升作用日趋明显。显然,受教育程度越高,知识越丰富,学习能力和打工技能也越强,由此获得晋升的机会就更多。表7-19显示,受教育程度越高,工作层次越高,同时,打工技能也越强,自评智商越高。打工技能指数为农民工自评其打工技能,从低到高分为5级。用 EDU 代表受教育程度,以受教育年数衡量。

表 7－19　受教育程度与工作层次

受教育程度	工作层次指数	打工技能指数	自评智商指数	样本量（个）
未受学校教育	1.19	2.67	2.53	72
小学	1.35	2.87	2.89	495
初中	1.50	2.98	3.10	1045
高中	1.82	3.13	3.23	448
高职	2.09	3.33	3.36	89
中专及以上	2.38	3.34	3.45	226

（二）智商

表 7－20 显示，随着自评智商的提高，农民工的工作层次呈上升趋势。回归分析时，以自评智商较低的 "1" "2" 为比较基础。

表 7－20　智商与工作层次

自评智商指数	变量名称	工作层次指数	样本量（个）
1	$IQ1$	1.50	76
2	$IQ2$	1.33	383
3	$IQ3$	1.57	1283
4	$IQ4$	1.87	550
5	$IQ5$	2.16	100

（三）上网学习时间

随着职场竞争日趋激烈，农民工也需不断学习以提升其职场竞争力。随着网络的普及，尤其是智能手机的推广，农民工上网已经基本不存在技术问题。因而网络学习就必然成为农民工学习的重要方式，甚至是主要方式。经常通过网络学习的农民工，必然获得更多的知识信息，进而获得更多的晋升机会。2016 年问卷调查询问农民工上网的时间以及用于获取知识时间所占上网时间的比重，由此求得农民工上网学习的时间。表 7－21 显示，上网学习时间越长，工作层次越高。用 $STUDYNET$ 代表上网学习时间。

表7-21 上网学习时间与工作层次

上网学习时间(小时)	工作层次指数	样本量(个)
0	1.61	165
(0,0.5]	1.67	671
(0.5,1]	1.91	267
(1,1.5]	2.11	100
>1.5	2.15	188

(四) 打工技能

农民工具有较高的打工技能，有助于改善其工作表现，提升其晋升的竞争优势，从而增加其获得晋升的机会。表7-22显示，随着打工技能上升，工作层次呈上升趋势，此外受教育年数也随之上升。回归分析时，以打工技能"很低""较低"为比较基础。

表7-22 打工技能与工作层次

打工技能	变量名称	工作层次指数	受教育年数	样本量(个)
很低	URBSKILL1	1.29	6.67	95
较低	URBSKILL2	1.26	8.84	305
一般	URBSKILL3	1.60	9.37	1410
较高	URBSKILL4	1.88	9.44	405
很高	URBSKILL5	2.48	10.13	65

(五) 农民工培训

本书第十章第二节将介绍农民工参加政府组织培训的情况及其对工资的影响。农民工参加培训有助于提高打工技能，提升城镇融入度。表7-23显示，随着农民工越来越多地参加政府的深度培训，工作层次呈上升趋势，此外，受教育年数也随之上升。回归分析时，以农民工"未参加培训"为比较基础。

表7-23 参加培训与工作层次

农民工培训	变量名称	工作层次指数	受教育年数	样本量(个)
未参加培训		1.49	9.23	1489
引导性培训	TRAININTROD	1.69	9.66	121
技能性培训	TRAINSKI	1.85	9.09	482
二者均参加	TRAINBOTH	2.06	10.24	212

（六）领导才能

从操作层晋升到管理层，对农民工领导力有更高的要求。担任管理工作，要管理、领导他人，必然要求其具有较高的领导才能。表7-24显示，领导才能越强，工作层次越高。回归分析时，以领导才能"很差""较差"为比较基础。

表7-24 领导才能与工作层次

领导才能	变量名称	工作层次指数	样本量(个)
很差	LEADSHIP1	1.14	145
较差	LEADSHIP2	1.34	457
一般	LEADSHIP3	1.62	1082
较好	LEADSHIP4	1.96	373
很好	LEADSHIP5	2.34	114

（七）创新能力

随着新生代农民工行业分布表现出与城镇居民的趋同，工作层次有所提升，其工作的自主性增强。如果农民工具有较强的创新能力，就可能更具创造性地开展工作，并由此获得更多的晋升机会。表7-25显示，随着创新能力指数提高，工作层次随之提高。回归分析时，以创新能力较低的"1""2"为比较基础。

表7-25 创新能力与工作层次

创新能力指数	变量名称	工作层次指数	样本量(个)
1	INNOV1	1.27	305
2	INNOV2	1.45	632
3	INNOV3	1.69	886
4	INNOV4	1.87	444
5	INNOV5	2.12	108

（八）健康状况

农民工大多从体力劳动开始其在城镇的职业生涯，健康状况直接影响其体力劳动的效率以及晋升的机会。担任管理领导工作，同样需要充沛的精力和体力,也要求良好的健康状况,甚至健康状况还影响着人的进取心。因此,良好的健康状况有助于农民工获得更多的晋升机会。表7-26显示,健康状况越好,农民工的工作层次越高。回归分析时,以健康状况"很差/较差/一般"为比较基础。

表7-26 健康状况与工作层次

健康状况	变量名称	工作层次指数	样本量(个)
很差/较差/一般	HEALTH1/2/3	1.41	640
较健康	HEALTH4	1.62	924
很健康	HEALTH5	1.78	832

三 工作层次回归方程及结果

用 WORKRANK 表示工作层次指数。根据以上分析,我们提出以下工作层次指数回归方程:

$$\begin{aligned} WORKRANK = & \alpha_1 EDU + \alpha_2 IQ3 + \alpha_3 IQ4 + \alpha_4 IQ5 + \alpha_5 STUDYNET + \\ & \alpha_6 URBSKILL3 + \alpha_7 URBSKILL4 + \alpha_8 URBSKILL5 + \\ & \alpha_9 TRAININTROD + \alpha_{10} TRAINSKI + \alpha_{11} TRAINBOTH + \\ & \alpha_{12} LEADSHIP3 + \alpha_{13} LEADSHIP4 + \alpha_{14} LEADSHIP5 + \\ & \alpha_{15} INNOV3 + \alpha_{16} INNOV4 + \alpha_{17} INNOV5 + \\ & \alpha_{18} HEALTH4 + \alpha_{19} HEALTH5 \end{aligned}$$

由于工作层次为受访者的主观评价,从低到高分成5个等级,由此构成的工作层次指数(WORKRANK)为虚拟应变量(Dummy - dependent Variable),应采用排序概率模型(Ordered Probit Model)进行回归。

表7-27报告了回归结果。其中模型1为包含所有变量的回归结果,绝大多数变量的符号与理论预期一致,且达到90%以上显著水平。但领导能力与打工技能、创新能力与农民工参加培训存在一定的相关性,意味着模型1存在多重共线性问题。模型2为删除相关变量后的回归结果,打工技能与农民工参与培训达到90%以上显著水平。

表7-27 农民工工作层次指数方程回归结果

变量名称	模型1		模型2	
	系数	p-值	系数	p-值
EDU	0.0801	0.0000	0.0986	0.0000
$IQ3$	0.0910	0.3899	0.0960	0.3740
$IQ4$	0.3051	0.0153	0.3726	0.0013
$IQ5$	0.5579	0.0018	0.6851	0.0000
$STUDYNET$	0.0744	0.0744	0.0785	0.0084
$URBSKILL3$	0.4160	0.0002	0.3990	0.0001
$URBSKILL4$	0.5509	0.0000	0.6064	0.0000
$URBSKILL5$	0.6932	0.0008	0.8969	0.0000
$TRAININTROD$	-0.0554	0.7535	0.0706	0.6250
$TRAINSKI$	0.0982	0.2272	0.1674	0.0289
$TRAINBOTH$	0.2797	0.0071	0.3324	0.0007
$LEADSHIP3$	0.2433	0.0120		
$LEADSHIP4$	0.4815	0.0000		
$LEADSHIP5$	0.8412	0.0000		
$INNOV3$	0.1207	0.1552		
$INNOV4$	0.1806	0.0722		
$INNOV5$	0.0914	0.5868		
$HEALTH4$	0.1286	0.1590	0.1477	0.0893
$HEALTH5$	0.1500	0.1034	0.1880	0.0312
Prob(LR statistic)	0.0000		0.0000	
样本数(个)	2441		2441	

以上回归结果只考察了各变量对农民工晋升的影响。但就教育对工作层次的影响而言，这种分析方法存在严重不足：因为教育对回归方程中诸多变量存在显著影响，这就意味着，当受教育年数增加一年，不可能控制其他变量保持不变。就本节所涉及的变量而言，根据第四章第四节的分析，受教育程度对创新能力、健康状况、领导才能、打工技能、上网学习时间有显著影响。我们称这些因素为教育对工作层次指数影响的间接因素。当受教育年数每增加一年，这些间接因素都随之变化并进而影响农民工工作层次指数，由此所产生的影响为教育对农民工工作层次指数的间接影响。第四章第四节讨论了计算间接影响的方法，表7-28报告了计算结果，显示受教育年数每增加一年的全部间接影响为0.0079。第四章第四节

讨论了在排序概率模型条件下估计直接影响的方法，应用该方法求得受教育年数对农民工工作层次指数直接影响为 0.0455。直接影响加间接影响之和为 0.0534。

表 7-28　农民工接受教育对工作层次指数的间接影响

间接影响因素	教育对间接因素的影响	间接因素对晋升的影响	教育通过间接因素对晋升的影响
创新能力	0.0421	0.0192	0.0008
健康状况	0.0384	0.1793	0.0069
领导才能	0.0516	0.0000	0.0000
打工技能	0.0236	0.0002	0.0000
上网学习时间	0.0552	0.0029	0.0002
全部间接影响			0.0079

四　基本观察

根据以上分析和讨论，我们获得以下观察。

农民工受教育程度越高，工作层次越高。智商对农民工晋升也有着显著影响。考虑到受教育程度与智商的相关性，我们认为教育与智商相互作用共同影响农民工的晋升。教育显著影响创新能力、健康状况、领导才能、打工技能、上网学习时间，因此教育还通过这些因素间接地对农民工晋升产生一定影响。

当然，已经形成的创新能力、领导才能、打工技能等对农民工工作层次产生显著影响。创新能力强、领导才能强的农民工在晋升竞争中占据优势。经常上网学习的农民工获得更多的晋升机会。参加过政府组织的技能性培训以及同时参加过技能性培训和引导性培训的农民工在职场竞争中体现出一定的优势，但这个群体的受教育年数显著高于未参加培训的农民工，可能受教育程度高和参加政府组织的培训相互作用影响了农民工的晋升。

第三节　学习行为对晋升的影响：基于城镇本科样本

上一节就城镇居民的受教育程度对晋升的影响进行了分析。这一分析使用了不同受教育程度的样本,不同受教育程度样本的学习行为缺少可比性,为了避免这种复杂性,本节仅选取本科学历城镇居民样本,下一节选取高中学历城镇居民样本,研究学习行为对晋升的影响。

一 城镇居民工作层次分布

2016年问卷调查询问城镇居民的工作层次。因创业者不存在晋升问题,故删除个体户及已雇人的样本,所剩本科学历有效样本2918个,高中学历有效样本841个。表7-29报告了本科和高中学历城镇居民工作层次的分布,显示随着工作层次的提升,与高中学历城镇居民相比,本科学历城镇居民所占比重由低到高。

表7-29 本科、高中学历城镇居民工作层次分布

工作层次	本科学历城镇居民		高中学历城镇居民	
	所占比重(%)	样本数(个)	所占比重(%)	样本数(个)
操作层	17.14	500	35.79	301
低层管理或技术	34.13	996	30.32	255
中层管理或技术	36.98	1079	25.45	214
中高层管理或技术	9.80	286	7.02	59
高层管理或技术	1.95	57	1.43	12

二 学习行为对晋升影响的因素分析

为了研究受教育程度对晋升的影响,上一节分析了诸多影响晋升的个人因素作为控制变量。本节研究学习行为对晋升的影响,所涉及的个人因素控制变量与上节大多相同。为此,本节不再重复讨论这些相同的个人因素控制变量,仅描述统计结果,只有在对本科样本有某种特殊性时,才加以讨论。

(一)学习成绩

杨洋等研究发现,本科生在校学习成绩与职场工作能力呈正相关。[①]

---

① 杨洋、王玥:《大学学习成绩与工作能力的关系分析》,《中小企业管理与科技》2011年第13期。

如此，学习成绩就会影响就职者在职场的晋升。学习成绩还在一定程度上反映学习态度，学习态度会在一定程度上反映工作态度，由此会影响职场晋升。表7-30显示，在校学习成绩越好，工作层次越高。此外，自评智商指数也随之上升。回归分析时，以学习成绩"很差/较差""一般"为比较基础。

表7-30 学习成绩与工作层次

学习成绩	变量名称	工作层次指数	自评智商指数	样本数（个）
很差/较差	GRADE1/2	2.36	3.47	84
一般	GRADE3	2.41	3.47	1385
较好	GRADE4	2.55	3.59	1217
很好	GRADE5	2.61	3.74	203

（二）学校等级

在中国，高校被划分为不同的等级，从低到高依次为：三本、二本、一本、"211"、"985"。一般来说，高等级的学校有高质量的生源，并提供高质量的教育服务。这两方面的因素会使得高等级院校毕业的学生获得更多的知识和更高的技能。如此，学校等级在劳动市场还可以发挥信号作用，雇主可以将学校等级作为一种廉价工具来区分不同劳动生产率的毕业生。因此毕业院校的等级会对就职者的晋升产生一定的影响。表7-31显示，从三本到一本，毕业院校等级越高，工作层次越高。而与一本相比，"211""985"高校的毕业生的工作层次并无明显差别，这一方面可能和这三类学校的区别度并不大有关，也可能与"211""985"高校毕业生更多地从事专业技术工作有关。回归分析时，以学校等级"三本""二本"为比较基础。

表7-31 学校等级与工作层次

学校类型	变量名称	工作层次指数	样本数（个）
三本	SCHRANK1	2.23	359
二本	SCHRANK2	2.38	1341
一本	SCHRANK3	2.64	712
"211"	SCHRANK4	2.53	285
"985"	SCHRANK5	2.65	139

(三) 智商

我们把高校等级从三本到"985"依次赋值从 1 到 5 构成学校等级指数。表 7-32 显示,自评智商越高,工作层次越高,学校等级指数也随之提高。回归分析时,以自评智商"1""2"为比较基础。

表 7-32 智商与工作层次

自评智商指数	变量名称	工作层次指数	学校等级指数	样本数(个)
1	IQ1	2.26	3.40	43
2	IQ2	2.34	3.36	101
3	IQ3	2.34	3.30	1147
4	IQ4	2.52	3.54	1462
5	IQ5	2.77	3.60	165

(四) 上网学习时间

表 7-33 显示,上网学习时间越长,工作层次越高。用 STUDYNET 代表上网学习时间。

表 7-33 上网学习时间与工作层次

上网学习时间(小时)	工作层次指数	样本数(个)
[0,0.5]	2.38	690
(0.5,1]	2.43	672
(1,2]	2.45	544
(2,3]	2.51	339
>3	2.64	330

(五) 技术职称

表 7-34 显示,技术职称越高,工作层次越高。回归分析时,以"无技术职称"、技术职称"初级"为比较基础。

表 7-34 技术职称与工作层次

技术职称	变量名称	工作层次指数	样本数(个)
无技术职称	TECHRANK1	2.24	1056
初级	TECHRANK2	2.18	770
中级	TECHRANK3	2.68	872
副高/正高	TECHRANK4/5	3.24	248

（六）政治身份

表7-35显示，对本科学历城镇居民而言，拥有中共党员身份的工作层次明显较高。用CPC代表中共党员。回归分析时，以"团员""群众/民主党派"为比较基础。

表7-35　政治身份与工作层次

政治身份	工作层次指数	样本数（个）
中共党员	2.62	842
团员	2.21	859
群众/民主党派	2.51	993

（七）创新能力

当下市场竞争日趋激烈，企业要获得生存发展就需要不断创新。而本科毕业生由于受到良好的教育和训练，是企业实施创新的核心力量。如果这些本科毕业生在工作中表现出良好的创新能力，则更容易获得晋升的机会。表7-36显示，创新能力越强，工作层次越高。回归分析时，以创新能力"1/2""3"为比较基础。

表7-36　创新能力与工作层次

创新能力	变量名称	工作层次指数	样本数（个）
1/2	INNOV1/2	2.19	685
3	INNOV3	2.43	1253
4	INNOV4	2.66	822
5	INNOV5	2.77	158

（八）担任学生干部

在大学期间综合素质高且领导才能强的学生有更多的机会成为学生干部，而担任学生干部又会进一步提升其综合素质和领导才能。此外，在大学期间担任学生干部的经历会成为一个人具有领导才能的信号。由此，在大学期间担任学生干部的毕业生在职场中更容易获得晋升的机会。表7-37显示，在大学期间担任的学生干部等级越高，工作层次越高。回归分析时，以"未担任""组长级"为比较基础。

表 7-37　担任学生干部与工作层次

学生干部等级	变量名称	工作层次指数	样本数(个)
未担任	STDLEADER1	2.40	1219
组长级	STDLEADER2	2.45	547
正副班长级	STDLEADER3	2.51	623
学生会主席及以上	STDLEADER4	2.55	467

(九) 工龄

表 7-38 显示，工作年龄越长，工作层次越高。用 $WORKAGE$ 代表工龄。

表 7-38　工龄与工作层次

工龄	工作层次指数	样本数(个)
(0,1]	1.93	524
(1,5]	2.23	976
(5,10]	2.68	628
(10,20]	2.83	473
>20	3.12	278

(十) 性别

表 7-39 显示，男性就职者的工作层次要高于女性。用 $MALE$ 代表男性，回归分析时，以女性为比较基础。

表 7-39　性别与工作层次

性别	工作层次指数	样本数(个)
男	2.54	1960
女	2.27	958

(十一) 团队精神

表 7-40 显示，随着团队精神的上升，工作层次随之提高。回归分析时，以团队精神"很差/较差""一般"为比较基础。

表7-40 团队精神与工作层次

团队精神	变量名称	工作层次指数	样本数(个)
很差/较差	TEAMSPIRIT1/2	2.00	42
一般	TEAMSPIRIT3	2.19	687
较好	TEAMSPIRIT4	2.48	1624
很好	TEAMSPIRIT5	2.72	565

(十二) 领导才能

表7-41显示，领导才能越强，工作层次越高。回归分析时，以领导才能"很差/较差""一般"为比较基础。

表7-41 领导才能与工作层次

领导才能	变量名称	工作层次指数	样本数(个)
很差/较差	LEADSHIP1/2	2.12	131
一般	LEADSHIP3	2.24	1563
较好	LEADSHIP4	2.70	1069
很好	LEADSHIP5	3.21	155

(十三) 家庭背景

表7-42显示，家庭背景越好，工作层次越高。回归分析时，以家庭背景"条件很差""条件较差"为比较基础。

表7-42 家庭背景与工作层次

家庭背景	变量名称	工作层次指数	样本数(个)
条件很差	FAMBACK1	2.23	40
条件较差	FAMBACK2	2.37	140
普通家庭	FAMBACK3	2.42	2462
有一定/很高经济社会地位	FAMBACK4/5	2.92	217

(十四) 健康状况

表7-43显示，健康状况越好，工作层次越高。回归分析时，以健康状况"很差/较差""一般"为比较基础。

表7-43 健康状况与工作层次

健康状况	变量名称	工作层次指数	样本数(个)
很差/较差	HEALTH1/2	2.36	28
一般	HEALTH3	2.40	518
较健康	HEALTH4	2.45	1351
很健康	HEALTH5	2.48	985

三 回归模型及结果

用 $WORKRANK$ 代表工作层次。根据以上分析,我们提出以下本科学历城镇居民晋升的回归方程:

$$\begin{aligned}WORKRANK = &\ \alpha_1 GRADE4 + \alpha_2 GRADE5 + \alpha_3 SCHRANK3 + \alpha_4 SCHRANK4 + \\ &\ \alpha_5 SCHRANK5 + \alpha_6 IQ3 + \alpha_7 IQ4 + \alpha_8 IQ5 + \alpha_9 STUDYNET + \\ &\ \alpha_{10} TECHRANK3 + \alpha_{11} TECHRANK4/5 + \alpha_{12} CPC + \alpha_{13} CREAT4 + \\ &\ \alpha_{14} CREAT5 + \alpha_{15} STDLEADER3 + \alpha_{16} STDLEADER4 + \alpha_{17} WORKAGE + \\ &\ \alpha_{18} MALE + \alpha_{19} LEADSHIP4 + \alpha_{20} LEADSHIP5 + \alpha_{21} FAMBACK3 + \\ &\ \alpha_{22} FAMBACK4/5 + \alpha_{23} HEALTH4 + \alpha_{24} HEALTH5\end{aligned}$$

由于工作层次从低到高分为5级,是虚拟应变量(Dummy-dependent Variable),故采用排序概率模型(Ordered Probit Model)。表7-44模型1为包含所有变量的回归结果,显示几乎所有变量的符号与理论预期一致,且大多达到99%以上显著水平。但工作层次与学习成绩、中共党员、自评智商、担任学生干部等因素相关,导致模型1存在多重共线性问题。为此,模型2去除与学习成绩、政治身份相关的变量,模型3去除与智商、担任学生干部相关的变量再回归。结果显示,学习成绩在 $GRADE3$、$GRADE4$ 达到99%以上显著水平,党员达到99%以上显著水平,担任学生干部在 $STDLEADER4$ 达到95%以上显著水平,智商在 $IQ4$、$IQ5$ 达到95%以上显著水平。

表7-44 本科学历城镇居民工作层次方程回归结果

变量名称	模型1		模型2		模型3	
	系数	p-值	系数	p-值	系数	p-值
GRADE3	0.0082	0.8711	0.1554	0.0006		
GRADE4	-0.1174	0.2414	0.2344	0.0082		

续表

变量名称	模型1		模型2		模型3	
	系数	p-值	系数	p-值	系数	p-值
$SCHRANK3$	0.1323	0.0205			0.1371	0.0103
$SCHRANK4$	-0.0306	0.7011			0.0387	0.6063
$SCHRANK5$	0.1922	0.0801			0.1832	0.0776
$IQ3$	0.0280	0.8063			0.1532	0.1425
$IQ4$	0.0792	0.4858			0.2602	0.0124
$IQ5$	0.0351	0.8203			0.3478	0.0138
$STUDYNET$	0.0592	0.0005				
$TECHRANK3$	0.2698	0.0000			0.3114	0.0000
$TECHRANK4/5$	0.7131	0.0000			0.6994	0.0000
CPC	-0.0003	0.9961	0.2348	0.0000	0.0155	0.7526
$INNOV4$	0.2488	0.0000	0.3103	0.0000	0.2794	0.0000
$INNOV5$	0.1724	0.1205	0.3948	0.0000	0.2930	0.0044
$STDLEADER3$	-0.0296	0.7395	0.0104	0.8973	0.1303	0.1184
$STDLEADER4$	0.0877	0.2913	0.0246	0.7459	0.1606	0.0428
$WORKAGE$	0.0402	0.0000			0.0387	0.0000
$MALE$	0.2593	0.0000	0.0104	0.8973	0.2535	0.0000
$LEADSHIP4$	0.4268	0.0000				
$LEADSHIP5$	0.9794	0.0000				
$FAMBACK3$	0.1032	0.2919	0.1081	0.2198	0.0688	0.4495
$FAMBACK4/5$	0.2935	0.0210	0.5777	0.0000	0.3408	0.0043
$HEALTH3$	-0.1537	0.5250	-0.0710	0.7587	-0.0294	0.8978
$HEALTH4$	-0.0764	0.7482	-0.0888	0.6965	0.0453	0.8404
$HEALTH5$	-0.1338	0.5760	-0.1177	0.6071	0.0355	0.8750
Prob(LR statistic)	0.0000		0.0000		0.0000	
样本数(个)	2227		2168		2183	

四 基本观察

根据以上讨论及回归结果,我们获得以下基本观察。

本科学历城镇居民在校期间学习成绩越好,工作层次越高。毕业于名牌高校的毕业生有更多的机会获得晋升。自评智商越高的毕业生，晋升到较高工作层次的机会越多。注重上网学习的毕业生更容易获得晋升。技术职称越高，工作层次也越高。与团员和群众相比，政治身份为中共党员的毕业生获得更多的晋升机会。创新能力对晋升有显著影响。在大学期间担任学生干部等级越高者，毕业后工作层次越高。工龄是就业者获得晋升机会的积极因素。男性比女性获得更多的晋升机会。领导才能强、家庭背景好的毕业生更容易晋升到较高的工作层次。没有发现健康状况对晋升有显著影响。

第四节　学习行为对晋升的影响：基于城镇高中样本

上一节基于本科学历城镇居民样本就学习行为对晋升的影响进行了分析，本节基于高中学历城镇居民样本进一步分析学习行为对晋升的影响。这样，一方面可了解高中学历城镇居民的学习行为对晋升的影响，另一方面，如果两节的发现基本相同，可进一步肯定两节的共同发现。就学习行为对晋升的影响来说，本科和高中学历城镇居民在理论上并无太大差异，原则上本节不再讨论这些因素，仅分析统计结果。

一　学习行为对晋升影响的因素分析

（一）学习成绩

表7-45显示，在校学习成绩越好，工作层次越高，自评智商也随之提高。回归分析时，以学习成绩"很差/较差"为比较基础。

表7-45　学习成绩与工作层次

学习成绩	变量名称	工作层次指数	自评智商指数	样本数（个）
很差/较差	GRADE1/2	2.06	3.21	103
一般	GRADE3	2.21	3.35	534
较好/很好	GRADE4/5	2.42	3.40	193

（二）智商

表7-46显示，随着自评智商的提高，工作层次随之提高。回归分析时，以自评智商"1/2""3"为比较基础。

表 7-46 智商与工作层次

自评智商指数	变量名称	工作层次指数	样本数(个)
1/2	IQ1/2	1.80	74
3	IQ3	2.02	462
4	IQ4	2.27	258
5	IQ5	2.11	47

(三) 上网学习时间

表 7-47 显示，上网学习时间越长，工作层次越高。用 $STUDYNET$ 代表上网学习时间。回归分析时，以上网学习时间 [0，1) [1，2) 为比较基础。

表 7-47 上网学习时间与工作层次

上网学习时间(小时)	工作层次指数	样本数(个)
[0,1)	2.02	454
[1,2)	2.05	110
[2,3)	2.33	64
≥3	2.77	47

(四) 技术职称

表 7-48 显示，技术职称越高，工作层次越高。回归分析时，以"无技术职称"、技术职称"初级"为比较基础。

表 7-48 技术职称与工作层次

	变量名称	工作层次指数	样本数(个)
无技术职称	TECHRANK1	1.74	290
初级	TECHRANK2	1.94	160
中级	TECHRANK3	2.27	295
副高/正高	TECHRANK4/5	2.83	77

(五) 政治身份

表 7-49 显示，就高中学历城镇居民而言，中共党员的工作层次明显高于其他政治身份的群体。用 CPC 代表中共党员。回归分析时，以"团员""群众/民主党派"为比较基础。

表 7-49 政治身份与工作层次

政治身份	工作层次指数	样本数(个)
中共党员	2.47	461
团员	2.17	258
群众/民主党派	1.93	122

（六）创新能力

表 7-50 显示，城镇居民创新能力指数越高，工作层次越高。回归分析时，以创新能力指数"1""2"为比较基础。

表 7-50 创新能力与工作层次

创新能力指数	变量名称	工作层次指数	样本数(个)
1	INNOV1	1.61	74
2	INNOV2	1.89	161
3	INNOV3	2.16	370
4	INNOV4	2.18	197
5	INNOV5	2.51	39

（七）担任学生干部

表 7-51 显示，在校期间担任学生干部等级越高的城镇居民，毕业后工作层次越高。回归分析时，以"未担任""组长级"为比较基础。

表 7-51 学生干部等级与工作层次

学生干部等级	变量名称	工作层次指数	样本数(个)
未担任	STDLEADER1	1.89	293
组长级	STDLEADER2	2.10	326
正副班长级	STDLEADER3	2.26	172
学生会主席及以上	STDLEADER4	2.56	32

（八）工龄

表 7-52 显示，城镇居民工作年龄越长，工作层次越高。用 WORKAGE 代表工龄。

表 7-52 工龄与工作层次

工龄	工作层次指数	样本数(个)
(0,5]	2.01	219
(5,10]	2.10	184
(10,20]	2.09	164
>20	2.11	271

(九) 性别

表 7-53 显示,男性员工的工作层次比女性高。用 MALE 代表男性。回归分析时,以女性为比较基础。

表 7-53 性别与工作层次

性别	工作层次指数	样本数(个)
男	2.17	562
女	1.89	279

(十) 领导才能

表 7-54 显示,城镇居民领导才能越强,工作层次越高。回归分析时,以领导才能"很差/较差"为比较基础。

表 7-54 领导才能与工作层次

领导才能	变量名称	工作层次指数	样本数(个)
很差/较差	LEADSHIP1/2	1.67	122
一般	LEADSHIP3	1.98	509
较好/很好	LEADSHIP4/5	2.55	210

(十一) 家庭背景

表 7-55 显示,城镇居民的家庭背景越好,工作层次越高。回归分析时,以家庭"条件很差/较差"为比较基础。

表7-55 家庭背景与工作层次

家庭背景	变量名称	工作层次指数	样本数(个)
条件很差/较差	FAMBACK1/2	1.81	59
普通家庭	FAMBACK3	2.04	704
有一定/很高经济社会地位	FAMBACK4/5	2.82	60

(十二) 健康状况

表7-56显示，城镇居民的身体越健康，工作层次越高。回归分析时，以健康状况"很差/较差/一般"为比较基础。

表7-56 健康状况与工作层次

健康状况	变量名称	工作层次指数	样本数(个)
很差/较差/一般	HEALTH1/2/3	1.95	189
较健康	HEALTH4	2.10	444
很健康	HEALTH5	2.13	307

二 回归模型及结果

用 WORKRANK 代表工作层次。根据以上分析，我们提出以下高中学历城镇居民晋升的回归方程：

$$\begin{aligned}WORKRANK = &\ \alpha_1 GRADE3 + \alpha_2 GRADE4/5 + \alpha_3 IQ3 + \alpha_4 IQ4 + \alpha_5 STUDYNET + \\ &\ \alpha_6 TECHRANK3 + \alpha_7 TECHRANK4/5 + \alpha_8 CPC + \alpha_9 CREAT3 + \\ &\ \alpha_{10} CREAT4 + \alpha_{11} CREAT5 + \alpha_{12} STDLEADER3 + \alpha_{13} STDLEADER4 + \\ &\ \alpha_{14} WORKAGE + \alpha_{15} MALE + \alpha_{16} LEADSHIP3 + \alpha_{17} LEADSHIP4/5 + \\ &\ \alpha_{18} FAMBACK3 + \alpha_{19} FAMBACK4/5 + \alpha_{20} HEALTH4 + \alpha_{21} HEALTH5\end{aligned}$$

由于工作层次从低到高分为5级，是虚拟应变量（Dummy - dependent Variable），故采用排序概率模型（Ordered Probit Model）。表7-57模型1为包含所有变量的回归结果，显示几乎所有变量的符号与理论预期一致，且大多达到99%以上显著水平。但学习成绩、智商、担任学生干部、健康状况与其他变量相关，导致模型1存在多重共线性问题。为此，模型2去除与学习成绩、智商、政治身份、担任学生干部相关性较强的变量，模型3去除与健康状况相关性较强的变量，再次回归。结果显示，学习成绩在

GRADE4/5 达到了 99% 以上显著水平，自评智商在 IQ4 达到 90% 以上显著水平，中共党员达到 99% 以上显著水平，担任学生干部在 STDLEADER4 达到 90% 以上显著水平，健康状况在 HEALTH5 达到 90% 以上显著水平。因此，学习成绩、智商、政治身份、担任学生干部、健康状况是影响晋升的显著变量。

表 7-57　高中学历城镇居民工作层次方程回归结果

变量名称	模型1		模型2		模型3	
	系数	p-值	系数	p-值	系数	p-值
GRADE3	-0.0028	0.9841	0.1129	0.3638	0.0733	0.5281
GRADE4/5	0.1044	0.5236	0.3942	0.0060	0.3024	0.0241
IQ4	0.2296	0.0185	0.3031	0.0003	0.2986	0.0002
IQ5	-0.0415	0.8557	0.0303	0.8626	0.1774	0.2841
STUDYNET	0.1842	0.0000				
TECHRANK3	0.3809	0.0001				
TECHRANK4/5	0.8188	0.0000				
CPC	0.1955	0.1358	0.3876	0.0005	0.2628	0.0164
INNOV3	0.2268	0.0396				
INNOV4	0.0257	0.8439				
INNOV5	0.2092	0.3967				
STDLEADER3	0.0460	0.6755	0.1098	0.2558	0.1592	0.0860
STDLEADER4	0.1418	0.5461	0.3376	0.0969	0.4054	0.0409
WORKAGE	0.0042	0.3565	-0.0019	0.6059	0.0002	0.9653
MALE	0.2492	0.0106	0.2824	0.0008		
LEADSHIP3	0.1854	0.1691				
LEADSHIP4/5	0.4757	0.0028				
FAMBACK2	0.1441	0.4371	0.2797	0.0812		
FAMBACK3	0.6729	0.0056	0.9283	0.0000		
HEALTH2	0.0451	0.7014	0.0742	0.4697	0.1052	0.2806
HEALTH3	-0.0820	0.4934	0.0587	0.5784	0.1689	0.0898
Prob(LR statistic)	0.0000		0.0000		0.0000	
样本数(个)	637		802		815	

三 基本观察

根据以上讨论及回归分析，我们获得以下基本观察。

高中学历城镇居民在校学习成绩越好，工作层次越高。高智商人才在工作晋升中更具优势。高中学历城镇居民的上网学习时间越长，晋升机会越大。较高的技术职称有助于高中学历城镇居民晋升到更高层次的工作岗位。与团员和群众相比，政治身份为中共党员者更容易获得提拔。创新能力越强、领导才能越高的高中学历城镇居民，更容易获得晋升机会。家庭背景、健康状况越好的高中学历城镇居民，在工作晋升上会更具优势。男性比女性在晋升竞争中更具优势。在校期间担任学生干部等级越高的高中学历城镇居民，工作层次越高。没有发现工龄对高中学历城镇居民的晋升有显著影响。

第八章
教育与创业及创新行为

2015年在全国"两会"上,李克强总理提出"大众创业、万众创新"。2016年又以政府更高级别的文件形式——"十三五"规划进一步强调"大众创业、万众创新"。如今中国的经济增长逐渐放缓,需要找到新的经济增长动力源。而创业是把各种生产要素有效整合进行生产的一种经济活动,是经济增长的重要动力来源。自改革开放以来,中国做廉价的"中国制造"已经持续了三十多年,虽然促进了经济的快速增长,但是所实现的价值并不令人满意。中国很早就提出从"中国制造"转型到"中国创造",但至今并未实现,这有待于全民创业能力和创新能力的提升。因此,创业和创新是当今促进中国经济发展和实现经济转型的两个重要方面。本章侧重从教育的视角讨论城乡居民的创新和创业行为。

第一节 教育与创业:基于城镇居民样本

本节基于2016年问卷数据侧重研究教育对创业行为的影响。但城镇居民的创业行为受诸多因素的影响,如性别、婚姻等,对此我们也加以分析讨论。

一 城镇居民创业行为现状

2016年问卷关注了城镇居民的创业行为,询问城镇居民:如何描述您的创业行为?备选答案有:从未想过、一直试图创业、个体经营、已雇10

人及以下、已雇11人及以上。将已雇10人及以下、已雇11人及以上定义为已创业,其他的定义为未创业。表8-1报告了城镇居民创业行为的分布情况,显示城镇居民创业比重达7.58%。

表8-1 城镇居民创业行为分布

	所占比重(%)	样本数(个)
从未想过	24.26	2378
一直试图创业	52.08	5106
个体经营	16.09	1577
已雇10人及以下	4.07	399
已雇11人及以上	3.51	344

二 影响城镇居民创业行为的因素分析

(一)受教育程度

受教育程度与创业的关系比较复杂。创业成功可使创业者获得较高的经济收入和社会地位,但创业也面临相当大的风险,一旦创业失败,将承受重大损失。创业既需要知识储备,也需要强大的创业冲动。随着受教育程度的提高,劳动者会拥有更多的知识储备,有助于其成功创业,与此同时,其经济地位和社会地位也随之提升,比较容易找到收入较高和较为体面的工作,从而表现出较强的规避风险倾向,创业冲动也会随之有所削弱。从这个意义上来说,所受教育程度对创业包含正向和反向两方面的影响。表8-2显示,随着受教育程度的提高,创业比重呈下降趋势,特别是学历最高的硕士/博士群体。此外,受教育程度与自评智商呈正向关系。回归分析时,以创业比重最低的"硕士/博士"为比较基础。

表8-2 受教育程度与创业

受教育程度	变量名称	创业比重(%)	自评智商指数	样本数(个)
小学及以下	$EDU1$	14.12	2.98	177
初中	$EDU2$	8.06	3.15	992
高中/高职/中专	$EDU3$	6.71	3.34	2116
大专	$EDU4$	8.16	3.43	2585
本科以上	$EDU5$	7.25	3.57	3929
硕士/博士	$EDU6$	6.45	3.73	605

(二) 智商

创业是一种高智力的活动,高智商有助于创业。但高智商群体的受教育程度一般较高,如表8-2所示,这一因素又可能削弱创业的冲动。2016年问卷调查请受访者按10级自评其智商。为了避免回归分析时出现过多虚拟变量,等距离简化为5级,赋值从1到5,构成自评智商指数。表8-3显示,自评智商与创业比重的关系缺少趋势性,但自评智商为"5"的群体的创业比重最高。回归分析时,以自评智商较低的"1""2"为比较基础。

表8-3 自评智商与创业

自评智商指数	变量名称	创业比重(%)	样本数(个)
1	$IQ1$	8.06	186
2	$IQ2$	6.23	530
3	$IQ3$	5.76	4342
4	$IQ4$	9.03	4021
5	$IQ5$	12.28	570

(三) 上网学习时间

当下上网学习是一种重要的学习方式。通过网络学习,可增加与创业有关的技术知识的积累,掌握和创业有关的市场及政策环境的变化,有助于创业者把握创业机会。表8-4显示,随着上网学习时间的延长,城镇居民创业比重明显上升,受教育年数也随之上升。用 $STUDYNET$ 代表上网学习时间。

表8-4 上网学习与创业

上网学习时间(小时)	创业比重(%)	受教育年数	样本数(个)
0	5.72	12.98	1695
(0,1]	5.63	14.16	4437
(1,2]	9.13	14.63	2268
(2,3]	12.59	15.02	937
>3	15.20	15.22	467

（四）创新能力

创业往往以创新为前提，创新能力强的人更容易产生新的商业创意，有助于创业的实现。2016 年问卷调查请受访者按 10 级自评其创新能力。为了避免回归分析时出现过多虚拟变量，等距离简化为 5 级，赋值从 1 到 5，构成创新能力指数。表 8-5 显示，随着创新能力指数的上升，城镇居民的创业比重明显上升，且受教育年数也呈上升趋势。回归分析时，以创新能力指数"1""2"为比较基础。

表 8-5 创新能力与创业

创新能力指数	变量名称	创业比重(%)	受教育年数	样本数(个)
1	INNOV1	3.45	13.45	579
2	INNOV2	2.69	14.05	1638
3	INNOV3	5.92	14.08	4124
4	INNOV4	10.55	14.55	2731
5	INNOV5	20.08	14.28	732

（五）创业精神

创业精神强意味着强烈的实现创业的冲动和愿望，因而更可能试图创业。2016 年问卷调查请受访者按 10 级自评其创业精神。为了避免回归分析时出现过多虚拟变量，等距离简化为 5 级，赋值从 1 到 5，构成创业精神指数。表 8-6 显示，随着创业精神指数的上升，城镇居民的创业比重大幅上升。回归分析时，以创业精神指数"1""2"为比较基础。

表 8-6 创业精神与创业

创业精神指数	变量名称	创业比重(%)	样本数(个)
1	ENTERPRISE1	2.14	748
2	ENTERPRISE2	2.02	1636
3	ENTERPRISE3	4.12	3642
4	ENTERPRISE4	10.49	2564
5	ENTERPRISE5	25.57	1044

（六）工龄

工龄一方面代表着人力资本的积累，因为干中学也是一种重要的学习方式。但另一方面随着工龄的增加，年龄也相应增加，人力资本会随之折旧，人的体力和改变现状的动力也随之减弱。两方面的作用共同影响创业行为，由此可能表现为这样的过程：随着工龄的增加，一开始人力资本的积累对创业的正面作用占据主导地位；但当工龄达到一定年限，人力资本折旧加速，随着经济地位和社会地位上升，导致改变现状的动力减弱，创业愿望有所下降，使得工龄和创业呈现一种非线性关系。表8－7显示，随着工龄的增加，起初城镇居民的创业比重呈上升趋势，在（10,20]工龄段达到峰值，之后呈下降趋势。回归分析时，以对应创业所占比重最高工龄段（10,20]为比较基础。

表8－7 工龄与创业

工龄	变量名称	创业比重(%)	样本数(个)
≤10	$WORKAGE1$	5.23	5908
(10,20]	$WORKAGE2$	11.84	2053
(20,30]	$WORKAGE3$	10.36	1322
>30	$WORKAGE4$	10.43	441

（七）领导才能

前面已述，创业是一种把各种生产要素有效整合进行生产的一种经济活动，这就要求创业者有良好的领导才能，从而实现生产要素的有效整合。表8－8显示，随着领导才能的提升，城镇居民创业比重随之上升，受教育年数也随之增加。回归分析时，以领导才能"很差""较差"为比较基础。

表8－8 领导才能与创业

领导才能	变量名称	创业比重(%)	受教育年数	样本数(个)
很差	$LEADSHIP1$	3.59	11.67	167
较差	$LEADSHIP2$	2.27	12.75	572
一般	$LEADSHIP3$	5.04	13.97	5480
较好	$LEADSHIP4$	11.58	14.87	3023
很好	$LEADSHIP5$	17.44	14.73	562

（八）工作技能

工作技能和创业之间的关系是较为复杂的。一方面，创业者往往在原来所从事的行业领域中进行创业，工作技能高，为创业准备好技术条件，也容易发现更多的创业机会。此外，创业者本身工作技能较高，可节省人力资本，而且较高的工作技能也意味着其可获得高收入，可为创业提供良好的经济基础。但另一方面，如果一个人工作技能较低，在职场很难得到发展和提升，就会选择低技能要求的创业，如开门店等。表8-9显示，工作技能"很低"的城镇居民创业比重较高。工作技能从"较低"开始，随着工作技能提升，城镇居民的创业比重随之提升。回归分析时，以工作技能"较低"为比较基础。

表8-9 工作技能与创业

工作技能	变量名称	创业比重(%)	样本数(个)
很低	*SKILL*1	8.52	540
较低	*SKILL*2	5.23	708
一般	*SKILL*3	6.21	4974
较高/很高	*SKILL*4/5	9.89	3427

（九）家庭背景

向诚指出，家庭经济资本、社会资本和文化资本对创业行为有重要影响。[①] 如果一个人有良好的家庭背景，就有可能获得更多的创业所需的经济资源和更好的社会人脉关系，显然家庭背景对创业有积极意义。表8-10显示，随着家庭背景的改变，城镇居民创业比重明显上升。回归分析时，以家庭"条件很差""条件较差"为比较基础。

表8-10 家庭背景与创业

家庭背景	变量名称	创业比重(%)	样本数(个)
条件很差	*FAMBACK*1	8.99	178
条件较差	*FAMBACK*2	8.14	528
普通家庭	*FAMBACK*3	6.26	8078
有一定经济社会地位	*FAMBACK*4	19.54	778
有很高经济社会地位	*FAMBACK*5	17.65	34

---

① 向诚：《大学生家庭背景与创业动机关系研究》，《企业导报》2015年第10期。

(十) 性别

男性具有更强烈的冒险精神，承担更多的家庭经济责任，与女性相比，有更强的创业冲动。表 8-11 支持了这一观点。用 $MALE$ 代表男性。回归分析时，以女性为比较基础。

表 8-11　性别与创业

性别	创业比重(%)	样本数(个)
男	9.23	6563
女	4.23	3241

(十一) 婚姻状况

婚姻对创业的影响是复杂的。一方面，与未婚者相比，已婚者承担更多的家庭责任，具备丰富的工作经验，积累了更多的资金和社会资本。但另一方面，已婚者随着年龄的增加，规避风险的倾向增强，从而创业的冲动趋于下降。表 8-12 显示，除了小样本的"离异"和"丧偶"外，已婚者创业比重明显高于未婚者。用 $MARRIED$ 代表已婚。回归分析时，以非在婚的"离异""丧偶""未婚"为比较基础。

表 8-12　婚姻状况与创业

婚姻状况	创业比重(%)	样本数(个)
已婚	9.45	6082
离异	10.58	189
丧偶	7.14	42
未婚	4.06	3476

(十二) 政治身份

一般来说，中共党员身份代表着相对优秀的群体，有更好的领导才能。但中共党员往往在体制内可以得到较好的发展，有稳定的工作，甚至担任领导职务。创业者，或称资本家，在被接纳为中共党员时往往受到诸多限制。综合以上因素，中共党员可能创业冲动较弱，或创业成功后难以被接纳为中共党员。表 8-13 显示，"中共党员"的城镇居民创业比重比"群众及其他"（含小样本的民主党派）要低，但比"团员"要高，这可能与"团员"的年龄较小有关。回归分析时，以"团员"为比较基础。

表 8-13　政治身份与创业

政治身份	变量名称	创业比重(%)	样本数(个)
中共党员	CPC	7.44	2137
团员	CLC	6.36	2734
群众及其他	$MASS$	8.25	3855

（十三）健康状况

创业是高体力的活动，尤其在创业初期会消耗更多体力。健康状况还影响人的精神状态。如果一个人健康状况差，就很难以良好的精神状态规划和实施创业。表 8-14 显示，随着城镇居民健康状况的改善，创业比重呈上升趋势。回归分析时，以健康状况"很差""较差"为比较基础。

表 8-14　健康状况与创业

健康状况	变量名称	创业比重(%)	样本数(个)
很差	$HEALTH1$	5.71	35
较差	$HEALTH2$	7.14	112
一般	$HEALTH3$	8.32	1947
较健康	$HEALTH4$	6.94	4181
很健康	$HEALTH5$	7.97	3440

三　回归模型及结果

用 $SETUP$ 代表城镇居民创业。根据以上分析，我们提出以下回归方程：

$$\begin{aligned}SETUP =\ & \alpha_0 + \alpha_1 EDU1 + \alpha_2 EDU2 + \alpha_3 EDU3 + \alpha_4 EDU4 + \alpha_5 EDU5 + \alpha_6 IQ3 + \alpha_7 IQ4 + \\ & \alpha_8 IQ5 + \alpha_9 STUDYNET + \alpha_{10} INNOV3 + \alpha_{11} INNOV4 + \alpha_{12} INNOV5 + \\ & \alpha_{13} ENTERPRISE3 + \alpha_{14} ENTERPRISE4 + \alpha_{15} ENTERPRISE5 + \\ & \alpha_{16} WORKAGE1 + \alpha_{17} WORKAGE3 + \alpha_{18} WORKAGE4 + \alpha_{19} LEADSHIP3 + \\ & \alpha_{20} LEADSHIP4 + \alpha_{21} LEADSHIP5 + \alpha_{22} SKILL1 + \alpha_{23} SKILL3 + \alpha_{24} SKILL4 + \\ & \alpha_{25} FAMBACK3 + \alpha_{26} FAMBACK4 + \alpha_{27} FAMBACK5 + \alpha_{28} MALE + \alpha_{29} MARRIED + \\ & \alpha_{30} CPC + \alpha_{31} MASS + \alpha_{32} HEALTH3 + \alpha_{33} HEALTH4 + \alpha_{34} HEALTH5\end{aligned}$$

我们将已创业赋值为1，未创业赋值为0。创业只有"已创业"和"未创业"两个选择，即 0 - 1 变量，故采用单位概率模型（Probit Model）。表 8 - 15 报告了回归结果。其中模型 1 为包含所有变量的回归结果，绝大多数变量的符号与理论预期一致，并达到 95% 以上显著水平。但创新能力与智商、创业精神相关性较高，智商、工作技能也与多个因素相关，这就意味着模型 1 存在多重共线性问题。模型 2、模型 3 和模型 4 去除部分相关变量后再回归，发现创新能力和 IQ5 达到 99% 的显著水平，且 IQ5 的符号为正，SKILL3、SKILL4 达到 95% 以上显著水平。

表 8 - 15　城镇居民创业方程回归结果

变量名称	模型 1		模型 2		模型 3		模型 4	
	系数	p - 值	系数	p - 值	系数	p - 值	系数	p - 值
C	- 2.1567	0.0000	- 2.1257	0.0000	- 1.8713	0.0000	0.0128	0.7857
EDU1	0.7714	0.0000	0.8991	0.0000	0.8411	0.0000	0.2080	0.0000
EDU2	0.7824	0.0000	0.8972	0.0000	0.8744	0.0000	0.2236	0.0000
EDU3	0.7109	0.0000	0.7772	0.0000	0.7680	0.0000	0.1881	0.0000
EDU4	0.5851	0.0000	0.6335	0.0000	0.6076	0.0000	0.1499	0.0000
EDU5	0.2666	0.0025	0.2888	0.0006	0.2709	0.0010	0.0559	0.0073
IQ3	- 0.1461	0.0245			- 0.0394	0.5215		
IQ4	- 0.2153	0.0015			0.0178	0.7777		
IQ5	- 0.2264	0.0149			0.2070	0.0150		
STUDYNET	0.0675	0.0001	0.0812	0.0000	0.0990	0.0000		
INNOV3	- 0.0283	0.5937	0.1810	0.0000				
INNOV4	- 0.0356	0.5535	0.3938	0.0000				
INNOV5	- 0.0330	0.6988	0.7082	0.0000				
ENTERPRISE3	0.3797	0.0000						
ENTERPRISE4	0.7381	0.0000						
ENTERPRISE5	1.1998	0.0000						
WORKAGE1	- 0.1350	0.0023	- 0.1475	0.0006	- 0.1755	0.0000		
WORKAGE2	- 0.0094	0.8584	- 0.0392	0.4438	- 0.0608	0.2281		
WORKAGE3	- 0.1301	0.1012	- 0.1929	0.0131	- 0.1816	0.0161		
LEADSHIP3	0.2818	0.0000	0.2981	0.0000	0.3422	0.0000		
LEADSHIP4	0.3723	0.0000	0.4282	0.0000	0.5331	0.0000		
LEADSHIP5	0.5006	0.0000	0.5648	0.0000	0.7536	0.0000		
SKILL1	0.0645	0.4775	0.0635	0.4725	0.0824	0.3432	0.0326	0.2076

续表

变量名称	模型1 系数	模型1 P-值	模型2 系数	模型2 P-值	模型3 系数	模型3 P-值	模型4 系数	模型4 P-值
$SKILL3$	0.0472	0.4649	0.0298	0.6359	0.0545	0.3802	0.0367	0.0428
$SKILL4$	-0.0752	0.2712	-0.0955	0.1506	-0.0382	0.5605	0.0388	0.0399
$FAMBACK3$	0.0729	0.2544	0.0589	0.3415	0.1166	0.0006	0.0189	0.2849
$FAMBACK4$	0.4204	0.0000	0.4031	0.0000	0.2377	0.0000	0.1719	0.0000
$FAMBACK5$	0.8580	0.0005	0.8937	0.0002	-0.1398	0.0024	0.3344	0.0000
$MALE$	0.0806	0.0228	0.0970	0.0048	0.0061	0.8734		
$MARRIED$	0.2383	0.0000	0.2416	0.0000	-0.0091	0.9414		
CPC	-0.1315	0.0063	-0.1441	0.0020	-0.0405	0.7387	-0.0123	0.3344
$MASS$	0.0192	0.6311	0.0096	0.8051	0.0139	0.9091	0.0236	0.0334
$HEALTH3$	0.0351	0.7928	0.0145	0.9117	-0.1755	0.0000	0.0272	0.4773
$HEALTH4$	-0.0015	0.9908	-0.0296	0.8179	-0.0608	0.2281	0.0160	0.6714
$HEALTH5$	0.0149	0.9103	0.0080	0.9504	-0.1816	0.0161	0.0345	0.3620
Prob(LR statistic)	0.1170		0.0809		0.0595		0.0415	
样本数(个)	8116		8305		8360		8371	

给定以上回归结果,传统分析会得出这样的结论:控制其他变量保持不变,与硕士/博士群体相比,其他不同受教育程度群体的创业概率显著提高。但就教育对创业行为的影响而言,这种分析方法存在严重不足:因为教育对回归方程中诸多变量存在显著影响,这就意味着,当受教育程度提高时,根本无法控制其他变量保持不变。就本节所涉及的变量而言,根据第四章第四节的分析,受教育年数对创业精神、健康状况、创新能力、领导才能、工作技能有显著影响。我们称这些因素为教育对创业行为影响的间接因素。当受教育年数每增加一年,这些因素都随之变化并进而影响城镇居民的创业行为,由此所产生的影响为教育对城镇居民创业行为的间接影响。第四章第四节讨论了计算间接影响的方法,表8-16报告了计算结果,显示受教育年数每增加一年的全部间接因素的影响之和为-0.02716。根据第四章第四节的分析,城镇居民受教育年数对创业行为直接的影响为-0.0101。直接影响加间接影响之和为-0.03717。说明忽视间接影响而只估计直接影响,将会造成教育对创业行为回报的低估。

表 8–16　受教育年数对城镇居民创业行为的间接影响

间接影响因素	教育对间接因素的影响	间接因素对创业行为的影响	教育通过间接因素对创业行为的影响
创业精神	-0.0382	0.3640	-0.0139
健康状况	0.0071	-0.0087	-0.00006177
创新能力	0.0101	-0.0126	-0.0001
领导才能	0.0474	0.1340	0.0063
工作技能	0.0331	-0.0586	-0.0194
全部间接影响			-0.02716

四　基本观察

根据以上讨论及回归分析的结果，我们获得以下基本观察。

总的来说，高学历并不是创业的积极因素，尤其是最高学历的硕士、博士。智商对创业的影响也比较复杂，智商高的群体的学历层次一般较高，但如前所说高学历并不是创业的积极因素，而创业作为一种高智力活动，高智商人群更具优势。回归分析显示，自评智商达到最高级别才对创业产生显著影响。教育还通过其他因素间接影响创业，这些因素包括上网学习时间、创新能力、创业精神、领导才能和工作技能。和（10, 20］工龄段相比，工龄较短或超过 30 年的城镇居民的创业概率较低。领导才能越高，城镇居民创业概率越高。家庭背景优越的城镇居民具有更高的创业概率。男性城镇居民的创业概率高于女性。与其他婚姻状况相比，已婚城镇居民创业概率较高。没有发现健康状况对城镇居民创业有显著影响。

第二节　教育与创业：基于农民工样本

创业对农民工来说更具特殊意义，因为农民工大多生活在城市的中下层，很难在体制内获得上升的通道，创业成为农民工改变社会地位、提高收入的重要途径。因此本节关注农民工的创业，侧重分析影响农民工创业的个人因素。上一节已就城镇居民样本分析了影响创业的因素，这些因素及其分析大多也适用于农民工。为此本节对相同的因素讨论不再做理论展开，除非该因素对分析农民工创业来说有其特别之处，其余大多只描述统计结果。

一 农民工的创业现状

2016 年问卷调查关注了农民工的创业。问卷询问：如何描述您的创业行为？备选答案有：从未想过、一直试图创业、个体经营、已雇 10 人及以下、已雇 11 及人以上。上一节把已雇人作为创业的标志，但就农民工而言，现已实现雇人创业的比重很低，只占农民工样本的 3.90%，见表 8 - 17。如果用已雇人来定义创业，则创业样本量就过小。因此，本节所定义的创业除已雇人创业之外，还包括个体经营。如此，创业样本占农民工样本的 18.72%。

表 8 - 17 农民工创业行为分布

创业行为	所占比重（%）	样本数（个）
从未想过	34.20	999
一直试图创业	47.07	1375
个体经营	14.82	433
已雇 10 人及以下	2.26	66
已雇 11 人及以上	1.64	48

二 影响农民工创业的因素分析

（一）受教育程度

随着农村教育的发展，农民工受教育程度明显提高，这是推动农民工创业的积极因素。表 8 - 18 显示，随着农民工受教育程度的提高，其创业比重也随之提高，此外，自评智商也随之提高。用 EDU 代表受教育程度，以受教育年数衡量。

表 8 - 18 受教育程度与创业

受教育程度	创业比重（%）	自评智商指数	样本数（个）
未受学校教育	8.05	2.53	87
小学	10.55	2.88	616
初中	18.34	3.11	1292
高中中专及以上	26.00	3.32	900

(二) 智商

表 8-19 显示, 自评智商程度越高的农民工创业比重越大。回归分析时, 以智商较低的 "1" "2" 为比较基础。

表 8-19　智商与创业

自评智商指数	变量名称	创业比重(%)	样本数(个)
1	$IQ1$	9.38	96
2	$IQ2$	10.86	442
3	$IQ3$	16.91	1567
4	$IQ4$	25.81	678
5	$IQ5$	36.23	138

(三) 上网学习时间

随着网络以及智能手机的普及, 农民工上网已基本不存在技术上的困难。随着农民工就业行业与城镇居民接近, 工作岗位对知识技能的要求也越来越高, 加之职场竞争的日趋激烈, 上网学习已经成为农民工获取知识的一种新形式。此外, 网络上也包含大量有助于创业的商业和技术信息。这些因素有助于农民工创业。问卷询问农民工上网时间以及用于学习的比重, 由此求得农民工上网学习时间。表 8-20 显示, 随着农民工上网学习时间的延长, 农民工创业比重呈上升趋势。用 $STUDYNET$ 代表上网学习时间。

表 8-20　上网学习时间与创业

上网学习时间(小时)	创业比重(%)	样本数(个)
(0,1]	16.78	2557
(1,2]	49.40	168
(2,10]	34.90	192

(四) 参与政府组织的培训

为了促进农民工在城镇就业, 近年来政府花费大量人力物力对农民工展开培训。对此, 第十章第二节将有较为详细的介绍。现在要讨论的是, 农民工参加政府组织的培训是否对其创业有影响。从理论上来说, 如果农民工参加政府组织的培训真正提升了其打工技能, 会有助于创业。但复杂性在于，如果受教育程度高的农民工更多地参加政府组织的培训，就难以区分受教育程度和参加培训对创业的影响。表8-21显示，随着农民工更多地参加政府组织的深度培训，创业比重明显上升。值得关注的是，农民工受教育程度也随之上升。回归分析时，以"未参加培训"为比较基础。

表8-21 参与政府组织的培训与创业

培训行为	变量名称	创业比重(%)	受教育程度	样本数(个)
未参加培训		14.66	8.65	1814
引导性培训	TRAININTROD	20.41	9.19	147
技能性培训	TRAINSKI	25.40	9.65	563
二者均参加	TRAINBOTH	31.39	10.19	274

（五）创新能力

受访者按10级自评其创新能力。为了避免回归分析时出现过多虚拟变量，等距离简化为5级，赋值从1到5，构成创新能力指数。表8-22显示，创业比重会随着创新能力的提高而上升。回归分析时，以创新能力指数"1""2"为比较基础。

表8-22 创新能力与创业

创新能力指数	变量名称	创业比重(%)	样本数(个)
1	INNOV1	4.43	384
2	INNOV2	12.20	746
3	INNOV3	19.85	1103
4	INNOV4	31.44	547
5	INNOV5	34.04	141

（六）创业精神

受访者按10级自评其创业精神。为了避免回归分析时出现过多虚拟变量，等距离简化为5级，赋值从1到5，构成创业精神指数。表8-23显示，随着创业精神指数上升，创业比重明显上升。回归分析时，以创业精神指数"1""2"为比较基础。

表 8-23 创业精神与创业

创业精神指数	变量名称	创业比重(%)	样本数(个)
1	ENTERPRISE1	3.07	456
2	ENTERPRISE2	10.27	623
3	ENTERPRISE3	16.10	994
4	ENTERPRISE4	33.90	652
5	ENTERPRISE5	44.90	196

(七) 工龄

和城镇居民一样,工龄与创业比重也呈非线性关系。表 8-24 显示,工龄 10 年及以内的农民工创业比重相对较低,在(10,20]工龄段达到峰值,之后随工龄增加而下降。回归分析时,以对应创业比重最高的工龄段(10,20]为比较基础。

表 8-24 工龄与创业

工龄段	变量名称	创业比重(%)	样本数(个)
(0,10]	WORKAGE1	20.86	954
(10,20]	WORKAGE2	21.94	834
(20,30]	WORKAGE3	17.09	597
>30	WORKAGE4	11.56	519

(八) 领导才能

表 8-25 显示,农民工领导才能越高创业比重越大。回归分析时,以领导才能"很差""较差"为比较基础。

表 8-25 领导才能与创业

领导才能	变量名称	创业比重(%)	样本数(个)
很差	LEADSHIP1	7.06	170
较差	LEADSHIP2	9.45	529
一般	LEADSHIP3	19.22	1618
较好	LEADSHIP4	25.83	453
好	LEADSHIP5	37.75	151

(九) 婚姻状况

表 8-26 显示,不考虑样本量较小的"离异"和"丧偶",未婚者的创业比重高于已婚者。用 $SINGLE$ 代表未婚。回归分析时,以"已婚""离异""丧偶"为比较基础。

表 8-26 婚姻状况与创业

婚姻状况	创业比重(%)	样本数(个)
已婚	18.48	2251
离异	24.72	89
丧偶	14.55	55
未婚	19.20	526

(十) 政治身份

表 8-27 显示,具有"中共党员"政治身份的农民工创业比重最大。本来农民工在城镇创业与其政治身份并无太大关系,对此我们的解释是,中共党员农民工是农民工中相对优秀的群体。用 CPC 代表"中共党员"。回归分析时,以"团员""群众及其他"为比较基础。

表 8-27 政治身份与创业

政治身份	创业比重(%)	样本数(个)
中共党员	30.67	150
团员	22.69	401
群众及其他	17.30	2370

(十一) 健康状况

表 8-28 显示,随着农民工健康状况的改善,其创业比重增加。回归分析时,以健康状况"很差/较差"为比较基础。

表 8-28 健康状况与创业

健康状况	变量名称	创业比重(%)	样本数(个)
很差/较差	$HEALTH1/2$	10.10	99
一般	$HEALTH3$	17.12	701
较健康	$HEALTH4$	17.46	1117
很健康	$HEALTH5$	22.11	1004

(十二) 融入城镇程度

樊明等发现，农民工能较好地融入城镇，说明农民工通常有较高的收入，较高的工作层次，受教育程度也相对较高，[①] 这些因素有助于创业。表 8-29 显示，融入城镇程度越高，农民工的创业比重上升越高。回归分析时，以融入城镇"比较难""几乎不可能"为比较基础。

表 8-29 融入城镇程度与创业

融入城镇程度	变量名称	创业比重(%)	样本数(个)
几乎不可能	MARGE1	10.33	300
比较难	MARGE2	10.20	745
一般	MARGE3	18.72	940
能够	MARGE4	26.54	746
完全能够	MARGE5	34.74	190

三　回归模型及结果

用 SETUP 代表创业。根据以上分析，我们提出以下农民工创业回归方程：

$$SETUP = \alpha_0 + \alpha_1 EDU + \alpha_2 IQ3 + \alpha_3 IQ4 + \alpha_4 IQ5 + \alpha_5 STUDYNET + \alpha_6 TRAININTROD + \alpha_7 TRAINSKILL + \alpha_8 TRAINBOTH + \alpha_9 INNOV3 + \alpha_{10} INNOV4 + \alpha_{11} INNOV5 + \alpha_{12} ENTERPRISE3 + \alpha_{13} ENTERPRISE4 + \alpha_{14} ENTERPRISE5 + \alpha_{15} WORKAGE1 + \alpha_{16} WORKAGE3 + \alpha_{17} WORKAGE4 + \alpha_{18} LEADSHIP3 + \alpha_{19} LEADSHIP4 + \alpha_{20} LEADSHIP5 + \alpha_{21} SINGLE + \alpha_{22} CPC + \alpha_{23} HEALTH3 + \alpha_{24} HEALTH4 + \alpha_{25} HEALTH5 + \alpha_{26} MARGE3 + \alpha_{27} MARGE4 + \alpha_{28} MARGE5$$

因变量（SETUP）只有"已创业"和"未创业"两个选择，即 0-1 变量，故采用单位概率模型（Probit Model）回归。

表 8-30 模型 1 为包含所有变量的回归结果，显示大多数变量符号与理论预期一致，且达到 95% 以上显著水平。但相关分析发现，创新能力与创业精神、自评智商有着较大的相关性，自评智商与领导才能、创新能力

[①] 樊明等:《中西部工业化、城镇化和农业现代化：处境与对策》，社会科学文献出版社，2015。

及创业精神有着较大的相关性，这就意味着模型1存在多重共线性问题。模型2为删除创业精神和自评智商之后的回归结果，模型3为删除创业精神、创新能力和领导才能之后的回归结果，显示创新能力和智商均达到99%以上显著水平，表明创新能力和自评智商对农民工创业有显著影响。

表8-30 农民工创业方程回归结果

变量名称	模型1 系数	模型1 p-值	模型2 系数	模型2 p-值	模型3 系数	模型3 p-值
C	-2.0939	0.0000	-2.0418	0.0000	-1.8748	0.0000
EDU	0.0433	0.0014	0.0452	0.0006	0.0526	0.0000
$IQ3$	-0.0523	0.5741			0.1316	0.1347
$IQ4$	0.0137	0.8962			0.3636	0.0002
$IQ5$	0.1698	0.2626			0.5993	0.0000
$STUDYNET$	-0.1035	0.0038	-0.1165	0.0008	-0.1122	0.0012
$TRAININTROD$	0.1548	0.2335	0.1195	0.3509	0.1662	0.1923
$TRAININSKI$	0.1785	0.0160	0.1936	0.0075	0.2531	0.0004
$TRAINBOTH$	0.2615	0.0059	0.2879	0.0020	0.3544	0.0001
$INNOV3$	0.0755	0.3806	0.2891	0.0001		
$INNOV4$	0.0241	0.8185	0.5636	0.0000		
$INNOV5$	-0.2273	0.1720	0.5423	0.0001		
$ENTERPRISE3$	0.3298	0.0004				
$ENTERPRISE4$	0.8425	0.0000				
$ENTERPRISE5$	1.1324	0.0000				
$WORKAGE1$	-0.0885	0.2615	-0.0955	0.2162	-0.0872	0.2532
$WORKAGE3$	-0.0702	0.4219	-0.0829	0.3312	-0.0884	0.2927
$WORKAGE4$	-0.1521	0.1214	-0.1953	0.0413	-0.2447	0.0095
$LEADERSHIP3$	0.2682	0.0020	0.2936	0.0005		
$LEADERSHIP4$	0.3156	0.0030	0.3794	0.0002		
$LEADERSHIP5$	0.4779	0.0008	0.5897	0.0000		
$SINGLE$	-0.2616	0.0023	-0.2279	0.0068	-0.2097	0.0118
CPC	0.1743	0.1575	0.2053	0.0877	0.2456	0.0388
$HEALTH3$	-0.0088	0.9649	0.0469	0.8109	0.0781	0.6878
$HEALTH4$	-0.1268	0.5234	-0.0507	0.7932	-0.0154	0.9359
$HEALTH5$	-0.1002	0.6161	-0.0079	0.9675	0.0314	0.8709
$MARGES3$	0.2541	0.0014	0.2604	0.0008	0.3201	0.0000
$MARGES4$	0.4344	0.0000	0.4688	0.0000	0.5411	0.0000
$MARGES5$	0.5484	0.0000	0.5894	0.0000	0.7083	0.0000
Prob(LR statistic)	0.0000		0.0000		0.0000	
样本数(个)	2774		2774		2795	

以上回归结果只考察了各变量对农民工创业的影响。但就教育对创业的影响而言，这种分析方法存在严重不足：教育对回归方程中诸多变量存在显著影响，这就意味着当受教育程度提升时，根本无法控制其他变量保持不变。就本节所涉及的变量而言，根据第四章第四节的分析，受教育年数对上网学习时间、健康状况、参与培训、创新能力、创业精神、领导才能、融入城镇程度有显著影响。我们称这些因素为教育对农民工创业的间接影响因素。当受教育年数每增加一年，这些因素都随之变化并进而影响农民工创业，由此产生的影响为教育对农民工创业的间接影响。第四章第四节讨论了计算间接影响的方法，表8－31报告了计算结果，显示受教育年数每增加一年的全部间接影响为0.001364。根据马达拉所提供的公式，农民工受教育年数对创业直接影响为0.005629。直接影响加间接影响之和为0.007007。

表8-31 农民工接受教育对创业行为的间接影响

间接影响因素	教育对间接因素的影响	间接因素对创业行为的影响（基于模型1）	教育通过间接因素对创业行为的影响
上网学习时间	0.0552	0.0004	0.000022
创业精神	0.0130	0.0381	0.000495
领导才能	0.0516	0.0093	0.000480
融入城镇程度	0.0331	0.0111	0.000367
全部间接影响			0.001364

四 基本观察

根据以上讨论及回归结果，我们获得以下基本观察。

受教育程度越高、自评智商越高的农民工，创业的概率越大。智商和受教育程度相互影响，由此我们判断，智商和受教育程度交织在一起共同影响农民工创业。上网学习时间长的农民工更多地选择创业。随着农民工越来越多地参加政府组织的深度培训，创业概率显著提高，与此同时受教育年数也随之增加，要区分二者的作用仍有一定的困难。但有一点可以肯定的是，受教育程度通过农民工参加政府组织的培训间接影响农民工创业。同时，受教育程度还通过影响农民工的上网学习时间、创业精神、领导才能和融入城镇程度间接影响农民工创业。创新能力和创业精神越高的农民工，创业的概率越大。具有较高领导才能、能较好融入城镇的农民工会更多地选择创业。没有发现健康状况对农民工创业有显著影响。

第三节 教育与创新：基于城镇居民样本

随着城镇化的不断推进，城镇居民已越来越成为中国劳动力的主体。根据2015年《中国统计年鉴》，主要由城镇居民所创造的第二、第三产业产出占总GDP的比重已达90%。因此城镇居民能否实现更多的创新直接关系到未来中国经济的发展能否获得足够的动力。本节基于城镇居民样本研究影响创新能力的因素，侧重于教育对创新能力养成的影响。

一 城镇居民创新能力的衡量

要研究城镇居民的创新能力，首先要讨论如何对创新能力进行衡量。2016年问卷调查请城镇居民自评其创新能力，从低到高分为10级。调查共获得11081份城镇居民有效问卷，其中10649人回答了这一问题。为了使分析更为简便，我们将创新能力等级合并成 [1, 2]、[3, 4]、[5, 6]、[7, 8]、[9, 10] 五组，分别赋值从1到5，构成城镇居民创新能力指数。表8-32报告了城镇居民创新能力指数的分布，显示城镇居民中自评创新能力指数很低或很高的只占少数，大多数人自评其创新能力指数集中在3，表现出一定的正态分布。

表8-32 城镇居民创新能力指数分布

创新能力指数	所占比例(%)	样本数(个)
1	5.95	634
2	16.18	1723
3	43.29	4610
4	27.18	2894
5	7.40	788

二 影响城镇居民创新能力的因素分析

(一) 受教育程度

刘振国等认为,高学历人才在不同学科的某一领域接受过系统的教育和培养,具有基础扎实、知识面宽、实践能力强、思维超前、创新意识强等特点。[①] 显然,受教育程度高的人具备以上这些特点,无疑有助于其创新。表 8-33 显示,随着城镇居民受教育程度上升,创新能力指数明显上升。值得注意的是,自评智商也随之上升。用 EDU 代表受教育程度,以受教育年数衡量。

表 8-33 受教育程度与创新能力

受教育程度	创新能力指数	自评智商指数	样本数(个)
初中及以下	2.99	3.12	1317
高中/高职/中专	3.11	3.34	2318
大专	3.14	3.41	2810
本科	3.18	3.56	3581
硕士/博士	3.32	3.69	607

(二) 智商

杨海翠认为,高智商可以提高主体的创新能力。[②] 一方面创新本身就是一个高智商的活动,另一方面高智商的人有更多机会获得更高层次的教育。如此,高智商必然有助于创新。表 8-34 显示,随着城镇居民自评

表 8-34 自评智商与创新能力

自评智商指数	变量名称	创新能力指数	样本数(个)
1	$IQ1$	2.36	211
2	$IQ2$	2.48	611
3	$IQ3$	2.95	4910
4	$IQ4$	3.38	4292
5	$IQ5$	3.88	625

---

① 刘振国、华子义:《创新实验平台引进高学历人才的必要性》,《实验科学与技术》2014 年第 6 期。

② 杨海翠:《论科技创新主体智商、情商的协调》,《合肥工业大学学报》(社会科学版) 2009 年第 3 期。

智商指数的提高，其创新能力指数明显上升。回归分析时，以自评智商指数 "1""2" 为比较基础。

（三）上网学习时间

上网学习不仅能够获得更多的知识，还能获得大量有助于创新的信息，从而推动创新。表 8-35 显示，上网学习时间越长，创新能力指数上升越快，而受教育程度也随之上升。用 $STUDYNET$ 代表上网学习时间。

表 8-35 上网学习时间与创新能力

上网学习时间（小时）	创新能力指数	受教育年数	样本数（个）
0	2.99	12.85	2116
(0,1]	3.09	14.14	4618
(1,2]	3.20	14.67	1717
(2,3]	3.28	14.70	1193
>3	3.39	15.09	1006

（四）工作技能

一个人的创新能力往往与其所从事的工作直接相关，工作技能越高，越有利于创新活动，从而有利于提高其创新能力。表 8-36 显示，随着城镇居民工作技能的提升，其创新能力不断增强，受教育程度也随之上升。回归分析时，以工作技能"很低""较低"为比较基础。

表 8-36 工作技能与创新能力

工作技能	变量名称	创新能力指数	受教育年数	样本数（个）
很低	$SKILL1$	2.91	13.4	609
较低	$SKILL2$	2.90	13.5	782
一般	$SKILL3$	3.09	13.8	5433
较高	$SKILL4$	3.28	14.8	3221
很高	$SKILL5$	3.60	14.9	412

（五）工龄

人们除了接受学校教育获得人力资本外，在工作中通过干中学，也是积累人力资本的重要方式。因此工龄可以在一定程度上反映人们通过干中学所积累的人力资本。显然，随着工龄的增加，人力资本的不断积累有助于创新,但达到一定工龄后,学习能力就会减弱,对现状趋于满足,思想趋于保守,进而创新能力会趋于下降。表 8-37 显示,随着工龄的增加,创新能力指数随之增加,工龄在 [11,20] 时达到最高,之后趋于下降。回归分析时,以工龄段 [11,20] 为比较基础。

表 8-37 工龄与创新能力

工龄段	变量名称	创新能力指数	样本数(个)
≤10	$WORKAGE1$	3.15	6372
[11,20]	$WORKAGE2$	3.20	2210
[21,30]	$WORKAGE3$	3.05	1441
≥31	$WORKAGE4$	2.95	518

(六)性别

男性较女性有更强的冒险精神,而冒险精神又与创新紧密联系,相应地男性会表现出更强的创新能力。表 8-38 支持了这一判断。用 $MALE$ 代表男性。回归分析时,以女性为比较基础。

表 8-38 性别与创新能力

性别	创新能力指数	样本数(个)
男	3.20	7045
女	3.02	3606

(七)健康状况

健康的身体状况使人们的生活态度更加积极,进取心更强,从而更愿意创新。表 8-39 显示,随着城镇居民健康状况的改善,创新能力指数明显上升。回归分析时,以健康状况"很差""较差"为比较基础。

表 8-39 健康状况与创新能力

健康状况	变量名称	创新能力指数	样本数(个)
很差	$HEALTH1$	2.72	45
较差	$HEALTH2$	2.80	128
一般	$HEALTH3$	3.03	2129
较健康	$HEALTH4$	3.10	4506
很健康	$HEALTH5$	3.26	3741

三 创新能力回归方程

用 $INNOV$ 代表城镇居民创新能力指数。根据以上分析,我们构造如下城镇居民创新能力回归方程:

$$INNOV = \alpha_1 EDU + \alpha_2 IQ3 + \alpha_3 IQ4 + \alpha_4 IQ5 + \alpha_5 STUDYNET + \alpha_6 SKILL3 + \alpha_7 SKILL4 +$$
$$\alpha_8 SKILL5 + \alpha_9 WORKAGE1 + \alpha_{10} WORKAGE3 + \alpha_{11} WORKAGE4 +$$
$$\alpha_{12} MALE + \alpha_{13} HEALTH3 + \alpha_{14} HEALTH4 + \alpha_{15} HEALTH5$$

城镇居民创新能力指数($INNOV$)从低到高分为5级,是虚拟应变量(Dummy - dependent Variable),故采用排序概率模型(Ordered Probit Model)。表8-40模型1为包含所有变量的回归结果,显示大多数变量符号与理论预期一致,且达到95%以上显著水平,但受教育程度符号为负且显著。相关分析显示,受教育程度与多个因素相关,如智商、上网学习时间等,这就意味着模型1存在多重共线性问题。模型2为删除这些变量之后的回归结果,显示所有变量符号与理论预期一致,且达到95%以上显著水平。

表8-40 城镇居民创新能力方程回归结果

变量名称	模型1		模型2	
	系数	p-值	系数	p-值
EDU	-0.0088	0.0297	0.0153	0.0001
$IQ3$	0.5131	0.0000		
$IQ4$	0.9818	0.0000		
$IQ5$	1.5619	0.0000		
$STUDYNET$	0.0848	0.0000		
$SKILL3$	0.1324	0.0000	0.1833	0.0000
$SKILL4$	0.2422	0.0000	0.3552	0.0000
$SKILL5$	0.5193	0.0000	0.7006	0.0000
$WORKAGE1$	-0.0834	0.0023	-0.0550	0.0422
$WORKAGE3$	-0.1141	0.0019	-0.1335	0.0002
$WORKAGE4$	-0.1969	0.0003	-0.2277	0.0000
$MALE$	0.1585	0.0000	0.1711	0.0000
$HEALTH3$	0.1791	0.0392	0.2209	0.0100
$HEALTH4$	0.1835	0.0316	0.2737	0.0012
$HEALTH5$	0.2939	0.0006	0.4254	0.0000
Prob(LR statistic)	0.0000		0.0000	
样本数(个)	10212		10239	

上述回归结果报告了各变量对城镇居民创新能力指数的影响。就教育对城镇居民创新能力的影响而言，以往文献更多强调在控制其他变量保持不变的条件下，受教育程度对创新能力的影响。但这种表述存在明显问题：因为如果教育对回归方程中的诸多变量存在显著影响，则就不可能"控制其他变量保持不变"。就本节所涉及的变量而言，根据第四章第四节的分析，受教育程度对上网学习时间、工作技能、健康状况存在显著影响，我们称这些因素为教育对城镇居民创新能力影响的间接因素。受教育年数每增加一年，这些间接因素都随之变化并进而影响城镇居民创新能力。我们称这些间接因素对城镇居民创新能力的影响为教育的间接影响。第四章第四节讨论了计算间接影响的方法，表8-41报告了计算结果，显示受教育程度每增加一年的全部间接影响之和为0.0131。受教育年数对城镇居民创新能力直接的影响为0.0101。直接影响加间接影响之和为0.0232。由此可见，忽视间接影响而只估计直接影响，将会导致教育对创新能力影响的低估。

表8-41 受教育程度对创新能力的间接影响

间接影响因素	教育对间接因素的影响	间接因素对创新能力的影响	教育通过间接因素对创新能力的影响
上网学习时间	0.0971	0.0818	0.0079
工作技能	0.0331	0.1362	0.0045
健康状况	0.0071	0.1022	0.0007
全部间接影响			0.0131

四 基本观察

根据以上讨论及回归结果，我们形成如下基本观察。

受教育程度越高，城镇居民创新能力越强。自评智商越高，城镇居民创新能力也越强。而受教育程度与智商相关，由此我们判断，受教育程度与智商交织在一起共同影响城镇居民的创新能力。上网学习时间越长，城镇居民的创新能力越高。工龄段为[11,20]的城镇居民较其他工龄段的城镇居民具有更高的创新能力。城镇居民中男性的创新能力高于女性。健康状况越好，工作技能越高的城镇居民，创新能力越强。值得关注的是，受教育程度还影响上网学习时间、工作技能、健康状况，这些因素对创新能力有着显著影响，因此教育又通过这些因素间接影响创新能力。

第四节 教育与创新：基于农民工样本

前面分析显示，农民工的创新能力对其劳动市场表现有着显著影响。农民工是当下劳动市场上一个庞大的群体，其创新能力的培养必然对整个国家经济的发展产生巨大和深远影响。因此，农民工创新能力的培养需要被关注。有诸多因素影响农民工创新能力的培养，本节研究影响农民工创新能力培养的个人因素，侧重于教育对创新能力培养的影响。

一 农民工创新能力调查

为了研究农民工的创新能力，2016年问卷调查请农民工自评其创新能力：如果把创新能力分为10级，如何评价您的创新能力？为了简化分析以及在进行回归分析时控制虚拟变量的数量，将所得结果等距离简化成5级，依次赋值从1到5，构成农民工创新能力指数。表8-42报告了农民工创新能力指数的分布。

表8-42 农民工创新能力指数分布

创新能力指数	所占百分比（%）	样本数（个）
1	13.68	384
2	26.65	748
3	35.09	985
4	19.56	549
5	5.02	141

二 影响农民工创新能力个人因素分析

上节就城镇居民分析了影响其创新能力的个人因素，这些分析大多也适用于农民工。本节对上节适用于农民工的分析不再重复，仅描述统计结果，只有在遇到对农民工群体有一定特殊性的因素时，才展开分析讨论。

(一) 受教育程度

随着新生代农民工不断进入城镇，农民工群体的受教育程度不断提高，有助于提升农民工的创新能力，因为创新需要知识积累作为基础。表8-43显示，随着受教育程度的提高，创新能力指数明显上升，此外自评智商指数也随之提高。用 EDU 代表受教育程度，以受教育年数衡量。

表8-43 受教育程度与创新能力

受教育程度	创新能力指数	自评智商指数	样本数（个）
小学及以下	2.27	2.69	682
初中	2.74	3.11	1232
高中/高职	3.08	3.32	612
中专及以上	3.28	3.46	258

(二) 智商

表8-44显示，随着自评智商的提高，创新能力指数明显上升。回归分析时，以自评智商"1""2"为比较基础。

表8-44 自评智商与创新能力

自评智商指数	变量名称	创新能力指数	样本数（个）
1	$IQ1$	1.93	94
2	$IQ2$	2.14	421
3	$IQ3$	2.66	1406
4	$IQ4$	3.18	657
5	$IQ5$	3.60	137

(三) 上网学习时间

随着网络和智能手机的普及，农民工上网具备了技术条件，通过上网来获取知识和信息也成为农民工自主学习的一种重要方式，有助于农民工提升其创新能力。表8-45显示，随着上网学习时间的增加，创新能力指数呈明显上升趋势。用 $STUDYNET$ 代表上网学习时间。

表 8-45　上网学习时间与创新能力

上网学习时间(小时)	创新能力指数	样本数(个)
0	2.52	426
(0,0.5]	2.96	587
(0.5,1]	3.12	320
(1,1.5]	3.39	251
(1.5,8]	3.37	419

(四) 工龄

随着工作年数的增加，人力资本积累也越多，但年龄也随之增长，又会导致人力资本的折旧。过去农村教育比较落后，农民受教育程度通常较低。改革开放后，农村教育得到改善，受教育年数增加，由此年轻农民工的受教育年数较多，而上网学习又以年轻人居多，这些因素都可能使年长农民工的创新能力较弱。表 8-46 显示，随着工龄的增长，创新能力指数呈下降趋势。用 WORKAGE 代表工龄。

表 8-46　工龄与创新能力

工龄段	创新能力指数	样本数(个)
≤5	2.83	835
(5,10]	2.76	838
(10,15]	2.70	410
(15,20]	2.72	360
>20	2.54	271

(五) 农民工参加培训

不少农民工不同程度地参加了政府组织的培训，显然，如果培训提升了农民工的知识技能，则有助于其创新能力的养成。表 8-47 显示，随着农民工更多地参加政府组织的深度培训，其创新能力指数明显上升。但是，农民工参加深度培训的情况和其受教育程度直接相关，因此农民工参加培训对其创新能力培养的影响是一个较为复杂的问题。回归分析时，以农民工"未参加培训"为比较基础。

表 8-47　农民工参加培训与创新能力

农民工参加培训	变量名称	创新能力指数	受教育年数	样本数（个）
未参加培训		2.58	8.87	1753
引导性培训	*TRAININTROD*	2.87	9.39	139
技能性培训	*TRAINSKI*	3.18	10.00	547
二者均参加	*TRAINBOTH*	3.22	10.77	267

（六）务工技能

2016 年的问卷调查请农民工自评其务工技能，备选答案有：低、较低、一般、较高、很高。表 8-48 显示，随着农民工务工技能的提高，创新能力指数随之增加，受教育程度也随之上升。回归分析时，以务工技能"很低""较低"为比较基础。

表 8-48　务工技能与创新能力

务工技能	变量名称	创新能力指数	受教育年数	样本数（个）
很低	*URBSKILL*1	2.21	8.16	124
较低	*URBSKILL*2	2.35	8.29	363
一般	*URBSKILL*3	2.72	9.33	1432
较高	*URBSKILL*4	3.14	9.98	502
很高	*URBSKILL*5	3.57	10.88	84

（七）健康状况

表 8-49 显示，随着健康状况的改善，创新能力指数呈上升趋势。回归分析时，以健康状况"很差""较差"为比较基础。

表 8-49　健康状况与创新能力

健康状况	变量名称	创新能力指数	样本数（个）
很差	*HEALTH*1	2.40	20
较差	*HEALTH*2	2.22	74
一般	*HEALTH*3	2.65	671
较健康	*HEALTH*4	2.71	1025
很健康	*HEALTH*5	2.93	979

三 回归模型及结果

用 $INNOV$ 代表创新能力指数。根据以上分析，我们构造以下农民工创新能力回归方程：

$$INNOV = \alpha_1 EDU + \alpha_2 IQ3 + \alpha_3 IQ4 + \alpha_4 IQ5 + \alpha_5 STUDYNET + \\ \alpha_6 WORKAGE + \alpha_7 TRAININTROD + \alpha_8 TRAINSKI + \alpha_9 TAINBOTH + \\ \alpha_{10} URBSKILL3 + \alpha_{11} URBSKILL4 + \alpha_{12} URBSKILL5 + \alpha_{13} HEALTH3 + \\ \alpha_{14} HEALTH4 + \alpha_{15} HEALTH5$$

由于创新能力是受访者的主观评价，从低到高分为 5 级，构成的创新能力指数是虚拟应变量（Dummy – dependent Variable），故采用排序概率模型（Ordered Probit Model）回归。表 8 – 50 模型 1 报告了包含所有变量的回归结果，显示所有变量的符号与理论预期一致，且大多达到 90% 以上显著水平。但相关分析显示，健康状况、工龄与受教育程度有较高的相关性，因此模型 1 存在多重共线性问题。为此，模型 2 去掉 EDU 再回归，显示工龄的显著性达到 90% 以上，健康状况的显著性达到 90% 以上。

表 8 – 50　农民工创新能力指数方程回归结果

变量名称	模型 1		模型 2	
	系数	p - 值	系数	p - 值
EDU	0.0422	0.0000		
$IQ3$	0.3667	0.0000	0.3985	0.0000
$IQ4$	0.7108	0.0000	0.7607	0.0000
$IQ5$	0.9923	0.0000	1.0486	0.0000
$STUDYNET$	0.0668	0.0023	0.0862	0.0001
$WORKAGE$	-0.0036	0.2238	-0.0056	0.0526
$TRAININTROD$	0.2221	0.0272	0.2337	0.0200
$TRAINSKI$	0.2471	0.0000	0.2743	0.0000
$TRAINBOTH$	0.3638	0.0000	0.4095	0.0000
$URBSKILL3$	0.2926	0.0000	0.3189	0.0000
$URBSKILL4$	0.6333	0.0000	0.6713	0.0000
$URBSKILL5$	0.6539	0.0000	0.7184	0.0000
$HEALTH6$	0.1894	0.1336	0.2233	0.0763
$HEALTH4$	0.1670	0.1803	0.2173	0.0801
$HEALTH5$	0.2184	0.0834	0.2782	0.0267
Prob(LR statistic)	0.0000		0.0000	
样本数（个）	2402		2402	

根据以上回归结果，传统的分析认为，在控制其他因素不变的条件下，教育显著提高了农民工的创新能力。但这种对回归结果的解释有着内生的困难：因为教育对诸多方程变量有显著影响。就本节所涉及的变量而言，根据第四章第四节的分析，受教育年数对上网学习时间、农民工参加培训、务工技能、健康状况都有显著影响，这就意味着，受教育年数每增加一年，这些因素都随之变化并进而影响农民工的创新能力，因而不可能"控制其他因素不变"，由此所产生的影响是教育对农民工创新能力的间接影响。第四章第四节讨论了计算间接影响的方法，表8-51报告了计算结果，显示受教育年数每增加一年的全部间接影响之和为0.0109。第四章第四节讨论了在排序概率模型条件下，估计变量影响的方法。据此，农民工受教育年数对创新能力指数的直接影响为0.0421。直接影响加间接影响之和为0.0530。由此可见，忽视间接影响而只估计直接影响，将会造成教育对创新能力影响的低估。

表8-51 受教育程度对创新能力的间接影响

间接影响因素	教育对间接因素的影响	间接因素对创新的影响	教育通过间接因素对创新的影响
上网学习时间	0.0552	0.0672	0.0037
打工技能	0.0236	0.2592	0.0061
健康状况	0.0384	0.0280	0.0011
全部间接影响			0.0109

四 基本观察

根据以上分析讨论，我们获得以下基本观察。

教育对农民工创新能力的培养有着直接的显著影响，此外还通过上网学习时间、参加政府组织的培训、务工技能的提升、健康状况等因素间接影响其创新能力。高智商也有助于创新能力的培养。考虑到受教育程度与智商存在较高的相关性，我们判断，受教育程度还和智商相互交织在一起，共同对农民工创新能力的培养产生显著影响。经常上网学习、务工技能较高、健康状况较好的农民工具有更强的创新能力。与年轻农民工相比，年长农民工的创新能力趋于衰弱。

从回归结果来看，随着农民工更多地参加政府组织的深度培训，农民工的创新能力趋于增强，但与此同时受教育程度也随之增加。考虑到创新能力需要长时间的培养，而政府的培训只是短期项目，难以对农民工创新能力的提高产生显著影响。因此我们更倾向于认为，虽然回归结果显示农民工参加政府培训对其创新能力指数有显著影响，但这种影响更多地反映了相关联的受教育程度所施加的影响。

第九章
教育对就业质量的影响

随着社会的进步,人们就业除了关心收入外,也越来越多地关注就业质量。以往有关教育回报的研究大多偏重于教育对工资收入的提高,而忽视了教育对就业质量的影响。本章侧重讨论教育对就业质量的影响。

第一节 就业质量的衡量

一 就业质量的概念

就业质量虽然很重要,但是进入学术研究领域的时间并不长。国内外的学者近年来做了较多的研究,但尚未形成一个理论体系,且尚有诸多的争论。本节首先对国内外的研究现状做一个简要的回顾。

(一) 国外研究

国外关于就业质量的研究,王晓晶做了一个回顾,本节研究主要基于王晓晶所做的回顾。

20 世纪 70 年代,与就业质量相关的一些概念开始提出。最早是美国职业培训与开发委员会提出的"工作生活质量",强调"要提高组织的工作效率,需要同时考虑技术因素和人的因素"。[1] 这种理念的提出号召人们

---

[1] 王晓晶:《大学毕业生就业质量评价指标体系及影响因素研究》,硕士学位论文,河北师范大学,2015。

要重视改善员工的福利和工作环境，提高员工的工作满意度。

20世纪90年代，随着经济全球化的进程不断加快，原有的生产方式和资源配置方式发生了巨大的变化，劳动者的就业状态和收入分配情况也出现了新的特点。为了系统、深入地探讨全球化对劳动力市场的复杂影响，一批拉美经济学家提出了就业质量的概念。[1]

1999年，国际劳工组织总干事索马维亚向第87届国际劳工大会提交了《体面的劳动》的报告，认为在经济全球化的背景下，国际社会要给经济以"人道的面孔"，由此提出了"体面劳动"的概念，强调要以人为本，促进男女在自由、公正、安全和具备人格尊严的条件下，获得体面的、生产性的劳动机会。[2]

2001年，源于20世纪90年代后期欧洲经济环境的变化以及由此带来的严重的招聘困难，将人们的注意力集中到工作质量领域。法国尼斯欧盟理事会提出了"工作质量"的概念，此概念既强调单个工作的特点，也强调广泛的工作环境的特点。[3]

随后又出现了"高质量就业"的概念。Schroeder认为，所谓的高质量就业是指个人在其认为具有挑战性和满意感的综合工作环境中，获得谋生所需工资的能力，并且强调收入并非高质量就业的唯一衡量标准。[4] 之后加拿大帝国商业银行提出了"就业质量指数"，其计算公式为：

就业质量指数 = 0.5×(就业补偿指数 + 就业稳定性指数) + 全职就业比重[5]

(二) 国内研究

国内关于就业质量的概念，不同学者的侧重点不同。

刘素华认为，就业质量是一个评判整个就业过程中，劳动者与生产资料结合并取得收入或报酬的具体状况优劣程度的综合性范畴，是就业活动

---

[1] 李清贤：《理工科硕士生就业质量研究》，博士学位论文，北京科技大学，2015。
[2] 刘素华：《就业质量：概念、内容及其对就业数量的影响》，《人口与计划生育》2005年第7期。
[3] 陈曦：《大学生初次就业质量评价及影响因素研究——以华中农业大学为例》，硕士学位论文，华中农业大学，2011。
[4] Schroeder, F. K., "Workplace Issues and Placement: What is High Quality Employment?" *Work* 29 (2007).
[5] 王晓晶：《大学毕业生就业质量评价指标体系及影响因素研究》，硕士学位论文，河北师范大学，2015。

不可或缺的重要组成部分。就业质量的高低直接制约着就业数量的扩大，影响就业工作的全局。①

叶金珠认为，就业质量是就业行为结果的综合评价指标，可用于整体研究对象，也适用于个体的就业质量评估。因此她从个体角度定义了就业质量，认为就业质量是个体就业状况的优劣程度，包括个体目前的就业情况、才智发挥、收入水平和满意程度等内容。②

李军峰认为，就业质量是反映就业机会的可得性、工作稳定性、工作场所的尊严和安全、机会平等、收入、个人发展等有关方面满意程度的综合概念，很难给它一个概括性的定义，但是可以通过多种指标的综合从总体上反映就业质量的优劣。③

二　就业质量的影响因素

根据以上的文献回顾，我们认为就业质量是一个包含多个因素、表现一定层次结构的综合性概念。但在实际测量就业质量时，还要考虑数据的可获得性。基于我们对就业质量的理解以及数据的可获得性，我们提出六个影响就业质量的因素：工资、福利水平、工作稳定性、工作层次、工作满意度、工作环境。

（一）工资

根据马斯洛的需求层次理论，人们的需求是多层次的，从低到高依次为：生理需求、安全需求、社交需求、尊重需求和自我实现需求。工资更多的是解决人们较低层次的生理需求，但只有满足了生理需求后，人们才会去追求更高层次的需求。尤其对中国这样一个发展中国家来说，一些中低收入的人干活挣得工资来养家糊口是他们工作最直接、最基本的目的。因此工资是影响就业质量的重要因素之一。工资一般分为月工资和小时工资，这也是一个需要讨论的问题。如果使用月工资，可以衡量工资的整体水平，但没有考虑到获得这样的工资所花费的时间。如果使用小时工资，考虑到了时间的因素，但不能直接反映工资的整体水平。因此，两个指标

---

① 刘素华：《建立我国就业质量量化评价体系的步骤与方法》，《人口与经济》2005 年第 6 期。
② 叶金珠：《社会资本对就业质量的影响》，硕士学位论文，华中科技大学，2006。
③ 李军峰：《就业质量的性别比较分析》，《市场与人口分析》2003 年第 11 期。

都有不足之处。综合起来，我们选择小时工资作为就业质量的衡量指标，因为我们认为大多数人会更多地看中劳动付出所获得的回报。

（二）福利水平

除工资以外，福利水平也是一个很重要的反映工作回报的指标，也可以认为它是收入的一部分。一个人有较高的工作福利，就意味着有更好的工作和生活的保障。2016年问卷调查询问受访者所在单位提供的福利，备选答案有：养老保险、医疗保险、失业保险、住房公积金、其他福利、无福利保险。

（三）工作稳定性

金英杰认为，职业稳定权是指劳动者就业后，其职业应该获得稳定保障的权利。[①] 我们认为，之所以把工作稳定上升到权利是因为，绝大多数劳动者都希望有一个稳定的工作可以保障自己的就业和收入，如果工作不稳定就意味着要经常更换和寻找工作，而寻找工作本身也会产生大量的耗费。此外，根据明塞尔对人力资本的划分，人力资本包含一般人力资本和特殊人力资本。其中一般人力资本是指基础性的知识和技能，这类技能不仅对所在企业有用，对其他企业也有用；特殊人力资本是在企业内部学习得到的特殊知识和技能，这类技能只对所在企业有用，而对其他企业毫无价值。经常更换工作也会造成所积累的特殊人力资本的浪费，因此人们通常倾向于在一定时间内有一份稳定的工作。2016年问卷调查询问了受访者的工作稳定性，备选答案有：很稳定、比较稳定、一般、比较不稳定、经常更换工作。

（四）工作层次

在获得了工资收入和较好的福利以后，人们就会更多地追求个人的自我实现，而工作层次是自我实现的重要衡量。工作层次高除了意味着更高的工资收入外，还意味着更高的社会认可度。2016年问卷调查询问受访者的工作层次，备选答案有：操作层、低层管理或技术、中层管理或技术、中高层管理或技术、高层管理，依次赋值从1到5，构成工作层次指数。

（五）工作满意度

就评价就业质量而言，工作满意度更具综合性。2016年问卷调查请受

---

① 刘素华：《建立我国就业质量量化评价体系的步骤与方法》，《人口与经济》2005年第6期。

访者对其目前所从事工作的满意度进行评价,备选答案有:不满意、较不满意、一般、较满意、满意。

(六)工作环境

劳动者有相当长的时间都处于工作环境中,工作环境的好坏关系到人们是否能够比较愉悦地工作。如果劳动者长时间处于污染、精神不愉快的工作环境中,还会对他们的身心造成伤害。2016年问卷调查请受访者对其工作环境进行评价,备选答案有:很差、较差、一般、较好、很好。但这一调查仅限专科及以上学历城镇居民。

三 权重的确定

以上六个因素都是衡量就业质量的重要指标,但是每个因素的重要性并不完全一样,所以为了衡量就业质量,还要讨论这些因素的结构,也就是各个因素所占的权重。有数种权重确定方法,但概括起来有两大类:主观赋权法和客观赋权法。不过"鞋合不合适只有脚知道",对就业质量而言,最好的评价者还是就业者自身。为此我们专门就以上六个因素的权重进行了问卷调查,请就业的受访者对以上六个因素进行赋权,并且保证权重之和为1。调查问卷见附录9-1。

因为不同层级、不同职业的人对于各个影响因素的重视程度可能会不一样,所以我们还需要进行分类讨论。石彤菊等认为,研究生、大学生、大专生的就业状况相似,可以称为高受教育类人群;初中、小学和不识字的人就业状况相似,可以称为低受教育类人群;高中教育程度的人就业状况介于前两者之间,可以称为中等受教育类人群。他们从理论角度说明以脑力劳动为主的行业确实对受教育程度要求较高,此类行业中高学历人员所占比例较大;而以体力劳动为主的行业对受教育程度要求相对较低,此类行业中低学历人员所占比重较大。[①] 参考石彤菊等的研究,我们把样本分为:专科及以上学历城镇居民、高中及以下学历城镇居民、农民工。

2016年5月,我们在郑州展开了就业质量影响因素权重的问卷调查。本次调查共获得专科及以上学历城镇居民的有效问卷224份,高中、中专

[①] 石彤菊、马新顺:《受教育程度与就业之间的对应分析》,《大学数学》2009年第6期。

及以下学历城镇居民的有效问卷 62 份，农民工的有效问卷 39 份，合计 325 份。表 9-1 报告了就业质量影响因素的权重，显示对就业质量影响最大的因素是工资和工作稳定性。但值得关注的是，三个群体对不同因素的赋值有所差别。

表 9-1 就业质量影响因素的权重

	工资	福利水平	工作稳定性	工作层次	工作满意度	工作环境
专科及以上	0.3341	0.1207	0.1709	0.1098	0.1377	0.1268
高中及以下	0.3763	0.1105	0.1925	0.1298	0.1909	
农民工	0.4395	0.1209	0.2038	0.0898	0.1460	

四 就业质量指数

不同的变量具有不同的单位，需对数据进行标准化处理以消除量纲的影响。有数种标准化处理的方法，如"最小-最大标准化""Z-score 标准化""按小数定标标准化"等。我们选择最常用的"Z-score 标准化"，是基于原始数据的均值和标准差进行的标准化，公式为：

$$新数据 = (原数据 - 均值)/标准差$$

具体操作步骤如下：

1. 求出各变量的算术平均值 X_i 和标准差 S_i；
2. 进行标准化处理：$Z_{ij} = (X_{ij} - X_i)/S_i$。

其中：Z_{ij} 为标准化后的变量值，X_{ij} 为实际变量值。标准化后的变量值围绕 0 上下波动，大于 0 说明高于平均水平，而小于 0 则说明低于平均水平。

最后我们通过公式 $EQI = \sum_{i=1}^{n} Z_{ij} W_i$ 计算就业质量指数。这里 EQI（Employment Quality Index）表示就业质量指数，Z_{ij} 表示上述经过标准化处理的影响因素（$i = 1, 2, 3, 4, 5, 6$），W_i 表示各个影响因素对应的权重，$\sum_{i=1}^{n} W_i = 1$。这样我们就计算出了每一个样本的就业质量，以供后续分析。

第二节　教育对就业质量的影响：基于城镇居民样本

与大多为自我雇佣的农村居民相比，城镇居民大多为受雇者，其就业质量对其幸福感而言非常重要。有诸多因素影响城镇居民的就业质量，本节分析影响城镇居民就业质量的个人因素，侧重于研究教育对就业质量的影响。所用样本为全部城镇居民。

一　影响城镇居民就业质量的因素

（一）受教育程度

前面的分析已显示，受教育程度显著影响城镇居民的工资收入、就业、晋升、所享受的社会福利等，这些指标是构成就业质量的重要因素。因此，受教育程度必然对就业质量产生影响。表9-2显示，城镇居民受教育程度越高，就业质量越高。用 EDU 代表受教育程度，以受教育年数衡量。

表9-2　受教育程度与就业质量

受教育程度	就业质量	样本数（个）
未受正规教育	-0.77	16
小学	-0.47	128
初中	-0.34	853
高中	0.19	1925
大专	-0.12	2060
本科	0.03	2742
硕士	0.31	444
博士	0.39	74

（二）智商

和受教育程度相似，之前的分析均显示，智商显著影响了决定就业质量的因素，因此必然对城镇居民的就业质量产生影响。2016年的问卷调查请受访者按10级自评其智商。为了避免回归分析时出现过多虚拟变量，等距离简化为5级，赋值从1到5，构成自评智商指数。表9-3显示,自评智商指数越高,城镇居民的就业质量越高。回归分析时,以自评智商指数"1""2"为比较基础。

表9-3 智商与就业质量

自评智商指数	变量名称	就业质量	受教育年数	样本数(个)
1	$IQ1$	-0.16	12.36	150
2	$IQ2$	-0.03	13.85	2670
3	$IQ3$	-0.09	13.30	1636
4	$IQ4$	0.06	14.75	3334
5	$IQ5$	0.09	14.63	452

(三)工作技能

高工作技能是稀缺资源。一个人掌握高工作技能,则在劳动市场就属于供不应求的群体,具有较高的议价能力,必然有助于提升其就业质量。表9-4显示,城镇居民的工作技能越高,其就业质量也越高。回归分析时,以工作技能"很低""较低"为比较基础。

表9-4 工作技能与就业质量

工作技能	变量名称	就业质量	受教育年数	样本数(个)
很低	$SKILL1$	-0.03	13.46	439
较低	$SKILL2$	-0.15	13.39	598
一般	$SKILL3$	-0.09	13.77	4224
较高	$SKILL4$	0.14	14.88	2556
很高	$SKILL5$	0.30	15.20	309

(四)创新能力

之前的相关分析表明,创新能力显著影响了决定就业质量的因素,因而必然影响城镇居民的就业质量。2016年的问卷调查请受访者按10级自评其创新能力。为了避免回归分析时出现过多虚拟变量,等距离简化为5级,赋值从1到5,构成创新能力指数。表9-5显示,随着创新能力指数的上升,就业质量指数明显上升。回归分析时,以创新能力指数"1""2"为比较基础。

表 9 - 5 创新能力与就业质量

创新能力指数	变量名称	就业质量	受教育年数	样本数(个)
1	INNOV1	-0.06	13.42	508
2	INNOV2	-0.10	13.96	1413
3	INNOV3	-0.01	14.06	3596
4	INNOV4	0.07	14.48	2198
5	INNOV5	0.10	14.11	527

(五) 上网学习时间

通过网络获取知识和信息已成为绝大多数城镇居民的主要学习方式。2016 年的问卷调查询问受访者上网学习的时间及用于学习和获取信息的比重，由此求得上网学习时间。之前研究显示，上网学习时间对诸多决定就业质量的因素具有显著影响，由此必然会影响就业质量。表 9 - 6 显示，随着上网学习时间的增加，就业质量明显提高，受教育年数也随之提高。用 $STUDYNET$ 代表上网学习时间。

表 9 - 6 上网学习时间与就业质量

上网学习时间(小时)	就业质量	样本数(个)
0	-0.04	1484
(0, 0.5]	-0.04	2923
(0.5, 1]	0.02	1502
(1, 3]	0.05	1898
>3	0.09	412

(六) 工龄

工龄与就业质量的关系比较复杂。表 9 - 7 显示，工龄与工资表现为一定的非线性关系，但与除此之外的其他变量基本呈线性关系，表现为随着工龄的增加，其他各项指标呈上升趋势。如此使得随着工龄的增加，就业质量呈上升的基本态势，尤其在样本量较大的工龄 15 年及以内。用 $WORKAGE$ 代表工龄。

表 9-7 工龄与就业质量

工龄	小时工资	福利指数	稳定指数	层次指数	满意指数	工作环境指数	就业质量	样本数（个）
≤5	28.08	3.29	3.73	2.12	3.36	3.43	-0.11	3105
(5,10]	36.30	3.68	3.75	2.43	3.35	3.47	0.04	1888
(10,15]	38.19	3.52	3.71	2.49	3.35	3.50	0.09	918
(15,20]	36.60	3.61	3.79	2.54	3.38	3.51	0.08	768
>20	30.30	4.19	3.80	2.41	3.41	3.56	0.08	1509

（七）性别

在劳动市场普遍存在对女性的就业歧视。此外，女性的体能弱于男性，会因生育、抚养幼童导致职业生涯中断，因此会降低女性在劳动市场的议价能力，从而导致劳动市场表现的诸多方面受到负面影响，就业质量也随之下降。表 9-8 显示，男性就业质量水平高于女性。用 $MALE$ 代表男性。回归分析时，以女性为比较基础。

表 9-8 性别与就业质量

性别	就业质量	样本数（个）
男	0.05	5424
女	-0.09	2812

（八）政治身份

中共党员一般经过党组织较为严格的挑选，是相对优秀的群体。这种优秀性会在劳动市场转化为较高的议价能力。表 9-9 显示，中共党员的就业质量明显高于其他政治身份的群体。用 CPC 代表中共党员。回归分析时以"团员""民主党派""群众"为比较基础。

表 9-9 政治身份与就业质量

政治身份	就业质量	样本数（个）
中共党员	0.14	1803
团员	-0.09	2317
民主党派	0.13	54
群众	-0.01	3672

(九) 婚姻状况

一般来说，与未婚者相比，已婚就职者年纪较长，工作经验较为丰富，受到家庭经济压力，工作更为勤恳，工作态度更好。这些都有助于改善劳动市场表现，从而提高其就业质量。表9-10显示，与大样本的"未婚"相比，"已婚"者的就业质量要高。用 MARRIED 代表已婚。回归分析时，以"离异""丧偶""未婚"为比较基础。

表9-10 婚姻状况与就业质量

婚姻状况	就业质量	样本数(个)
已婚	0.05	5066
离异	0.05	148
丧偶	-0.17	34
未婚	-0.09	2987

(十) 健康状况

良好的健康状况有助于改善就职者在劳动市场的表现，包括工资的提高，就业的稳定，工作层次的提升等，从而提高就业质量。表9-11显示，如果忽视小样本的健康状况"很差""较差"，随着健康状况的改善，就业质量上升。回归分析时以健康状况"很差""较差""一般"为比较基础。

表9-11 健康状况与就业质量

健康状况	变量名称	就业质量	样本数(个)
很差	HEALTH1	0.10	28
较差	HEALTH2	0.04	95
一般	HEALTH3	-0.06	1609
较健康	HEALTH4	0.00	3535
很健康	HEALTH5	0.03	2907

(十一) 家庭背景

家庭背景对就业质量的影响可从两方面来分析。一是良好的家庭背景会让子女受到良好的教育和培训，有助于在未来提升其劳动市场表现。二是中国是一个人情社会，良好的家庭背景会给子女带来更好的就业机会，甚至更多的晋升机会。因此，良好的家庭背景有助于提升劳动市场表现，从而提高就业质量。表9-12显示，居民家庭背景条件越好，就业质量水平越高。回归分析时，以家庭背景"条件很差""条件较差"为比较基础。

表9-12 家庭背景与就业质量

家庭背景	变量名称	就业质量	样本数（个）
条件很差	FAMBACK1	-0.13	152
条件较差	FAMBACK2	-0.15	435
普通家庭	FAMBACK3	-0.01	6885
有一定经济社会地位	FAMBACK4	0.24	586
有很高经济社会地位	FAMBACK5	0.58	27

二 回归结果及分析

用 $JOBQLTY$ 代表城镇居民就业质量。根据以上分析，我们提出以下城镇居民就业质量回归方程：

$$JOBQLTY = \alpha_0 + \alpha_1 EDU + \alpha_2 IQ3 + \alpha_3 IQ4 + \alpha_4 IQ5 + \alpha_5 SKILL3 + \alpha_6 SKILL4 + \alpha_7 SKIIL5 + \alpha_8 INNOV3 + \alpha_9 INNOV4 + \alpha_{10} INNOV5 + \alpha_{11} STUDYNET + \alpha_{12} WORKAGE + \alpha_{13} MALE + \alpha_{14} CPC + \alpha_{15} MARRIED + \alpha_{16} HEALTH4 + \alpha_{17} HEALTH5 + \alpha_{18} FAMBACK3 + \alpha_{19} FAMBACK4 + \alpha_{20} FAMBACK5$$

表9-13报告了采用OLS的回归结果。模型1为包含所有变量的回归结果，显示几乎所有变量的符号与理论预期一致，且大多达到99%以上显著水平。模型2去除与健康状况相关的变量家庭背景再回归，显示健康状况达到90%以上显著水平。

表9-13 城镇居民就业质量方程回归结果

变量名称	模型1		模型2	
	系数	t-值	系数	t-值
C	-0.5922	-12.2974	-0.5140	-11.5367
EDU	0.0073	3.0258	0.0080	3.3530
IQ3	0.0706	2.8085	0.0722	2.8902
IQ4	0.0974	3.7226	0.1075	4.1359

续表

变量名称	模型 1		模型 2	
	系数	t-值	系数	t-值
$IQ5$	0.0859	2.3173	0.1095	2.9691
$SKILL3$	-0.0313	-2.4016	-0.0316	-2.4300
$SKILL4$	0.1442	9.9319	0.1469	10.1522
$SKILL5$	0.2543	7.3981	0.2626	7.6505
$INNOV3$	0.0807	4.9598	0.0836	5.1538
$INNOV4$	0.1055	5.6806	0.1127	6.0909
$INNOV5$	0.0981	3.3547	0.1164	3.9914
$STUDYNET$	0.0262	4.6709	0.0262	4.6852
$WORKAGE$	0.0028	4.0812	0.0030	4.3121
$MALE$	0.0881	6.6145	0.0857	6.4640
CPC	0.0668	4.3239	0.0713	4.6265
$MARRIED$	0.0780	5.8315	0.0807	6.0643
$HEALTH4$	0.0274	1.6458	0.0385	2.3251
$HEALTH5$	0.0128	0.7410	0.0290	1.6812
$FAMBACK3$	0.1050	4.3247		
$FAMBACK4$	0.2945	8.9217		
$FAMBACK5$	0.5442	4.6587		
R^2	0.0857		0.0729	
样本数(个)	7380		7515	

根据以上结果，传统的解释是，控制其他变量不变，受教育年数每增加一年，就业质量增加0.0073（基于模型1）。但就教育对城镇居民就业质量的影响而言，这种分析解读方法存在严重不足：因为教育对回归方程中诸多变量存在显著影响，这就意味着，当受教育程度提升时，根本无法"控制其他变量不变"。就本节所涉及的变量而言，根据第四章第四节的分析，受教育年数对工作技能、创新能力、上网学习时间有显著影响。我们称这些因素为教育对就业质量影响的间接因素。当受教育年数每增加一年，这些因素都随之变化并进而影响城镇居民的就业质量，由此所产生的影响为教育对就业质量的间接影响。第四章第四节讨论了计算间接影响的方法，表9-14报告了计算结果，显示受教育年数每增加一年的全部间接影响为0.0054。根据第四章第四节的分析，受教育年

数对城镇居民就业质量的直接影响为 0.0073。直接影响加间接影响之和为 0.0127。

表 9-14　城镇居民受教育对就业质量的间接影响

间接影响因素	教育对间接因素的影响	间接因素对就业质量的影响	教育通过间接因素对就业质量的影响
创新能力	0.0101	0.0430	0.0004
工作技能	0.0331	0.0757	0.0025
上网学习时间	0.0971	0.0258	0.0025
全部间接影响			0.0054

三　基本观察

根据以上讨论和回归分析的结果，我们获得以下基本观察。

受教育程度越高、智商越高的城镇居民的就业质量越高。考虑到受教育程度与智商的相互作用，我们认为教育与智商交织在一起共同影响就业质量。教育还通过创新能力、打工技能、上网学习时间间接影响就业质量。

随着工作技能、创新能力的提升，城镇居民的就业质量显著随之提升。善于上网学习的城镇居民所获得的就业机会质量较高。工龄较长者的就业质量优于工龄较短者。男性的就业质量优于女性。中共党员的就业质量显著优于其他政治身份群体。与其他婚姻状态的相比，已婚就职者的就业质量显著改善。健康状况的改善有助于就业质量的提升。来自良好家庭背景的就职者的就业质量较好。

第三节　教育对就业质量的影响：基于农民工样本

中国农民工早已成为中国经济建设中的一支重要力量，农民工的就业质量是一个值得关注的问题。对于如此庞大的就业群体来说，如果其就业质量不高，一方面有失社会公允，另一方面会对中国城镇化进程带来负面影响。有诸多因素影响农民工就业质量，本节侧重分析教育对农民工就业质量的影响。

一 文献综述

近年来关于农民工的就业问题受到学术界的关注,已有诸多的研究关注了农民工的就业质量问题。在此本节选取四项有代表性的研究简要加以介绍。

谢勇根据 2007 年"南京市外来农民工劳动权益保障情况调查"数据,运用 Ordered Probit 的计量分析方法,从就业主体的视角,对农民工就业质量的影响因素进行研究,发现在受教育程度、接受培训的状况以及技能水平方面有优势的农民工,其就业质量较高。[1]

石丹淅等基于 2012 年"河南省城镇务工青年的工作与生活状况"的调查数据,运用 Probit 和 Ordered Probit 相结合的计量分析方法,研究新生代农民工就业质量的影响因素,发现工资水平、培训情况和职业类型等是影响农民工就业质量的主要因素。[2]

张卫枚基于 2013 年"长沙市新生代农民工就业质量专题调查问卷"的数据,运用一般性描述统计的方法,对新生代农民工的就业质量进行分析,发现工资收入偏低、工作环境恶劣、社会保障水平低和职位发展机会缺失等导致农民工整体就业质量不高。[3]

彭国胜基于 2009 年"长沙市 301 名青年农民工的实例研究"的调查,运用多元共变的统计分析方法,对青年农民工的人力资本与就业质量进行研究。结果显示,青年农民工的就业质量偏低,且受人力资本的影响显著。[4]

二 农民工就业质量的影响因素分析

本章第二节分析了影响城镇居民就业质量的因素,这一分析大多也适

---

[1] 谢勇:《基于就业主体视角的农民工就业质量的影响因素研究——以南京市为例》,《财贸研究》2009 年第 5 期。
[2] 石丹淅、赖德胜、李宏兵:《新生代农民工就业质量及其影响因素研究》,《经济经纬》2014 年第 3 期。
[3] 张卫枚:《新生代农民工就业质量分析与提升对策——基于长沙市的调查数据》,《城市问题》2013 年第 3 期。
[4] 彭国胜:《人力资本与青年农民工的就业质量——基于长沙市的实证调查》,《湖北社会科学》2009 年第 10 期。

用于农民工群体。为此，本节不再重复这些因素对就业质量的影响，只分析统计结果，仅在这些因素对农民工有某种特殊影响时才进行有针对性的讨论。

（一）受教育程度

过去的农民工大多从事体力劳动，受教育程度对劳动市场的影响相对较小。当今农民工所从事的行业已经越来越接近于城镇居民，因此农民工的受教育程度对其劳动市场表现的影响应会越来越大，包括其就业质量。表9-15显示，随着农民工受教育程度的提高，其就业质量明显上升。用 EDU 代表受教育程度，以受教育年数衡量。

表9-15 受教育程度与就业质量

受教育程度	就业质量	样本数（个）
未受教育	-0.12	80
小学	-0.08	571
初中	-0.04	1153
高中/高职/中专	0.11	801

（二）智商

表9-16显示，随着农民工自评智商的提高，其就业质量明显提升。回归分析时，以自评智商"1""2"为比较基础。

表9-16 智商与就业质量

自评智商指数	变量名称	就业质量	样本数（个）
1	$IQ1$	-0.09	83
2	$IQ2$	-0.10	407
3	$IQ3$	-0.02	1411
4	$IQ4$	0.07	613
5	$IQ5$	0.18	115

（三）上网学习时间

农民工在城镇劳动市场的竞争趋于激烈，现在的农民工也在注重通过学习来提升自己的竞争能力。随着网络和智能手机的普及，上网学习已成为其获取知识和信息的一种重要方式。表9-17显示，随着农民工上网学习时间的增加，其就业质量随之上升。用 $STUDYNET$ 代表上网学习时间。

表 9-17　上网学习时间与就业质量

上网学习时间(小时)	就业质量	样本数(个)
0	-0.077	1313
(0,0.5)	0.001	562
[0.5,1.5)	0.080	467
[1.5,5)	0.174	324

(四) 打工技能

为了研究打工技能对农民工劳动市场表现的影响，2016年问卷调查请农民工自评其打工技能，备选答案有：很低、较低、一般、较高、很高。表9-18显示，打工技能较高的农民工，其就业质量也较高。回归分析时，以打工技能"很低""较低"为比较基础。

表 9-18　打工技能与就业质量

打工技能	变量名称	就业质量	样本数(个)
很低	URBSKILL1	-0.26	104
较低	URBSKILL2	-0.17	344
一般	URBSKILL3	-0.01	1664
较高	URBSKILL4	0.14	444
很高	URBSKILL5	0.30	73

(五) 培训

为推动农民工进城就业、改善农民工在城镇劳动市场的表现，政府组织了大量的针对农民工的培训，对此第十章第二节将有较为详细的讨论。如果培训可以显著提升农民工的打工技能，也就必然有助于提升农民工的就业质量。表9-19显示，随着农民工越来越多地参加政府组织的深度培训，其就业质量明显上升。值得关注的是，其受教育程度也随之上升。回归分析时，以"未参加培训"为比较基础。

表 9-19　培训与就业质量

培训情况	变量名称	就业质量	受教育年数	样本数(个)
未参加培训		-0.05	8.59	1657
参加引导性培训	TRAININTROD	0.04	9.33	130
参加技能性培训	TRAINSKI	0.09	9.64	512
两者均参加	TRAINBOTH	0.12	10.22	229

(六) 工龄

工龄对就业质量的影响较为复杂。表 9-20 显示，工龄与就业质量没有表现出明显的趋势性关系。表 9-21 显示，工龄与工资表现为正向关系，但与工作层次、工作满意度、就业稳定性和福利指数不存在明显的趋势性关系，可能这些因素主导了工龄与就业质量的关系。用 $WORKAGE$ 代表工龄。

表 9-20 工龄与就业质量

工龄段	就业质量	样本数（个）
(0,5)	0.014	528
[5,9)	0.026	595
[9,15)	-0.037	657
[15,40)	-0.015	766

表 9-21 工龄与工资、工作层次、工作满意度、就业稳定性、福利指数

工龄段	月工资（元）	工作层次指数	工作满意度	就业稳定性	福利指数	样本数（个）
(0,5)	3780.73	1.67	2.89	2.97	1.39	528
[5,9)	3914.46	1.62	3.01	2.99	1.37	595
[9,15)	4127.79	1.49	2.92	2.74	1.45	657
[15,40)	4341.32	1.49	3.05	2.74	1.44	766

(七) 健康状况

表 9-22 显示，随着农民工健康状况的改善，其就业质量也随之提升。回归分析时，以健康状况"很差""较差"为比较基础。

表 9-22 健康状况与就业质量

健康状况	变量名称	就业质量	样本数（个）
很差	$HEALTH1$	-0.08	17
较差	$HEALTH2$	-0.23	72
一般	$HEALTH3$	-0.09	623
较健康	$HEALTH4$	0.01	1012
很健康	$HEALTH5$	0.06	905

(八) 团队精神

当今职场大多工作以团队的组织形式进行,这就要求团队参与者要具有团队精神,一方面使团队任务比较容易顺利完成,另一方面也让参与者也被团队接纳和肯定,从而有助于改善其在劳动市场的表现。表9-23显示,团队精神越强,就业质量越高。回归分析时,以团队精神"很差""较差"为比较基础。

表9-23 团队精神与就业质量

团队精神	变量名称	就业质量	样本数(个)
很差	TEAMSPIRIT1	-0.25	22
较差	TEAMSPIRIT2	-0.11	133
一般	TEAMSPIRIT3	-0.05	1186
较好	TEAMSPIRIT4	0.03	912
很好	TEAMSPIRIT5	0.09	376

(九) 沟通能力、表达能力、领导才能

随着越来越多的新生代农民工进入城镇,且从事行业越来越接近于城镇居民,沟通能力、表达能力和领导才能对农民工在劳动市场的表现也日显重要,这和第一代农民工只知埋头干活有显著不同。表9-24、表9-25显示,就业质量随着三种特质的提高呈上升趋势。由于这三个变量存在高度的相关性,我们仅以"沟通能力"为代表进行分析。回归分析时,以沟通能力"很差""较差"为比较基础。之后,再以另两项特质变量分别代替沟通能力逐一进行回归分析。

表9-24 沟通能力与就业质量

沟通能力	变量名称	就业质量	样本数(个)
很差	COMABILITY1	-0.15	59
较差	COMABILITY2	-0.11	202
一般	COMABILITY3	-0.05	1328
较好	COMABILITY4	0.07	827
很好	COMABILITY5	0.14	213

表9-25 表达能力、领导才能与就业质量

表达能力	就业质量指数	样本数(个)	领导能力	就业质量指数	样本数(个)
很差	-0.11	68	很差	-0.12	156
较差	-0.12	300	较差	-0.09	495
一般	-0.02	1518	一般	-0.01	1455
较好	0.07	598	较好	0.08	400
很好	0.13	145	很好	0.22	123

三 就业质量回归方程及结果

用 $JOBQLTY$ 代表农民工就业质量。根据以上分析，我们提出以下农民工就业质量回归方程：

$$\begin{aligned} JOBQLTY = & \alpha_0 + \alpha_1 EDU + \alpha_2 IQ3 + \alpha_3 IQ4 + \alpha_4 IQ5 + \alpha_5 STUDYNET + \\ & \alpha_6 URBSKILL3 + \alpha_7 URBSKILL4 + \alpha_8 URBSKILL5 + \\ & \alpha_9 TRAININTROD + \alpha_{10} TRAINSKI + \alpha_{11} TAINBOTH + \\ & \alpha_{12} WORKAGE + \alpha_{13} HEALTH3 + \alpha_{14} HEALTH4 + \\ & \alpha_{15} HEALTH5 + \alpha_{16} TEAMSPIRIT3 + \alpha_{17} TEAMSPIRIT4 + \alpha_{18} TEAMSPIRIT5 + \\ & \alpha_{19} COMABILITY3 + \alpha_{20} COMABILITY4 + \alpha_{21} COMABILITY5 \end{aligned}$$

由于就业质量是连续变量，采用 OLS 对就业质量方程进行回归，表9-26报告了回归结果。模型1包含所有变量，显示几乎所有变量的符号与理论预期一致，且大多达到90%以上显著水平，但智商和团队精神不显著。相关分析显示，智商和团队精神与大多变量相关性较强，因此模型1存在严重的多重共线性问题。为此模型2去掉了与智商和团队精神相关性比较高的其他变量进行回归，显示智商与团队精神达到95%以上显著水平。

表9-26 农民工就业质量方程回归结果

变量名称	模型1		模型2	
	系数	t-值	系数	t-值
C	-0.47439	-8.48915	-0.13332	-4.42326
EDU	0.00754	2.51799		
IQ3	-0.00374	-0.22538	-0.01615	-0.98941

续表

变量名称	模型 1		模型 2	
	系数	t - 值	系数	t - 值
IQ4	0.01588	0.71254	0.06020	2.69302
IQ5	0.02855	0.56977	0.14077	2.80421
STUDYNET	0.03940	5.54695		
URBSKILL3	0.14119	6.93612		
URBSKILL4	0.24120	9.34376		
URBSKILL5	0.39409	8.24127		
TRAININTROD	0.04419	1.28869		
TRAINSKI	0.08159	4.30877		
TRAINBOTH	0.09300	3.54364		
WORKAGE	0.00022	0.22112		
HEALTH3	0.04131	0.95296		
HEALTH4	0.10421	2.44603		
HEALTH5	0.10413	2.40977		
TEAMSPIRIT3	0.01881	0.54286	0.08363	2.62951
TEAMSPIRIT4	0.02810	0.79440	0.15636	4.83091
TEAMSPIRIT5	0.03953	1.01873	0.21050	5.93101
COMABILITY3	0.01261	0.47941		
COMABILITY4	0.07479	2.69510		
COMABILITY5	0.11444	3.13156		
R^2	0.152897		0.030855	
样本数(个)	2339		2629	

为了分析表达能力、领导才能对就业质量的影响,我们分别用表达能力、领导才能依次替换模型 1 中的沟通能力进行回归。为节省篇幅,表 9-27 只报告了这两个变量的系数及 t 值,显示在"较好"和"很好"层次上达到 90% 以上显著水平。

表 9 - 27　表达能力与领导才能方程回归结果

表达能力	系数	t - 值	领导才能	系数	t - 值
一般	0.03	1.17	一般	0.02	0.85
较好	0.05	2.09	较好	0.04	1.63
很好	0.07	1.90	很好	0.14	3.74

以上回归结果考察了各变量对农民工就业质量的影响。但就教育对农民工就业质量的影响而言，受教育程度还将通过其影响的变量间接影响农民工的就业质量。就本节所涉及的变量而言，根据第四章第四节的分析，受教育年数对上网学习时间、打工技能、健康状况、团队精神、沟通能力、表达能力、领导才能等有显著影响。我们称这些因素为教育对就业质量影响的间接因素。我们把间接因素对农民工就业质量的影响称为间接影响。第四章第四节讨论了计算间接影响的方法。表9-28报告了计算结果，并计算出受教育年数通过间接因素对农民工就业质量的间接影响之和为0.0108。受教育年数对农民工就业质量的直接影响的来自表9-26中EDU的系数0.00754。直接影响加间接影响之和为0.01834。

表9-28 农民工接受教育对就业质量的间接影响

间接影响因素	教育对间接因素的影响	间接因素对就业质量的影响	教育通过间接对就业质量的影响
上网学习时间	0.0552	0.0397	0.0022
打工技能	0.0236	0.0806	0.0019
健康状况	0.0384	0.0314	0.0012
团队精神	0.0321	0.0311	0.0010
沟通能力	0.0103	0.0435	0.0004
表达能力	0.0242	0.0243	0.0006
领导才能	0.0516	0.0680	0.0035
全部间接影响			0.0108

四 基本观察

根据以上讨论和回归分析结果，我们获得以下基本观察。

受教育程度越高、智商越高的农民工的就业质量越高。受教育程度与智商存在较强的相关性，因此我们倾向于认为，智商与受教育程度相互作用共同影响着农民工的就业质量。善于通过网络学习的农民工更容易获得较高质量的就业机会。农民工打工技能的提高有助于提高其就业质量。农民工参加技能性培训或同时参加技能性培训和引导性培训，其就业质量显著高于未参加培训或仅参加引导性培训的农民工。农民工健康状况的改善有助于提高其就业质量。农民工团队精神、沟通能力、表达能力和领导才能越强，其就业质量越高。没有发现工龄对就业质量有显著影响。

第四节 学习行为对就业质量的影响：基于城镇本科样本

近年来，随着高校的扩招，本科生成为劳动市场上越来越庞大的一个群体，这一群体的就业质量是一个值得关注的问题。研究本科学历城镇居民的学习行为和就业质量的关系，一方面可有助于学校更好地组织本科教学以提高毕业生的就业质量，另一方面也为在校的本科生改进其学习方法提供一定的参考。本节基于本科层次样本分析学习行为对就业质量的影响。我们选择的样本仅限于本科层次的城镇居民，以避免因学历层次不同导致学习行为对就业质量影响的复杂性。

一 就业质量影响因素分析

本科生的就业质量受诸多因素影响。本节分析受访者个人因素对就业质量的影响，侧重于其学习行为。为了研究受教育程度对就业质量的影响，本章第一节分析了影响就业质量的个人因素控制变量。本节研究学习行为对就业质量的影响，所涉及的个人因素控制变量与上节大多相同。为此，本节不再重复讨论这些相同的个人因素控制变量，仅分析统计结果，只有对本科样本有某种特殊影响时，才加以讨论。

（一）学习成绩

学习行为对就业质量的影响首先表现在学习成绩上，因为学习成绩反映了本科生通过学习获取的知识量。此外，学习成绩还反映了学生的学习态度。一个大学生在校期间学习态度的认真也更可能表现为就职后工作态度的认真，由此有助于寻找到更高质量的工作。表9-29显示，随着学习成绩的提高，就业质量呈上升趋势。值得注意的是，学习成绩和智商也存在相关性：学习成绩越好，自评智商越高。回归分析时，以学习成绩"很差/较差/一般"为比较基础，以获得足够可以作为比较基础的样本量。

表 9-29　学习成绩与就业质量

学习成绩	变量名称	就业质量	自评智商指数	样本数(个)
很差/较差/一般		-0.041	3.475	1357
较好	GRADE4	0.037	3.612	1149
很好	GRADE5	0.033	3.764	195

(二) 智商

前面已有诸多关于自评智商与劳动市场表现的讨论，基本结论是，智商对劳动市场表现的影响是综合的，而就业质量是人们在劳动市场表现的一个综合指标。因此，智商会对就业质量这样一种综合指标产生影响。表 9-30 显示，随着自评智商指数的提高，就业质量呈上升趋势。回归分析时，以自评智商指数"1""2"为比较基础。

表 9-30　智商与就业质量

自评智商指数	变量名称	就业质量	样本数(个)
1	IQ1	-0.233	34
2	IQ2	-0.019	95
3	IQ3	-0.053	1071
4	IQ4	0.032	1377
5	IQ5	0.119	146

(三) 学校等级

一个学生在本科期间学习了多少知识，所接受教育的质量是一个重要因素，而学校等级在一定程度上反映了学校的教学质量。此外，学校等级还有信号作用，因为学校等级越高，平均来说，从这个学校毕业的学生质量越高。这样，学校等级就提供了一个廉价的信号来评价应聘者的个人能力，进而决定是否录用应聘者，以及确定其起薪和其他福利待遇，从而提升其就业质量。表 9-31 显示，随着学校等级的提高，就业质量呈上升趋势。此外，学生就读学校等级与自评智商有正向关系：学校等级越高，学生的自评智商越高。回归分析时，以学校等级"三本""二本"为比较基础。

表 9-31　学校等级与就业质量

学校等级	变量名称	就业质量	自评智商	样本数(个)
三本	SCHRANK1	-0.159	3.437	339
二本	SCHRANK2	-0.053	3.532	1277
一本	SCHRANK3	0.106	3.606	658
"211"	SCHRANK4	0.085	3.622	262
"985"	SCHRANK5	0.196	3.744	129

(四) 上网学习时间

表 9-32 显示，随着上网学习时间的增加，本科学历城镇居民的就业质量随之上升。用 STUDYNET 代表上网学习时间。

表 9-32　上网学习时间与就业质量

上网学习时间	就业质量	样本数(个)
≤0.1	-0.041	159
(0.1,0.5]	-0.034	483
(0.5,1]	-0.014	657
(1,2]	-0.005	529
>2	0.063	651

(五) 工龄

工龄反映了本科学历城镇居民通过干中学所积累的人力资本。但随着工龄的增加，人力资本在持续折旧，体力也趋于下降。从理论上来说，工龄与就业质量是非线性关系。但表 9-33 显示，随着工龄的增加，就业质量呈上升趋势，反映的是线性关系。用 WORKAGE 代表工龄。

表 9-33　工龄与就业质量

工龄	就业质量	样本数(个)
(0,5]	-0.147	1391
(5,10]	0.114	604
(10,15]	0.115	243
(15,20]	0.190	205
>20	0.266	251

(六) 英语考试过级

根据 2016 年的问卷调查，虽然大多数工作岗位并不需要直接用到英语，但不少企业会考虑是否过英语四六级反映了学生的智力及学习态度，仍会优先录用已过英语四六级的学生。对此，第十一章第二节将有详细分析。此外，英语本身作为一种有用的工具在职场中可以得到使用，也有助于提升就业质量。表 9-34 显示，随着英语考试通过等级的提高，就业质量上升。回归分析时，以英语考试"未过级"为比较基础。

表 9-34 英语考试过级与就业质量

英语考试过级	变量名称	就业质量	样本数（个）
未过级		-0.036	474
四级	CET4	-0.010	1110
六级	CET6	0.060	426
专业八级	TEM8	0.081	34

(七) 技术职称

技术职称是对一个人专业技术水平的官方认定。高技术职称者在劳动市场相对稀缺，同时面临高需求，由此获得高议价能力，可以在决定就业质量的各个因素方面争取到较好的待遇。表 9-35 显示，随着技术职称从无到"正高"，就业质量随之上升。回归分析时，以"无技术职称"、技术职称"初级"为比较基础。

表 9-35 技术职称与就业质量

技术职称	变量名称	就业质量	样本数（个）
无技术职称	TECHRANK1	-0.099	960
初级	TECHRANK2	-0.114	646
中级	TECHRANK3	0.104	829
副高	TECHRANK4	0.249	190
正高	TECHRANK5	0.695	45

(八) 沟通能力、表达能力、团队精神、领导才能

一般来说，与高中及以下学历的就职者相比，本科生更多地担任一定层次的领导工作。他们的沟通能力、表达能力、团队精神和领导才能对他们能不能提拔到领导岗位以及在领导岗位能不能有良好的表现产生一定的影响。表9-36、表9-37、表9-38、表9-39显示，就业质量随着四项特质变量的提高呈上升趋势。这四个特质变量存在较高的相关性，为此，侧重分析"沟通能力"对就业质量的影响。回归分析时，以沟通能力"很差""较差"为比较基础。之后，再以其他三项特质变量取代沟通能力进行回归分析。

表9-36 沟通能力与就业质量

沟通能力	变量名称	就业质量	样本数（个）
很差	$COMABILITY1$	-0.305	11
较差	$COMABILITY2$	-0.109	67
一般	$COMABILITY3$	-0.115	1156
较好	$COMABILITY4$	0.063	1220
很好	$COMABILITY5$	0.231	269

表9-37 表达能力与就业质量

表达能力	变量名称	就业质量	样本数（个）
很差	$EXPABILITY1$	-0.332	10
较差	$EXPABILITY2$	-0.186	74
一般	$EXPABILITY3$	-0.091	1099
较好	$EXPABILITY4$	0.070	974
很好	$EXPABILITY5$	0.314	206

表9-38 团队精神与就业质量

团队精神	变量名称	就业质量	样本数（个）
很差	$TEAMSPIRIT1$	0.069	5
较差	$TEAMSPIRIT2$	-0.252	24
一般	$TEAMSPIRIT3$	-0.154	615
较好	$TEAMSPIRIT4$	0.003	1520
很好	$TEAMSPIRIT5$	0.163	559

表 9-39 领导才能与就业质量

领导才能	变量名称	就业质量	样本数(个)
很差	LEADSHIP1	-0.039	16
较差	LEADSHIP2	-0.219	106
一般	LEADSHIP3	-0.111	1460
较好	LEADSHIP4	0.123	988
很好	LEADSHIP5	0.387	153

(九) 创新能力

对本科生来说，他们往往是在需要一定管理能力或技术能力的岗位就职，需要主动地、创造性地开展工作。因此，创新能力对他们来说尤为重要。如果他们的创新能力强，就会对他们的工资、工作层次及工作环境等产生积极影响，从而提高其就业质量。表 9-40 显示，随着创新能力的提高，就业质量呈上升趋势。回归分析时，以创新能力"1""2"为比较基础。

表 9-40 创新能力与就业质量

创新能力指数	变量名称	就业质量	样本数(个)
1	INNOV1	-0.011	153
2	INNOV2	-0.133	171
3	INNOV3	-0.022	1158
4	INNOV4	0.075	788
5	INNOV5	0.169	153

(十) 家庭背景

在中国这样一个人情社会，家庭背景往往会对大学生能找到什么样的工作，甚至以后的晋升有一定的影响。另外，家庭条件好也意味着会受到更好的教育和培训，综合素质会较高。因此，家庭背景会影响学生的就业质量，尤其在毕业后的初期阶段。表 9-41 显示，家庭背景越好，就业质量越高。回归分析时，以家庭背景"很差""较差"为比较基础。

表 9-41 家庭背景与就业质量

家庭背景	变量名称	就业质量	样本数(个)
很差	FAMBACK1	-0.260	37
较差	FAMBACK2	-0.132	127
一般	FAMBACK3	-0.016	2298
较好	FAMBACK4	0.255	201
很好	FAMBACK5	0.714	11

(十一) 性别

表 9-42 显示,男性就业质量高于女性。用 MALE 代表男性。回归分析时,以女性为比较基础。

表 9-42 性别与就业质量

性别	就业质量	样本数(个)
男	0.051	1822
女	-0.108	901

(十二) 婚姻状况

表 9-43 显示,与其他婚姻状况的群体相比,已婚者的就业质量明显较高。用 MARRIED 代表已婚。回归分析时,以"离异""丧偶""未婚"为比较基础。

表 9-43 婚姻状况与就业质量

婚姻状况	就业质量	样本数(个)
已婚	0.106	1529
离异	-0.008	14
丧偶	-0.031	2
未婚	-0.141	1174

(十三) 政治身份

表 9-44 显示,中共党员的就业质量明显高于其他政治身份的群体。用 CPC 代表中共党员。回归分析时,以"团员""民主党派""群众"为比较基础。

表 9-44 政治身份与就业质量

政治身份	就业质量	样本数(个)
中共党员	0.096	791
团员	-0.134	806
民主党派	-0.078	17
群众	0.036	902

(十四) 健康状况

表 9-45 显示，健康状况越好，本科学历城镇居民的就业质量越高。回归分析时，以健康状况"很差/较差/一般"为比较基础。

表 9-45 健康状况与就业质量

健康状况	变量名称	就业质量	样本数(个)
很差/较差/一般		-0.068	501
较健康	HEALTH4	-0.003	1276
很健康	HEALTH5	0.036	918

二 回归模型及结果

用 JOBQLTY 代表就业质量。根据以上分析，我们构造以下本科层次学历的就业质量方程：

$$\begin{aligned}JOBQLTY = & \alpha_0 + \alpha_1 GRADE4 + \alpha_2 GRADE5 + \alpha_3 IQ3 + \alpha_4 IQ4 + \alpha_5 IQ5 + \\ & \alpha_6 SCHRANK3 + \alpha_7 SCHRANK4 + \alpha_8 SCHRANK5 + \alpha_9 STUDYNET + \\ & \alpha_{10} WORKAGE + \alpha_{11} CET4 + \alpha_{12} CET6 + \alpha_{13} TEM8 + \alpha_{14} TECHRANK3 + \\ & \alpha_{15} TECHRANK4 + \alpha_{16} TECHRANK5 + \alpha_{17} COMABILITY3 + \\ & \alpha_{18} COMABILITY4 + \alpha_{19} COMABILITY5 + \alpha_{20} INNOV3 + \alpha_{21} INNOV4 + \\ & \alpha_{22} INNOV5 + \alpha_{23} FAMBACK3 + \alpha_{24} FAMBACK4 + \alpha_{25} FAMBACK5 + \\ & \alpha_{26} MALE + \alpha_{27} MARRIED + \alpha_{28} CPC + \alpha_{29} HEALTH4 + \alpha_{30} HEALTH5\end{aligned}$$

表 9-46 报告了采用 OLS 的回归结果。模型 1 包含所有变量，显示绝大多数变量的符号与理论预期一致，且大多达到 90% 以上显著水平。但学习成绩、智商、技术职称、健康状况与诸多因素都存在较强的相关性，因

此模型 1 存在多重共线性问题。为此,模型 2 去除与学习成绩、智商、技术职称、健康状况相关的变量再回归,结果显示,智商在 $IQ4$、$IQ5$ 达到 95% 以上显著水平,但学习成绩只在 $GRADE4$ 达到 95% 以上显著水平,在 $GRADE5$ 上显著性仍然很低。技术职称、健康状况均达到 95% 以上显著水平。

表 9-46　就业质量方程回归结果

变量名称	模型 1		模型 2	
	系数	t-值	系数	t-值
C	-0.7159	-6.9516	-0.4490	-7.8917
$GRADE4$	0.0011	0.0417	0.0467	2.1014
$GRADE5$	-0.0813	-1.6125	0.0212	0.4904
$IQ3$	0.0352	0.5923	0.0417	0.8191
$IQ4$	0.0378	0.6402	0.1108	2.1982
$IQ5$	0.0371	0.4674	0.2027	3.0267
$SCHRANK3$	0.1034	3.4902		
$SCHRANK4$	0.0763	1.9163		
$SCHRANK5$	0.1236	2.1915		
$STUDYNET$	0.0271	3.1717		
$WORKAGE$	0.0124	5.7036	0.0089	5.1342
$CET4$	0.0718	2.3594		
$CET6$	0.1428	3.7563		
$TEM8$	0.2737	2.8166		
$TECHRANK3$	0.0547	1.8991	0.1038	4.2032
$TECHRANK4$	0.0548	1.0121	0.1437	3.2181
$TECHRANK5$	0.8946	7.8271	0.7528	8.7533
$COMABILITY3$	0.0247	0.3501		
$COMABILITY4$	0.1366	1.9280		
$COMABILITY5$	0.3309	4.1839		
$INNOV3$	0.0541	1.7360		
$INNOV4$	0.0826	2.3521		
$INNOV5$	0.1073	1.8178		
$FAMBACK3$	0.1014	2.0392		
$FAMBACK4$	0.1586	2.4420		
$FAMBACK5$	0.4682	2.6229		
$MALE$	0.0875	3.3421	0.1168	5.1764
$MARRIED$	0.1090	3.6991	0.1132	4.4034
CPC	0.0447	1.6874	0.0434	1.8706
$HEALTH4$	0.0370	1.1192	0.0614	2.1506
$HEALTH5$	0.0362	1.0219	0.1023	3.3674
R^2	0.2316		0.1444	
样本数(个)	1674		2395	

关于学习成绩"很好"的显著性低是一个需要讨论的问题，有两种可能：一是与学习成绩"很好"层次的样本量相对较少有关，因为学习成绩"很好"的样本只有195个；二是学习成绩"很好"的同学普遍"高分低能"，为此我们稍作分析。表9-47报告了对应不同学习成绩档次诸多个人特质的差别，显示在这些可能影响就业质量的个人特质方面，学习成绩"很好"的样本均表现最优。因此我们倾向认为，学习成绩"很好"的学生应获得高质量的工作，而在回归分析中未达显著可能与样本量相对较小有一定的关系，这是一个需进一步研究的问题。

表9-47　学习成绩与诸多个人特质的关系

学习成绩	学生干部等级	沟通能力	表达能力	团队精神	领导才能	创新能力	小挑参与率(%)	样本数(个)
很差	2.33	3.44	3.71	3.83	3.28	2.72	11.76	18
较差	1.66	3.47	3.46	3.88	3.45	3.18	10.20	49
一般	1.96	3.51	3.42	3.83	3.32	3.03	17.53	1290
较好	2.44	3.69	3.64	4.06	3.50	3.18	23.01	1149
很好	2.72	3.86	3.81	4.21	3.73	3.41	29.38	195

注：小挑是指"挑战杯"中国大学生创业计划竞赛。

沟通能力、表达能力、团队精神、领导才能存在较强的相关性，同时放入回归方程必然导致严重的多重共线性问题。为此，在模型1的基础上，去掉与沟通能力、表达能力、团队精神、领导才能高度相关的变量，将四个特质变量分别放入模型1进行回归。为节省篇幅，表9-48仅报告四个特质变量分别回归的系数和t值，显示大多变量的符号与理论预期一致，几乎所有变量达到显著水平，至少在程度"很好"的层次上。

表9-48　沟通能力等四个特质变量分别回归结果

程度	沟通能力		表达能力		团队精神		领导才能	
	系数	t-值	系数	t-值	系数	t-值	系数	t-值
一般	-0.0014	-0.0219	0.0745	1.2256	-0.0203	-0.1902	0.0961	1.8557
较好	0.1220	1.8576	0.2033	3.3160	0.1148	1.0872	0.2675	5.0494
很好	0.3162	4.3291	0.4393	6.1856	0.2575	2.3959	0.4952	7.2643

三 基本观察

根据以上讨论及回归结果,我们就本科层次城镇居民学习行为对就业质量的影响形成如下基本观察。

学习成绩越好、就读学校等级越高的本科学历城镇居民就业质量越高。此外,较高的自评智商对提高学习成绩也有显著影响,也就是说,智商还通过学习成绩间接影响就业质量。善于上网学习有助于提高本科学历城镇居民的就业质量。工龄对本科学历城镇居民的就业质量表现出正向的显著影响。与英语未过级的本科毕业生相比,英语已通过四六级的本科毕业生就业质量更高。较高的技术职称也有助于本科学历城镇居民获得较高的就业质量。较强的沟通能力、表达能力、团队精神及领导才能有助于本科学历城镇居民提高就业质量。拥有更高的工作技能会提高本科学历城镇居民就业质量。创新能力强、家庭背景好有助于本科学历城镇居民就业质量的提高。男性的就业质量显著高于女性。已婚者的就业质量显著高于其他婚姻状况的群体。中共党员的就业质量显著高于其他政治身份的群体。健康状况提升显著提高就业质量。

第五节 学习行为对就业质量的影响:基于城镇高中样本

上一节基于本科学历层次样本分析了城镇居民学习行为对就业质量的影响。为了进一步分析城镇居民学习行为对就业质量的影响,本节采用高中层次样本,同时也是为了避免不同受教育层次带来的学习行为对就业质量影响的复杂性。就整个社会而言,具有高中学历的群体仍是一个较大的群体,他们的学习行为对就业质量的影响值得关注。本次调查共获得高中层次样本1743个。就学习行为对就业质量的影响来说,本科和高中层次之间所涉及的变量大多相同,相关理论在之前的章节已进行讨论,如果这种影响在本科和高中学历层次之间没有太大差异,本节不再重复理论分析,仅分析统计结果。只有当变量对高中学历群体有某些特殊影响的情况下,做一些具有针对性的分析。

一 学习行为对就业质量影响的因素分析

(一)学习成绩

高中属于非义务教育层次,需要经过考试择优录取。因此,能考上高中的群体往往具备较强的学习能力并掌握了一定的知识，但他们同时也是最终没考上大学的群体。因此，他们的学习成绩并不十分优秀。但尽管如此，学习成绩仍然是影响高中学历群体就业质量的一个重要因素。表9-49显示，高中学历群体的就业质量随着学习成绩的提高而上升。此外，我们发现学习成绩与智商存在着相关性：学习成绩越好，自评智商越高。回归分析时，以学习成绩"很差""较差"为比较基础。

表9-49 学习成绩与就业质量

学习成绩	变量名称	就业质量	自评智商指数	样本数（个）
很差	GRADE1	-0.309	3.085	47
较差	GRADE2	-0.268	3.188	133
一般	GRADE3	-0.039	3.310	1041
较好	GRADE4	0.157	3.382	456
很好	GRADE5	0.360	3.500	54

（二）智商

表9-50显示，随着自评智商的提高，高中学历城镇居民的就业质量呈上升趋势。回归分析时，以自评智商指数"1""2"为比较基础。

表9-50 自评智商与就业质量

自评智商指数	变量名称	就业质量	样本数（个）
1	IQ1	-0.041	33
2	IQ2	-0.289	123
3	IQ3	-0.022	917
4	IQ4	0.097	589
5	IQ5	-0.001	80

（三）所就读高中教学条件

中国的高中在教学条件上有很大差别，可分为省重点、市重点和普通中学，这一差别在一定程度上影响着学生所受高中教育的质量，所就读高中的教学条件还具有一定的信号作用。2016年问卷调查请受访者自评其所就读高中教学条件，备选答案有：很差、较差、一般、较好、很好。表9-51显示，随着高中教学条件的改善，高中学历城镇居民的就业质量随之上升。另外，我们发现，自评智商越高，学生所就读学校的教学条件越好。回归分析时，以学校教学条件"很差""较差"为比较基础。

表 9-51 高中教学条件与就业质量

高中教学条件	变量名称	就业质量	自评智商指数	样本数（个）
很差	SCHQLTY1	-0.271	3.214	42
较差	SCHQLTY2	-0.200	3.125	136
一般	SCHQLTY3	-0.053	3.303	1030
较好	SCHQLTY4	0.137	3.395	420
很好	SCHQLTY5	0.384	3.543	94

（四）上网学习时间

表 9-52 显示，随着上网学习时间的增加，居民就业质量呈上升趋势。此外，上网学习时间与自评智商存在正向关系：上网学习时间越长，自评智商越高。用 STUDYNET 代表上网学习时间。

表 9-52 上网学习时间与就业质量

上网学习时间	就业质量	自评智商指数	样本数（个）
≤0.1	-0.129	3.19	236
(0.1,0.5]	-0.081	3.33	381
(0.5,1]	-0.008	3.34	388
(1,2]	0.109	3.40	227
>2	0.087	3.35	256

（五）工龄

第五章第三节的研究显示，工资和工龄并非线性关系，工资在工龄为 20 年左右达到峰值，随后工资随年龄有所下降。工资在所定义的就业质量中占据重要比重，但同时工龄还可以通过其他方面对就业质量产生影响，如工龄越高，工作稳定性越好。作为老员工，其享受的福利水平也较高，从而使就业质量上升。因此，工龄对就业质量的影响是基于多重因素的作用。表 9-53 显示，随着工龄的增加，就业质量呈上升趋势。用 WORKAGE 代表工龄。

表 9-53　工龄与就业质量

工龄	就业质量	样本数(个)
(0,10]	-0.089	822
[11,20]	0.050	400
[21,30]	0.065	344
≥31	0.226	129

（六）工作技能

高中学历城镇居民所掌握的工作技能对工资、工作稳定性、福利水平等有所影响，进而影响就业质量。表 9-54 显示，随着工作技能的提高，就业质量呈上升趋势。回归分析时，以工作技能"很低""较低"为比较基础。

表 9-54　工作技能与就业质量

工作技能	变量名称	就业质量	样本数(个)
很低	$SKILL1$	-0.155	92
较低	$SKILL2$	-0.210	134
一般	$SKILL3$	-0.074	1005
较高	$SKILL4$	0.218	447
很高	$SKILL5$	0.400	39

（七）沟通能力、表达能力、团队精神、领导才能

对于在学历上没有太多优势的高中生来说，拥有一些工作所需要的"软实力"很重要。高中学历城镇居民的沟通能力、表达能力、团队精神和领导才能越好，越有机会获得更高层次的工作岗位，挣得更高的工资，因而工作满意度更高。表 9-55、表 9-56、表 9-57、表 9-58 显示，就业质量随着四项特质的提高呈上升趋势。这四个特质变量存在着较强的相关性，为此沿用上一节的方法，侧重分析"沟通能力"对就业质量的影响。回归分析时，以沟通能力"很差""较差"为比较基础。之后，再以其他三项特质变量取代沟通能力进行分析。

表 9-55　沟通能力与就业质量

沟通能力	变量名称	就业质量	样本数（个）
很差	COMABILITY1	-0.187	27
较差	COMABILITY2	-0.248	85
一般	COMABILITY3	-0.101	860
较好	COMABILITY4	0.143	649
很好	COMABILITY5	0.166	121

表 9-56　表达能力与就业质量

表达能力	变量名称	就业质量	样本数（个）
很差	SPEABILITY1	-0.258	95
较差	SPEABILITY2	-0.189	228
一般	SPEABILITY3	0.011	895
较好	SPEABILITY4	0.216	275
很好	SPEABILITY5	0.316	43

表 9-57　团队精神与就业质量

团队精神	变量名称	就业质量	样本数（个）
很差	TEAMSPIRIT1	-0.269	13
较差	TEAMSPIRIT2	-0.264	35
一般	TEAMSPIRIT3	-0.116	572
较好	TEAMSPIRIT4	0.036	839
很好	TEAMSPIRIT5	0.173	283

表 9-58　领导才能与就业质量

领导才能	变量名称	就业质量	样本数（个）
很差	LEADSHIP1	-0.269	54
较差	LEADSHIP2	-0.264	153
一般	LEADSHIP3	-0.116	1078
较好	LEADSHIP4	0.036	391
很好	LEADSHIP5	0.173	66

（八）创新能力

表 9-59 显示，随着创新能力的提高，高中学历城镇居民的就业质量呈上升趋势。回归分析时，以创新能力指数"1""2"为比较基础。

表 9-59 创新能力与就业质量

创新能力指数	变量名称	就业质量	样本数(个)
1	INNOV1	-0.115	109
2	INNOV2	-0.141	304
3	INNOV3	0.034	795
4	INNOV4	0.037	439
5	INNOV5	0.130	95

（九）家庭背景

表 9-60 显示，家庭背景越好，高中学历城镇居民的就业质量越高，这对主要在当地就业的高中生来说更是如此。回归分析时，以家庭背景"很差""较差"为比较基础。

表 9-60 家庭背景与就业质量

家庭背景	变量名称	就业质量	样本数(个)
很差	FAMBACK1	-0.305	31
较差	FAMBACK2	-0.341	91
一般	FAMBACK3	-0.018	1468
较好	FAMBACK4	0.509	119
很好	FAMBACK5	0.079	7

（十）性别

表 9-61 显示，男性的就业质量高于女性。用 MALE 代表男性。回归分析时，以女性为比较基础。

表 9-61 性别与就业质量

性别	就业质量	样本数(个)
男	0.016	1132
女	-0.030	610

（十一）政治身份

表 9-62 显示，中共党员的就业质量明显高于其他政治身份群体。用 CPC 代表"中共党员"。回归分析时，以"团员""民主党派""群众"为比较基础。

表 9-62 政治身份与就业质量

政治身份	就业质量	样本数(个)
中共党员	0.273	266
团员	-0.032	580
民主党派	-0.030	12
群众	-0.061	884

(十二) 健康状况

表 9-63 显示,随着健康状况的改善,高中学历城镇居民的就业质量随之上升。回归分析时,以健康状况"很差""较差""一般"为比较基础。

表 9-63 健康状况与就业质量

健康状况	变量名称	就业质量	样本数(个)
很差/较差	HEALTH1/2	-0.015	36
一般	HEALTH3	-0.108	378
较健康	HEALTH4	0.007	726
很健康	HEALTH5	0.061	602

二 回归方程及结果

用 $JOBQLTY$ 代表就业质量。根据以上分析,我们构造以下高中层次学历的就业质量方程:

$$\begin{aligned} JOBQLTY = & \alpha_0 + \alpha_1 GRADE3 + \alpha_2 GRADE4 + \alpha_3 GRADE5 + \alpha_4 IQ3 + \alpha_5 IQ4 + \\ & \alpha_6 IQ5 + \alpha_7 SCHQLTY3 + \alpha_8 SCHQLTY4 + \alpha_9 SCHQLTY5 + \\ & \alpha_{10} STUDYNET + \alpha_{11} WORKAGE + \alpha_{12} SKILL3 + \alpha_{13} SKILL4 + \\ & \alpha_{14} SKILL5 + \alpha_{15} COMABILITY3 + \alpha_{16} COMABILITY4 + \\ & \alpha_{17} COMABILITY5 + \alpha_{18} INNOV3 + \alpha_{19} INNOV4 + \alpha_{20} INNOV5 + \\ & \alpha_{21} FAMBACK3 + \alpha_{22} FAMBACK4 + \alpha_{23} FAMBACK5 + \alpha_{24} MALE + \\ & \alpha_{25} CPC + \alpha_{26} HEALTH4 + \alpha_{27} HEALTH5 \end{aligned}$$

表 9-64 报告了采用 OLS 的回归结果。模型 1 包含所有变量,显示绝大多数变量的符号与理论预期一致,且大多达到 90% 以上显著水平。但自

评智商、学校教学条件、创新能力、健康状况与其他变量存在较强的相关性，导致模型1存在多重共线性问题。为此，模型2去除与智商、学校教学条件、创新能力、健康状况相关性较强的变量再回归。结果显示，智商、学校教学条件、创新能力、健康状况均在所有程度上显著。

表9-64 就业质量方程回归结果

变量名称	模型1		模型2	
	系数	t-值	系数	t-值
C	-0.9274	-8.8635	-0.6269	-8.6980
GRADE3	0.1422	2.7560		
GRADE4	0.4025	3.8285		
GRADE5	0.2386	4.0891		
IQ3	0.1148	2.0409	0.1535	2.8918
IQ4	0.1852	3.0969	0.2324	4.1315
IQ5	0.1013	1.1297	0.1469	1.7304
SCHQLTY3	0.0358	0.6780	0.1080	2.1981
SCHQLTY4	0.0917	1.5223	0.2686	4.9337
SCHQLTY5	0.2109	2.4851	0.4930	6.3535
STUDYNET	0.0454	3.4925		
WORKAGE	0.0062	3.6812	0.0073	4.9237
SKILL3	-0.0412	-0.8802		
SKILL4	0.1353	2.5535		
SKILL5	0.2722	2.3632		
COMABILITY3	0.0428	0.6349		
COMABILITY4	0.1464	2.0916		
COMABILITY5	0.1806	2.0651		
INNOV3	0.0844	2.1302	0.1189	3.2180
INNOV4	0.0178	0.3901	0.1013	2.3824
INNOV5	0.0071	0.0932	0.1522	2.1346
FAMBACK3	0.2195	3.6051		
FAMBACK4	0.5701	6.7854		
FAMBACK5	0.3169	1.1978		
MALE	0.0314	0.9760	0.0220	0.7247
CPC	0.2139	4.7221	0.2430	5.8655
HEALTH4	0.0250	0.6373	0.0732	1.9716
HEALTH5	0.0046	0.1109	0.0947	2.4213
R^2	0.1973		0.1144	
样本数（个）	1434		1720	

沟通能力、表达能力、团队精神、领导才能存在着较强的相关性，同时放入回归方程必然导致严重的多重共线性问题。为此沿用上一节方法，在模型 1 的基础上，去掉与沟通能力、表达能力、团队精神、领导才能相关的变量，将四个变量分别放入模型 1 进行回归。为节省篇幅，表 9-65 报告了这三个变量分别回归的系数和 t 值，显示符号与理论预期一致。"沟通能力"在"较好"和"很好"程度上显著。"表达能力"和"领导才能"在所有程度上均为显著，"团队精神"仅在"很好"程度上显著。

表 9-65　沟通能力等四个特质变量分别回归结果

程度	沟通能力		表达能力		团队精神		领导才能	
	系数	t-值	系数	t-值	系数	t-值	系数	t-值
一般	0.0464	0.7609	0.1597	4.1106	0.0233	0.2512	0.0880	1.9277
较好	0.1896	3.0061	0.2863	5.7656	0.0932	1.0077	0.2363	4.5177
很好	0.2168	2.7187	0.3965	4.1351	0.1939	1.9929	0.3216	3.7624

三　基本观察

根据以上讨论及回归结果，我们获得以下基本观察。

较好的学习成绩、较高的自评智商显著提高了高中学历城镇居民的就业质量。此外，较高的自评智商对提高学习成绩也有显著影响，也就是说，自评智商还通过学习成绩间接影响了高中学历城镇居民的就业质量。所就读学校教学条件越好，其毕业生的就业质量越高。善于上网学习有助于提高高中学历城镇居民的就业质量。随着工龄的增加，高中学历城镇居民的就业质量也随之提高。专业技能较强的高中学历城镇居民有更多的机会获得高就业质量的工作。沟通能力、表达能力、领导才能及创新能力的提高均有助于提高高中学历城镇居民的就业质量。良好的家庭背景有助于提高高中学历城镇居民的就业质量。与其他政治身份群体相比，中共党员的就业质量显著提高。健康状况越好，高中学历城镇居民的就业质量越高。没有发现性别对就业质量有显著影响。

附录 9-1
就业质量影响因素调查

河南财经政法大学

影响就业质量的因素有多种,但各个因素的重要性不尽相同,本调查旨在了解受访者对各个因素的重要性的评价。此次调查仅限于学术研究。

调查地点:郑州市;时间:2016 年__月__日

调查人:_____;问卷序号:_____

1. 如果您是城镇居民且专科及以上学历→转到第 2 题
   如果您是城镇居民且高中中专及以下学历→转到第 3 题
   如果您是农民工→转到第 4 题
2. 您在评价就业质量时,如何评价以下因素的重要性?
   (给以下 6 个因素分别赋值反映各自所占比重,相加等于 1):
   　工资　工作稳定性 工作层次 福利水平 工作环境 工作满意度
   ( ) + ( ) + ( ) + ( ) + ( ) + ( ) = 1
3. 您在评价就业质量时,如何评价以下因素的重要性?
   (给以下 5 个因素分别赋值反映各自所占比重,相加等于 1):
   　工资　工作稳定性 工作层次 福利水平 工作满意度
   ( ) + ( ) + ( ) + ( ) = 1

4. 您在评价就业质量时,如何评价以下因素的重要性?

(给以下 5 个因素分别赋值反映各自所占比重,相加等于 1):

工资　工作稳定性　工作层次　福利水平　工作满意度
(　) + (　) + (　) + (　) + (　) = 1

谢谢您的合作!

第十章
教育的其他价值

据之前章节分析,教育显著影响就业者的劳动市场表现。除此之外,教育还具有其他价值。本章主要基于2016年的问卷调查数据,分析教育对农民农业专职化选择的影响,农民工培训效果评估,基于城镇居民样本、农民工样本讨论教育对社会福利的影响,基于城镇居民样本探讨教育对颜值的影响。

第一节 教育对农业专职化选择的影响

根据2016年问卷调查,专职农民的年务农收入平均每月只有354.72元,而非专职农民每月平均工资为3324.72元。因此,农民农业专职化选择直接影响着农民的收入。那么,这就提出一个问题:是什么因素导致农民选择从事农业而非收入较高的非农职业?这是一个关于农业专职化选择的问题。本节基于农民的个人特点,侧重从教育方面提出解释。

一 农业专职化选择的个人因素分析

根据2016年问卷调查,在1560份农村问卷中,专职农民有541份,占所有农村居民的34.68%。这就是说,有1/3的农村居民选择从事专职农业。下面分析影响农业专职化选择的个人因素。

（一）受教育程度

一般来说，从事非农职业比从事农业生产需要更多的知识，非农劳动市场的竞争也相对激烈。受教育程度高的农村居民在非农劳动市场可获得更高的人力资本回报，在劳动市场的竞争中比受教育程度低的农村居民更具竞争优势。表10-1显示，专职农民的受教育年数普遍低于非专职农民，支持了以上判断。用 EDU 代表受教育程度，以受教育年数衡量。

表 10-1 受教育程度与农业专职化选择

	受教育年数	样本数（个）
专职农民	6.95	541
非专职农民	8.42	997

（二）智商

智商可以理解为人力资本的天然禀赋。根据之前章节的分析，高智商的农村居民会更多地选择非农职业以获得更高的人力资本回报，相反，智商较低的农村居民会更多地选择成为专职农民。智商采用农民自评智商，从低到高分为10级。为避免回归分析时产生过多的虚拟变量，将1~10等距离分为5个等级，依次赋值从1到5。表10-2显示，专职农民智商低于非专职农民。回归分析时，以较低的3级为比较基础，用 $IQ4$、$IQ5$ 分别代表自评智商第4级、第5级。

表 10-2 智商与农业专职化选择

	自评智商指数	样本数（个）
专职农业	2.72	541
非专职农民	3.20	1019

（三）上网学习时间

关于上网学习时间指数的形成，第十二章第三节将有详细说明。农民上网学习是一种人力资本投资。据前分析，上网学习时间指数高的农民，会更多地选择从事非农职业。上网学习时间指数是虚拟变量，分三个等级：0、（0，0.6]、>0.6，依次用 $STUDYNET1$、$STUDYNET2$、$STUDYNET3$ 表示。回归分析时，以上网学习时间指数"0"为比较基础。

表10-3　上网学习时间与农业专职化选择

	上网学习时间指数	样本数（个）
专职农民	0.14	423
非专职农民	0.26	899

（四）健康状况

樊明等发现，健康状况较差的农村居民会更多地选择农业专职化。[①] 随着现代农业技术的发展，农业劳动对农民健康的要求较以前降低。反之，农民务工多为建筑业、制造业，劳动强度较高，作息时间较为固定，对健康的要求相对较高。综合以上因素，健康状况越差的农民，更倾向于选择农业专职化。2016年问卷调查请受访农民自评其健康，备选答案有：很差、较差、一般、较健康、很健康，依次赋值从1到5，构成健康指数。表10-4显示，非专职农民的平均健康指数高于专职农民。用 $HEALTH4$、$HEALTH5$ 依次代表"较健康""很健康"。回归分析时，以健康状况"很差""较差""一般"为比较基础。

表10-4　健康状况与农业专职化选择

	健康指数	样本数（个）
专职农民	3.54	541
非专职农民	3.99	1019

（五）年龄

在中国，年龄越大的农民，受教育程度越低，在非农劳动市场的竞争力相对较弱。此外，随着年龄的增加，农民的体力虽然下降，但由于农业技术的发展和机械化程度的提高，农业生产对农民体力的要求反而降低。

---

① 樊明等：《中西部工业化、城镇化和农业现代化：处境与对策》，社会科学文献出版社，2015。

相反，从事非农职业对体力的要求相对较高。综合以上因素，年龄越大的农民，越倾向于选择农业专职化。表 10-5 支持了这一分析。用 AGE 代表年龄。

表 10-5　年龄与农业专职化选择

	平均年龄	样本数(个)
专职农民	48.77	539
非专职农民	42.74	1013

（六）农业生产技能

农业生产技能可以理解为一种人力资本的存量。显然，农业生产技能越高，农民为使其人力资本得到更高的回报，会更多地选择农业专职化。2016 年问卷调查请受访农村居民自评其农业生产技能，备选答案有：很低、较低、一般、较高、很高，依次赋值从 1 到 5，构成农业生产技能指数。表 10-6 显示，专职农民的农业生产技能高于非专职农民。用 $AGRSKILL3$、$AGRSKILL4$、$AGRSKILL5$ 依次代表农业生产技能"一般""较高""很高"。回归分析时，以农业生产技能"很低""较低"为比较基础。

表 10-6　农业生产技能与农业专职化选择

	农业技能指数	样本数(个)
专职农民	3.11	541
非专职农民	3.05	1019

（七）务工技能

务工技能也可以理解为一种人力资本的存量。农民务工技能越高，为使其人力资本得到更高的回报，会更多地选择非农职业。2016 年问卷调查请受访农村居民自评其务工技能，备选答案有：很低、较低、一般、较高、很高，依次赋值从 1 到 5，构成务工技能指数。表 10-7 显示，非专职农民的务工技能要高于专职农民的务工技能。用 $URBSKILL3$、$URBSKILL4$、$URBSKILL5$ 依次代表务工技能"一般""较高""很高"。回归分析时，以务工技能"很低""较低"为比较基础。

表 10-7　务工技能与农业专职化选择

	务工技能指数	样本数(个)
专职农民	2.61	450
非专职农民	3.04	1019

(八) 性别

2016 年问卷调查显示，男性农民受教育程度高于女性。据前分析，这会使得男性更多地选择非农职业。此外，农村非农职业大多是体力劳动，对体力要求较高，作息时间有统一规定，劳动时间也相对较长。显然，相对来说非农职业更适合男性，因为女性承担着更多的家庭事务，如照顾小孩、老人等，需更灵活的就业时间，而且女性的体力也弱于男性。表 10-8 显示，男性选择专职农业的比重要小于选择非专职农业。用 $MALE$ 代表男性。回归分析时，以女性为比较基础。

表 10-8　性别与农业专职化选择

	男性所占比重(%)	样本数(个)
专职农民	59.15	541
非专职农民	73.70	1019

二　回归模型及结果

用 $FARMPRO$ 代表农业专职化选择。根据以上分析讨论，我们提出以下农业专职化选择的回归方程：

$$FARMPRO = \alpha_0 + \alpha_1 EDU + \alpha_2 IQ4 + \alpha_3 IQ5 + \alpha_4 STUDYNET + \alpha_5 HEALTH4 + \alpha_6 HEALTH5 + \alpha_7 AGE + \alpha_8 AGRSKILL3 + \alpha_9 AGRSKILL4 + \alpha_{10} AGRSKILL5 + \alpha_{11} SKILL3 + \alpha_{12} SKILL4 + \alpha_{13} SKILL5 + \alpha_{14} MALE$$

因变量是农业专职化和农业非专职化之间的选择，构成 0-1 变量，即如果选择专职农民，则赋值为 1，否则为 0，故采用单位概率模型（Probit Model）回归。

表 10-9 报告了回归结果。包含了所有变量的模型 1 显示，大多变量的符号与理论预期一致，且达到 90% 以上显著水平。但相关分析显示，受

教育年数、上网学习时间、年龄、务工技能之间存在相关性，导致模型1存在多重共线性问题。为了检验受教育年数、上网学习时间对农民选择专职农业的影响，模型2去掉受教育年数、年龄、务工技能再回归，显示 $STUDYNET3$ 显著性超过99%。模型3去掉务工技能再回归，显示 EDU 显著性超过99%。

表10-9　农业专职化方程回归结果

变量名称	模型1 系数	模型1 p-值	模型2 系数	模型2 p-值	模型3 系数	模型3 p-值
C	-0.3257	0.1656	0.2725	0.0082	-0.3988	0.0651
EDU	-0.0155	0.2332			-0.0377	0.0015
$IQ4$	-0.3049	0.3047	-0.4102	0.0000	-0.4072	0.0000
$IQ5$	-0.1034	0.9349	-0.4340	0.0088	-0.3550	0.0331
$STUDYNET2$	0.1022	0.0000	-0.0503	0.5492	0.1810	0.0474
$STUDYNET3$	-0.0114	0.0005	-0.3386	0.0081	-0.0533	0.6903
$HEALTH4$	-0.4062	0.0000	-0.3976	0.0000	-0.3048	0.0003
$HEALTH5$	-0.3338	0.5843	-0.4401	0.0000	-0.3035	0.0008
AGE	0.0190	0.7063			0.0207	0.0000
$AGRSKILL3$	-0.0557	0.0392	-0.0742	0.4176	-0.1841	0.0504
$AGRSKILL4$	0.0470	0.0000	0.0738	0.5004	-0.1390	0.2260
$AGRSKILL5$	0.4445	0.0000	0.4039	0.0244	0.1858	0.3208
$SKILL3$	-0.4227	0.0005				
$SKILL4$	-0.7828	0.0000				
$SKILL5$	-1.1501	0.1656				
$MALE$	-0.3340	0.2332	-0.3673	0.0000	-0.3523	0.0000
Prob(LR statistic)	0.0000		0.0000		0.0000	
样本数（个）	1441		1469		1530	

以上回归结果考察了各变量对农民农业专职化选择的影响。但就教育对农业专职化选择的影响而言，这种分析方法存在严重不足：因为教育对回归方程中诸多变量存在显著影响，这就意味着，当受教育年数每增加一年时，根本无法控制其他变量保持不变。就本节所涉及的变量而言，根据第四章第四节的分析，受教育程度对健康状况、农业生产技能、上网学习时间、打工技能等有显著影响。我们称这些因素为教育对农业专职化选择影响的间接因素。当受教育年数每增加一年，这些因素都随之变化并进而

影响农业专职化选择,由此所产生的影响为教育对农业专职化选择的间接影响。第四章第四节讨论了计算间接影响的方法,表10-10报告了计算结果,显示受教育年数每增加一年的全部间接因素的影响之和为-0.0062。表10-9显示,受教育年数对农业专职化选择有显著影响,但受教育年数的系数并不能解释为受教育年数对农业专职化选择的影响。第四章第四节讨论了采用马达拉公式计算单位概率模型变量作用的方法,应用该公式求得受教育年数对农业专职化选择的直接影响为-0.0075(基于模型3)。直接影响加间接影响之和为-0.0137。间接影响的作用在所有影响中所占比重高达45.26%,说明忽视间接影响而只估计直接影响,将会造成教育对农业专职化选择的严重低估。

表10-10 农民接受教育对农业专职化选择的间接影响

间接影响因素	教育对间接因素的影响	间接因素对工资收入的影响	教育通过间接因素对工资收入的影响
健康状况	0.0530	-0.0208	-0.0011
农业生产技能	-0.0125	0.0250	-0.0003
上网学习时间	0.0555	-0.0453	-0.0025
打工技能	0.0452	-0.0505	-0.0023
全部间接影响			-0.0062

三 基本观察

根据以上讨论及回归结果,我们获得以下基本观察。

受教育程度和自评智商对农民农业专职化选择均有显著的负面影响。而自评智商与受教育程度高度相关,由此我们认为,自评智商与受教育程度相互交织,影响农民农业专职化选择。教育还通过其他因素间接影响农民农业专职化选择,包括健康状况、农业生产技能、上网学习时间、务工技能。间接影响占教育对农民农业专职化选择影响的45.26%,是不容忽视的影响。

随着上网学习时间的增多,农民会较少选择农业专职化。与男性农民相比,女性农民更多地选择农业专职化。农业生产技能较高的农民会更多地选择农业专职化。随着务工技能的提高,农民选择农业专职化的概率降低。随着健康状况的改善，农民会较少选择农业专职化。年龄越高的农民会更多地选择农业专职化。

第二节 对农民工培训效果的评估

自 2003 年起，中国政府开始高度重视农民工培训。为使农民工有更好的劳动市场表现，政府投入大量人力、物力，不断增加农民工培训的项目和资金投入，参与的部门单位也越来越多。然而，如此巨大的投入，能否带来成效还需进一步评估。本节基于 2014 年、2015 年和 2016 年的问卷数据，评估农民工培训效果，侧重于工资回报。

一 政府对农民工培训的简要介绍

2003 年，国务院办公厅下发《关于做好农民工进城务工就业管理和服务工作的通知》，提出做好农民工培训工作。自此中国政府高度重视对农民工的培训，并逐年加大对农民工培训的投入。

在培训内容方面，目前政府组织的农民工培训主要包括引导性培训和职业技能培训。引导性培训主要是开展基本权益保护、法律知识、城市生活常识、寻找就业岗位等方面知识的培训，目的在于提高农民工遵守法律法规和依法维护自身权益的意识，树立新的就业观。职业技能培训主要是进行专业技能培训，旨在提高农民工城镇打工技能。

在培训实施方面，政府一般面向社会招标确定项目实施单位。培训单位根据用工需求，制订培训计划，安排培训课程，组织开展培训和就业服务工作。近年来，政府对农民工培训的高度重视，不断加大资金投入，参与培训的单位也越来越多。至 2015 年末，全国共有就业训练中心 2636 所，民办培训机构 18887 所，全年中农民工培训达 967 万人次。[①]

二 政府针对农民工培训效果的文献回顾

已有诸多文献对农民工培训的效果进行评估，下面仅就近年来的代表

---

① 《2015 年度人力资源和社会保障事业发展统计公报》，新华网，http://news.xinhuanet.com/politics/2016 - 05/30/c_ 129027775. htm，2016 年 5 月 30 日。

性文献进行简要回顾。

李实等通过对2007年CHIP数据和2010年国家卫生和计划生育委员会数据分析发现,从总体上看,培训能使农民工月平均工资提高6%左右。女性的培训收益率高于男性。企业内部提供的培训比社会提供的培训对农民工月均工资影响更大;与工作相关的技能培训比与工作无关的技能培训、一般性培训对农民工月均工资影响更大;户籍地政府提供的培训比户籍地以外政府提供的培训对农民工月均工资影响更大。①

黄河啸通过描述性分析、双重倍差法(DID)、OLS方法,验证参加劳动力就业培训对农民工增收是否有显著影响,发现劳动力就业培训对农民工增收有显著的正向影响,农民工个体的性别特征、年龄特征会对培训的效果产生影响,培训周期、培训主体、是否获取证书等相关培训因素也对培训的效果有不同影响。②

但赵树凯对农民工培训效果的评价较为负面,指出现有的一些农民工培训脱离农民工需求实际,呈现比较明显的运动化、戏剧化特点。一些培训活动虽然形式上轰轰烈烈,但实际绩效不佳,且使得基层政府与农民工疲于应付。政府是培训的直接受益者,农民工没有得到真正实惠,政府的绩效管理副作用明显。农民工培训需要新的执行与监督机制。③

李慧玲等对政府举办的农民工培训也提出了批评意见:我国现行的农民工培训政策,还存在目标定位不准确、培训激励政策匮乏、培训评估政策缺失、培训监管政策乏力等问题,妨碍了农民工培训政策价值目标的实现。④

柳娥等通过调查研究发现,农民工收入普遍较低,因此更希望学习到一些与自身职业相关的实用的工作技能。而现在的农民工培训机构大多师资和设备不足,培训内容与市场严重脱节,农民工参加培训后并未感到培训的作用非常大。⑤

以上这些研究,有的肯定了农民工培训的正面价值,而有的评价趋于

---

① 李实、杨修娜:《我国农民工培训效果分析》,《北京师范大学学报》2015年第6期。
② 黄河啸:《劳动力就业培训对农民工的增收影响研究》,硕士学位论文,浙江大学,2014。
③ 赵树凯:《农民工培训的绩效挑战》,《华中师范大学学报》2011年第2期。
④ 李慧玲、陈洪连:《我国农民工培训政策的问题与对策》,《河北大学成人教育学院学报》2011年第3期。
⑤ 柳娥、蒋爱群、李菁:《农民工培训现状及培训需求调查报告分析》,《中国农学通报》2005年第10期。

负面。我们认为,农民工培训的效果主要应体现在农民工参加培训后在劳动市场的表现得以改善。为此本节侧重检验参加培训后的农民工工资是否因参加培训而得以提升,以此来评估农民工培训的效果。

三 基于2014年、2015年问卷数据对农民工培训效果的评估

2014年始,我们对农民工培训问题展开调查研究。2014年问卷调查显示,3316个被调查的农民工中有652人参加过培训,培训率达到19.66%。在参加过培训的农民工中,有63.19%的农民工认为培训确实有较大帮助。表10-11显示,参加过培训的农民工的小时工资确实高于未参加过培训的农民工,但这一关系未控制其他相关变量,如受教育年数等。

表10-11 农民工接受培训与工资:2014年问卷数据

	受教育年数	小时工资(元)	样本数(个)
参加过培训	9.63	16.02	652
未参加培训	9.13	14.11	2664

为了更客观地检验农民工是否因参加培训而提升了工资,我们基于2014年问卷数据,采用OLS模型就工资进行回归分析,显示"参加过培训"的系数为0.0130,t值为0.6746,说明农民工参加培训后的工资并未因参加培训而得以显著提升。就此我们当时对政府组织的针对农民工培训的效果提出如下解读:政府所组织的职业培训确实使大多数农民工感到有所帮助,但对提高农民工工资的作用并不显著。农民工感觉政府所组织的培训有帮助,很可能主要是来自引导性培训。

针对2014年研究结果的不确定性,2015年问卷调查继续调查政府组织的针对农民工培训的效果。这次调查将培训分为引导性培训和技能性培训分别调查。问卷询问:如何评价您接受过的培训?备选答案有:引导性培训帮助较大、技能性培训帮助较大、二者均有不小帮助、二者均没有明显的帮助。表10-12显示,感觉培训帮助较大的农民工所占比重为:76.29%(=20.74%+47.59%+7.96%)。值得关注的是,"技能性培训帮助较大"是首要的,其次是"引导性培训帮助较大","二者均有不小帮助"本应是首选,但只有很小比例的农民工持此评价。

表 10-12　农民工对培训效果的评价：2015 年问卷数据

如何评价你接受过的培训	选项所占比重(%)	样本数(个)
引导性培训帮助较大	20.74	112
技能性培训帮助较大	47.59	257
引导性培训帮助不大	8.89	48
技能性培训帮助不大	7.22	39
二者均有不小帮助	7.96	43
二者均无明显帮助	7.59	41

在调查了农民工对培训效果评价的基础上，2015 年还调查了接受各类培训农民工的工资。表 10-13 显示，参加引导性培训的农民工小时工资为最高，其次是技能性培训，二者均参加的农民工小时工资明显低于前两者。此外，受教育年数随着农民工更多地参加深度培训而明显增加。

回归分析显示，与未参加培训的农民工相比，引导性培训使得农民工工资增加了 19.36%，而技能性培训使农民工工资增加仅为 6.29%，远远小于引导性培训的回报率。这一结果显然不尽合理，因为技能性培训应更有助于提高农民工的工资。此外，参加培训的农民工受教育年数明显高于未参加培训的农民工。也就是说，受教育程度高的农民工更积极主动地参加培训。由此我们仍然很难判断，接受过培训的农民工的高工资主要来自之前较高的受教育程度，还是培训本身导致了工资增加。基于以上这些不合理性和不确定性，我们认为，对农民工培训效果的评价依然未获得可信的结论。

表 10-13　农民工接受培训与工资：2015 年问卷数据

	受教育年数	小时工资(元)	样本数(个)
未参加培训	8.50	16.12	3796
引导性培训	9.22	22.69	326
技能性培训	9.85	18.80	418
二者均参加	9.24	17.38	148

四　基于 2016 年问卷数据对农民工培训效果的评估

鉴于不能确定农民工参加培训是否提高了其工资，2016 年问卷调查直接询问：如何评价您参加过的引导性培训对您综合性的帮助？引导性培训对培训后增加工资有作用吗？如何评价您参加过的技能性培训对您综合性的帮助？技能性培训对培训后增加工资有作用吗？备选答案均为：很小、较小、一般、较大、很大。我们依次赋值从 1 到 5，构成农民工培训效果的评价指数。表 10-14 报告了农民工对参加不同培训项目的评价指数，显示培训指数仅稍超过 3，也就是说，培训对农民工的帮助仅在一般水平，并未给予高度肯定。

表 10-14　农民工对培训效果的评价：2016 年问卷数据

培训项目及影响		评价指数	样本数（个）
引导性培训	综合性影响	3.10	651
	对工资的影响	3.01	348
技能性培训	综合性影响	3.22	711
	对工资的影响	3.20	718

当然我们更关注的还是，农民工参加培训是否有助于提高其工资，这是评价的核心问题。表 10-15 报告了对应不同培训项目的小时工资，显示与"未参加培训"的农民工相比，参加培训的农民工的小时工资明显更高，但提高的幅度与 2015 年相比有所下降。参加"引导性培训"的农民工的小时工资依然最高，其次是"二者均参加"，最后是参加"技能性培训"。同前所论，参加"引导性培训"的农民工小时工资最高，仍然难以给予合理的解释。此外，如前受教育年数仍然随培训深度的加深而增加。

表 10-15　农民工接受培训与工资：2016 年问卷数据

	受教育年数	小时工资（元）	样本数（个）
未参加培训	8.59	17.93	1657
引导性培训	9.33	19.00	130
技能性培训	9.64	18.18	512
二者均参加	10.22	18.54	229

为了在控制其他变量的条件下观察各类培训对工资的影响，我们将各类培训作为自变量放置在工资方程中进行回归。这一回归方程在第五章第

二节中已报告。为了阅读的连续性,表 10-16 再现了表 5-30,显示与未参加培训农民工相比,参加"技能性培训"对农民工小时工资有显著影响,但参加"引导性培训"和"二者均参加"对农民工小时工资没有统计上的显著性。

表 10-16 农民工工资方程回归结果:2016 年问卷数据

变量名称	系数	t-值	变量名称	系数	t-值
常数项	1.8756	25.4993	中共党员	0.0278	0.5932
受教育年数	0.0275	6.8917	健康状况一般	0.0429	0.7345
引导性培训	0.0414	0.9049	较健康	0.1491	2.6042
技能性培训	0.0443	1.7184	很健康	0.1687	2.8958
二者均参加	-0.0081	-0.2266	低层管理或技术	0.0123	0.4869
智商等级 3	0.0364	1.3153	中层管理或技术	0.1817	5.3151
智商等级 4	0.0053	0.1611	中高层/高层管理	0.2730	5.1230
智商等级 5	-0.0522	-0.9611	北京、上海、天津	0.1109	3.8913
上网学习时间	0.0270	2.3702	东部沿海省份	0.1145	3.8957
打工技能一般	0.0528	1.9252	西部省份	0.0819	3.0704
打工技能较好	0.1333	3.8127	制造业、建筑业、采掘业	0.0916	3.2449
打工技能很好	0.1951	3.0443	交通运输、邮电通信	0.1145	2.7843
工龄≤6	-0.0771	-2.4897	金融保险、IT、科教文卫、政府行政管理	0.1389	2.5613
工龄(6,12]	-0.0444	-1.4400	颜值等级 2	0.0389	1.6510
工龄(18,24]	-0.0102	-0.2640	颜值等级 3	0.0101	0.3528
工龄>24	-0.0093	-0.2151	颜值等级 4	0.0199	0.4846
创新能力等级 3	0.0091	0.3848	中共党员	0.0278	0.5932
创新能力等级 4	0.0202	0.6765	健康状况一般	0.0429	0.7345
创新能力等级 5	0.0086	0.1676	较健康	0.1491	2.6042
男性	0.2243	8.5078			
R^2	0.1799				
样本数(个)	2231				

当然,这一回归分析有一个缺陷,虽然用于回归分析的样本量为 2231 个,并不算少,但表 10-15 显示,参加各类培训的样本量并不大,有可能影响统计上的显著性。由于 2015 年问卷调查与 2016 年问卷调查时间实际仅差半年,可以视为在同一时期完成的调查,为此,我们将两年数据合并。表 10-17 回归结果显示参加"引导性培训"的农民工挣得最高小时工资,随着培训深度增加,农民工受教育年数随之增加。

表 10-17　农民工接受培训与工资：两年合并数据

	受教育年数	小时工资（元）	样本数（个）
未参加培训	8.53	16.70	5453
引导性培训	9.26	21.31	366
技能性培训	9.73	18.45	930
二者均参加	9.84	18.10	377

表 10-18 报告了基于 2015 年、2016 年的问卷数据以及将两年合并的问卷数据，采用 OLS 模型所做的工资方程的回归结果，显示基于 2015 年数据"引导性培训"和"技能性培训"均显著；基于 2016 年数据只有"技能性培训"接近 90% 的显著水平；但基于两年合并数据，二者均显著。

表 10-18　农民工工资方程回归结果：2015、2016 年问卷数据

变量名称	2015 年数据		2016 年数据		两年合并数据	
	系数	t-值	系数	t-值	系数	t-值
常数项	1.8060	33.0794	1.7640	25.0619	1.7541	40.4574
参加引导性培训	0.1272	3.3267	0.0312	0.6683	0.0874	2.94153
参加技能性培训	0.0521	1.7732	0.0431	1.6375	0.0417	2.1266
参加两种培训	-0.0044	-0.0925	0.0172	0.4672	-0.0011	-0.0373
男性	0.1975	7.0957	0.2380	8.8897	0.2231	11.5427
受教育年数	0.0247	8.1846	0.0284	6.9690	0.0279	11.5025
工龄	-0.0014	-1.5021	0.0014	0.9937	-0.0003	-0.3449
就业技能一般	0.1637	8.4960	0.0508	1.7963	0.1312	8.2472
就业技能较高	0.2931	9.4230	0.1092	3.0325	0.2272	9.8350
就业技能很高	0.2660	3.4571	0.1575	2.3446	0.2488	4.9704
中层管理	0.2993	10.2413	0.0521	2.2453	0.1422	7.8458
高层管理	0.3538	5.1699	0.3350	5.9141	0.3641	8.3580
身体一般健康	0.0833	1.8889	0.1540	2.6246	0.0976	2.7614
身体较健康	0.1034	2.4192	0.2373	4.1255	0.1422	4.1349
身体很健康	0.1212	2.8128	0.2579	4.4143	0.1618	4.6503
制造建筑采掘行业	0.1416	7.0806	0.0704	2.7270	0.1132	7.1333
交通运输邮电通信	0.1570	3.9931	0.0771	1.8791	0.1111	3.9147
城市融入感一般	0.0345	1.5175	0.1050	4.1897	0.0644	3.8100
城市融入感较好	0.1107	5.0661	0.1638	5.9982	0.1323	7.7845
城市融入感很好	0.1664	5.3745	0.2742	5.9572	0.2200	8.6521
年份					0.0138	0.9467
R^2	0.1782		0.1576		0.1603	
样本数（个）	3739		2433		6173	

这一结果在一定程度上支持了过去因样本量较小而导致回归结果不稳定的解释。但如果基于合并数据的回归结果是更可靠的结果，则问题依然没有解决，即引导性培训对农民工工资的影响超过技能性培训，以及如何分离培训与受教育年数的作用。

这里需要指出的是，传统文献认为，如果在工资方程中放置了受教育年数的变量，就已经控制了教育对工资的影响，培训变量的系数就是培训对工资的影响。但根据第四章第四节的分析，传统对工资方程回归结果的解读存在明显缺陷，即受教育年数对农民工选择参加培训有着显著影响，为了证明这一点，我们建立农民工参加培训的回归方程，自变量包括农民工受教育年数及其他相关变量。培训分引导性培训、技能性培训、二者均参加，之前章节用深度培训来表示农民工参加培训的程度，但据前分析，"二者均参加"所对应的小时工资并不高，在回归分析上也少有显著，因此这三者的顺序严格来说并不能说明是更多地参加深度培训，不能视之为顺序变量。为此，我们将三者合并为"参加培训"，将"参加培训"赋值为1，否则为0，构成0-1变量，采用单位概率模型（Probit Model）回归。表10-19报告了回归结果，显示"受教育年数"是影响农民工"参加培训"的显著变量，基于三组数据的显著性都超过99%。回归结果以及之前的描述统计都充分说明，受教育程度高的人更多地选择参加培训。

表10-19　教育对参加培训的影响方程回归结果

变量名称	2015年数据		2016年数据		两年合并数据	
	系数	p-值	系数	p-值	系数	p-值
常数项	-2.0505	0.0000	-1.5100	0.0000	-1.9394	0.0000
受教育年数	0.0609	0.0000	0.0771	0.0000	0.0662	0.0000
制造建筑采掘行业	0.0654	0.2773	0.1063	0.1149	0.0900	0.0443
交通运输邮电通信	-0.0268	0.8213	0.2653	0.0117	0.1583	0.0400
就业技能一般	0.1391	0.0231	0.4056	0.0000	0.2341	0.0000
就业技能较高	0.3068	0.0006	0.4404	0.0000	0.3332	0.0000
就业技能很高	0.0609	0.7768	0.4608	0.0075	0.2107	0.1062
城市融入感一般	0.0101	0.8863	0.0617	0.3548	0.0447	0.3551
城市融入感较好	0.0572	0.3952	0.1871	0.0096	0.1176	0.0157
城市融入感很好	0.3067	0.0004	0.1158	0.3280	0.2657	0.0001

续表

变量名称	2015 年数据		2016 年数据		两年合并数据	
	系数	p - 值	系数	p - 值	系数	p - 值
中层管理	0.2184	0.0054	0.3201	0.0000	0.3011	0.0000
高层管理	-0.1075	0.5886	0.4838	0.0008	0.2734	0.0154
身体一般健康	0.0410	0.7821	0.0235	0.8863	0.0651	0.5512
身体较健康	0.0534	0.7105	-0.1235	0.4456	0.0017	0.9877
身体很健康	0.2590	0.0713	-0.0577	0.7245	0.1436	0.1808
小时工资	0.0009	0.3657	-0.0007	0.5089	-0.0001	0.8766
男性	0.1271	0.1530	-0.1758	0.0118	-0.0689	0.1995
工龄	0.0009	0.7637	-0.0072	0.0501	-0.0022	0.3356
年份					0.4400	0.0000
Prob(LR statistic)	0.0000		0.0000		0.0000	
样本数(个)	3854		2522		6376	

五 观察与思考

根据以上分析,我们提出以下几点观察和思考。

第一,参加培训的农民工工资明显高于未参加培训的农民工,其中参加引导性培训的农民工工资最高。回归分析显示,"引导性培训"对农民工工资的边际影响最大。对于这一结果难以给出合理解释,因为引导性培训只传授农民工权益保护、法律知识、城市生活常识、寻找就业岗位等方面知识,对工资的提升应不会有显著影响。

第二,如果培训是有效的,则农民工同时参加技能性培训和引导性培训,应该得到最高的工资提升,但统计描述和回归结果均不支持。

第三,回归分析显示,受教育年数是影响农民工参加培训的显著变量。这意味着,参加培训的农民工工资显著高于未参加培训的农民工,是受教育年数发挥作用。也就是说,参加培训的农民工至少部分是由于其受教育年数高而增加了其工资。

第四,在统计分析时不能简单地认为,回归方程中放置了教育变量就控制了教育对农民工工资的影响,因为如果农民工选择参加培训本身就受到了受教育程度的影响,这时依然难以在教育受到控制的条件下纯粹考察参加培训对工资的影响。

第五，鉴于以上讨论我们认为，关于农民工培训的效果，可能我们知道的要少于我们不知道的，能确定的要少于我们不能确定的。然而，政府正不断加大对农民工培训的投入，也就是说，整个社会在配置越来越多的资源用于农民工培训。但对农民工参加培训的效果缺少肯定的评价，以及缺少肯定的投入-产出分析条件下，我们对农民工培训政策的合理性以及是否会导致巨额资源的浪费，表示深深的担忧。

我们提出一条保守性的建议：如果农民工接受培训可以改善其在劳动市场的表现，市场也可以解决农民工的培训需求，政府只需要加以提倡和引导即可。相反，如果培训对农民工在劳动市场表现提升的效果有限，政府组织培训也难有成效。基于此，在我们尚未获得关于政府组织针对农民工培训肯定的投入-产出分析前，政府不妨适当收缩农民工培训政策。未来政府组织的针对农民工培训的政策的选择应基于以下两个判断：

一是政府组织的针对农民工培训是否具有投入-产出的合理性，也就是说，即便政府所组织的农民工培训能有效改善农民工在劳动市场的表现，还要看与政府的巨大投入相比是否值得。当然，如果政府组织的针对农民工的培训，投入很大而效果有限，当下就可见好就收。

二是如果农民工参加培训可提升其劳动市场表现，市场也可解决农民工的培训问题，政府组织的农民工培训并不是解决农民工培训的唯一选择。如果市场组织农民工培训的效果更好，政府也依然可以从农民工培训中退出。

第三节 教育与社会福利

社会福利对就职者来说很重要，因为每个人都可能面临就业和生活的不确定性，需要社会福利提供保障。有诸多因素影响就职者所享受的社会福利，本节分析影响就业者所享受社会福利的因素，侧重于教育的影响，讨论对象包括城镇居民和农民工。

一 社会福利的衡量

为研究教育对就职者社会福利的影响，2016年问卷调查询问受访者所享有的社会福利，备选答案有：养老保险、医疗保险、住房公积金、新型农村合作医疗（新农合）、其他福利、无社会福利保险。为了综合研究就职者所享受的社会福利水平，我们把就职者所享受的社会福利项数相加构成福利指数，享有几项记为相对应的数字，无社会福利记为0。这一指数把所有不同种类的社会福利视为等价的，显然有不恰当之处，因为无论是各类社会福利的市场价值还是对当事人来说，价值是不同的。但我们所构造的福利指数有一个显著的优点就是，避免了主观赋予权重所带来的随意性。

表10-20报告了对应不同受教育程度城镇居民、农民工享受各项社会福利所占比重的分布。有三点值得关注：一是随着受教育程度的提高，城镇居民及农民工所享受到的各项社会福利保险均呈上升趋势；二是福利水平普遍不高，特别对受教育程度低的城镇居民及农民工来说；三是城镇居民所享受的社会福利普遍高于农民工，绝大多数农民工缺少一些基本的社会福利和保险，如养老、失业、医疗、住房公积金等。

表10-20 教育与社会福利

受教育程度	养老保险		失业保险		医疗保险		住房公积金		新农合
	占城镇居民比重(%)	占农民工比重(%)	占城镇居民比重(%)	占农民工比重(%)	占城镇居民比重(%)	占农民工比重(%)	占城镇居民比重(%)	占农民工比重(%)	占农民工比重(%)
小学及以下	31.08	21.05	20.95	3.91	37.16	31.73	16.89	3.91	65.41
初中	32.93	21.58	17.13	6.13	38.80	31.65	18.68	4.79	56.84
高中	53.87	31.16	32.57	17.27	56.73	41.55	35.38	17.75	45.41
大专	67.39		47.15		68.87		50.10		
大学	80.76		64.60		82.38		71.21		
硕士/博士	89.56		75.08		92.26		87.88		

受教育程度	其他福利		无社会福利保险		福利指数		样本数(个)	
	占城镇居民比重(%)	占农民工比重(%)	占城镇居民比重(%)	占农民工比重(%)	城镇居民	农民工	城镇居民	农民工
小学及以下	14.19	3.91	44.59	15.79	1.65	1.3	148	665
初中	21.68	7.64	36.77	17.13	1.66	1.29	835	1191
高中	22.55	13.65	24.21	17.51	2.25	1.67	1925	828
大专	33.18		13.71		2.80		1561	
大学	42.06		6.61		3.48		1907	
硕士/博士	47.47		2.36		3.95		297	

二 影响社会福利的个人因素

一个人在劳动市场所能享受到的社会福利与其在劳动市场所面对的供求关系直接相关。如果一个人在劳动市场处于相对稀缺的地位,会成为众多企业想要招揽的对象,市场议价能力就较强,因而能享受到较多的社会福利待遇。基于这一分析框架,以下分析影响就职者所享受社会福利水平的个人因素,侧重于受教育程度的影响。

(一) 受教育程度

根据第四章第二节的分析,受教育程度越高,居民的劳动生产率就越高,在劳动市场中往往处于稀缺地位,议价能力就较强,因而企业会更愿意为其提供较高的社会福利待遇。表10-21显示,随着受教育程度的提高,居民的福利指数随之提高。在同等受教育程度条件下,农民工的社会福利指数远低于城镇居民。用 EDU 代表受教育程度,以受教育年数衡量。

表 10-21 受教育程度与社会福利

受教育程度	城镇居民		农民工	
	福利指数	样本数(个)	福利指数	样本数(个)
未受正规教育/小学	1.65	148	1.30	665
初中	1.66	835	1.29	1191
高中/高职/中专	2.25	1925	1.67	828
大专	2.80	1561		
本科	3.48	1907		
硕士/博士	3.95	297		

(二) 智商

高智商是稀缺资源,由此高智商者在劳动市场是相对稀缺的,同时面对高需求,因而具有更高的议价能力。表10-22显示,随着自评智商的提高,无论是城镇居民还是农民工,福利指数呈明显上升趋势。回归分析时,以自评智商指数"1""2"为比较基础。

表 10-22 智商与社会福利

自评智商指数	变量名称	城镇居民		农民工	
		福利指数	样本数(个)	福利指数	样本数(个)
1	$IQ1$	2.52	91	1.26	94
2	$IQ2$	2.60	309	1.37	421
3	$IQ3$	2.99	2610	1.37	1446
4	$IQ4$	3.28	2199	1.58	619
5	$IQ5$	3.04	301	1.67	124

(三) 工作技能

工作技能高的就职者，有更高的劳动生产率，在劳动市场中有更高的稀缺性，使得其在劳动市场中有较强的议价能力，也因此获得更好的社会福利。表 10-23 显示，工作技能水平越高的人，福利指数越高，所享受社会福利越多。回归分析时，以工作技能"很低""较低"为比较基础。

表 10-23 工作技能与社会福利

工作技能	变量名称	城镇居民			农民工		
		福利指数	受教育年数	样本数(个)	福利指数	受教育年数	样本数(个)
很低	$SKILL1$	2.71	10.43	274	1.05	8.08	124
较低	$SKILL2$	2.83	10.01	387	1.22	8.08	350
一般	$SKILL3$	2.93	10.89	2828	1.38	9.05	1694
较高	$SKILL4$	3.41	12.80	1740	1.67	9.55	458
很高	$SKILL5$	3.24	13.34	208	1.74	10.04	78

(四) 上网学习时间

上网学习已成为人们越来越重要的学习方式。显然，个人上网学习时间越长，所获得的知识越多，从而在劳动市场中议价能力就越强。表 10-24 显示，福利指数随着居民上网学习时间的增加而呈增长趋势，受教育年数也随之增加。用 $STUDYNET$ 代表上网学习时间。

表 10-24 上网学习时间与社会福利

上网学习时间（小时）	城镇居民			农民工		
	福利指数	受教育年数	样本数（个）	福利指数	受教育年数	样本数（个）
0	2.79	9.08	1019	1.27	8.23	1576
(0,0.5]	3.12	11.70	1926	1.74	9.88	585
(0.5,1]	3.18	12.26	986	1.78	10.29	200
>1	3.15	12.32	1561	1.83	10.25	331

（五）领导才能

高领导才能是稀缺资源。具有高领导才能的人，有更多的机会担任领导工作，从而享受更多的社会福利。2016年问卷调查询问受访者的工作层次。备选答案有：操作层、低层管理或技术、中层管理或技术、中高层管理或技术、高层管理，依次赋值从1到5，构成工作层次指数。表10-25显示，领导才能越高，工作层次越高，所享有社会福利越多。回归分析时，以领导才能"很差""较差"为比较基础。

表 10-25 领导才能与社会福利

领导才能	变量名称	城镇居民			农民工		
		福利指数	工作层次	样本数（个）	福利指数	工作层次	样本数（个）
很差	LEADSHIP1	2.47	1.87	78	1.19	1.09	162
较差	LEADSHIP2	2.71	1.90	323	1.34	1.27	511
一般	LEADSHIP3	3.00	2.19	3100	1.38	1.48	1494
较好	LEADSHIP4	3.36	2.71	1651	1.53	1.79	412
很好	LEADSHIP5	3.26	2.97	271	1.86	2.11	125

（六）性别

在劳动市场，不利于女性的性别歧视始终存在。女性体力较弱，生育子女以及照顾幼童有可能导致职业生涯中断，由此降低了女性在劳动市场的议价能力，因而可获得的福利待遇较少。表10-26显示，男性的福利指数高于女性。用 MALE 代表男性。回归分析时，以女性为比较基础。

表 10-26 性别与社会福利

性别	城镇居民		农民工	
	福利指数	样本数（个）	福利指数	样本数（个）
男	3.15	4778	1.40	2170
女	2.94	2707	1.43	533

（七）政治身份

在中国，中共党员一般经过党组织较为严格的考核，是相对优秀的人群，因而在劳动市场有较强的议价能力。与其他政治身份的群体相比，中共党员有更多的机会在高福利部门就业，如政府机关、事业单位、国有企业等。表 10-27 显示，中共党员的福利指数要明显高于其他政治身份群体。用 CPC 代表中共党员。回归分析时，以其他政治身份为比较基础。

表 10-27 政治身份与社会福利

政治身份	城镇居民		农民工	
	福利指数	样本数（个）	福利指数	样本数（个）
中共党员	3.50	1476	1.83	131
团员	2.96	2043	1.56	366
民主党派	3.14	47	2.20	5
群众	2.86	3449	1.35	2202

（八）健康状况

就职者身体越健康，个人劳动生产率越高，在劳动市场所面对的需求就越大，议价能力越强，因而可争取到更好的福利待遇。表 10-28 显示，无论是城镇居民还是农民工，随着健康状况的改善，福利指数呈明显上升趋势。回归分析时，以健康状况"很差""较差"为比较基础。

表 10-28 健康状况与社会福利

健康状况	变量名称	城镇居民		农民工	
		福利指数	样本数（个）	福利指数	样本数（个）
很差	HEALTH1	2.58	19	1.50	16
较差	HEALTH2	2.66	59	1.21	75
一般	HEALTH3	2.98	1085	1.26	647
较健康	HEALTH4	3.13	2346	1.51	1029
很健康	HEALTH5	3.10	1957	1.40	937

三 回归模型及结果

用 $WELFARE$ 代表福利指数。根据以上分析，我们提出以下社会福利回归方程：

$$\begin{aligned}WELFARE =\ & \alpha_1 EDU + \alpha_2 IQ3 + \alpha_3 IQ4 + \alpha_4 IQ5 + \alpha_5 SKILL3 + \alpha_6 SKILL4 + \\ & \alpha_7 SKILL5 + \alpha_8 STUDYNET + \alpha_9 LEADSHIP3 + \alpha_{10} LEADSHIP4 + \\ & \alpha_{11} LEADSHIP5 + \alpha_{12} MALE + \alpha_{13} CPC + \alpha_{14} HEALTH3 + \\ & \alpha_{15} HEALTH4 + \alpha_{16} HEALTH5\end{aligned}$$

福利指数（$WELFARE$）从低到高分为5级，是虚拟应变量（Dummy-dependent Variable），故采用排序概率模型（Ordered Probit Model）回归。表10-29模型1为针对城镇居民包含所有变量的回归结果，显示几乎所有变量的符号与理论预期一致，大多达到90%以上显著水平。但受教育程度与上网学习时间、健康状况等变量相关，意味着模型1存在多重共线性问题。模型2去除了与上网学习时间、健康状况相关的变量再回归，显示上网学习时间的显著性超过95%，健康状况在 $HEALTH4$、$HEALTH5$ 层次上的显著性超过95%。模型3去除与领导才能、工作技能相关的变量再回归，显示领导才能在所有层次上的显著性均超过99%，工作技能在 $SKILL4$、$SKILL5$ 层次上的显著性达到90%以上。农民工回归方程结果显示，大多变量符号与理论预期一致，但只有受教育程度、上网学习时间、中共党员的显著性超过90%，打工技能仅在 $SKILL4$ 层次上的显著性超过90%。调整方程的设定，基本未改变以上结果。

表10-29 居民社会福利方程回归结果

变量名称	城镇居民						农民工	
	模型1		模型2		模型3			
	系数	p-值	系数	p-值	系数	p-值	系数	p-值
EDU	0.0603	0.0000					0.0261	0.0017
$IQ3$	0.2669	0.0000					-0.1247	0.0285
$IQ4$	0.3101	0.0000					0.0445	0.5158
$IQ5$	0.1343	0.1377					0.0216	0.8476
$SKILL3$	0.0175	0.7268			0.0410	0.4201	0.1402	0.0158
$SKILL4$	0.2234	0.0000			0.3195	0.0000	0.3093	0.0000

续表

变量名称	城镇居民						农民工	
	模型1		模型2		模型3		系数	P-值
	系数	p-值	系数	p-值	系数	p-值		
SKILL5	0.0381	0.6843			0.1570	0.0910	0.2272	0.0938
STUDYNET	-0.0098	0.4686	0.0298	0.0227	0.0045	0.7367	0.0423	0.0514
LEADSHIP3	0.0101	0.8668			0.1873	0.0015	-0.0310	0.5570
LEADSHIP4	0.1561	0.0160			0.3956	0.0000	0.0063	0.9301
LEADSHIP5	0.0928	0.3075			0.3040	0.0006	0.2270	0.0395
MALE	0.1606	0.0000	0.1392	0.0000	0.1196	0.0002	-0.0097	0.8522
CPC	0.1805	0.0000	0.3892	0.0000	0.3223	0.0000	0.2708	0.0054
HEALTH3	0.0377	0.7776	0.1910	0.1373	0.1316	0.3217	-0.0926	0.4466
HEALTH4	0.0524	0.6895	0.2768	0.0282	0.1789	0.1702	0.0947	0.4284
HEALTH5	0.0326	0.8041	0.2556	0.0434	0.1302	0.3200	-0.1029	0.3968
Prob(LR statistic)	0.0000		0.0000		0.0000		0.0000	
样本数(个)	4929		5063		4929		2672	

以上结论是在控制其他因素不变的条件下，所论变量对社会福利指数的影响。但就教育对社会福利的影响而言，这种分析方法存在严重不足：因为教育对回归方程中诸多变量存在显著影响，这就意味着，当受教育年数发生变化时，根本无法"控制其他变量保持不变"。就本节所涉及的变量而言，根据第四章第四节的分析，受教育程度对上网学习时间、打工技能、领导才能有显著影响。我们称这些因素为教育对社会福利的间接影响因素。当受教育年数每增加一年，这些间接因素都随之变化并进而影响就职者所享受的社会福利，由此所产生的影响为教育对就职者所享受社会福利的间接影响。

表10-29显示，受教育年数对就职者所享受社会福利指数有显著影响，但受教育年数的系数并不能解释为受教育年数对就职者所享受社会福利的影响。第四章第四节讨论了在因变量为顺序变量条件下估计自变量对因变量影响的方法，经计算求得受教育年数对城镇居民所享受社会福利的直接影响为0.0783。第四章第四节还讨论了估计间接影响的方法，据此求得全部间接影响为0.0072（见表10-30）。直接影响加间接影响之和为0.0855。计算得到受教育年数对农民工的直接影响为0.0366，间接影响为0.0023（见表10-31）。直接影响加间接影响之和为0.0389。

表 10-30　城镇居民受教育年数对其所享受社会福利的间接影响

间接影响因素	教育对间接因素的影响	间接因素对居民所享受社会福利的影响	教育通过间接因素对居民所享受社会福利的影响
工作技能	0.0331	0.1126	0.0037
领导才能	0.0474	0.0751	0.0035
全部间接影响			0.0072

表 10-31　农民工受教育年数对其所享受社会福利的间接影响

间接影响因素	教育对间接因素的影响	间接因素对居民所享受社会福利的影响	教育通过间接因素对居民所享受社会福利的影响
上网学习时间	0.0552	0.0423	0.0023

四　基本观察

根据以上讨论及回归分析，我们获得以下基本观察。

受教育程度越高、自评智商越高的城镇居民享受的社会福利越多。考虑到受教育程度与自评智商的相关性，我们倾向认为，受教育程度与自评智商相互作用共同影响城镇居民所享受的社会福利。此外，教育还通过工作技能和领导才能影响城镇居民所享受的社会福利。工作技能越强的城镇居民享有更多的社会福利。善于上网学习的城镇居民享受更多的社会福利。领导才能越高、工作层次越高、身体越健康的城镇居民享受更多的社会福利。男性比女性享受更多的社会福利。与其他政治身份群体相比，政治身份为中共党员的城镇居民享受更多的社会福利。

农民工享受的社会福利普遍比较少，而且能影响其享受社会福利待遇的个人因素也比较少。最重要的发现就是，受教育程度依然是显著影响其所享受社会福利的因素，受教育程度越高，农民工所享受的社会福利越多。此外，受教育程度还通过上网学习时间影响农民工所享受的社会福利。智商对农民工所享受的社会福利有一定影响。较高的打工技能可显著改善农民工所享受的社会福利。善于上网学习的农民工所享受的社会福利也较多。有很高的领导才能有助于改善农民工所享受的社会福利。政治身份为中共党员的农民工即便在城镇环境也能争取到更多的社会福利。

第四节 教育使人更加美丽

第五章关于工资收入的研究发现，高颜值对提高工资收入有显著影响。第七章关于晋升的研究发现，高颜值有助于增加获得晋升的机会。这些研究说明，高颜值具有市场价值。颜值由两方面的因素决定：先天因素和后天因素。颜值的后天决定性就提出一个问题，颜值如何在后天被决定的？答案肯定很多。本节侧重研究教育对颜值的影响，由此可使我们对教育的价值有更全面和更深刻的认识。

一　文献回顾

高颜值是一种稀缺资源，所具有的市场价值已日益得到人们的关注，国外学术界较早对此展开了调查研究。祝莉斯对国外学术界关于颜值的劳动市场价值的文献进行了回顾，[1] 本节在此基础上有所延伸。

1997 年，Dipboye 等对学生和专业的人力资源招聘部门分别进行雇佣决定的实验，发现通过呈现照片做出雇佣决定时，无论是学生还是专业人力资源部门，都会受到相貌吸引力的影响。相貌吸引人者受雇佣的机会大，也会得到更高的工资。[2] Jackson 等发现，相貌吸引人者职业发展更容易成功。[3] 1979 年，Heilman 等发现，对于男士来说，在应聘管理类和牧师类的工作中，外貌吸引力强的个体占有优势；而对于女士来说，仅有应聘牧师类的工作时占有一定的优势。总的来说，对于相貌吸引力强的个体，人们倾向于认为其有高岗位适合度。[4] 2003 年，Megumi 等对职场中相貌偏见的相关文章所做的分析显示，漂亮的人在求职就业方面比相貌平庸

---

[1] 祝莉斯：《群体条件下晋升与解聘情境中的相貌刻板印象研究》，《张家口职业技术学院学报》2014 年第 4 期。

[2] Diphoye, R. L., Arvey, R. D., Terpstra, D. E., "Sex and Physical Attractiveness of Rater and Applicants as Determinants of Resume Evaluations," *Journal of Applied Psychology* 62 (1977).

[3] 转引自王春燕、张智勇《招聘：外貌不应偏见》，《中国人力资源开发》2004 年第 5 期。

[4] Heilman, M. E., Saruwater, L. R., "When Beauty is Beastly: The Effects of Appearance and Sex on Evaluations of Job Applicants for Managerial and Nonmanagerial Jobs," *Organizational Behavior and Human Performance* 23 (1979).

的人境遇要好。①

Hamemesh 等发现，相貌较差一些的人比相貌平均的人少挣 5%~10%，相貌超过平均水平的人比相貌平均的人多挣 5%。而且，不仅对相貌有特别要求的行业如此，如空中服务，在和相貌无关的行业，相貌较好的人挣钱也较多。②

樊明等曾研究颜值对劳动市场表现的影响。2013 年组织了关于中国收入分配的调查，其中调查了颜值（当时叫相貌）与工资收入的关系。调查颜值的方法是，由调查者对受访者的颜值打分，分 7 档，1 代表最差，7 代表最好。表 10-32 显示，随着颜值指数从低到高，月工资收入呈上升趋势。在工资回归方程中，将颜值作为自变量回归，发现是一个影响工资收入的显著变量。当然，在这一研究中，颜值处理成外生变量。③

表 10-32 颜值与工资收入

相貌指数	月工资收入（元）	样本数（个）
1	2706.45	32
2	3563.92	702
3	3640.24	4430
4	4067.90	8184
5	4208.29	4983
6	4535.24	1576
7	4393.26	1825

二 调查与数据

2016 年问卷调查基本延续 2013 年对颜值的调查方法，在调查结束后，由调查者对受访者的颜值按 7 等打分。"很丑"和"很美"的样本量较小，分析时加以合并，共分为四级，从 1 到 4 构成颜值指数，见表 10-33。

---

① Megumi, H., Stone-Romero, E. F., Coats, G., "The Effects of Physical Attractiveness on Job-related Outcomes: A Meta-analysis of Experimental Studies," *Personnel Psychology* 56 (2003).

② Hamemesh, D. S., Biddle, J. E., "Beauty and The Labor Market," *American Economic Review* 84 (1994).

③ 樊明等：《收入分配行为与政策》，社会科学文献出版社，2013。

表 10-33　颜值的分布

颜值等级	样本量(个)	颜值指数	样本量(个)
1	7	1	1146
2	95		
3	1044		
4	3804	2	3804
5	3743	3	3743
6	1230	4	1320
7	90		

颜值是调查者的主观评价，所以多有主观随意的因素。每一个调查者对受访者颜值的打分，是否具有一定的客观性是一个值得关注的问题。此外，接受调查时受访者的穿着、精神状态等也可能影响调查者对受访者颜值的评价。

我们认为，检验颜值评价客观性最重要的依据，是所给出的颜值能否解释劳动市场的某些表现。其实，第五章关于工资收入的研究，第七章关于晋升的研究，都肯定了颜值对工资和晋升的解释力。关于颜值的客观性，每个调查者在评价颜值时难免带有主观性和随意性，但对一次78名同学参加的调查来说，调查者的主观性和随意性可在一定程度上相互抵消，表现出统计上相当的客观性。颜值对劳动市场一些表现良好的解释性是最重要的支持性证据。

三　影响颜值的因素分析

有诸多后天因素影响一个人的颜值，本节基于2016年问卷数据，研究影响颜值的个人因素。颜值在性别之间有一定差别，因此本节除基于全部样本研究个人因素与颜值的关系外，还分性别加以讨论。

（一）受教育程度

受教育程度直接和间接影响人的颜值。一方面，人在接受教育后，由于学识丰富、眼界扩展，其教养、气质和品味有所提升，直接影响颜值。另一方面，受教育程度通过影响一个人的收入、社会地位、工作层次、精神状态，从而间接影响颜值。受教育程度高显然是提升颜值的正面因素。表10-34支持了以上分析，随着受教育程度的提高，颜值明显提高，且男性和女性表现出同样的趋势。需要说明的是，调查者在给受访者颜值打分时，一般并不知道对方的学历，因为问卷一般由受访者自己填写，之后交给调查者，这时调查者给受访者的颜值打分，因此给颜值打分时一般不会因受访者学历而产生影响。用 EDU 代表受教育程度，以受教育年数衡量。

表 10-34　受教育程度与颜值

受教育程度	颜值指数	样本数（个）	男性颜值	样本数（个）	女性颜值	样本数（个）
小学及以下	2.29	184	2.30	140	2.34	44
初中	2.32	1027	2.29	701	2.36	326
高中/高职/中专	2.37	2216	2.29	1450	2.47	766
大专	2.58	2635	2.54	1695	2.65	940
本科	2.58	3337	2.57	2316	2.71	1098
硕士/博士	2.68	607	2.65	432	2.76	178

（二）年龄

年龄是颜值的破坏因素。随着年龄的增长，人走向衰老，对仪表装束的重视程度往往随之下降，颜值也随之下降。图 10-1 显示，颜值随年龄的增长而逐渐降低，但性别间有一定差异：随着年龄的增长，从 ≤25 年龄段到 [26, 30] 年龄段，与男性相比，女性颜值下降较快。之后有一段维持期。从 [31, 35] 年龄段到 [36, 45] 年龄段，颜值又进入下降期，在这一阶段，男性颜值下降得比女性快。之后男性颜值趋于平稳，而女性颜值则继续下降。用 AGE 代表年龄。

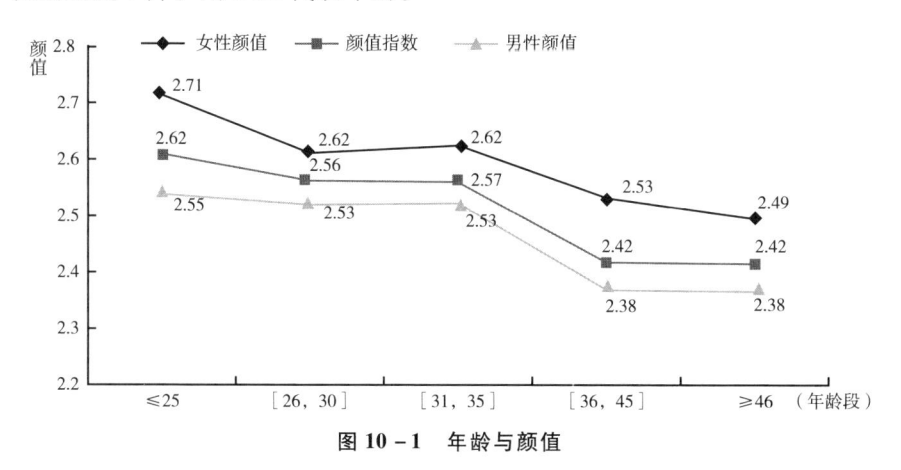

图 10-1　年龄与颜值

（三）性别

中国作家冰心说："世界若没有女人，这世界至少要失去十分之五的真、十分之六的善、十分之七的美。" 2016 年问卷数据显示，女性的颜值普遍高于男性，这从图 10-1 以及表 10-35 可见。男性对仪表装束、外貌气质的重视程度往往不如女性，且人们对女性评价时对其外表更加关注，这样也导致对颜值评价时出现性别差异。用 MALE 代表男性。回归分析时，以女性为比较基础。

表 10-35 性别与颜值

性别	颜值	样本数（个）
男	2.48	6711
女	2.61	3308

（四）收入

常识认为，颜值随收入的增长而提高，因为除了先天决定颜值的因素以外，保持较高的颜值需要较大花费，包括化妆、美容、造型、衣着、身体锻炼、各种健身保养等。但从表 10-36 并看不出收入与颜值存在明显的趋势性关系。用 INCMONTH 代表月工资。

表 10-36 收入与颜值

月收入	颜值指数	样本数（个）	男性颜值	样本数（个）	女性颜值	样本数（个）
≤3000	2.52	2574	2.43	1187	2.59	1387
[3001,4000]	2.57	1717	2.50	1077	2.70	640
[4001,5000]	2.49	1852	2.44	1317	2.62	535
[5001,8000]	2.51	984	2.48	765	2.62	219
>8000	2.54	869	2.53	753	2.62	116

四 回归方程及结果

用 FACESCORE 代表颜值指数。根据以上分析，我们提出以下颜值回归方程：

$$FACESCORE = \alpha_1 EDU + \alpha_2 AGE + \alpha_3 MALE + \alpha_4 INCMONTH$$

颜值从低到高分为 4 级，是虚拟应变量（Dummy – dependent Variable），故采用排序概率模型（Ordered Probit Model）回归。表 10 – 37 显示，变量符号与理论预期一致，除收入外，其他变量均达到 99% 以上显著水平。

表 10 – 37　颜值方程回归结果

变量名称	系数	p – 值
EDU	0.0503	0.0000
AGE	– 0.0084	0.0000
MALE	– 0.1571	0.0000
INCMONTH	6.88×10^{-8}	0.9623
Prob(LR statistic)	\multicolumn{2}{c}{0.0000}
样本数(个)	\multicolumn{2}{c}{9943}

五　基本观察

根据以上分析和讨论，我们获得以下基本观察。

受教育年数的增加，显著提高了人的颜值，但是随着时间的侵蚀，颜值也随着年龄的增长而降低。与男性相比，女性的颜值显著较高。但是没有发现收入对颜值有显著影响。

前面研究显示，颜值对就职者劳动市场表现有显著影响。如此，教育又通过提升颜值改善就职者在劳动市场的表现。这是教育价值的又一体现。

本节的基本发现是，教育使人更加美丽，而美丽使人们生活得更加美好。

第十一章
外语教育对就业表现的影响

自改革开放以来,中国的外语教育,在国家层面上受到越来越多的重视,在个人层面上用于外语学习的时间和花费也越来越多。我们再次强调,本书所论教育是一个教育者和受教育者共同参与的过程。因此,整个社会配置了巨额资源用于外语教育。但如此巨额资源配置的效率如何,是一个不得不关注的问题,需要对中国的外语教育进行成本-收益分析,以此来评价并及时调整中国的外语教育政策。

第一节 中国外语教育政策回顾与评析

要评价和调整中国的外语政策,首先要回顾中国外语教育政策演变的历程,从中获得有价值的经验教训及对当下有价值的启示。

一 古代外语教育

中国最早的外语教育可追溯到汉代。自公元前138年张骞出使西域,开拓了举世闻名的丝绸之路,推动了中西方的贸易往来,也开启了汉朝与西域之间的第一次文化交流。当时的交流由于语言不通,就需要有人学外语,有人教外语,于是就开始了最初的外语教育。但当时的外语教育始于民间,主要以口授的方式进行,政府没有专门建立学习外语的学校。

第十一章　外语教育对就业表现的影响

元朝（1271~1368年）是中国第一个由少数民族建立的统一集权王朝，且统一后不断扩张。为了各民族之间的交流，1289年元朝开办了最早的政府官办的外语教育学校——回回国子学。陈垣在《元西域人华化考》一书中写到："亦思替非为波斯古代都城之名，亦思替非文字者，波斯文字也。回回国子学者，教习波斯文字者也。元时所谓回回文字，实波斯文字。"[1] 回回国子学旨在培养回回译史、回回书写、回回令史、回回椽史等专门的人才。学生从开始的公卿士大夫与富民子弟，到后来的贫民子弟。回回国子学作为第一个专业学习语言文字的学校，在元朝存在了四十多年。在此期间，培养了大量的优秀翻译人才，为元代中原与西域的交流做出了巨大的贡献。回回国子学为以后的学校外语教育首开先河。

明朝（1368~1644年）外语教育有了进一步的发展。永乐年间（1403~1424年）明成祖朱棣扩大东疆，1405年开始派郑和下西洋，开启了中国历史上少有的主动与各国的交往。但这种交往并非贸易交流，故难以长久维持。

在此之后中原与各国家间的朝贡、贸易往来增多，急需大量的翻译人才。为此明朝中期建立了四夷馆，是第一所为语言交流而设立的官方外语教育机构。四夷馆人员主要负责翻译朝贡国家往来文书，并学习周边民族、国家的语言文字。四夷馆在教学上聘请外国老师执教，所教学生学习的外文都是执教的老师把本国的诗歌和民间故事译成汉字向学生教授，等学生熟记后再与外文对照最后才教学生学读外文。比如学生先学那些朗朗上口的诗歌，背熟后与原文对照，再学读原文时就容易多了。

据《明史·职官三》卷记载："提督四夷馆，少卿一人（正四品）掌译书之事。自永乐五年，外国朝贡，特设蒙古、女直（女真）、西番（西藏）、西天（印度）、回回、百夷（傣族）、高昌（维吾尔）、缅甸八馆置译字生、通事，通译语言文字，正德中，增设八百馆。万历中，又增设暹罗（泰国）馆。"这一史料说明明朝外语教育已初具规模。

清朝（1616~1912年）继承了四夷馆，更名为四译馆。1689年由于沙俄的东侵，清朝与俄国签订《尼布楚条约》。条约签订后的一段时间，

---

[1] 陈垣：《元西域人华化考》，上海古籍出版社，2000。

中国与俄国关系慢慢有了缓和，双方的贸易往来增多。但当时的清政府没有俄语翻译人员，只能通过第三方人员进行翻译。于是，康熙皇帝下诏培养自己的俄语翻译人才，建立俄罗斯文馆，是中国第一所俄语学校。为了保证俄罗斯文馆的教学活动顺利进行，清政府进一步完善了管理、考试、奖惩制度。

二　晚清时期

1840 年第一次鸦片战争开始，中国进入晚清时期。1842 年第一次鸦片战争的战败，英国政府强迫清政府签订了《南京条约》，迫使清政府开放五处通商口岸，从此中国开始了对外开放。贸易往来需要英语，于是便开始了中国最初的英语教育。

面对鸦片战争的失败，国势衰弱，率先觉醒的思想家魏源主张学习西方的科学技术。在其所著《海国图志》的序中写到："是书何以作？曰：为以夷攻夷而作，为以夷款夷而作，为师夷长技以制夷而作。"以后逐渐开始了中国向西方学习的潮流。但是学习西方的科技须先掌握其语言文字。当时的清政府就意识到："与外国交涉事件，必先识其情形，必谙其语言文字，方不受欺蒙"。

在面对如此境况，在恭亲王奕䜣、大学士桂良的建议下，1862 年在北京成立旨在培育交际和翻译人才的京师同文馆。京师同文馆在 1870 年前，进修的课程主要是汉语和外语，后来扩展到自然科学教育。外语以及西方课程成为京师同文馆教学的一大特色。

与京师同文馆建立同时期，1863 年上海建立广方言馆，1864 年广州建立同文馆。1867 年，经徐寿、华蘅芳等人建议，由两江总督曾国藩奏请，成立翻译馆，这是近代中国首个翻译外文书籍的官方机构。随之，大量的外文读物开始在中国流传开来。1867 年之后的几年中，有 600 多部西方军事、自然科学，小说被翻译成中文。英语成了必不可少的媒介语言，这对中国现代科技产生了深远影响。

1904 年清政府颁布的《奏定学堂章程》中规定："初等高等小学堂一概毋庸另习洋文，以免抛荒中学根柢，考取入中学堂后，始准兼习洋文。"从这一章程可以看出，清政府对外语教育尽管重视，但还是强调不可偏废母语教育。

三 民国时期

1912 年中华民国政府成立，中国进入到民国时期。民国政府继续晚清时期的开放政策，制定了一系列的促进外语教育的政策。1912 年颁布了《壬子·癸丑学制》，规定把外语加设到课程中去，外语安排在高小第三学年，每周 3 小时，主要目的是"使儿童略使外国语文以供使用"[1]。据《壬子·癸丑学制》，男女中学外语、国文、数学三大课程，所占比例分别为 20.3%、17.4%、12.2%[2]，外语课程超过其他任何课程的比例。在 1912 年颁布的《专门学校令》中规定开设专门的外语学校，形成了完整的外语教育政策，使外语教育得到了空前的发展。

抗战时期，日本在其占领区强制推行日语教育以服务于其征服中国的企图，到 1945 年中国抗日战争胜利才终止。之后，英语成为中国的第一外语。

四 1949 年后的外语教育

1949 年中华人民共和国成立后，中国与苏联结盟，在外交上完全采取了"一边倒"政策。于是，俄语成为当时最有用的第一外语。中国政府在全国建立起 7 所俄文专科学校[3]。至 1951 年有中国人民大学、清华大学、北京大学等 34 所大学设置俄语专业，与 1949 年前只有 13 所形成强烈反差。[4] 此外，在社会上还开办广播俄语、俄语速成班等。1953 年 7 月 5 日《人民教育》杂志发表署名文章《关于目前中学英语教学问题》："根据全国各地许多中学师生和若干文教部门、报社所反映的材料，一般说，中学学英语的学生多不愿学英语而要求学俄语。"在这一环境下，大部分师范院校英语系被取消，英语师资大量减少。

20 世纪 60 年代，中苏关系恶化，中国开始加强与西方的交往。在此背景下，政府制定了《外语教育七年规划纲要》（以下简称《纲要》）。这是中国第

---

[1] 付克：《中国外语教育史》，上海外语教育出版社，2004。
[2] 何琳：《民国初年中国英语教学的历史考察》，硕士学位论文，吉林大学，2008。
[3] 王金容、夏宏钟：《中国俄语教育建国初的阶段性特征分析与反思》，《中国俄语教学》2011 年第 2 期。
[4] 付克：《中国外语教育史》，上海外语教育出版社，2004。

一个发展外语教育的纲领性文件。《纲要》对之前外语教育所犯的错误作了检讨与反省,提出了以后七年一系列发展外语教育的措施,核心要点有。

第一,在学校教育中确定英语为第一外语,大力调整高等学校和中等学校开设外语课的语种比例。学习英语的人数要大量增加,学习法语、西班牙语、阿拉伯语、日语和德语的人数也要适当增加,学习其他非通用语种的人数要占一定的比例。学习俄语的人数要适当收缩,适应实际需要即可。

第二,专业外语教育与共同外语(即大学外语)教育并重。学校外语教育和业余外语教育并举。

第三,大力发展外国语学校,要求1970年发展到40所左右,在校生达到3万多人。

第四,新建和扩建一批高等外语院校。新建的有北京第二外国语学院、北京外国语专科学校等9所,扩建的有北京外国语学院、上海外国语学院等7所。

第五,发展高等外语院系。外语专业的语种从1964年的39种增加到1970年的49种。计划到1970年外语院系在校学生数达到48000人左右,比1964年增加近一倍。

第六,派遣大学生和进修生出国学习外语,包括法语、德语、西班牙语、阿拉伯语及其他语种。

在《纲要》的指导下,中国的外语教育终于有了新的起色。但是好景不长,1966年"文化大革命"开始,十年浩劫阻碍了外语教育发展。1976年"文化大革命"终于结束,中国外语教育重新得到了十分迅速的发展,进入一个新阶段,并在改革开放的大背景下发展迅速。

1977年恢复高考后,英语作为高考科目出现。各大高校也开始大规模招收外语专业的人才,同时以英语为主的公共外语课开设。1978年教育部《关于加强外语教育》的通知中提出:"语种布局要有战略,当前任务是大力发展英语教育,也要注意日法德等外语比例。"教学的外语语种也从建国初期的12种发展到目前的50多种。

1987年9月20日国家教委下达通知,试行大学英语四级考试,1988年大学英语六级考试开始试行。到了20世纪90年代后,英语课成为中小学生的必修课。除了政府对外语教育的投入,民间的外语培训机构开始兴起,家长也更关注孩子幼儿时期的外语教育,双语幼儿园也开始大量建立。

随着中国外语教育的发展,对外语教育的投入也是巨大的。王丽娜试图对国家外语教育的投入进行估计:2002 年全国教育经费为 5480.03 亿元,2003 年为 6208.27 亿元。各学科对教育经费的消耗,可以按照各学科的学习时间来分配。除去小学教育消耗的教育经费,如果按照学外语时间占学习总时间 1/3,初中以上的外语教育消耗的教育经费,每年至少也是 1000 多亿元[①]。虽然王丽娜的估计未必准确,但整个国家社会在外语教育上投入巨大应是可以肯定的。

其实,除了能用货币衡量的投入外,学生花费大量时间学习外语也是巨大的投入。为了通过英语四六级考试以及研究生入学考试,几乎每个大学生都要花费大量时间学习以英语为主要语种的外语,挤占了大量可能学习其他课程的时间。招收研究生时,相当数量的考生未能被录取也和外语成绩未达到指定分数线有关,不少考生只有几分之差。这样很有可能剥夺了相当数量的优秀学生获得研究生学习的机会。

在思考中国学生花费大量时间学习外语的代价时,我们还需要关注西方大学的外语教育。需要关注的是,本科生、研究生的录取以及社会上专业职称的晋升,一般与外语掌握水平无关。英语国家的外语教育一般都只是把外语作为一门普通的课程来对待,学外语所花费的时间有限,远远低于中国学生。即便非英语国家,外语教育一般也只是将之处理为普通课程,学生花费在外语上的学习时间也远远少于中国学生。外国学生花费在外语学习上的时间不多,然后用比较多的时间学习有用的知识,而如果中国学生花费很多时间学外语大多没用,由此耽误了有用知识的学习,由此所带来的后果更是难以估量。

五 基本观察

从西汉时期张骞出使西域开始到今天,中国的外语教育走过了两千多年的道路,可圈可点。回顾这段历史我们获得以下基本观察。

第一,外语教育始终为社会需要所推动。从汉朝、元朝、明朝、清朝、中华民国以及 1949 年建立的中华人民共和国,外语教育都是为社会需求所推动,都是为推动使用不同语言的国家和人们之间的交流。

---

① 王丽娜:《我国外语教育的惊天耗费之反思与对策》,《科协论坛》2007 年第 11 期。

第二，外语教育如果没有把握社会对外语需求的长期趋势，也会造成混乱和损失。就中国的经验来说，20世纪50～60年代为加强与苏联的交流，培养了大批俄语人才，但中苏关系突然冷淡，导致大量俄语人才无用武之地，给这些俄语人才的职业生涯造成严重的影响。

第三，在全社会配置巨额资源用于外语教育时，是否存在外语过度教育是一个十分值得关注的问题。如果外语过度教育，将导致巨额资源的浪费。此外，外语教育对民族文化心理塑造的影响，暂缺少研究。因此，一个社会一定要根据外语的实际需要制定恰当的外语教育政策，不足和过度都不可取，对此本章下节将有专门的分析讨论。

第二节 英语教育的回报研究

英语教育的回报研究是进行英语教育的投入－产出分析，以此来评估配置于英语教育资源的有效性。中国国民教育体系的外语教育主要是英语教育，且有规范的大学英语四六级考试，有助于评估学生对英语学习的投入以及达到的水平。本节侧重讨论英语教育的投入与产出。为了避免学历层次不同所导致分析的复杂性，我们仅选取学历为本科的样本。此外，删除了出国留学以及英语过专业八级的样本，因为这一群体不是我们分析的重点。

一 英语教育的投入

当前大量资源被配置到英语教育中。从国民教育体系的课时上来说，教育部规定：小学英语课程开设的起始年级为三年级，三、四年级以短课时为主，五、六年级长短课时结合，长课时不低于两课时。对初中、高中英语课时的规定各省有所不同，初中通常为一周4～5课时，高中通常为6课时左右。

除了国民教育体系投入以外，英语在升学考试中占有相当大的比重，学生在正常的英语课程之余还要花大量时间用于英语学习。许多家长会在孩子上高中、初中甚至小学的时候送孩子去上各种英语补习班。根据袁敬的调查，以郑州市二七区区属某中学为例，该校八年级学生共340人，其中有120人参加校外英语辅导，超过年级总人数的1/3。再以郑州市市属某中学为例，该校八年级学生共900名，几乎全部参加由校外英语辅导班进行的额外的学习。① 此外,成人也热衷于参加各种英语培训。

2016年问卷调查关注了人们对英语学习的投入。备选答案有:投入极少、投入较少、一般、投入较多、投入很多。表11-1显示,在英语上投入"较少""极少"的占46.38%,而投入"较多""很多"的仅占12.80%,从该表似乎无法看出人们对英语投入很多。

表11-1 英语学习投入

英语学习投入程度	所占百分比(%)	样本数(个)
极少	16.59	421
较少	29.79	756
一般	40.82	1036
较多	11.74	298
很多	1.06	27

然而,根据2016年问卷调查,在本科学历样本中,二本所占比重为48.26%,普通一本所占比重为24.80%,有14.59%的受访者来自"211""985"高校。在中国,要通过高考考入本科院校,尤其是本科院校里相对较好学校,付出是必然的,而英语在高考中有着绝对的重要性。

大学生英语四六级考试通过情况是英语投入更为客观的考量。表11-2显示,本科生通过英语四六级考试的比重高达77.26%,英语未过级的仅占22.74%。英语四六级考试有相当的难度,要通过英语四六级考试,必然需要长时间的充分准备。因此,在英语投入上不可能"极少",而受访者认为自己在英语上投入"极少""较少",可能只是一个与其他人相比较的概念。

表11-2 英语过级分布

英语过级	所占百分比(%)	样本数(个)
未过级	22.74	445
四级	55.80	1092
六级	21.46	420

---

① 袁敬:《郑州市初中生校外英语辅导班现状调查研究》,硕士学位论文,郑州大学,2015。

二 英语教育的回报分析

从理论上说，英语学习的回报可以分为两部分，一是英语学习作为一种人力资本投入所带来的回报；二是通过信号作用所获得的回报。下面采用问卷数据分析这两种作用。

（一）英语回报——基于人力资本理论

人们学习英语，可以视为是人力资本的积累，人们将所学到的英语知识运用于工作中，得到相应的回报，是英语作为人力资本获得收益的体现。

如果一个人英语水平很高，但并没有在实际工作中使用英语，则从人力资本投资的意义上来说并未得到回报。要确定一个人在劳动市场上实际使用到的英语知识量，首先要确定一个人的英语水平，以及英语使用的多少。2016年问卷调查询问受访者大学英语四六级考试通过情况。我们将英语未过级赋值为2，英语四级赋值为4，六级赋值为6，构成英语知识量指数。用知识量指数乘上使用系数，求得英语实际使用量。使用系数赋值方法是："没用过"赋值为0，"有些用"为0.25，"一般"为0.5，"用得较多"为0.75，"很有用"为1。我们引入第五章第四节的工资方程，将英语实际使用量（$ENGLISHUSE$）带入方程进行回归。

回归结果显示，$ENGLISHUSE$ 的系数为0.0639，t值为5.9620，达到99%以上显著水平。因此，英语在实际工作中使用越多，工资收入越高。这是英语作为人力资本带来回报的证据。

（二）英语回报——基于筛选假说

筛选假说（Screening Hypothesis）认为，教育作为一种信号反映一个人的能力，但并没有改变其能力，只是在"不完全信息"条件下的一种"信号"。雇主缺乏劳动者劳动生产率的信息，受教育作为一种信号，代表着学生有更高的智力、学习能力、自我约束力等，成为雇主可以快速甄别高质量劳动力的一种信号。英语教育可视为这样一种信号，虽然并不一定真正派上用场。

不少企业在招聘时关注学生是否通过英语四六级考试。我们就企业所招聘的岗位是否需要使用英语进行了问卷调查。表11-3显示，有

63.04%的岗位对英语"无要求"或"少部分岗位有要求",而"大多数岗位有要求"或"几乎所有岗位有要求"的仅占11.94%。

表 11-3 企业岗位对英语要求

企业岗位对英语要求	所占百分比(%)	样本数(个)
无要求	24.61	472
少部分岗位有要求	38.43	737
有些岗位有要求	25.03	480
大多数岗位有要求	8.29	159
几乎所有岗位有要求	3.65	70

既然大多数岗位对英语要求很低,为什么仍有许多企业在招聘时要求学生通过英语四六级考试呢?为此问卷继续询问:如岗位对英语无要求,是否还关心过英语四六级?60.96%的企业认为,虽然岗位对英语无要求,但能否过四六级反映了学生的学习态度和智力。也就是说,企业将是否通过英语四六级考试视为衡量学生的学习态度和智力的一项指标,而并非关注岗位是否需要英语。这时,英语考试过级起到了信号作用。

英语考试过级具有信号功能是评价英语教育回报的重要方面,我们通过分析基本不使用英语的样本,寻找信号功能的进一步证据。根据2016年问卷调查,大多数人在工作中很少用到英语。如果人们在工作中使用英语很少,但通过英语四六级考试仍对其工资收入有显著影响,这时通过英语过四六级考试体现了信号功能。为检验这一点,我们再次引入第五章第四节的工资方程。我们仅对英语在实际工作中"没用过""用得很少"的样本进行回归。用 $CET4$ 代表通过大学英语四级考试,$CET6$ 代表通过大学英语六级。

回归结果显示,$CET4$ 的系数为0.0967,t 值为2.3999;$CET6$ 的系数为0.1759,t 值为3.1245。这意味着,英语通过四六级对工资的影响不仅在统计上是显著的,达到99%以上显著水平,而且在经济上也是显著的:和未过级的员工样本相比,英语过四级的员工工资增加9.67%,过六级的员工工资增加17.59%。也就是说,在工作中很少用到英语的员工,其英语水平对工资收入仍有显著影响,这是通过英语四六级考试具有信号功能的证据。

我们还可以通过比较英语过级与未过级者的特质来解释英语过级的信号功能。表11-4显示,随着英语水平从未过级到过六级,学习成绩指数、学校层次指数、自评智商指数都随之上升。这里的学习成绩和学校层次指数按以下方法获得：将学习成绩"很差""较差""一般""较好""很好"分别赋值从1到5；将学校层次"三本""二本""一本""211""985"分别赋值从1到5。结果显示，英语是否过四六级体现了学生的能力。因此，企业将应聘者是否通过大学英语四六级考试作为重要考量具有一定的合理性，因为它是一个廉价且有效率甄别人才的指标。

表11-4 英语过级与能力指标

英语过级	学习成绩指数	学校层次指数	自评智商	小时工资	样本数（个）
未过级	3.40	2.18	3.52	32.97	445
四级	3.51	2.44	3.56	36.68	1092
六级	3.71	2.84	3.65	38.35	420

（三）英语教育的人力资本回报和信号功能

以上分析说明两种作用都存在，但我们并没有有效的办法把英语教育作为人力资本投资所带来的回报和信号功能区分开来。2016年问卷调查数据有助于我们做出一定的判断。问卷询问具有本科学历的受访者的英语使用情况。表11-5显示，65.92%的受访者表示英语"没用过""有些用"，而认为英语"用得较多""很有用"的受访者仅占12.15%。由此我们判断，英语教育的信号功能是英语回报的主要方面。

表11-5 英语对工作的实际用处

英语对工作的实际用处	所占百分比（%）	样本数（个）
没用过	29.91	761
有些用	36.01	916
一般	21.93	558
用得较多	7.98	203
很有用	4.17	106

三 英语教育政策的反思及建议

国家和个人都投入大量资源用于英语教育，而英语却更多地作为信号发挥作用，这是一个值得反思的问题。就个人而言，学习英语可以带来人力资本和信号功能的回报，但一个人在劳动市场的表现最终取决于其所积累的人力资本。如果一个人大量投入英语学习，虽然可以在劳动市场发出自己有能力的信号，但如果学习英语占用过多资源而影响了学习其他更有用的知识，即便找到一份好的工作也难以在工作中做出出色表现，甚至失去工作也未可知。因此，在决定英语学习投入时，要根据自己的职业生涯规划，决定对英语学习的投入。如果英语将来使用很多，则应多配置资源用于英语学习。相反，就要把更多的资源配置于学习未来对自己更有用的知识。

从国家层面来说，整个社会配置如此巨额的资源用于英语教育，如果这种投入对绝大多数人来说只是让他们获得一种显示其能力的信号，则这种信号过于昂贵，有资源配置低效率之嫌，甚至这种信号是否准确还是一个问题。如果学生花过多时间用于英语学习，而实际需要使用的知识有限，则通过展示其英语水平所发出的信号就可能是扭曲的，并不利于资源的有效配置。

由此我们建议，在国民教育体系，只提供学生更为基础的英语教育，同时增加各类英语选修课程，让学生根据自己的职业生涯规划和兴趣自主选择这些课程。这样，预计未来英语使用有限的学生可以将更多的时间用在学习未来更有用的知识上。此外，鼓励社会举办英语教育，在国民教育体系的英语教育难以满足个人需求的条件下，个人可以通过社会英语教育机构获得英语教育服务。如此可以较好地避免现在存在的英语过度教育情况。

第十二章
城乡居民网络学习行为及其影响因素

前面的分析显示,网络学习是影响城乡居民劳动市场表现的重要因素,因此要鼓励城乡居民更多地通过网络学习,这就需要研究影响城乡居民网络学习的因素。本章基于2016年问卷调查数据,研究影响城乡居民网络学习行为的个人因素,侧重于教育对网络学习行为的影响。

第一节 城镇居民网络学习行为及其影响因素

城镇居民是最早使用网络并通过网络进行学习的群体,也是通过网络学习的最大群体,2016年问卷调查中所获得的此类数据也较多。本节首先分析影响城镇居民网络学习的因素,侧重于教育的影响。

一 城镇居民网络学习行为现状

2016年问卷调查首先询问城镇居民:您上网吗(含手机上网)?可供选择的答案有:不上网,2小时(含)以内,2小时(不含)至4小时(含),4小时(不含)至6小时(含),6小时(不含)以上。将上网时间2小时(含)以内的取值1小时,2小时(不含)至4小时(含)的取值3小时,4小时(不含)至6小时(含)的取值5小时,6小时(不含)以上的取值7小时。其次进一步询问,您用于学习的上网时间占上网时间的比重。由此,可求得城镇居民上网学习时间。共获得城镇居民有效问卷6782份,包括大专及以上学历城镇居民、高中及以下学历城镇居民。

表 12-1 报告了城镇居民上网学习时间的分布,显示仅有 1.90% 的城镇居民不使用网络进行学习,说明网络学习今天已成为城镇居民一种普遍的学习方式。

表 12-1 城镇居民上网学习时间分布

上网学习时间(小时)	所占比例(%)	样本数(个)
0	1.90	129
(0,2]	22.71	1540
(2,4]	33.80	2292
(4,6]	17.02	1154
>6	24.58	1667

二 城镇居民网络学习行为的影响因素分析

(一)所受教育程度

受教育程度越高的群体学习能力越强。根据人力资本理论,学习能力越强的人,其学习效率越高,因此会更多地学习,包括通过网络进行学习。而且受教育程度越高,城镇居民的工作岗位对知识的要求通常也越高,也是促进受教育程度高的城镇居民更多地通过网络学习的因素。表12-2支持了以上分析,随着受教育程度的提高,城镇居民上网学习时间明显增加。用 EDU 代表受教育程度,以受教育年数衡量。

表 12-2 受教育程度与上网学习时间

受教育程度	上网学习时间(小时)	样本数(个)
初中及以下	1.00	775
高中/中专	1.18	1782
大专	1.36	2315
本科及以上	1.61	3712

(二)智商

智商高的群体,学习效率相对较高。如前分析,智商高的人也会更倾向于通过网络进行学习。表 12-3 显示,随着自评智商指数的升高,上网学习时间明显增加。此外，受教育年数也随之增加。自评智商为受访者按10级自评其智商。为了避免回归分析时出现过多虚拟变量，等距离简化为5级，赋值从1到5，构成自评智商指数。回归分析时，以自评智商指数"1""2"为比较基础。

表12-3　自评智商与上网学习时间

自评智商指数	变量名称	上网学习时间（小时）	受教育年数	样本数（个）
1	IQ1	1.08	15.24	338
2	IQ2	1.22	15.55	1004
3	IQ3	1.43	15.59	2752
4	IQ4	1.60	15.77	1999
5	IQ5	1.73	15.64	517

（三）技术职称

高技术职称首先是过去学习的重要结果，也标志着较高的学习能力，因而也会更多地通过网络进行学习。高技术职称者所从事的工作岗位往往需要更多的知识和信息，工作需要及岗位竞争也促使高技术职称者更加重视网络学习。表12-4显示，随着技术职称的提高，上网学习时间也随之增加。回归分析时，以"无技术职称"、技术职称"初级"为比较基础。

表12-4　技术职称与上网学习时间

技术职称	变量名称	上网学习时间（小时）	样本数（个）
无技术职称	TECHRANK1	1.45	2246
初级	TECHRANK2	1.43	1390
中级	TECHRANK3	1.51	2141
副高/正高	TECHRANK4/5	1.51	593

（四）工作层次

在高工作层次就业者往往也是乐于和善于学习者，大多会通过网络学习知识和获得信息。随着工作层次的提高，对知识和信息的要求也越来越高，要求其更多地通过网络学习知识和获得信息。表12-5显示，随着工作层次的提高，上网学习时间明显增加。回归分析时，以"操作层""低层管理或技术"为比较基础。

表 12-5　工作层次与上网学习时间

工作层次	变量名称	上网学习时间（小时）	样本数（个）
操作层	WORKRANK1	1.16	1731
低层管理或技术	WORKRANK2	1.26	2450
中层管理或技术	WORKRANK3	1.51	2794
中高层管理或技术	WORKRANK4	1.72	921
高层管理或技术	WORKRANK5	1.95	343

（五）年龄

在当下教育快速发展的年代，人们受教育程度不断提高，这就导致在职场年纪越轻者平均受教育年数越多，从而会用更多的时间进行网络学习。上网是一种新事物，年轻人更乐于接受。此外，未婚者与已婚者相比较为年轻，有更多的上网时间。但上网也需要一定的物质条件和经济基础，年纪过轻的人往往居无定所，收入也相对较低，这些因素又限制了年纪过轻者上网以及上网学习。表 12-6 显示，随着年龄的增加，起初上网学习时间增加，在［26，35］年龄段时达到峰值，之后随着年龄增加上网学习时间减少。这就是说，年龄与上网学习时间是非线性关系，需要以虚拟变量代表不同的年龄段。回归分析时，以对应上网学习时间最长的［26，35］年龄段为比较基础。

表 12-6　年龄与上网学习时间

年龄段	变量名称	上网学习时间（小时）	受教育年数	样本数（个）
≤25	AGE1	1.36	14.97	3095
［26，35］	AGE2	1.42	15.93	3935
［36，45］	AGE3	1.27	10.07	1653
≥46	AGE4	1.13	9.60	847

（六）婚姻状况

未婚者通常比已婚者年纪要轻，如前分析，会更多地进行网络学习。表 12-7 显示，与其他婚姻状态人群相比，未婚者上网学习时间更多。用 SINGLE 代表未婚。回归分析时，以"离异""丧偶""已婚"为比较基础。

表 12-7 婚姻状况与上网学习时间

婚姻状况	上网学习时间(小时)	样本数(个)
已婚	1.35	5073
离异	1.27	159
丧偶	0.96	27
未婚	1.47	3299

(七) 工资

高工资往往与受教育程度高相关,据前分析,受教育程度高有助于网络学习。网络学习需要支付一定的费用。如在家进行网络学习,需设备和上网费用;如在网吧或通过手机上网,也要支付费用。此外,网络上的一些信息也是收费的。显然,高工资者更有能力支付网络学习费用。表 12-8 显示,随着工资的上升,上网学习时间明显增长。用 $INCMONTH$ 代表月工资。

表 12-8 工资与上网学习时间

月工资(元)	上网学习时间(小时)	样本数(个)
[1000,3000)	0.97	1259
[3000,5000)	1.20	2711
[5000,7000)	1.40	2025
≥7000	1.59	2412

(八) 周工作时间

周工作时间越长,城镇居民的空闲时间就越少,因而上网学习时间就会相应减少。表 12-9 显示,随着周工作时间的增长,上网学习时间减少。用 $HOURS$ 代表周工作时间。

表 12-9 周工作时间与上网学习时间

周工作时间(小时)	上网学习时间(小时)	样本数(个)
≤35	1.28	907
(35,40]	1.31	3564
(40,45]	1.27	418
(45,50]	1.26	1583
≥50	1.17	2832

（九）创新能力

创新需要足够的知识储备，还需要掌握更多的信息，网络无疑是掌握新知识和获得信息的重要来源，因此创新能力强的就业者会更多地选择网络学习知识和获得信息。表 12-10 显示，随着创新能力指数提升，城镇居民上网学习时间随之增加。创新能力为受访者按 10 级自评其创新能力。为了避免回归分析时出现过多虚拟变量，等距离简化为 5 级，赋值从 1 到 5，构成创新能力指数。回归分析时，以创新能力指数"1""2"为比较基础。

表 12-10 创新能力与上网学习时间

创新能力指数	变量名称	上网学习时间（小时）	样本数（个）
1	INNOV1	1.22	465
2	INNOV2	1.22	1004
3	INNOV3	1.43	2752
4	INNOV4	1.66	1927
5	INNOV5	1.79	499

三 回归模型及结果

用 STUDYNET 代表上网学习时间。根据以上分析，我们提出以下城镇居民上网学习时间回归方程：

$$\begin{aligned} STUDYNET = & \alpha_0 + \alpha_1 EDU + \alpha_2 IQ3 + \alpha_3 IQ4 + \alpha_4 IQ5 + \alpha_5 TECHRANK3 + \\ & \alpha_6 TECHRANK4/5 + \alpha_7 WORKRANK3 + \alpha_8 WORKRANK4 + \\ & \alpha_9 WORKRANK5 + \alpha_{10} AGE + \alpha_{11} SINGLE + \alpha_{12} INCMONTH + \\ & \alpha_{13} HOURS + \alpha_{14} INNOV3 + \alpha_{15} INNOV4 + \alpha_{16} INNOV5 \end{aligned}$$

表 12-11 报告了采用 OLS 回归结果。包含所有变量的模型 1 显示，大多变量的符号与理论预期一致，且达到 90% 以上显著水平。但相关分析显示，受教育年数、智商与多个变量之间存在着较高的相关性，且工作层次、职称、工资和周工作时间之间也存在着相关性。因此，模型 1 存在多重共线性问题。模型 2 去掉与智商、技术职称、年龄相关度较高的受教育程度、工作层次、婚姻状况、工资、周工作时间等因素后再回归，显示智商、技术职称、年龄达到 95% 以上显著水平。模型 3 去掉与工资、周工作

时间、创新能力相关度较高的受教育程度、技术职称、工作层次后再回归，显示工资、周工作时间、创新能力达到95%以上显著水平。

表 12-11 上网学习时间方程回归结果

变量名称	模型1		模型2		模型3	
	系数	t-值	系数	t-值	系数	t-值
C	-0.7727	-2.9609	0.8781	17.0381	0.8714	11.4187
EDU	0.0971	6.6020				
IQ3	0.1363	1.6438	0.1978	3.8262	0.1117	1.9816
IQ4	0.1710	2.0445	0.4064	7.7837	0.2454	4.2421
IQ5	0.1807	1.6610	0.4973	6.8385	0.2615	3.2705
TECHRANK3	-0.0047	-0.1149	0.0641	2.2230		
TECHRANK4/5	-0.2179	-3.3155	0.1079	2.3061		
WORKRANK3	0.1960	4.6781				
WORKRANK4	0.3691	5.7571				
WORKRANK5	0.3940	3.9841				
AGE1	-0.0161	-0.3687	-0.0112	-0.3425	-0.0477	-1.3931
AGE3	-0.0215	-0.4322	-0.1496	-4.1128	-0.1263	-3.3597
AGE4	-0.0082	-0.1248	-0.2914	-6.5699	-0.1240	-2.4330
SINGLE	0.1909	4.8968			0.2017	6.7716
INCMONTH	0.0000	1.4805			0.0000	6.2396
HOURS	0.0001	0.0521			-0.0040	-4.0104
INNOV3	0.1765	3.6256			0.1796	4.8523
INNOV4	0.3450	6.3784			0.4091	9.8935
INNOV5	0.3784	4.6633			0.4227	6.7764
R^2	0.0368		0.0168		0.0356	
样本数（个）	6800		10720		10226	

以上回归结果考察了各变量对城镇居民上网学习时间的影响，但就教育对城镇居民上网学习时间而言，这种方法有着内生困难，因为教育对诸多变量有显著影响。就本节涉及的变量而言，根据第四章第四节的分析，受教育程度对创新能力、工作层次、技术职称有着显著影响。这意味着，当受教育年数每增加一年，这些因素都随之变化并进而影响城镇居民的上网学习时间，由此所产生的影响是教育对城镇居民上网学习

时间的间接影响。第四章第四节讨论了计算间接影响的方法，表 12 - 12 显示，受教育程度每增加一年的全部间接因素的影响为 0.0108。表 12 - 11 报告了受教育年数对城镇居民上网学习时间直接的影响为 0.0971（基于模型 1）。直接影响加间接影响之和为 0.1079。

表 12 - 12　受教育年数对上网学习时间的间接影响

间接影响因素	教育对变量的影响	变量对上网学习时间的影响	教育通过变量对上网学习时间的影响
创新能力	0.0101	0.1381	0.0014
工作层次	0.0723	0.1242	0.0090
技术职称	0.0152	0.0247	0.0004
全部间接影响			0.0108

四　基本观察

综合教育对城镇居民的上网学习时间的直接影响和间接影响，我们获得以下基本观察。

受教育程度越高、智商越高的城镇居民上网学习的时间越多。受教育程度与智商相关，由此我们认为，受教育程度与智商交织在一起共同延长了城镇居民上网学习时间。受教育程度不仅直接影响城镇居民上网学习时间，还通过创新能力、工作层次和技术职称间接影响其上网学习时间。当然，这些因素自身对城镇居民上网学习时间也有显著影响。创新能力越强、工作层次越高以及技术职称越高的城镇居民用于上网学习的时间越多。未婚者比已婚者更多地上网学习。但随着年龄的增加，城镇居民上网学习时间趋于减少。

第二节　农民工上网学习行为及其影响因素

前面分析显示，上网学习显著影响农民工的劳动市场表现，为此我们就要调查和研究农民工的上网学习行为。有诸多因素影响农民工上网学习行为，本节分析影响农民工上网学习行为的个人因素，侧重于教育的影响。

一 农民工上网学习行为现状

2016年问卷调查询问农民工每日上网时间，备选答案有：不上网，2小时（含）以内，2小时（不含）至4小时（含），4小时（不含）至6小时（含），6小时（不含）以上，并进一步询问上网学习时间占上网时间的比重，由此求得农民工的上网学习时间。共获得有效样本1673个。表12-13报告了农民工上网学习时间的分布，显示88.16%的农民工上网学习，说明上网学习已成为农民工一个普遍的学习行为，但上网学习的时间有所差异。本节试图对之提出分析解释。

表12-13 农民工上网学习时间分布

上网学习时间(小时)	所占比例(%)	样本数(个)
0	11.84	198
(0,2]	74.30	1243
(2,4]	10.16	170
(4,6]	2.33	39
>6	1.37	23

二 农民工上网学习行为影响因素分析

下面根据问卷调查数据，分析影响农民工上网学习行为的个人因素，侧重于教育对上网学习行为的影响。上一节已经分析了影响城镇居民上网学习行为的个人因素，大多也适用于农民工。对适用于农民工的因素，本节不再重复讨论，只分析统计结果，只有对农民工群体有某种特殊影响时，才加以展开。

（一）受教育程度

表12-14显示，随着受教育程度的提高，农民工上网学习的时间增加，自评智商也随之提高。用 EDU 代表受教育程度，以受教育年数衡量。

表12-14 受教育程度与上网学习时间

受教育程度	上网学习时间(小时)	自评智商指数	样本数(个)
未接受教育/小学	0.39	2.81	224
初中	0.68	3.10	705
高中及以上	1.05	3.31	692

第十二章 城乡居民网络学习行为及其影响因素

(二) 智商

表 12-15 显示,随着农民工自评智商的提高,农民工的上网学习时间随之增加。回归分析时,以自评智商指数"1""2"为比较基础。

表 12-15 智商与上网学习时间

自评智商指数	变量名称	上网学习时间(小时)	样本数(个)
1	IQ1	0.66	45
2	IQ2	0.67	154
3	IQ3	0.68	868
4	IQ4	0.95	469
5	IQ5	1.38	101

(三) 参加政府培训

根据第十章第二节,很多农民工不同程度地参加了政府组织的有针对性的培训。表 12-16 显示,随着农民工越来越多地参加政府组织的深度培训,一方面上网学习时间随之增加,另一方面受教育程度也随之提高。就培训内容来说,调查并没有涉及,但相信上网应是重要的内容。而受教育程度的增加对上网学习的促进作用前面已做分析。这两方面的因素可以对随着农民工更多地参加深度培训而增加上网学习时间提出一种解释。回归分析时,以"两者均未参加"为比较基础。

表 12-16 参加政府培训与上网学习时间

参加政府培训	变量名称	上网学习时间(小时)	所受教育年数	样本数(个)
两者均未参加		0.69	8.65	922
引导性培训	TRAININTROD	0.77	9.19	83
技能性培训	TRAINSKI	0.88	9.65	386
两者均参加	TRAINBOTH	1.15	10.19	198

(四) 工作层次

随着受教育程度较高的新生代农民工大量进入城镇职场,不少农民工也进入到管理或技术层次,如表 12-17 所示。管理和技术层次工作要求就职者掌握更高的知识技能和更多的及时信息,这就需要就职者花费更多的时间用于学习,尤其是上网学习。上网学习在获得及时信息方面更具优势。表12-17显示，随着农民工工作层次的提高，上网学习时间也随之增加。回归分析时，以"操作层""低层管理或技术"为比较基础。

表12-17 工作层次与上网学习时间

工作层次	变量名称	上网学习时间（小时）	受教育年数	样本数（个）
操作层	WORKRANK1	0.63	8.43	813
低层管理或技术	WORKRANK2	0.80	9.70	412
中层管理或技术	WORKRANK3	1.12	10.35	246
中高层/高层管理	WORKRANK4/5	1.26	10.36	102

（五）年龄

改革开放后农村教育得到发展，与年长的农民工相比，年纪较轻农民工的受教育程度有所提高，如表12-18所示。根据人力资本理论，年纪较轻的农民工上网学习所用时间较多，其人力资本回报期较长，回报率较高。与年长的农民工相比，较年轻的农民工更容易接受网络文化，会更多地上网。梅轶竹发现，与传统农民工相比，新生代农民工对网络媒介的熟悉和使用程度更高，对网络的依赖程度也逐渐增加。[1] 表12-18显示，随着年龄的增加，上网学习时间随之减少。用 AGE 代表年龄。

表12-18 年龄与上网学习时间

年龄段	上网学习时间（小时）	所受教育年数	样本数（个）
≤30	0.96	10.19	719
[31,50]	0.68	8.66	841
≥51	0.56	7.86	68

（六）婚姻状况

与未婚者相比，已婚者年龄较高，如表12-19所示。据前分析，已婚者上网学习时间会减少。此外，已婚者，特别是其中的女性，需要花费大量时间处理家务，也会压缩上网学习的时间。用 $MARRIED$ 代表"已婚"。回归分析时，以"离异""丧偶""未婚"为比较基础。

---

[1] 梅轶竹：《网络媒介对新生代农民工的影响力刍议》，硕士学位论文，中国青年政治学院，2012年。

表 12-19　婚姻状况与上网学习时间

婚姻状况	上网学习时间(小时)	年龄	受教育年数	样本数(个)
已婚	0.68	40.76	8.77	1121
离异	0.85	40.49	8.59	58
丧偶	0.70	40.69	8.45	31
未婚	1.12	26.17	10.25	427

(七) 工资

表 12-20 显示，随着月工资的提高，农民工的上网学习时间随之增加。用 INCMONTH 代表月工资。

表 12-20　工资与上网学习时间

月工资(元)	上网学习时间(小时)	样本数(个)
≤3000	0.76	1060
(3000,5000)	0.77	916
≥5000	0.83	838

(八) 周工作时间

表 12-21 显示，随着农民工周工作时间延长，受教育年数减少，收入减少。一般来说，工作时间长的岗位往往以低质量工作为主。这些因素都是农民工上网学习的不利因素。用 HOURS 代表周工作时间。

表 12-21　周工作时间与上网学习时间

周工作时间(小时)	上网学习时间(小时)	小时工资(元)	所受教育年数	样本数(个)
≤50	1.06	30.01	9.74	517
(50,70]	0.66	15.80	8.82	802
>70	0.68	11.93	8.56	287

(九) 创新能力

表 12-22 显示，随着创新能力指数上升，上网学习时间明显增加。回归分析时，以创新能力指数 "1" "2" 为比较基础。

表 12-22　创新能力与上网学习时间

创新能力指数	变量名称	上网学习时间（小时）	样本数（个）
1	INNOV1	0.48	130
2	INNOV2	0.52	338
3	INNOV3	0.76	673
4	INNOV4	1.02	398
5	INNOV5	1.56	98

（十）城镇生活融入度

从一定程度上说，上网学习是一种城市文化，农民工的城镇生活融入度越高，就越容易接受和使用网络这种学习方式。一般来说，年纪越轻、受教育程度越高，农民工越容易融入城镇，而据前分析，年纪轻、受教育程度高是上网学习的积极因素。表 12-23 显示，城镇生活融入度越高，农民工上网学习的时间就越长。回归分析时，以融入城镇"几乎不可能/比较难融入"为比较基础。

表 12-23　城镇生活融入度与上网学习时间

城镇生活融入度	变量名称	上网学习时间（小时）	年龄	样本数（个）
几乎不可能/比较难融入	MERGE1/2	0.61	41.04	439
一般	MERGE3	0.66	37.41	543
能够融入	MERGE4	0.91	36.13	504
完全能够融入	MERGE5	1.50	33.69	151

三　回归模型及结果

用 *STUDYNET* 代表农民工的上网学习时间。根据以上分析，我们提出以下农民工上网学习时间回归方程：

$$STUDYNET = \alpha_0 + \alpha_1 EDU + \alpha_2 IQ3 + \alpha_3 IQ4 + \alpha_4 IQ5 + \alpha_5 TRAINBOTH + \alpha_6 TRAINSK + \alpha_7 TRAININTROD + \alpha_8 WORKRANK3 + \alpha_9 WORKRANK4/5 + \alpha_{10} AGE + \alpha_{11} MARRIED + \alpha_{12} INCMONTH + \alpha_{13} HOURS + \alpha_{14} INNOV3 + \alpha_{15} INNOV4 + \alpha_{16} INNOV5 + \alpha_{17} MERGE3 + \alpha_{18} MERGE4 + \alpha_{18} MERGE5$$

上网学习时间是连续变量，采用 OLS 模型回归。表 12-24 模型 1 为包含所有变量的回归结果，显示大部分变量的符号与理论预期一致，且达到 90% 以上显著水平。但相关分析显示，诸多变量存在相关性，因此模型 1 存在多重共线性问题。模型 2 去除与自评智商、参加政府培训、月工资相关度较高的受教育程度、工作层次、创新能力、城镇生活融入度再回归，显示自评智商、参加技能性培训、两种培训均参加、月工资均达到 90% 以上显著水平。模型 3 去除与工作层次、城镇生活融入度相关度较高的受教育程度、年龄、婚姻状况再回归，显示工作层次、城镇生活融入度达到 90% 以上显著水平。

表 12-24　农民工上网学习行为方程回归结果

变量名称	模型1		模型2		模型3	
	系数	t-值	系数	t-值	系数	t-值
C	0.6185	2.7986	1.4801	8.9741	0.7909	5.3583
EDU	0.0552	4.4746				
IQ3	-0.1468	-1.7116	-0.0517	-0.5953	-0.0999	-1.1585
IQ4	-0.0252	-0.2669	0.1865	1.9991	0.0197	0.2071
IQ5	0.0834	0.6041	0.4763	3.5315	0.1357	0.9758
TRAINBOTH	0.2603	3.0849	0.3563	4.1874	0.2873	3.3729
TRAININTROD	-0.0210	-0.1728	0.0302	0.2429	0.0107	0.0878
TRAINSKI	0.0966	1.5023	0.1627	2.4819	0.0840	1.2906
WORKRANK3	0.0840	1.0821			0.1589	2.0357
WORKRANK4/5	0.2261	2.0181			0.2379	2.1020
AGE	-0.0056	-1.7648	-0.0092	-2.9003		
MARRIED	-0.2221	-3.4320	-0.2962	-4.4978		
INCMONTH	0.0000	0.3471	0.0000	2.3190	0.0000	-0.0551
HOURS	-0.0045	-2.5773	-0.0069	-3.9948	-0.0058	-3.2996
INNOV3	0.1529	2.3212			0.1866	2.8112
INNOV4	0.3048	3.9602			0.3252	4.1774
INNOV5	0.5610	4.4362			0.6205	4.8659
MERGE3	-0.0694	-1.0026			-0.0444	-0.6352
MERGE4	0.0664	0.9213			0.1374	1.9044
MERGE5	0.4778	4.4468			0.6157	5.7125
R^2	0.1485		0.0923		0.1226	
样本数（个）	1483		1494		1502	

以上回归结果考察了各变量对农民工上网学习时间的影响。但就教育对上网学习时间的影响而言，这种分析方法存在严重不足：因为教育对回归方程中诸多变量存在显著影响，这就意味着，当受教育年数每增加一年，根本无法控制其他变量保持不变。就本节所涉及的变量而言，根据第四章第四节的分析，受教育程度对工作层次、创新能力、城镇生活融入度等有显著影响。我们称这些因素为教育对农民工上网学习时间影响的间接因素。当受教育年数每增加一年，这些因素都随之变化并进而影响农民工的上网学习时间，由此所产生的影响为教育对农民工上网学习时间的间接影响。第四章第四节讨论了计算间接影响的方法，表 12 - 25 报告了全部间接影响之和为 0.0179。表 12 - 24 显示，受教育年数对农民工上网学习时间的直接影响为 0.0552（基于模型 1）。直接影响加间接影响之和为 0.0731。

表 12 - 25　农民工接受教育对上网学习行为的间接影响

间接影响因素	教育对间接素的影响	间接因素对上网学习行为的影响	教育通过间接因素对上网学习行为的影响
工作层次	0.0455	0.1302	0.0059
创新能力	0.0421	0.1743	0.0073
城镇生活融入度	0.0331	0.1406	0.0047
全部间接影响			0.0179

四　基本观察

根据以上理论分析及回归结果，我们获得以下基本观察。

农民工受教育程度越高、自评智商越高，上网学习时间越长。考虑到自评智商与受教育程度的相互作用，我们判断，受教育程度与自评智商交织在一起共同影响农民工上网学习时间。与参加引导性培训的农民工相比，参加技能性培训及两种培训均参加的农民工上网学习时间显著增加。工作层次越高的农民工上网学习时间越长。已婚者的上网学习时间显著短于未婚者。随着年龄的增长，农民工上网学习时间逐渐减少。周工作时间越长的农民工相应的上网学习时间越短。农民工创新能力越强，上网学习时间越长。随着城镇生活融入度的提高，农民工的上网学习时间随之增加。

值得关注的是,受教育程度显著影响工作层次、创新能力和城镇生活融入度,因此受教育程度还通过这些因素间接影响农民工上网学习时间。

第三节 农民上网学习时间及其影响因素

随着农村网络覆盖范围越来越大和智能手机上网的普及,农村居民上网越来越具备技术条件。本书之前的章节研究显示,网络学习对农村居民的收入有显著影响,因此要进一步鼓励农村居民进行网络学习,这就需要研究农村居民网络学习行为及影响因素。

一 农村居民网络学习现状

为了研究农村居民网络学习行为,2016年问卷调查关注了农村居民上网行为。问卷询问:您上网吗?备选答案有:从不,因为村里没网络;村里可上网,但我不上;有时上网;经常上网;离不开。调查显示,选择"从不,因为村里没网络"的占16.21%。目前,中国农村还有一些地方没有网络覆盖,是一个值得关注的问题。

我们去掉客观上不具备上网条件的"从不,因为村里没网络"的样本,把后四个选项依次赋值为1,2,3,4,构成农村居民上网指数。但我们更关注的是,农村居民在上网时有多少时间用于学习。为此问卷调查进一步询问,农村居民上网时间中除了用于休闲娱乐之余的主要用于获取知识的百分比,由此可求得初始上网学习指数。但采用排序概率模型进行回归分析时,要求指数取整数。为此我们将初始上网学习指数做整数化处理,构成整数化上网学习指数,见表12-26。表12-26报告了农村居民上网学习指数的分布。

表12-26 农村居民上网学习指数分布

初始上网学习指数	整数化上网学习指数	所占比重(%)	样本数(个)
0	1	47.21	482
(0,0.3]	2	25.17	257
(0.3,1)	3	18.81	192
>1	4	8.81	90

二 影响农村居民上网学习的因素

(一) 受教育程度

随着农村教育的发展,农村居民的受教育程度也随之提高。如前分析,受教育程度对上网行为有显著影响。表 12-27 显示,教育对农村居民上网学习也有显著影响。此外,农村居民的受教育程度与自评智商呈正向关系。用 EDU 代表受教育程度,以受教育年数衡量。

表 12-27 受教育程度与上网学习

受教育程度	上网学习指数	自评智商指数	样本数(个)
未受学校教育	1.25	2.42	73
小学	1.47	2.84	272
初中	2.01	3.19	421
高中	2.20	3.36	148
高职	2.72	3.53	25
中专及以上	2.65	3.63	62

(二) 智商

表 12-28 显示,随着自评智商的提高,农村居民的上网学习指数呈明显上升趋势。回归分析时,以自评智商较低的"1""2"为比较基础。

表 12-28 智商与上网学习

自评智商	变量名称	上网学习指数	样本数(个)
1	IQ1	1.51	39
2	IQ2	1.69	169
3	IQ3	1.94	475
4	IQ4/5	1.97	338
5			

(三) 创新能力

表 12-29 显示,农村居民的创新能力与上网学习指数呈正向关系。回归分析时,以创新能力指数"1""2"为比较基础。

表 12-29　创新能力与上网学习

创新能力指数	变量名称	上网学习指数	受教育年数	样本数（个）
1	INNOV1	1.49	6.33	188
2	INNOV2	1.74	7.35	282
3	INNOV3	2.04	9.05	324
4	INNOV4/5	2.19	9.01	227
5				

（四）创业精神

创业是一种需要高智商和大量知识的活动，尤其在商业竞争日趋激烈的今天，需要创业者储备大量知识和信息，而很多现时所需的知识和信息更容易从网络获得。因此创业精神强的农村居民会更多地选择网络学习。表 12-30 显示，农村居民的创业精神越强，上网学习指数越高。回归分析时，以创业精神指数"1""2"为比较基础。

表 12-30　创业精神与上网学习

创业精神指数	变量名称	上网学习指数	受教育年数	样本数（个）
1	ENTERPRISE1	1.45	6.43	202
2	ENTERPRISE2	1.76	7.04	224
3	ENTERPRISE3	2.05	8.99	312
4	ENTERPRISE4	2.05	9.28	207
5	ENTERPRISE5	2.38	8.59	76

（五）性别

表 12-31 显示，男性的上网学习指数高于女性。用 MALE 代表男性。回归分析时，以女性为比较基础。

表 12-31　性别与上网学习

性别	上网学习指数	样本数（个）
男	2.00	629
女	1.73	392

(六）年龄

年轻的农村居民受教育程度相对较高，更容易接受网络文化，也更希望通过网络获得更多和生产经营相关的知识。表12-32显示，随着年龄的增长，农村居民的上网学习指数呈下降趋势。用 AGE 代表年龄。

表12-32　年龄与上网学习

年龄	上网学习指数	样本数（个）
≤30	2.42	185
[31,40]	2.25	223
[41,50]	1.79	358
[51,60]	1.31	189
≥61	1.39	61

（七）健康状况

网络学习是一种人力资本投资，回报率和健康状况有直接的关系。若健康状况较差，人力资本投资的回报就相应较低，因而不会倾向于更多地上网学习。此外，表12-33显示，农村居民的健康状况越好，则其年龄相对较低，也有助于其上网学习。表12-33支持了以上分析。回归分析时，以健康状况"很差""较差"为比较基础。

表12-33　健康状况与上网学习

健康状况	变量名称	上网学习指数	年龄	样本数（个）
很差	$HEALTH1$	1.78	49.30	23
较差	$HEALTH2$	1.36	52.83	76
一般	$HEALTH3$	1.86	47.17	237
较健康	$HEALTH4$	1.76	44.11	342
很健康	$HEALTH5$	2.17	40.26	343

（八）婚姻状况

表12-34显示，未婚农村居民的上网学习指数高于其他婚姻状况的农村居民。用 $SINGLE$ 代表未婚。回归分析时，以其他婚姻状况为比较基础。

表 12-34 婚姻状况与上网学习

婚姻状况	上网学习指数	样本数(个)
已婚	1.85	889
离异	2.09	22
丧偶	1.21	24
未婚	2.52	84

三 回归模型及结果

用 STNETIND 代表上网学习指数。根据以上分析,我们提出以下农村居民网络学习指数回归方程:

$$STNETIND = \alpha_1 EDU + \alpha_2 IQ3 + \alpha_3 IQ4/5 + \alpha_4 INNOV3 + \alpha_5 INNOV4/5 + \alpha_6 ENTERPRISE3 + \alpha_7 ENTERPRISE4 + \alpha_8 ENTERPRISE5 + \alpha_9 MALE + \alpha_{10} AGE + \alpha_{11} HEALTH3 + \alpha_{12} HEALTH4 + \alpha_{13} HEALTH5 + \alpha_{13} SINGLE$$

上网学习指数(STNETIND)从低到高分为 4 级,是虚拟应变量(Dummy - dependent Variable),故采用排序概率模型(Ordered Probit Model)回归。表 12-35 模型 1 报告了包含所有变量的回归结果。但由于一些变量之间的相关性,这些变量的显著性受到影响,模型 1 存在多重共线性问题。为此,模型 2 和模型 3 将相关度较高的变量单独回归,显示 IQ3、IQ4/5 对上网学习行为达到 90% 以上显著水平,INNOV3、INNOV4/5 达到 90% 以上显著水平。至此,所有变量的符号与理论预期一致,且达到 90% 以上显著水平。

表 12-35 上网学习指数方程回归结果

变量名称	模型 1		模型 2		模型 3	
	系数	p-值	系数	p-值	系数	p-值
EDU	0.0920	0.0000				
IQ3	0.0531	0.6178	0.2102	0.0356		
IQ4/5	-0.1404	0.2400	0.1768	0.0977		

续表

变量名称	模型1		模型2		模型3	
	系数	p-值	系数	p-值	系数	p-值
INNOV3	0.1367	0.2040			0.2042	0.0484
INNOV4/5	0.2104	0.1215			0.2300	0.0771
ENTERPRISE3	0.0915	0.4117			0.2690	0.0117
ENTERPRISE4	0.0672	0.6140			0.2257	0.0791
ENTERPRISE5	0.5184	0.0030			0.5346	0.0018
MALE	0.1788	0.0211			0.2400	0.0013
AGE	-0.0347	0.0000	-0.0423	0.0000		
HEALTH3	0.2232	0.1505	0.3422	0.0217	0.4495	0.0024
HEALTH4	-0.0164	0.9145	0.1115	0.4445	0.3008	0.0361
HEALTH5	0.2212	0.1526	0.4413	0.0028	0.6241	0.0000
SINGLE	-0.0723	0.6106	-0.0018	0.9899	0.5471	0.0000
Prob(LR statistic)	0.0000		0.0000		0.0000	
样本数(个)	996		1014		1019	

给定以上回归结果，传统分析会得出这样的结论：控制其他变量保持不变，受教育年数的增加显著增加农村居民的上网学习时间。但就教育对农村居民上网学习时间的影响而言，这种分析方法存在严重不足，因为教育对回归方程中诸多变量存在显著影响，这就意味着，当受教育年数增加时，不可能"控制其他变量保持不变"。就本节所涉及的变量而言，根据第四章第四节的分析，受教育程度对创新能力、创业精神、健康状况有显著影响。我们称这些因素为教育对上网学习时间影响的间接因素。当受教育年数每增加一年，这些间接因素都随之变化并进而影响农村居民上网学习时间，由此所产生的影响为教育对农村居民上网学习时间的间接影响。第四章第四节讨论了计算间接影响的方法，表12-36报告了计算结果，显示受教育程度每增加一年的全部间接影响为0.0125。根据第四章第四节的分析，受教育年数对农村居民上网学习时间指数直接影响为0.0555。直接影响加间接影响之和为0.0681。

表 12-36　受教育年数对农村居民上网学习时间指数的间接影响

间接影响因素	教育对间接因素的影响	间接因素对上网学习时间指数的影响	教育通过间接因素对上网学习时间指数的影响
创新能力	0.0434	0.0573	0.0025
创业精神	0.0701	0.1270	0.0089
健康状况	0.0530	0.0216	0.0011
全部间接影响			0.0125

四　基本观察

根据以上分析和讨论，我们获得以下基本观察。

受教育程度高、自评智商高的农村居民会更多地选择上网学习。受教育程度与自评智商相关，由此我们判断，受教育程度与自评智商交织在一起共同影响农村居民上网学习时间。教育还通过创新能力、创业精神、健康状况间接影响农村居民上网学习时间。创新能力、创业精神越强的农村居民花费更多的时间上网学习。与年长的农村居民相比，年轻的农村居民更善于上网学习。与女性相比，男性农村居民上网学习时间更长。与其他婚姻状况相比，未婚的农村居民上网学习时间更长。

第十三章
劳动市场对大学生的期待

高等教育的一个基本目标是,让学生在劳动市场有良好的表现,这就需要了解和研究劳动市场对大学生的期待。本章调查并研究岗位对本科学历城镇居民专业技能和综合素质的侧重,招聘时企业对大学生学业表现的关注,特质的期待以及影响企业创新文化的因素。

第一节 岗位对专业技能和综合素质侧重研究

在精英教育时代,仅有少数人能接受高等教育,并且绝大部分人能够找到专业对口的工作。但随着高等教育大众化,越来越多的人接受高等教育,但劳动市场并没有那么多专业对口的岗位,从而产生专业不对口的问题,且越来越普遍化。这就对高等教育提出一个问题:是侧重培养学生的专业技能还是综合素质?本节基于本科学历城镇居民样本进行分析。

一 岗位对专业技能和综合素质的要求侧重

2016年问卷调查询问本科学历城镇居民所从事的工作对综合素质和工作技能要求的侧重,备选答案有:只需综合素质、需一些专业技能、综合素质加一定技能、技能较重要、技能很重要,依次赋值为1、2、3、

4、5，构成技能/综合素质要求侧重指数。指数越低越强调综合素质；指数越高越强调专业技能；指数2.5表示二者的平衡。表13-1显示，17.69%的本科学历城镇居民的就业岗位更侧重对"专业技能"的需求，26.88%更偏重于"综合素质"，高于对"专业技能"的要求。技能/综合素质要求侧重指数均值为2.8，高于2.5，这意味着总体来说，现在本科学历城镇居民的劳动市场更看重专业技能。

表13-1 就业岗位对专业技能和综合素质要求侧重的分布

技能/综合素质要求侧重	所占比重(%)	样本数(个)
只需综合素质	10.27	303
需一些专业技能	16.61	490
综合素质加一定技能	55.42	1635
技能较重要	13.08	386
技能很重要	4.61	136

二 影响岗位对专业技能和综合素质侧重的因素分析

就业是雇主和应聘者相互选择的过程。受聘者的特质可以理解为岗位需求的反映。比如篮球运动员都很高，可以理解为篮球运动员岗位需要很高的身高。这样我们可以通过调查应聘者的特质了解岗位所需应聘者的特质。在了解了应聘者的特质以及就业岗位对专业技能和综合素质的侧重后，就可以基于受访者的特质解释这种侧重形成的原因。为此，以下通过分析应聘者的个人特质来解释岗位对专业技能和综合素质的侧重。

（一）学习成绩

学习成绩优异的人，为了使所学专业的人力资本得到更好的回报，往往优先寻找专业对口的工作。表13-2显示，随着本科学历城镇居民在本科阶段学习成绩的提升，技能/综合素质要求侧重指数随之提升。回归分析时，以学习成绩"很差""较差"为比较基础。

表 13-2　学习成绩与技能/综合素质要求侧重

学习成绩	变量名称	技能/综合素质要求侧重指数	样本数（个）
很差	GRADE1	2.73	26
较差	GRADE2	2.74	62
一般	GRADE3	2.79	1412
较好	GRADE4	2.92	1209
很好	GRADE5	2.94	215

（二）学校等级

对本科学历的城镇居民来说，随着学校等级的提高，专业技能和综合素质都会随之提高。但一般来说，专业技能提升要快于综合素质，一方面高等级学校的学生录取成绩较高，另一方面高等级学校在培养学生专业技能方面更具优势，从而使得高等级学校的毕业生在竞争高技能岗位时更具优势。从企业来说，如招聘的岗位更需专业技能，会优先考虑高等级学校的毕业生。表 13-3 显示，学校等级越高，技能/综合素质要求侧重指数越高。此外，学校等级与自评智商有明显的正向关系，也就是说，较高自评智商的高中生会更多地被录取到高等级的学校，如"211"或"985"高校。回归分析时，以学校等级最低的"三本"为比较基础。

表 13-3　学校等级与技能/综合素质要求侧重

学校等级	变量名称	技能/综合素质要求侧重指数	自评智商指数	样本数（个）
三本	SCHRANK1	2.71	6.36	306
二本	SCHRANK2	2.84	6.54	1394
一本	SCHRANK3	2.87	6.79	697
"211"	SCHRANK4	2.91	6.77	292
"985"	SCHRANK5	3.15	7.04	137

（三）智商

高智商有助于提升专业技能和综合素质。一般来说，高智商更有助于提升专业技能，因为本科阶段专业技能的掌握有较强的智力难度。2016 年问卷调查请受访者按 10 级自评其智商。为了避免回归分析时出现过多虚拟变量，等距离简化为 5 级，赋值从 1 到 5，构成自评智商指数。表13-4显示,随着本科学历城镇居民自评智商的上升,技能/综合素质要求侧重指数也随之上升。回归分析时,以自评智商"1""2"为比较基础。

表13-4　自评智商与技能/综合素质要求侧重

自评智商指数	变量名称	技能/综合素质要求侧重指数	样本数(个)
1	IQ1	2.50	44
2	IQ2	2.76	108
3	IQ3	2.78	1157
4	IQ4	2.91	1471
5	IQ5	2.98	170

(四) 创新能力

在工作岗位上,创新通常在所学专业的范围之内。创新能力越强的人越容易在专业领域有更好的表现,进而会优先选择更能发挥其专业技能的岗位。2016年问卷调查请受访者按10级自评其创新能力。为了避免回归分析时出现过多虚拟变量,等距离简化为5级,赋值从1到5,构成创新能力指数。表13-5显示,随着本科学历城镇居民创新能力的提升,技能/综合素质要求侧重指数随之提升。回归分析时,以创新能力指数"1""2"为比较基础。

表13-5　创新能力与技能/综合素质要求侧重

创新能力指数	变量名称	技能/综合素质要求侧重指数	样本数(个)
1	INNOV1	2.62	159
2	INNOV2	2.74	485
3	INNOV3	2.84	1256
4	INNOV4	2.95	864
5	INNOV5	3.02	182

(五) 工龄

工龄越长,在岗位通过干中学所积累的专业人力资本越多,从而会更多地工作于专业技能要求高的岗位。表13-6显示,随着工龄的增加,技能/综合素质要求侧重指数随之上升。用 WORKAGE 代表工龄。

表 13-6 工龄与技能/综合素质要求侧重

工龄段	技能/综合素质要求侧重指数	样本数(个)
≤7	2.83	1889
(7,14]	2.87	542
(14,21]	2.92	277
>21	2.93	204

(六) 行业

不同的行业对专业技能和综合素质有不同的要求。有的行业对专业技能要求较高,而有的行业更侧重综合素质。一般来说,技术密集型行业对专业技能要求较高,而消费性服务业对综合素质要求较高。表 13-7 显示,商业饮食服务业侧重对综合素质的要求,而制造业、金融保险和 IT 等技术密集型行业要求更高的专业技能。回归分析时,以"商业饮食服务业"为比较基础。

表 13-7 行业与技能/综合素质要求侧重

行业	变量名称	技能/综合素质要求侧重指数	样本数(个)
商业饮食服务业	SERVICE	2.60	229
制造业/建筑业/采掘业	MANUPCONS	2.86	1128
交通运输/邮电通信	TRANSPOST	2.86	318
金融保险/科教文卫	TECHADM	2.88	880
IT	IT	3.12	154

(七) 专业

所学专业直接影响所从事的行业,而不同行业对专业技能和综合素质要求不同。一般来说,理工科毕业生更多地从事专业技能要求较高的工作,而文科、经济和管理类毕业生大多以管理为主,对综合素质要求更高。表 13-8 显示,理工科、医药/军事对专业技能要求较高,而经济/管理类、文科/法律类专业对综合素质要求较高,但指数仍在 2.5 以上。回归分析时,以"文科/法律"为比较基础。

表 13 – 8　专业与技能/综合素质要求侧重

专业	变量名称	技能/综合素质要求侧重指数	样本数（个）
经济/管理类	MAJECON	2.68	734
文科/法律	MAJLAW	2.80	435
农科/艺术	MAJAGR	2.87	166
理工科	MAJENG	2.92	1371
医药/军事	MAJMED	3.12	181

三　回归方程及结果

用 EMPHASIS 代表技能/综合素质要求侧重指数。根据以上分析，我们提出以下技能/综合素质要求侧重回归方程：

$$\begin{aligned}EMPHASIS = &\ \alpha_1 GRADE3 + \alpha_2 GRAED4 + \alpha_3 GRAED5 + \\ & \alpha_4 SCHRANK2 + \alpha_5 SCHRANK3 + \alpha_6 SCHRANK4 + \\ & \alpha_7 SCHRANK5 + \alpha_8 IQ3 + \alpha_9 IQ4 + \alpha_{10} IQ5 + \alpha_{11} INNOV3 + \\ & \alpha_{12} INNOV4 + \alpha_{13} INNOV5 + \alpha_{14} WORKAGE + \alpha_{15} MANUPCONS + \\ & \alpha_{16} TECHADM + \alpha_{17} TRANSPOST + \alpha_{18} IT + \\ & \alpha_{19} MAJECON + \alpha_{20} MAJAGR + \alpha_{21} MAJENG + \alpha_{22} MAJMED\end{aligned}$$

工作岗位对技能/综合素质要求侧重指数（EMPHASIS）从低到高分为 5 级，是虚拟应变量（Dummy – dependent Variable），故采用排序概率模型（Ordered Probit Model）回归。

表 13 – 9 模型 1 报告了包含所有变量的回归结果。由于一些变量之间的相关性，这些变量的显著性受到影响，这就意味着，模型 1 存在多重共线性问题。为此，模型 2 去除与学习成绩相关的变量再回归，显示 GRADE4、GRADE5 达到 90% 以上显著水平。模型 3 去除与自评智商相关的变量再回归，显示 $IQ4$、$IQ5$ 达到 95% 以上显著水平。

表 13 – 9　技能/综合素质要求侧重方程回归结果

变量名称	模型 1		模型 2		模型 3	
	系数	p – 值	系数	p – 值	系数	p – 值
GRADE3	0.0371	0.7788	0.0657	0.5858		
GRADE4	0.1208	0.3637	0.2122	0.0799		

续表

变量名称	模型1		模型2		模型3	
	系数	p-值	系数	p-值	系数	p-值
GRADE5	0.1592	0.2936	0.2748	0.0481		
SCHRANK2	0.1156	0.0964			0.1273	0.0514
SCHRANK3	0.1218	0.1145			0.1244	0.0858
SCHRANK4	0.2091	0.0236			0.1871	0.0323
SCHRANK5	0.4471	0.0001			0.4653	0.0000
IQ3	0.0446	0.6657			0.0987	0.3013
IQ4	0.1371	0.1840			0.2283	0.0153
IQ5	0.1407	0.3034			0.2655	0.0321
WORKAGE	0.1373	0.0169			0.0048	0.0836
MANUPCONS	0.2383	0.0002				
TECHADM	0.3616	0.0005				
TRANSPOST	0.0056	0.0560				
IT	0.2554	0.0024				
MAJECON	0.2854	0.0008	-0.1180	0.0739	-0.1208	0.0725
MAJAGR	0.2539	0.0111	0.1169	0.2355	0.1002	0.3160
MAJENG	0.5938	0.0000	0.1633	0.0065	0.1224	0.0451
MAJMED	-0.1121	0.1209	0.4045	0.0000	0.3846	0.0001
INNOV3	0.0758	0.4986				
INNOV4	0.1109	0.1119				
INNOV5	0.4389	0.0000				
Prob(LR statistic)	0.0000		0.0000		0.0000	
样本数(个)	2553		2862		2788	

四 基本观察

根据以上分析和讨论,我们获得以下基本观察。

本科学历城镇居民的学习成绩越好,所就读学校等级越高,其工作岗位越侧重专业技能。自评智商高的本科学历城镇居民的工作岗位也侧重于专业技能,但自评智商与所就读学校等级呈正向关系,因此自评智商还通过学校等级间接影响岗位专业/综合素质要求侧重。创新能力越强、工龄越长的本科学历城镇居民的工作岗位侧重对专业技能的要求。不同行业对专业技能和综合素质的要求有所侧重：制造业、金融保险和 IT 等技术密集型行业要求较高的专业技能，而消费性服务业侧重综合素质。对于专业而言，理工科类本科学历城镇居民所就职的岗位对专业技能要求较高，而文科类更侧重于综合素质。

最后需要指出的是，以上所论专业技能和综合素质的侧重是相对而言的。以上所有表格显示，专业/综合素质侧重指数均超过 2.5，也就是说，对本科学历城镇居民而言，岗位对专业技能通常有较高的要求。

第二节 专业教育侧重 vs. 通识教育侧重

在中国高等教育发展过程中，是专业教育侧重还是通识教育侧重，在理论和政策上有一个演变的过程，至今尚无定论。当下，在大学生专业不对口越来越成为新常态的背景下，观点更趋分歧。对高等教育来说，这是一个很重要的问题，直接关系到高等教育未来施教的重点，更关系到大学所培养的学生未来是否普遍适合劳动市场的需求。本节首先建立一个理论分析框架，以此为基础解释国内外高等教育专业教育侧重还是通识教育侧重的思想和政策的演变。基于 2016 年问卷调查数据，对当下中国的政策选择进行分析。

一 通识教育侧重 vs. 专业教育侧重：一个理论分析框架

教育要体现出高效率必须使学生学以致用。如果学生从大学毕业后所学有用武之地，则高等教育是有效率的。相反，如果学生在大学所学毕业后所用较少，则高等教育就是缺少效率的。

为简化分析，假设社会发展存在两个阶段：阶段 I，社会需要大量专业人才；阶段 II，社会需要大量通识人才。大学的教育政策有两个选择：专业教育侧重和通识教育侧重。

从专业教育侧重大学毕业的学生，如果在专业对口的岗位上就业就可充分用其所学；但如果就职于需通识的岗位上，所学专业就很难运用，而所需的通识又缺少相应的教育训练，就必然难以发挥作用。相反，从通识教育侧重大学毕业的学生，如果就职于需专业知识的岗位，就难以胜任专业工作，而所学的通识也难以发挥作用。

基于以上分析，一个大学在选择专业教育侧重还是通识教育侧重时，要考虑社会所处的阶段。如果在阶段 I，就应侧重专业教育；相反，如果在阶段 II，就应侧重通识教育。这样能够保证大多数毕业生未来可以充分学以致用，使教育展现出高效率。必须指出，尽管如此仍有部分毕业生不能做到充分的学以致用。相反，如果在阶段 I 大学侧重通识教育，或在阶段 II 侧重专业教育，就会导致大多数毕业生难以学以致用，高等教育就会普遍出现低效率。这一分析框架可有助于我们解释一个社会在不同发展阶段专业教育侧重和通识教育侧重的选择及演变。

二 美、日专业教育侧重和通识教育侧重的选择及演变

国外高等教育发展过程中，对于通识教育与专业教育的主次地位理论上一直存在争论，政策上也有反复。本节基于以上所提出的理论分析框架，以美、日两个国家为代表，试图解读其思想与政策的演变。

（一）美国

关于美国通识教育与专业教育之间关系的历史演变，王玲做了简要回顾，[①] 为我们的分析提供了重要的背景材料。

在早期的西方国家，经济和社会活动相对简单，技术主要通过家庭内部培训或师徒传承。大学教育强调的是人自身的发展，并不关注未来的职业问题，因此并无"专业教育"一说，现代意义上的"通识教育"占据着主导地位。"通识教育"这一概念最早由美国耶鲁大学教授派加德提出，而此时"通识教育"却是为维护传统教育而出现的。

随着美国社会发展，对自然科学和实用技能需求逐渐增强，这就导致对专业人才的需求不断加大，在此背景下美国大学选修制逐渐确立，为自然学科和实用性学科提供了发展空间，由此产生了现代意义上的"专业教育"。

20 世纪初，自由选修制弊端不断显现：由于选修制没有任何限制，学生的学习缺乏系统性，并趋于狭窄化。针对这种过度"专业教育"的倾向，"通识教育"又被强调，制定了主修制度和通识分类必修制度。

随着社会的进一步发展，这一制度的弊端也不断显现：知识不断分

---

① 王玲：《美国通识教育与专业教育之间关系的历史演变及其制度成因》，《济南大学学报》（社会科学版）2010 年第 5 期。

化。如果教育将知识分割得支离破碎，就阻碍了不同学科的对话和融合。此外，随着知识信息时代的到来，社会对高层次人才的需求增加，单一学科背景的专业人才不能满足解决社会复杂问题的需要，社会对培养综合性、复合型人才需求增加。在此背景下，美国跨学科人才培养制度随之兴起，"专业教育"与"通识教育"出现了融合的局面。

（二）日本

日本大学自产生以来就是培养高级官僚、大学教师的场所，因为具有明显的职业教育倾向，所以与欧美大学不同，日本大学在成立之初就只有专业课程，没有设置通识教育课程。

1945 年第二次世界大战结束后，美军对日本占领，使得日本大学教育改革参照了美国大学模式，改革重点是将"一般教育"引入大学课程。[①]但到 20 世纪 50 至 60 年代，日本大学"专业教育"始终占据着优势地位。

20 世纪 70 年代后，随着日本战后经济的高速发展和高等教育规模的扩大带来了学生增多、生源复杂、学生要求多样化等问题，教育界原有的教学制度难以适应日本经济发展和高等教育大众化的需求。人们开始反思之前的教育政策，提出"以学生将来的社会出路为中心的综合教养比按传统的学术体系的专业分类更加值得重视"的观点，"通识教育"在大学教育的重要性开始真正获得认可。

但直到 20 世纪 90 年代前期，日本大学的"专业教育"仍占据主导地位，由于当时教育行政体制高度集权，大学缺乏社会应变能力，导致教育目的与社会实际严重脱钩。但之后随着社会形态、产业结构、教育理念的巨大改变，日本教育不得不做出改革。

当下，日本的高等教育高度普及，弊端也开始显现：大学生在母语阅读、写作、数理基础等方面能力不断下降，高等教育的开展产生困难。教育界认为，"通识教育的短板制约了日本最优秀年轻人群体的成长"，所以发展通识教育成为日本大学的迫切要求。2001 年起，日本大学开始设置"专门大学院"，专业教育向研究生阶段转移,[②] 通识教育越来越成为日本大学本科教育的主流。

[①] 江涌、冯志军：《日本大学的通识教育改革及其启示》，《教育研究》2005 年第 9 期。
[②] 杨颉，《大学通识教育课程研究——日本通识教育的历史与模式》，博士学位论文，华东师范大学，2003。

(三) 解读

美国是当今世界高等教育的引领者，而日本作为文化传统上更接近中国的近邻，虽然高等教育的发展过程不同，但是仍有一些共通之处。

第一，美国高等教育起始于通识教育，而日本高等教育起始于专业教育，经过各自的历史发展过程，通识教育越来越占据主流的地位。

第二，促成教育政策变迁的动力可以归结为，更好地满足不同时期对人才的需求。大体可以归纳为：在工业化时期社会对专业人才的需求占据主导地位，这时大学更多地强调培养专业人才；而到了后工业化时期，高等教育进入到大众教育时代，高等教育更强调通识教育。大学培养出如此众多的大学生，社会已经不可能像在工业社会时代，为这些大学生提供足够的专业对口的工作岗位。

三 专业教育侧重 vs. 通识教育侧重：在中国的历史变迁

关于专业教育侧重与通识教育侧重在中国高等教育的历史变迁，李剑萍等作了相关回顾。[①] 在此基础上，我们进行分析解读，侧重于1949年以后。

在中国古代传统高等教育体系中，科学技术几乎没有任何地位，自然科学也作为附属品出现，而由经、史、子、集构成的人文科学学科极不分明，带有明显的通识教育色彩。近代高等教育起步之初，致力于建立综合性大学，培养通才。中华民国建立后延续了"通识教育"的政策，并进一步发展。

1949年中华人民共和国成立后，面临着恢复和发展经济的首要任务，急需大量专业技术人才，同时由于历史和政治原因，当时中国的高等教育深受苏联影响，十分强调专业教育。1952年中国以"培养工业建设人才和师资为重点，整顿和加强综合大学，发展专门学院"为方针，开始对院系进行大规模调整，实现了高等教育在组织上强化专业教育。

1962年的全面整顿使得教育领域出现了全面改制，撤销了过多的专业，纠正了过度专业化的状况，高等教育过分专业化的势头得到一定程度上的遏制，"通识教育"精神有所恢复。

---

① 李剑萍：《通才教育与专才教育的张力》，《山东师范大学学报》（人文社会科学版）2002年第5期。

"文革"后期的1972年,少数学校恢复招生,但只招收"工农兵学员",高等教育专业化进一步加剧。[①] 高等教育过度专业化带来一系列问题:各学科之间相对封闭,重理轻文现象严重,人才综合素质偏低。

1978年恢复高考后,在改革开放的背景下,中国高等教育开始总结先前的经验教训,并借鉴西方国家的经验进行调整改革,"淡化专业,加强基础"成为改革思路。20世纪80年代中后期,拓宽专业口径成为主要措施:将口径过细过窄的专业合并,并调整为口径较宽、基础较厚、适应性较强的专业。20世纪90年代素质教育被提出,"通识教育"作为素质教育的重要内容得到发展和提升。

随着中国市场制度改革的不断深入,1998年大学生分配工作制度基本取消,大学生自己直接面对劳动市场。随着高等教育的持续发展,尤其是在1999年高校扩招后,中国高等教育开始由精英教育向大众教育转变。在中国经济处于"中国制造"的时代,对本科专门人才的需求并不旺盛,自此专业不对口现象开始出现并逐渐成为新常态。在此背景下,高等教育应侧重通识教育还是侧重专业教育的争论,再次受到社会广泛关注。

四 专业教育侧重 vs. 通识教育侧重

中国高等教育应选择专业教育侧重还是通识教育侧重,根据本文开头所提出的分析框架,关键应看中国现在的劳动市场对人才的需求是以专业人才为主还是以通识人才为主。劳动市场的需求方主要是企业。为此2016年问卷调查,一方面针对企业展开调查,了解企业普遍更需要专业人才还是通识人才,另一方面针对就业的大学生展开调查,由此了解企业表达出来的对专业人才和通识人才的需求。

(一)专业知识 vs. 综合素质:企业视角

企业对大学生专业知识和综合素质侧重,在很大程度上影响大学培养人才的侧重。2016年问卷调查询问企业代表,所代表的企业招聘时如何看待应聘大学生专业知识和综合素质?备选答案有:看中,工作要求专业知识扎实;不太看重,工作对专业知识要求不高;侧重看能力和综合素质;专业知识对工作并不重要,但反映了学生的学习态度。表13-10报告了企

---

① 欧阳霞:《通识教育在我国大学的地位变化问题》,硕士学位论文,湖南师范大学,2011。

业对大学生专业知识或综合能力的关注度分布,显示只有26.47%的企业代表表示对大学生的专业知识看重,有49.35%的企业代表表示在招聘时侧重看能力和综合素质,说明当下企业对大学生的能力和综合素质更加看重,而非专业知识。

表13-10　企业对应聘大学生专业知识关注程度分布

专业知识关注程度	所占比重(%)	样本数(个)
看重,工作要求专业知识扎实	26.47	508
不太看重,工作对专业知识要求不高	13.13	252
侧重看能力和综合素质	49.35	947
专业知识对工作并不重要,但反映了学生的学习态度	11.05	212

(二) 专业对口:基于本科学历城镇居民的调查

现就职的大学生是否专业对口,可以反映当下企业实际对专业知识的要求。如果一个大学生在一个专业不对口的岗位工作,就表示企业主要不是利用该大学生的专业知识,而是其通识。2016年问卷调查询问本科学历城镇居民的专业对口程度,备选答案有:完全不对口、不太对口、一般、比较对口、完全对口。表13-11显示,37.57%的本科学历城镇居民认为,其所从事的工作和所学专业"完全不对口"或"不太对口","比较对口"或"完全对口"占45.62%。因此,专业不对口所占比重相当高。

表13-11　本科学历城镇居民专业对口程度分布

专业对口程度	所占比重(%)	样本数(个)
完全不对口	17.61	614
不太对口	19.96	696
一般	16.81	586
比较对口	28.13	981
完全对口	17.49	610

以上分析是不分年龄的。其实,中国大学生专业对口有一个不断发展的过程。为了说明这一点,我们将专业"比较对口"和"完全对口"合并为"专业对口"。表13-12报告了不同年龄段专业对口比重的分布,显示与较为年长的本科学历城镇居民相比,年轻的本科学历城镇居民专业对口比重在持续下

降。值得关注的是，近年毕业年龄在 24 岁及以下的本科学历城镇居民，专业对口比重不足 50%，这就意味着大学生毕业后找不到专业对口工作是新常态。

表 13-12 不同年龄段专业对口程度分布

年龄段	专业对口比重(%)	样本数(个)
≤24	46.61	723
(24,30]	44.71	1389
(30,40]	43.10	877
>40	50.66	458

（三）不同学科类别专业对口程度

不同学科类别所对应的劳动市场有不同的供需状况，从而导致不同学科类别的学生专业对口状况有所不同。2016 年问卷调查询问本科学历城镇居民所学专业类别以及专业对口状况。专业类别的备选答案有：经济类、管理类、理科、工科、文科、农科、艺术、法律、医药、军事。表 13-13 显示，医药、工科、艺术、文科等学科类别专业对口程度较高，而专业对口程度相对较低的有农科、管理和法律专业。这里值得关注的是文科对口比重较高，文科本是更偏重于通识类的学科，但较多受访者肯定文科专业对口，可以解读为现在越来越多的工作岗位就是需要通识类人才，因而使偏通识类学科的学生觉得自己专业对口。

表 13-13 不同学科门类的本科学历城镇居民专业对口程度分布

	农科	法律	管理	军事	经济
专业对口比重(%)	32.79	35.11	32.73	36.00	38.22
样本数(个)	61	94	498	25	450
	理科	艺术	文科	工科	医药
专业对口比重(%)	44.02	47.59	46.50	49.94	83.15
样本数(个)	677	145	443	870	184

五 观察与建议

基于以上分析讨论，我们获得以下观察，并由此提出相关建议。

第一，一个社会的高等教育是侧重于专业教育还是侧重通识教育，更多地取决于劳动市场对人才的需求，是以专业人才需求为主还是以通识人才需求为主。

第二,在工业化时代,一方面劳动市场更多地需要专业人才,而另一方面专业人才供不应求,高等教育更多地侧重于专业教育。但在后工业化时代,一方面劳动市场对通识人才需求增加,而对专业人才的需求相对萎缩,而另一方面高等教育进入大众化甚至普及化阶段,专业不对口成为常态。这时为让大学生有更多的机会学以致用,高等教育一般会向通识教育侧重演变,最终专业教育和通识教育达到一种平衡。

第三,不同学科类别所对应的劳动市场对专业人才和通识人才的需求有所侧重。学科类别所对应劳动市场如果更多地需要专业人才,则应更侧重专业教育;相反,学科类别所对应劳动市场如果更多地需要通识人才,则应更侧重通识教育。

第四,就当下中国而言,随着从工业化向后工业化过渡,以及高等教育进入大众化阶段后正迅速向普及化阶段逼近,大学生专业不对口已越来越成为常态。这时,增加通识教育将有利于更多的大学生毕业后能学以致用。在未来,中国也会和现在的发达国家相仿,不断增加通识教育的比重,最终实现专业教育与通识教育的适当平衡。

第三节 招聘时企业对大学生学业表现的关注

大学生要获得就业机会,要经过招聘程序被用人单位录用,对应聘企业的大学生来说,要了解企业在招聘时关注的重点。企业在录用大学生时关注的重点包含企业对大学生需求的诸多信息,值得大学的办学者们关注,有助于其调整人才培养方案从而使得培养出的人才更适合企业需求。

一 企业对大学生学业表现的关注度

大学生的学业表现包含诸多内容,基于2016年调查问卷的数据,本节所论学业表现包括:学习成绩、创新能力、大学期间是否担任学生干部以及就读大学的档次。就读大学的档次虽然是由高中期间的学业表现所决定的,但是影响大学期间接受教育的质量。

(一)学习成绩

学习成绩代表着对专业知识的扎实程度。从某种程度上来说,企业雇佣大学生是雇佣其所掌握的知识。学习成绩还在一定程度上反映了学生的学习态度,企业可借此来判断应聘大学生未来的工作态度。2016年问卷调查询问企业界人士:所代表企业(组织)招聘大学生时对其学习成绩关注吗?表13-10显示,看重专业知识扎实的企业所占比重为26.47%,11.05%的企业通过学习成绩来判断其工作态度。

(二) 创新能力

随着企业竞争越来越激烈,一个企业能不能表现出创新决定着企业的发展和未来。创新需创新型人才来实现,那么企业在招聘大学生时是否关注其创新能力?就此,2016年问卷调查设计了两个问题来询问企业:其一是:您所代表企业(组织)招聘大学生时对其获得体现创新能力的奖项关注吗?表13-14显示,选择"比较关注"和"重要考量"的企业所占比例为37.70%,而"不太会"和"稍加关注"的企业为33.54%。

表13-14 招聘大学生时对获得创新奖项的关注度

优先考虑创新能力奖项	所占比重(%)	样本数(个)
不太会	11.60	223
稍加关注	21.94	422
一般	28.76	553
比较关注	31.46	605
重要考量	6.24	120

询问企业对大学生创新能力关注度的第二个问题是:您所代表企业(组织)招聘大学生时会特别考察大学生创新能力吗?表13-15报告了企业招聘时对大学生创新能力的关注程度。关注度为"比较关注"和"很关注"的企业所占比例为39.90%,而"不会"和"有些关注"的为34.87%,说明对创新能力的关注超过对创新能力的忽视。

表13-15 招聘大学生时对创新能力的关注度

招聘时是否特别考察大学生创新能力	所占比重(%)	样本数(个)
不会	11.01	208
有些关注	23.86	451
一般	25.24	477
比较关注	32.33	611
很关注	7.57	143

(三) 担任学生干部

企业招聘大学生往往会作为干部或储备干部来对待,为此就要关注大学生的领导能力,而大学生在大学期间有没有担任学生干部可作为重要参考。一般来说,大学生在校期间担任学生干部,可能具备了领导能力是其当选的重要原因。2016 年问卷调查询问企业界人士：您所代表企业（组织）招聘大学生时对担任学生干部的是否会优先考虑？表 13-16 显示,"比较关注"和"重要考量"的企业所占比重为 28.65%,而"不太会"和"稍加关注"的为 45.09%,说明企业在招聘时对是否担任过学生干部有一定考量,但不是非常重要。

表 13-16　招聘大学生时对担任学生干部的关注度

担任学生干部会优先考虑	所占比重(%)	样本数(个)
不太会	13.65	264
稍加关注	31.44	608
一般	26.27	508
比较关注	25.08	485
重要考量	3.57	69

(四) 学校档次

在中国,大学有国家认定的档次,包括三本、二本、一本、"211"、"985"。企业在招聘时对学校档次的关注有其合理性。较高档次高校可录取较优秀的学生,同时又给这些学生提供高质量的教育服务。如此,从较高档次学校毕业的学生通常较为优秀。这样,学校档次又成为一种廉价的甄选优秀大学生的工具。2016 年问卷调查询问企业界人士：您所代表企业（组织）招聘大学生时对学校档次关注吗？表 13-17 显示,"比较重视"和"很重视"的企业所占比例为 35.20%,"不重视"和"稍有关注"的为 33.35%,前者稍高。

表 13-17　招聘大学生时对学校档次的关注度

关注学校档次	所占比例(%)	样本数(个)
不重视	18.25	354
稍有关注	15.10	293
一般	31.44	610
比较重视	29.43	571
很重视	5.77	112

二 综合分析

我们以上所讨论的五个指标对企业来说重视程度是否有差别？为此，我们对学习成绩外的其他四个指标从不关注、稍有关注、一般、较关注、重要考量依次赋值从 1 到 5，构成企业对学业表现四个指标的关注度指数。对于学习成绩由于选项问题，我们做特殊处理：对"不太看重，要求不高"赋值为 1，"侧重看能力和综合素质"赋值为 2，"看重专业知识扎实"和"专业知识不太重要但反映了对工作的态度"赋值为 3。每项赋值乘以 5/3，构成企业对大学生学习表现的关注度指数。表 13-18 报告了企业对大学生学习成绩、学校档次、担任学生干部、获得创新能力奖项、创新能力这五项学业表现的关注度指数，显示依次为：学习成绩、体现创新能力奖项、创新能力、学校档次、担任学生干部。

表 13-18 企业对大学生学业表现的关注度指数

学业表现	关注度指数	样本数（个）
学习成绩	3.74	1918
获得创新能力奖项	3.02	1889
创新能力	2.99	1922
学校档次	2.89	1939
担任学生干部	2.73	1933

三 影响对大学生学业表现关注度的企业因素

前面描述了企业招聘时对大学生学业表现的关注，但是我们希望解释为什么企业对不同的大学生学业表现有不同的关注度，这样具有不同学业表现的大学生有针对性地寻找适合自己的企业。下面就企业规模、企业技术水平、企业类型、行业竞争四个方面进行分析。创新能力和体现创新能力奖项高度相关，我们只分析体现创新能力奖项。

（一）企业规模

首先不同企业规模代表着企业发展的不同阶段，对于人才的需求会有所差异。其次随着企业规模变大，往往通过统一的政策来招聘员工。2016 年问卷调查询问受访者所代表企业（组织）的规模。表13-19显示，随着企业规模扩大，学校档次、学习成绩、担任学生干部、体现创新能力奖项关注度指数呈明显上升趋势，这就是说，大企业更重视学生的学业表现。

表13-19 企业规模与对大学生学业表现关注度指数

	微型	小型	中型	大型	特大型
学校档次	2.21	2.56	2.93	3.15	3.29
学习成绩	2.99	2.97	2.95	3.52	3.04
担任学生干部	2.34	2.55	2.76	2.82	2.75
创新奖项	2.58	2.66	2.95	3.10	3.11
样本数（个）	107	526	771	379	123

（二）技术水平

不同技术水平的企业对人才的要求会有所不同，在招聘时对大学生的学业表现关注会有所侧重。2016年问卷调查询问受访者所代表企业的技术水平。表13-20显示，随着企业技术水平的提高，学习成绩、担任学生干部、体现创新能力奖项的关注指数呈基本上升趋势，但学校档次的变化趋势则并不明显。

表13-20 企业技术水平与大学生学业表现关注度指数

	低技术	较低技术	一般	较高技术	高技术
学校档次	2.45	2.38	2.01	3.09	2.19
学习成绩	2.80	2.94	2.98	2.99	2.80
担任学生干部	2.45	2.57	2.58	2.86	2.74
创新奖项	2.80	2.72	2.80	3.02	3.25
样本数（个）	74	138	824	691	207

（三）企业类型

不同类型的企业对利润的追求以及企业的文化有所不同，在招聘大学生时对其学业表现会有所侧重。2016年问卷调查询问受访者所代表企业（组织）的类型。表13-21显示，相对而言，国有企业会更为看重学校档次，对担任学生干部也会更加重视，私营企业会更看重学习成绩，三资企业则更看重体现创新能力奖项。

表 13-21　企业类型与对大学生学业表现关注度指数

	国有或国有控股	私营企业	股份制	三资企业
学校档次	3.33	2.64	2.99	2.85
学习成绩	2.71	2.90	2.61	2.29
担任学生干部	2.84	2.66	2.79	2.66
体现创新能力奖项	3.10	2.91	3.13	3.16
样本数（个）	299	198	114	17

（四）行业竞争

企业处于不同竞争环境，对人才的需求会有所不同。2016年问卷调查询问受访者如何评价所在行业竞争的激烈程度。表13-22显示，随着企业竞争度增加，学习成绩、担任学生干部、体现创新能力奖项关注指数均呈上升趋势，说明有良好学业表现的大学生更多获得高竞争性企业的青睐。

表 13-22　行业竞争与企业对大学生学业表现关注度指数

	低竞争	较低竞争	一般	较高竞争	高竞争
学校档次	2.38	2.72	2.79	2.92	2.87
学习成绩	2.77	2.74	2.95	2.95	2.93
担任学生干部	2.21	2.47	2.65	2.74	2.80
体现创新能力奖项	2.48	2.72	2.80	2.95	3.11
样本数（个）	66	130	771	952	292

四　基本观察

根据以上的分析和讨论，我们获得以下基本观察。

企业关注大学生的学习成绩，这种关注有的是看重专业知识的扎实程度，有的是把它作为工作态度来对待。就学生个人来说，在大学期间应当重视自己的学习。从学校来说，应当提高自身的教育质量，培养学生掌握扎实的专业知识。

大学期间担任学生干部是企业所重视的一个指标，借此可以判断大学生的领导能力。就学生个人来说，应当多争取一些机会担任干部以提升并证明自己的领导能力。就学校来说，应重视对学生领导能力的培养，多借鉴发达国家大学在这方面的经验。不少西方大学在录取学生时就重视申请者的领导能力，在大学教育过程中更重视对学生领导能力的培养。

企业高度重视学生的创新能力。就学生个人来说，对自己创新能力的提升应有所设计，多参加能提升自己创新能力的各类竞赛，争取获得良好的成绩来证明自己的创新能力。就学校来说，应重视学生创新能力的培养，要开设相关的课程以及组织相关的教学活动，包括课内和课外活动。

学校档次在短期内是难以改变的。就学生个人来说，即便不是名牌大学的学生如果能证明自己有良好的学业表现，一样可获得良好的就业机会。就学校来说，应不断提升其办学质量，提升学校档次。当下中国强调建设世界一流大学和一流学科，可以作为提升办学质量的抓手。

第四节　企业创新文化的调查及影响因素

前面的分析表明，创新能力对就业者劳动市场表现的诸多方面有显著影响，也就是说，创新能力在劳动市场得到良好的回报，这和企业普遍重视员工的创新能力有着直接的关系。这就提出两个问题：企业的创新文化普遍如何？哪些因素影响企业创新文化的形成？这是本节研究的主题。

一　企业创新文化的现状

宋培林认为，企业创新行为文化是企业员工在生产经营、管理创新、学习娱乐、人际交往中产生的活动文化，这些文化同样反映了企业的创新观念和作风、创新规范和创新准则等文化特征。[①] 为了了解当前企业创新文化的现状，2016年问卷调查询问企业或组织代表：如何评价您所代表企业（组织）的文化？备选答案有：不喜欢员工标新立异、强调按部就班、不太在意员工是否创新、对员工创新行为有一定的鼓励、非常鼓励员工的创新行为并优先加薪提拔，5个选项分别赋值从1到5，构成企业创新文化

[①] 宋培林：《论企业创新文化——兼析我国企业创新文化的营造》，《当代经济科学》2000年第5期。

指数。本节只研究企业创新文化，故删除非企业组织的样本，最终用于分析的有效样本为1536个。表13-23报告了企业创新文化指数分布，显示76.95%的企业比较或非常鼓励员工创新。

表13-23 企业创新文化分布

企业创新文化	所占比例(%)	样本数(个)
不太喜欢员工标新立异	4.04	62
强调按部就班	13.02	200
不太在意员工是否创新	5.99	92
对员工创新行为有一定鼓励	50.20	771
非常鼓励并优先加薪提拔	26.76	411

二 企业创新文化影响因素分析

(一) 员工学历构成

员工学历构成与企业创新文化存在互动关系。创新需要必要的知识积累，因此创新文化浓厚的企业对员工的学历要求较高，这就使高学历员工所占比重较高。而由高学历者构成的公司也更容易形成浓郁的创新文化。表13-24显示，创新文化指数高的企业的员工高学历所占比重也高。回归分析时，以"高中（中专）及以下占大多数"为比较基础。

表13-24 企业员工学历构成与创新文化指数

企业员工学历构成	变量名称	创新文化指数	样本数(个)
高中(中专)及以下占大多数	BACHELOR1	3.52	460
大学生占一半	BACHELOR2	3.74	415
大学生(含大专)占多数	BACHELOR3	4.09	614
研究生为主	MASTER	4.05	67

(二) 企业类型

2016年问卷调查询问了受访者所代表企业的类型，备选答案有：国有或国有控股企业、私营企业、股份制企业、外资企业、三资企业。外资企业、三资企业盈利冲动强，所面临的国际国内市场竞争压力大，会更注重创新。而国有或国有控股企业的盈利冲动较弱，所面临的市场竞争也相对较弱，因而对创新的重视会相对较弱。表13-25显示，国有或国有控股企业的创新文化指数最低，三资企业、外资企业的企业创新文化指数最高。回归分析时，以"国有或国有控股企业"为比较基础。

表13-25 企业类型与创新文化指数

企业类型	变量名称	创新文化指数	样本数(个)
国有或国有控股企业	SOE	3.67	287
私营企业	PRIVATE	3.85	894
股份制企业	LISTED	3.86	311
三资企业、外资企业	FOREIGN	4.13	60

(三) 企业技术水平

技术水平较低的企业更多地要求员工按部就班即可，而因为技术的迅速更新换代，技术水平较高的企业则因为技术的迅速更新换代而面临较大竞争，相应也会要求员工不断推陈出新，创造出新的产品。技术水平不同的企业，其员工的学历构成也不同，技术水平高的企业对员工的学历要求也更高，综合上述对企业员工学历构成的分析，技术水平高的企业，创新文化更浓厚。表13-26显示，随着企业技术水平的提高，企业创新文化指数随之提高。回归分析时，以企业技术性"低技术""较低技术"为比较基础。

表13-26 企业技术性与创新文化指数

企业技术性	变量名称	创新文化指数	样本数(个)
低技术	TECH1	3.31	45
较低技术	TECH2	3.32	104
一般	TECH3	3.64	645
较高技术	TECH4	4.06	584
高技术	TECH5	4.14	173

(四) 行业技术竞争

行业技术竞争越强，企业生存的压力越大，企业就会更加注重创新，并形成较强的创新文化。表13-27显示，随着行业技术竞争程度的增加，企业创新文化指数随之增加。回归分析时,以"低竞争""较低竞争"为比较基础。

表 13-27 行业技术竞争与创新文化指数

行业技术竞争	变量名称	创新文化指数	样本数(个)
低竞争	COMPETE1	2.88	34
较低竞争	COMPETE2	3.32	81
一般	COMPETE3	3.46	337
较高竞争	COMPETE4	3.97	837
高竞争	COMPETE5	4.12	258

(五) 企业所在地城市级别

企业所在地越发达,行业间的竞争力越大,企业随时面临着市场饱和的处境,想要生存发展,就要不断推出新的产品,占领市场,求得一席之地。而且处于不同地区的企业一定程度上都会受到地区文化的影响,地区创新文化的差异一定程度上影响企业的创新文化。表 13-28 显示,企业所在地城市级别越高,企业创新文化指数越高。回归分析时,以企业所在地"四线城市""三线城市"为比较基础。

表 13-28 企业所在地城市级别与创新文化指数

企业所在地城市级别	变量名称	创新文化指数	样本数(个)
四线城市	CITY1	3.53	241
三线城市	CITY2	3.69	321
二线城市	CITY3	3.92	640
一线城市	CITY4	3.98	346

三 回归方程及结果

用 $INNOVIND$ 代表企业创新文化指数。根据以上分析,我们构造如下企业创新文化指数的回归方程:

$$INNOVIND = \alpha_1 BACHLOR2 + \alpha_2 BACHLOR3 + \alpha_3 MASTER + \alpha_4 PRIVATE + \alpha_5 LISTED + \alpha_6 FOREIGH + \alpha_7 TECH3 + \alpha_8 TECH4 + \alpha_9 TECH5 + \alpha_{10} COMPETE3 + \alpha_{11} COMPETE4 + \alpha_{12} COMPETE5 + \alpha_{13} CITY3 + \alpha_{14} CITY4$$

创新文化是受访者的主观评价,从低到高分为5级,是虚拟应变量(Dummy – dependent Variable),故采用排序概率模型(Ordered Probit Model)回归。表13-29报告了回归结果,显示大部分变量的符号与理论预期一致,且达到了90%以上显著水平。

表 13-29 企业创新文化指数方程回归结果

变量名称	系数	p-值
BACHELOR2	0.0704	0.5167
BACHELOR3	0.3480	0.0008
MASTER	0.4098	0.0546
PRIVATE	0.2545	0.0200
LISTED	0.2415	0.0518
FOREIGN	0.3122	0.1389
TECH3	0.0038	0.9781
TECH4	0.4024	0.0059
TECH5	0.6700	0.0003
COMPETE3	0.1839	0.2554
COMPETE4	0.6559	0.0000
COMPETE5	0.7549	0.0000
CITY3	0.1113	0.2188
CITY4	-0.0196	0.8638
Prob(LR statistic)	0.0000	
样本数(个)	1536	

四 基本观察

根据以上理论分析及回归结果,我们获得以下基本观察。

企业高学历员工所占比重越高,企业的创新文化越浓厚。国有或国有控股企业的创新文化较弱,而三资企业、外资企业的企业创新文化较强。随着企业技术水平的提高,企业创新文化不断增强。激烈的行业技术竞争有助于企业创新文化的形成。没有发现企业所在地城市级别对企业的创新文化有显著影响。

第五节 企业对大学生个人特质关注度的调查分析

"人岗匹配"原则是人力资源管理最基本的原则,个人特质与胜任特征的相互匹配,是这一原则的表现形式。求职者的求职与用人单位的招聘活动,实质就是个人特质与胜任特征相互匹配的过程。[①] 了解企业对大学生个人特质的关注度,对大学来说,有助于其不断改善教学,使得所培养的学生尽可能符合企业对学生特质的期待;对大学生来说,有助于其主动养成企业所关注的个人特质,同时根据自己既定的个人特质,制定适合自身的个人职业生涯规划以及寻找适合自己个人特质的工作。

一 企业对大学生个人特质关注度调查

本节基于2016年问卷调查数据,报告企业对大学生团队精神、领导才能、表达能力、道德养成四项个人特质的关注度。

(一)团队精神

团队精神是指团队成员为了实现团队目标相互协作配合的态度。良好的团队精神能够促进团队成员之间更好地协调配合,发挥各自潜能,实现团队目标。2016年问卷调查询问企业代表:您所代表的企业(组织)对大学生的团队精神关注吗?备选答案有:不关注、稍有关注、一般、较关注、很关注。表13-30显示,70.25%的企业对大学生的团队精神"较关注"或"很关注",只有12.30%的企业对大学生的团队精神"不关注"或"稍有关注",说明企业高度关注大学生的团队精神。

表13-30 企业对大学生团队精神的关注度

团队精神关注度	所占比例(%)	样本数(个)
不关注	2.73	44
稍有关注	9.57	154
一般	17.45	281
较关注	42.36	682
很关注	27.89	449

---

① 郭玉娟、王经忠:《求职与招聘的实质是个人特质与胜任特征的相互匹配》,《九江职业技术学院学报》2011年第2期。

(二) 领导才能

领导才能是个人通过他人实现其思想、意志的能力。一个人的领导才能受诸多个人因素的影响，如个人的品德、知识、性格、魅力等等。高领导才能是一种稀缺资源。具有高领导才能的人能够高效利用企业的有限资源，使其发挥更大的作用。因此，企业在招聘大学生时往往会关注其领导才能，并作为录用的重要考量依据。2016 年问卷调查询问企业代表：您所代表企业（组织）对大学生的领导才能关注吗？备选答案有：不关注、稍有关注、一般、较关注、很关注。表 13－31 显示，58.96% 的企业对大学生的领导才能"较关注"或"很关注"，只有 14.89% 的企业对大学生的领导才能"不关注"或"稍有关注"，表明企业对大学生的领导才能普遍高度关注，因此大学生在应聘时会强调自己的领导才能。2016 年上海猴年首场应届生专场招聘会上，有多家企业透露，新年招聘活动他们看到简历中出现最多、最滥的词是"领导力"。①

表 13－31 企业对大学生领导才能的关注度

领导才能关注度	所占比例(%)	样本数(个)
不关注	3.46	56
稍有关注	11.43	185
一般	26.14	423
较关注	40.54	656
很关注	18.42	298

(三) 表达能力

广义的表达能力是指运用语言文字阐明自己观点、意见或抒发思想、感情的能力。但在日常生活中，表达能力更多的是指语言表达能力，甚至有时称为口才。本节所论表达能力主要指口头表达能力。就现代大学生的就业环境而言，大多需和别人交流，甚至推销已成为许多大学生的工作内容，因而表达能力越发重要。2016 年问卷调查询问企业代表：您所代表企业（组织）对大学生的表达能力关注吗？备选答案有：不关注、稍有

---

① 谢克伟：《猴年首场应届生专场招聘会举行，领导力一词简历中泛滥》，《新闻晨报》2016 年 2 月 26 日。

关注、一般、较关注、很关注。表 13-32 显示，76.19%的企业对大学生的表达能力"较关注"或"很关注"，只有 6.74%的企业对大学生的表达能力"不关注"或"稍有关注"，表明企业对大学生的表达能力普遍关注。

表 13-32 企业对大学生表达能力的关注度

表达能力关注度	所占比例(%)	样本数(个)
不关注	1.42	23
稍有关注	5.32	86
一般	17.07	276
较关注	43.97	711
很关注	32.22	521

（四）道德养成

道德养成是人们的道德认识和道德行为水平的综合反映。现代企业强调社会责任，重视公众形象，这需要企业有道德素质的员工来实现。如果一个企业招聘了道德水平差的员工，就可能给企业带来严重的危害。不少从事人力资源管理的企业代表表示，拔尖的学习成绩固然重要，但他们更看中应聘者的职业道德。2016 年问卷调查询问企业代表：您所代表的企业（组织）对大学生的道德养成关注吗？备选答案有：不关注、稍有关注、一般、较关注、很关注。表 13-33 显示，79.53%的企业对大学生的道德养成"较关注"或"很关注"，只有 6.12%的企业对大学生的道德养成"不关注"或"稍有关注"，表明企业对大学生的个人道德养成普遍关注。

表 13-33 企业对大学生道德养成的关注度

道德养成关注度	所占比例(%)	样本数(个)
不关注	0.93	15
稍有关注	5.19	84
一般	14.35	232
较关注	37.11	600
很关注	42.42	686

二 企业对大学生个人特质关注度的差异

以上数据显示,对以上所论大学生的四项特质,企业都给予重视,但重视程度仍有一定差异,从中反映出企业对大学生个人特质关注的重中之重。2016年问卷调查询问企业代表对大学生个人特质关注程度时,共同的选项是:不关注、稍有关注、一般、较关注、很关注。我们对此从1到5依次赋值,构成企业对大学生个人特质的关注指数,数值越高表明重视程度越高。表13-34显示,四个特质的关注度从高到低依次为:道德养成、表达能力、团队精神、领导才能。

表13-34 企业对大学生个人特质的关注度指数

个人特质	关注度指数	样本数(个)
道德养成	4.15	1617
表达能力	4.00	1617
团队精神	3.83	1610
领导才能	3.59	1618

三 影响企业对大学生个人特质关注度的因素分析

以上报告了企业对大学生团队精神、领导才能、表达能力、道德养成四项个人特质的关注度,我们更希望给予一定的解释,从而有助于我们理解企业关注重点的差异。以下基于2016年问卷数据就企业规模、企业所在城市线别、行业技术竞争、员工学历构成进行交叉分析。

(一) 企业规模

不同的企业规模一定程度上反映了企业所处不同发展阶段,从而对大学生个人特质的关注有所差异。企业规模还在一定程度上反映了企业的文化,比如与小企业相比大企业对员工诸多方面有更高的要求。2016年问卷调查询问企业代表:您所代表的企业(组织)的规模? 备选答案有:微型、小型、中型、大型、特大型。表13-35显示,随着企业规模的扩大,其对大学生的各项个人特质关注指数呈上升趋势。值得关注的是,关注度上升的幅度有明显差别:道德指数和表达能力增长幅度最大。

表 13-35　企业规模与对大学生个人特质关注度指数

企业规模	团队精神指数	领导才能指数	表达能力指数	道德养成指数	样本数(个)
微型	3.49	3.26	3.63	4.01	90
小型	3.70	3.47	3.90	4.09	450
中型	3.92	3.66	4.07	4.17	618
大型	3.87	3.69	4.06	4.11	296
特大型	3.99	3.74	4.21	4.46	107

(二) 企业所在城市线别

在中国，民间基于城市的规模和影响力等因素，将城市划分为不同的线别。不同线别的城市，企业规模结构、行业结构不同，有不同的商业文化氛围，使企业对大学生的个人特质的关注度形成差异。2016年问卷调查询问企业代表：您所代表的企业（组织）所在地？备选答案有：一线城市、二线城市、三线城市、四线城市、乡镇。表 13-36 显示，随着企业所在城市线别提高，企业对大学生各项个人特质的关注度指数也随之提高。值得关注的是，关注度上升的幅度有明显差别：道德指数和表达能力增长幅度仍是最大。

表 13-36　企业所在城市线别与对大学生个人特质关注度指数

企业所在地	团队精神指数	领导才能指数	表达能力指数	道德养成指数	样本数(个)
乡镇	3.54	3.43	3.59	4.00	90
四线城市	3.78	3.43	3.81	4.04	226
三线城市	3.75	3.63	4.06	4.15	305
二线城市	3.80	3.59	4.02	4.10	621
一线城市	4.06	3.72	4.17	4.36	338

(三) 行业技术竞争

行业技术竞争直接影响到企业的文化以及要招聘什么样的人成为员工。一般来说，行业竞争越激烈，对员工的要求越高。2016年问卷调查询问企业代表：如何评价您所在行业技术竞争的激烈程度？备选答案有：低竞争、较低竞争、一般、较高竞争、高竞争。表 13-37 显示，随着行业技术竞争激烈程度的提高，企业对各项特质的关注度随之增加。特别值得关注的是,行业竞争激烈的企业仍然对道德养成表现出最高的关注度。

表 13-37　行业技术竞争与对大学生个人特质关注度指数

竞争激烈度	团队精神指数	领导才能指数	表达能力指数	道德养成指数	样本数(个)
低竞争	3.30	3.00	3.45	4.03	31
较低竞争	3.34	3.28	3.52	3.64	85
一般	3.56	3.44	3.78	3.89	348
较高竞争	3.92	3.65	4.07	4.21	846
高竞争	4.10	3.77	4.31	4.45	263

(四) 员工学历构成

员工学历构成包含诸多关于企业的信息,如行业技术水平、企业文化等。在人事管理上也有所侧重,比如高学历构成与低学历构成的企业,人事管理的侧重点、管理方式定然不同。2016年问卷调查询问企业代表:您所代表的企业(组织)员工的学历构成?备选答案有:大学生(含大专)占多数、大学生占一半、高中(中专)及以下占大多数、研究生为主。表13-38显示,随着员工学历构成的提升,企业对大学生的各项个人特质关注度指数也随之提高。值得关注的是,除了道德养成仍然最受关注,团队精神的关注度有较大提升。对此我们可以理解为,对高学历构成企业来说,高学历者的团队精神尤显重要。

表 13-38　企业学历构成与对大学生个人特质关注度指数

学历构成	团队精神指数	领导才能指数	表达能力指数	道德养成指数	样本数(个)
高中(中专)及以下占大多数	3.59	3.38	3.77	3.94	496
大学生占一半	3.75	3.60	3.98	4.11	405
大学生(含大专)占多数	4.06	3.75	4.20	4.33	617
研究生为主	4.14	3.69	4.26	4.36	65

四　观察与思考

以上分析显示,无论是基于不区分类别的企业对四项大学生个人特质的关注度调查,还是基于不同企业规模、企业所在城市线别、行业技术竞争、员工学历构成的企业对四项大学生个人特质的关注度调查，都显示道德养成、表达能力位列一二，也就是说，企业无论有什么特征，都把所招聘大学生的道德养成和表达能力看得最重。同时也给予高度关注的是团队精神和领导才能。

以上发现对大学来说很有意义。现在大学虽开设思想教育的课程，但对学生的道德养成重视并不够，有时也开展一些针对学生道德养成的活动，但效果多停留在表面，很少能深入人心。而从高考中拼杀出来的大学生往往也更相信分数、能力，而对其道德养成关注也不够，更缺乏实践。这是当下中国大学要解决的问题。对表达能力的培养，大多只有少量的选修课，少有对学生表达能力的普遍和系统培养。对团队精神、领导才能几乎没有对应的教学活动。

以上是大学和大学生需共同思考的问题。

第十四章
教育与社会责任感及社会公德

之前各章节侧重研究教育对劳动市场表现的影响,说明教育显著改善了受教育者在劳动市场的表现。但教育的意义不仅是经济的,而且表现在有助于培养良好的公民。在中国的教育传统中,十分强调教育教化人心的功能。《礼记》中说:师也者,教之以事而喻诸德也。本章关注的重点从劳动市场表现转到教育教化人心的价值,分析的切入点是教育对受教育者社会责任感及社会公德的影响。2016年问卷调查询问城镇居民、农民工、农村居民:如何评价您对国家社会的责任感及社会公德?备选答案有:不太在意、较弱、一般、较强、很强,依次赋值从1到5,构成社会责任感及社会公德指数。

本章侧重从这样两个视角试图解释社会责任感及社会公德在个体上的差异:一是个体从社会中获得的利益多少,获利较多的更关心社会,从而形成更强的社会责任感及社会公德;二是人的一般善心,善心强的人更关注社会整体利益的增进。而教育对以上二者均产生影响。

第一节 教育与社会责任感及社会公德: 基于城镇居民样本

与农村居民、农民工相比,城镇居民是某种意义上的利益获得者,因为享受了社会最高的收入、最好的社会福利、最多的政治权利等。城镇居民也是受教育程度最高的群体，教育教化人心的功能作用于城镇居民会更多地培养其善心。因此，首先基于城镇居民分析教育对社会责任感及社会公德养成的影响。

一 城镇居民的社会责任感及社会公德强度分布

2016年问卷调查共获得城镇居民有效问卷10423份，表14-1报告了城镇居民社会责任感及社会公德强度的分布。此外，还报告了农民工和农村居民社会责任感及社会公德的强度分布。表14-1显示，就城镇居民而言，大多集中于社会责任感及社会公德"一般"和"较强"的选项，而其他选项较少，这应该是一个正常的分布。此外，城镇居民社会责任感及社会公德指数高于农民工和农村居民。

表14-1 城镇居民社会责任感及社会公德强度分布

社会责任感及社会公德	城镇居民		农民工		农村居民	
	所占百分比（%）	样本数（个）	所占百分比（%）	样本数（个）	所占百分比（%）	样本数（个）
不太在意	4.14	432	7.66	224	9.62	150
较弱	5.01	522	7.97	233	8.91	139
一般	41.87	4364	47.07	1376	47.12	735
较强	40.08	4177	30.24	884	29.04	453
很强	8.90	928	7.05	206	5.32	83
社会责任感及社会公德指数	3.45	10423	3.21	2923	3.12	1560

二 影响城镇居民社会责任感及社会公德的个人因素分析

（一）受教育程度

中国自古教育强调教化人心，而在当下一直强调思想教育。毛泽东当年所提出的教育方针就是"德、智、体全面发展"。其中"德"内容丰富，包含培养人的善心。受教育程度越高，所受到的德育教育就越多，有助于受教育者建立起更强的社会责任感及社会公德。此外，受教育程度越高，从社会中所获得的利益就越多，也会更加关心整个社会的发展和进步。表

14-2 显示，随着受教育程度的提高，社会责任感及社会公德指数随之上升。用 EDU 代表受教育程度，以受教育年数衡量。

表14-2　受教育程度与社会责任感及社会公德

受教育程度	社会责任感及社会公德指数	样本数(个)
初中及以下	3.27	1280
高中/中专	3.35	2262
大专	3.44	2759
大学	3.55	3528
硕士及以上	3.69	647

（二）智商

前面分析显示，自评智商越高的人，在劳动市场的表现越好，也就是说，从社会获得的利益越多。自评智商越高的人，越能够理解个人与社会的关系，个人获得更多的利益需要一个良好的社会，从而更为理性地理解社会责任及社会公德。2016年问卷调查请受访者按10级自评其智商。为了避免回归分析时出现过多虚拟变量，等距离简化为5级，赋值从1到5，构成自评智商指数。表14-3显示，随着自评智商提高，社会责任感及社会公德指数随之上升。回归分析时，以社会责任感及社会公德指数较低的"1""2"为比较基础。

表14-3　自评智商与社会责任感及社会公德

自评智商指数	变量名称	社会责任感及社会公德指数	样本数(个)
1	$IQ1$	3.24	206
2	$IQ2$	3.23	595
3	$IQ3$	3.39	4792
4	$IQ4$	3.52	4220
5	$IQ5$	3.66	610

（三）上网学习时间

上网学习一方面可提升劳动市场的表现，另一方面，学习都有程度不同的教化功能，包括直接的对善心的培养以及通过让人更明事理从而更为理性地理解社会责任及社会公德。此外，上网所看的电影、电视剧等，也有一定的教化功能。表 14-4 显示，上网学习时间越长，社会责任感及社会公德指数越高。用 *STUDYNET* 表示上网学习时间。

表 14-4　上网学习时间与社会责任感及社会公德

上网学习时间（小时）	社会责任感及社会公德指数	受教育年数	样本数（个）
0	3.35	12.83	1960
(0,1]	3.42	14.14	4552
(1,2]	3.48	14.67	1705
(2,3]	3.56	14.70	1186
>3	3.58	15.09	991

（四）工资

《管子·牧民》中写道，"仓廪实而知礼节，衣食足而知荣辱"。人都有向善的本性。但在收入很低时，个人生存困难，所作所为必然首先想着自己，而很难想着对他人乃至对社会的责任。相反，当收入提高后，会从更多地关注个人转向更多地关注社会。此外，有了较高的收入后，就成为这个社会的利益获得者，也会因此更加关心社会，从而形成较强的社会责任感及社会公德。表 14-5 显示，随着月工资的增加，社会责任感及社会公德指数随之上升。用 *INCMONTH* 代表月工资。

表 14-5　工资与社会责任感及社会公德

月工资（元）	社会责任感及社会公德指数	样本数（个）
≤2000	3.32	810
(2000,3000]	3.37	1789
(3000,4000]	3.38	1698
(4000,5000]	3.46	1844
(5000,10000]	3.51	2999
>10000	3.66	872

（五）工作技能

工作技能越高，劳动市场表现越好，就更多地成为社会的利益获得者，从而更关心社会。2016 年问卷调查请城镇居民自评其工作技能，备选答案有：很低、较低、一般、较高、很高。表 14-6 显示，随着工作技能的提升,社会责任感及社会公德指数明显呈上升趋势。回归分析时,以工作技能"很低""较低"为比较基础。

表 14-6　工作技能与社会责任感及社会公德

工作技能	变量名称	社会责任感及社会公德指数	样本数(个)
很低	$SKILL1$	3.24	596
较低	$SKILL2$	3.27	768
一般	$SKILL3$	3.36	5324
较高	$SKILL4$	3.63	3155
很高	$SKILL5$	3.78	403

(六) 年龄

人们的社会责任感及社会公德养成需要过程。随着年龄的增长,人们上学读书,入职工作,建立家庭,抚养子女,人生阅历更为丰富,会逐渐养成更强的社会责任意识。此外,随着年龄的增加,其劳动市场表现趋于改善,会更多地成为社会的利益获得者。表 14-7 显示,随着年龄增长,社会责任感及社会公德指数随之上升。用 AGE 代表年龄。

表 14-7　年龄与社会责任感及社会公德

年龄	社会责任感及社会公德指数	样本数(个)
≤30	3.37	5486
(30,40]	3.45	2440
(40,50]	3.54	1501
>50	3.76	466

(七) 政治身份

一般来说,相比较团员、群众,中共党员是经过较为严格选拔的相对优秀群体,具有较高的思想道德水准是这个群体的显著特征。中共党员具有先锋队的角色,在社会中往往担任领导的角色,是社会的利益获得者,会更加关注社会。表 14-8 显示,中共党员的社会责任感及社会公德指数要高于团员、群众及其他群体。用 CPC 表示中共党员。回归分析时,以"团员"和"群众及其他"为比较基础。

表 14-8　政治身份与社会责任感及社会公德

政治身份	社会责任感及社会公德指数	样本数(个)
中共党员	3.67	2239
团员	3.43	2939
群众及其他	3.35	4738

(八) 工作层次

一个人的工作层次越高，从社会中获得的利益就越多，而且居于社会的领导层次，会更加关注社会，从而形成较强的社会责任感及社会公德。表 14-9 显示，工作层次越高，社会责任感及社会公德指数明显上升。回归分析时，以"操作层""低层管理或技术"为比较基础。

表 14-9　工作层次与社会责任感及社会公德

工作层次	变量名称	社会责任感及社会公德指数	样本数(个)
操作层	WORKRANK1	3.30	2366
低层管理或技术	WORKRANK2	3.37	2889
中层管理或技术	WORKRANK3	3.52	3297
中高层管理或技术	WORKRANK4	3.66	1050
高层管理或技术	WORKRANK5	3.82	410

(九) 工作满意度

对工作有高满意度的人，通常在劳动市场有良好的表现，更容易接受社会，从而更关注社会。表 14-10 显示，随着工作满意度的提升，社会责任感及社会公德指数随之提升。回归分析时，以"不满意""较不满意"为比较基础。

表 14-10　工作满意度与社会责任感及社会公德

工作满意度	变量名称	社会责任感及社会公德指数	样本数(个)
不满意	SATIS1	3.33	633
较不满意	SATIS2	3.40	834
一般	SATIS3	3.43	3791
较满意	SATIS4	3.49	3170
满意	SATIS5	3.53	1289

三 回归模型及结果

用 RESP 代表社会责任感及社会公德指数。根据以上分析,我们构建以下城镇居民社会责任感及社会公德回归方程:

$$RESP = \alpha_1 EDU + \alpha_2 IQ3 + \alpha_3 IQ4 + \alpha_4 IQ5 + \alpha_5 STUDYNET + \alpha_6 INCMONTH + \\ \alpha_7 SKILL3 + \alpha_8 SKILL4 + \alpha_9 SKILL5 + \alpha_{10} AGE + \alpha_{11} CPC + \\ \alpha_{12} WORKRANK3 + \alpha_{13} WORKRANK4 + \alpha_{14} WORKRANK5 + \\ \alpha_{15} SATIS3 + \alpha_{16} SATIS4 + \alpha_{17} SATIS5$$

社会责任感及社会公德是受访者的主观评价,从低到高分为 5 级,由此构成的社会责任感及社会公德指数是虚拟应变量(Dummy - dependent Variable),故采用排序概率模型(Ordered Probit Model)回归。表 14 - 11 模型 1 为包含所有变量的回归结果,显示所有变量符号与理论预期一致,且大多达到 95% 以上显著水平。但相关分析显示,工资与工作层次存在较高相关度,因此模型 1 存在多重共线性问题。模型 2 去除工作层次再回归,显示工资达到 99% 以上显著水平。

表 14 - 11 城镇居民社会责任感及社会公德方程回归结果

变量名称	模型 1		模型 2	
	系数	p - 值	系数	p - 值
EDU	0.0276	0.0000	0.0286	0.0000
IQ3	0.1208	0.0078	0.1196	0.0084
IQ4	0.2063	0.0000	0.2153	0.0000
IQ5	0.3812	0.0000	0.4014	0.0000
STUDYNET	0.0520	0.0000	0.0572	0.0000
INCMONTH	0.0000	0.6915	0.0000	0.0020
SKILL3	0.0352	0.3240	0.0301	0.3975
SKILL4	0.2697	0.0000	0.2778	0.0000
SKILL5	0.4130	0.0000	0.4449	0.0000
AGE	0.0128	0.0000	0.0139	0.0000
CPC	0.2462	0.0000	0.2467	0.0000
WORKRANK3	0.0744	0.0053		
WORKRANK4	0.1355	0.0011		
WORKRANK5	0.3911	0.0000		

续表

变量名称	模型 1		模型 2	
	系数	p - 值	系数	p - 值
SATIS3	0.0457	0.1876	0.0495	0.1530
SATIS4	0.0679	0.0577	0.0790	0.0269
SATIS5	0.1343	0.0019	0.1467	0.0007
Prob(LR statistic)	0.0000		0.0000	
样本数(个)	8949		8949	

上述回归结果只是在控制其他因素不变的条件下，分析了单个变量对城镇居民社会责任感及社会公德指数的影响。但就教育对城镇居民社会责任感及社会公德指数的影响而言，这种分析方法存在不足之处：因为教育对回归方程中的诸多变量存在显著影响，这就意味着，当受教育年数每增加一年，不可能控制其他变量保持不变。就本节所涉及的变量而言，根据第四章第四节的分析，受教育程度对上网学习时间、工作技能、工作层次有显著影响。我们称这些因素为教育对城镇居民社会责任感及社会公德指数影响的间接因素。当受教育年数每增加一年，这些间接因素都随之变化并进而影响城镇居民社会责任感及社会公德，由此所产生的影响为教育对城镇居民社会责任感及社会公德指数的间接影响。第四章第四节讨论了计算间接影响的方法，表 14 - 12 报告了计算结果，显示受教育年数每增加一年的全部间接因素的影响为 0.0111。第四章第四节讨论了在回归方程为排序概率模型条件下，计算自变量边际影响的方法。应用该方法求得受教育年数对城镇居民社会责任感及社会公德指数直接的影响为 0.0406。直接影响加间接影响之和为 0.0517。

表 14 - 12　城镇居民受教育年数对社会责任感及社会公德的间接影响

间接影响因素	教育对间接因素的影响	间接因素对社会责任感及社会公德指数的影响	教育通过间接因素对社会责任感及社会公德指数的影响
上网学习时间	0.0971	0.0394	0.0038
工作技能	0.0331	0.0723	0.0032
工作层次	0.0723	0.0565	0.0041
全部间接影响			0.0111

四　基本观察

城镇居民的受教育程度越高、自评智商越高，社会责任感及社会公德越强。考虑到受教育程度与自评智商的互动关系，我们倾向于认为，受教育程度与自评智商相互交织在一起共同对城镇居民社会责任感及社会公德产生影响。教育不仅对城镇居民的社会责任感及社会公德产生直接影响，还通过上网学习时间、工作技能、工作层次间接影响城镇居民的社会责任感及社会公德。

善于上网学习、专业技能高、工作层次高的城镇居民具有更强的社会责任感及社会公德。收入较高的城镇居民表现出较强的社会责任感及社会公德。年长者比年轻者更具社会责任感及社会公德。与其他政治身份相比，中共党员的社会责任感及社会公德更强。对工作满意度越高的人也越满意社会，社会责任感及社会公德更强。

近年来，社会上对大学扩招一直存在争议，否定扩招的人强调现在大学生找工作难，工资低，侧重从大学生劳动市场表现不佳来否定社会培养出更多大学生的意义和价值。前面诸多分析均表明，与受教育程度较低的人相比，本科学历城镇居民的劳动市场表现显著提升，而本节的研究表明，其社会责任感及社会公德也明显增强。就教育对公民社会责任感及社会公德的提升而言，我们都不应该简单地否定当下中国高等教育规模的继续扩大。基于本节的研究以及国外的经验，高等教育对培养良好公民有着积极的意义。

第二节　教育与社会责任感及社会公德：基于农民工样本

农民工是中国现代化建设的一个不可忽视的群体，但他们在城市边缘化的身份以及与一般城镇居民相比较高的犯罪率，也让他们承受着来自城镇居民的社会压力。如何进一步提升农民工的社会责任感及社会公德，是一个值得关注的问题。本节关注的重点是，教育是否有助于进一步提升农民工的社会责任感及社会公德？本节基于2016年问卷数据研究影响农民工社会责任感及社会公德的个人因素，侧重于教育的影响。

一 影响农民工社会责任感及社会公德的个人因素分析

上节讨论了影响城镇居民社会责任感及社会公德养成的个人因素，这些分析大多也适用于农民工。为避免重复，对适用于农民工的因素不再重复讨论，只分析统计结果。只有对农民工来说有某种特殊影响时，才展开分析。

（一）受教育程度

表 14-13 显示，随着农民工受教育程度的提高，其社会责任感及社会公德明显上升。用 EDU 代表受教育程度，以受教育年数衡量。

表 14-13 受教育程度与社会责任感及社会公德

受教育程度	社会责任感及社会公德指数	自评智商指数	样本数（个）
未受学校教育	2.92	2.53	87
小学	3.12	2.88	601
初中	3.18	3.11	1257
高中	3.32	3.25	512
高职	3.37	3.36	102
中专及以上	3.43	3.45	261

（二）智商

表 14-14 显示，随着自评智商指数的提高，农民工的社会责任感及社会公德指数呈上升趋势。回归分析时，以自评智商指数"1""2"为比较基础。

表 14-14 智商与社会责任感及社会公德

自评智商指数	变量名称	社会责任感及社会公德指数	样本数（个）
1	$IQ1$	2.99	96
2	$IQ2$	3.10	442
3	$IQ3$	3.22	1567
4	$IQ4$	3.28	678
5	$IQ5$	3.23	138

（三）上网学习时间

表 14-15 显示，随着农民工上网学习时间的增加，其社会责任感及社

会公德指数明显上升。此外，值得关注的是，上网学习时间和受教育年数存在正向关系。用 STUDYNET 代表上网学习时间。

表 14-15　上网学习时间与社会责任感及社会公德

上网学习时间（小时）	社会责任感及社会公德指数	受教育年数	样本数（个）
0	3.15	8.09	1442
(0,1]	3.23	9.70	1063
(1,2]	3.29	10.33	203
(2,3]	3.39	10.54	117
>3	3.54	10.98	92

（四）工资

表 14-16 显示，农民工工资越高，其社会责任感及社会公德也越强。回归分析时用 INCMONTH 表示月工资。

表 14-16　工资与社会责任感及社会公德

月工资（元）	社会责任感及社会公德指数	样本数（个）
≤2000	3.02	330
(2000,3000]	3.15	771
(3000,4000]	3.25	726
(4000,5000]	3.29	522
>5000	3.33	489

（五）打工技能

表 14-17 显示，随着农民工打工技能的提升，其社会责任感及社会公德指数明显上升。此外，受教育年数也随之上升。回归分析时，以打工技能"很低""较低"为比较基础。

表 14-17　打工技能与社会责任感及社会公德

打工技能	变量名称	社会责任感及社会公德指数	受教育年数	样本数（个）
很低	URBSKILL1	2.87	8.09	125
较低	URBSKILL2	3.01	8.13	357
一般	URBSKILL3	3.19	9.06	1455
较高	URBSKILL4	3.44	9.57	502
很高	URBSKILL5	3.73	10.19	85

(六) 参加培训

政府组织的针对农民工的培训可分为技能性培训和引导性培训。农民工参加技能性培训，有助于提升其城镇务工技能，从而提高其在城镇的务工收入，更多地成为城镇社会的利益获得者。农民工参加引导性培训，有助于其更好地融入到城镇社会，由此增加其对城镇社会的参与意识，进而提升其社会责任感及社会公德。表14-18显示，随着农民工更多地参加政府组织的深度培训，其社会责任感及社会公德随之增强。回归分析时，以"未参加培训"为比较基础。

表14-18　参加培训与社会责任感及社会公德

参加培训	变量名称	社会责任感及社会公德指数	受教育年数	样本数（个）
未参加培训		3.17	8.65	1814
引导性培训	$TRAININTROD$	3.21	9.19	147
技能性培训	$TRAINSKI$	3.29	9.65	563
二者均参加	$TRAINBOTH$	3.35	10.19	275

(七) 年龄

表14-19显示，随着年龄的增加，农民工的社会责任感及社会公德基本呈上升趋势。用AGE代表年龄。

表14-19　年龄与社会责任感及社会公德

年龄	社会责任感及社会公德指数	样本数（个）
≤30	3.19	887
(30,40]	3.18	698
(40,50]	3.24	926
>50	3.22	383

(八) 政治身份

表14-20显示，中共党员农民工的社会责任感及社会公德高于其他政治身份农民工。用CPC代表中共党员。回归分析时，以"团员""群众及其他"为比较基础。

表 14-20 政治身份与社会责任感及社会公德

政治身份	社会责任感及社会公德指数	样本数(个)
中共党员	3.48	146
团员	3.27	386
群众及其他	3.19	2219

（九）工作层次

随着大量新生代农民工进入城镇，农民工就业的工作层次也不断上升。表 14-21 显示，工作层次在"中层管理或技术"及以上的农民工所占比重已不低，越来越多的农民工成为社会的利益获得者。随着农民工工作层次的提高，其社会责任感及社会公德随之增强。回归分析时，以"操作层""低层管理或技术"为比较基础。

表 14-21 工作层次与社会责任感及社会公德

工作层次	变量名称	社会责任感及社会公德指数	样本数(个)
操作层	WORKRANK1	3.17	1740
低层管理或技术	WORKRANK2	3.14	606
中层管理或技术	WORKRANK3	3.43	343
中高层/高层管理或技术	WORKRANK4/5	3.65	125

（十）工作满意度

表 14-22 显示，随着农民工对工作满意度的提高，其社会责任感及社会公德随之增强。回归分析时，以"很不满意""不太满意"为比较基础。

表 14-22 工作满意度与社会责任感及社会公德

工作满意度	变量名称	社会责任感及社会公德指数	样本数(个)
很不满意	SATIS1	3.02	183
不太满意	SATIS2	3.00	647
一般	SATIS3	3.18	1175
比较满意	SATIS4	3.48	630
很满意	SATIS5	3.49	154

二 回归模型及结果

用 RESP 代表农民工的社会责任感及社会公德指数。根据以上分析和讨论，我们建立如下农民工社会责任感及社会公德回归方程：

$$RESP = \alpha_1 EDU + \alpha_2 IQ3 + \alpha_3 IQ4 + \alpha_4 IQ5 + \alpha_5 STUDYNET + \alpha_6 INCMONTH +$$
$$\alpha_7 URBSKILL3 + \alpha_8 URBSKILL4 + \alpha_9 URBSKILL5 + \alpha_{10} TRAINInTROD +$$
$$\alpha_{11} TRAINSKILL + \alpha_{12} TRAINBOTH + \alpha_{13} AGE + \alpha_{14} CPC +$$
$$\alpha_{15} WORKRANK3 + \alpha_{16} WORKRANK4/5 + \alpha_{17} SATIS3 +$$
$$\alpha_{18} SATIS4 + \alpha_{19} SATIS5$$

社会责任感及社会公德是受访者的主观评价，从低到高分为5级，由此构成的社会责任感及社会公德指数是虚拟应变量（Dummy - dependent Variable），故采用排序概率模型（Ordered Probit Model）回归。表14 - 23 模型1为包含所有变量的回归结果，显示绝大多数变量的符号与理论预期一致，且达到90%以上显著水平，但自评智商、工资、参加培训不显著。相关分析显示，这三个变量与诸多其他变量之间存在相关性，因此模型1存在多重共线性问题。模型2去除与自评智商、工资、参加培训相关的变量，显示这三个变量均达到90%以上显著水平。

表14 -23　农民工社会责任感及社会公德方程回归结果

变量名称	模型1		模型2	
	系数	p - 值	系数	p - 值
EDU	0.0248	0.0049		
IQ3	0.0465	0.4211	0.1169	0.0385
IQ4	0.0450	0.5091	0.2045	0.0018
IQ5	-0.0536	0.6354	0.2444	0.0242
STUDYNET	0.0755	0.0018		
INCMONTH	0.0000	0.1351	0.0000	0.0000
URBSKILL3	0.1483	0.0125		
URBSKILL4	0.3466	0.0000		
URBSKILL5	0.7050	0.0000		
TRAINInTROD	-0.0173	0.8561	0.0605	0.5219
TRAINSKI	0.0066	0.9038	0.0881	0.0987
TRAINBOTH	0.0168	0.8204	0.1682	0.0188

续表

变量名称	模型1		模型2	
	系数	p-值	系数	p-值
AGE	0.0079	0.0002	0.0041	0.0378
CPC	0.2150	0.0283		
WORKRANK3	0.0959	0.1573		
WORKRANK4/5	0.3303	0.0022		
SATIS3	0.1378	0.0072		
SATIS4	0.3875	0.0000		
SATIS5	0.3558	0.0004		
Prob(LR statistic)	0.0000		0.0000	
样本数(个)	2655		2675	

上述回归结果只是在控制其他因素不变的条件下，分析了单个变量对农民工社会责任感及社会公德指数的影响。但就教育对农民工社会责任感及社会公德指数的影响而言，这种分析方法存在不足之处：因为教育对回归方程中的诸多变量存在显著影响，这就意味着，受教育年数每增加一年，不可能控制其他变量保持不变。根据第四章第四节的分析，受教育程度对上网学习时间、打工技能、工作层次存在显著影响。我们称这些因素为教育对农民工社会责任感及社会公德影响的间接因素。当受教育年数每增加一年，这些间接因素都随之变化，并进而影响农民工社会责任感及社会公德，由此所产生的影响为教育对农民工社会责任感及社会公德的间接影响。第四章第四节讨论了在回归方程为排序概率模型条件下，计算自变量边际影响的方法。应用该方法求得受教育年数对农民工社会责任感及社会公德指数直接的影响为0.0216。直接影响加间接影响之和为0.0298。

表14-24 农民工受教育年数对社会责任感及社会公德的间接影响

间接影响因素	教育对间接因素的影响	间接因素对社会责任感及社会公德指数的影响	教育通过间接因素对社会责任感及社会公德指数的影响
上网学习时间	0.0552	0.0639	0.0035
打工技能	0.0236	0.1451	0.0034
工作层次	0.0455	0.0284	0.0013
全部间接影响			0.0082

三 基本观察

根据以上讨论及回归结果，我们获得以下基本观察。

农民工受教育程度越高、自评智商越高，社会责任感及社会公德越强。受教育程度与自评智商相互作用又共同影响农民工社会责任感及社会公德。教育还通过上网学习时间、打工技能、工作层次间接影响其社会责任感及社会公德。因此，教育对提升农民工社会责任感及社会公德有着显著影响。

农民工上网学习时间越长、打工技能越高、工作层次越高，则社会责任感及社会公德越强。参加过培训的农民工社会责任感及社会公德更强，其中引导性培训和技能型培训都参加的农民工社会责任感及社会公德最强。与其他政治身份人士相比，中共党员农民工表现出更强的社会责任感及社会公德。随着年龄的增加，社会责任感及社会公德随之增强。工资越高、对工作满意度越高，农民工有更强的社会责任感及社会公德。

第三节 教育与社会责任感及社会公德：基于农村居民样本

根据2015年《中国统计年鉴》，2014年中国农村居民人口约为6.19亿，占全国总人口的45.23%。当今中国农村、农民问题较多，不仅经济问题复杂，农村社会问题也同样复杂。一些良好的制度设计在农村的执行较差，比如村委会直选。深入思考中国农村、农民问题就会发现，农民的素质是一大问题。本节研究教育对农村居民社会责任感及社会公德的影响，由此可扩展到教育是否可以帮助全面提升农村居民素质。如果教育的影响显著，发展农村教育也是一个改造农村的重要政策措施。

一 农村居民社会责任感及社会公德个人因素分析

表14-1显示，和城镇居民、已离开农村的农民工相比，农村居民的社会责任感及社会公德相对较低。以下分析影响农村居民社会责任感及社会公德的个人因素。本章第一节已讨论了影响城镇居民社会责任感及社会公德养成的个人因素，这些分析大多也适合农村居民。为避免重复，对适

合农村居民的不再重复讨论,只报告描述统计。只有对农村居民来说有某种特殊性时,才展开分析。

(一) 受教育程度

表 14-25 显示,随着受教育程度提高,农村居民的社会责任感及社会公德随之上升,此外农村居民的自评智商也随之上升。用 EDU 代表受教育程度,以受教育年数衡量。

表 14-25 受教育程度与社会责任感及社会公德

受教育程度	社会责任感及社会公德指数	自评智商指数	样本数(个)
未受学校教育	2.81	2.46	134
小学	2.99	2.83	478
初中	3.18	3.13	609
高中及以上	3.30	3.42	317

(二) 智商

表 14-26 报告了农村居民自评智商与社会责任感及社会公德的关系,显示随着自评智商的提高,农村居民的社会责任感及社会公德明显上升。回归分析时,以自评智商指数"1""2"为比较基础。

表 14-26 智商与社会责任感及社会公德

自评智商指数	变量名称	社会责任感及社会公德指数	样本数(个)
1	IQ1	2.81	84
2	IQ2	2.99	301
3	IQ3	3.11	739
4	IQ4	3.27	349
5	IQ5	3.22	87

(三) 上网学习时间

关于农民上网学习时间程度的衡量,第十二章第三节已做详细介绍,在此不再重复。表 14-27 显示,随着农村居民上网学习时间增加,其社会责任感及社会公德随之增强,同时受教育年数也随之增加。回归分析时,以上网学习时间指数"0"为比较基础。

表 14-27　上网学习时间与社会责任感及社会公德

上网学习时间指数	变量名称	社会责任感及社会公德指数	受教育年数	样本数(个)
0	STUDYNET1	3.07	7.28	1057
1	STUDYNET2	3.10	9.07	134
2	STUDYNET3	3.19	9.01	261
3	STUDYNET4	3.35	9.87	108

(四) 收入

农村居民的收入由务农和务工收入构成。为此，本节将二者相加构成农村居民收入。表 14-28 显示，随着农村居民收入增加，其社会责任感及社会公德明显增强。用 $INCMONTH$ 代表月收入。

表 14-28　收入与社会责任感及社会公德

月收入(元)	社会责任感及社会公德指数	样本数(个)
≤2000	3.05	766
(2000,3000]	3.12	284
(3000,4000]	3.12	226
>4000	3.26	284

(五) 打工技能

表 14-29 显示，随着农村居民打工技能的提高，其社会责任感及社会公德呈上升趋势。回归分析时，以打工技能"很低""较低"为比较基础。

表 14-29　打工技能与社会责任感及社会公德

打工技能	变量名称	社会责任感及社会公德指数	样本数(个)
很低	URBSKILL1	3.00	119
较低	URBSKILL2	2.98	199
一般	URBSKILL3	3.10	968
较高/很高	URBSKILL4/5	3.31	274

(六) 年龄

在农村，年龄与社会责任感及社会公德的关系比较复杂。一方面，随着年龄的增长，根据本章前两节的分析，社会责任感及社会公德趋于增强;但另一方面,年长者受教育程度相对较低,如表14-30所示,同样根据前两节的分析,是导致社会责任感及社会公德下降的因素。表14-30没有显示年龄与社会责任感及社会公德指数存在明显的趋势性关系。用 AGE 代表年龄。

表14-30 年龄与社会责任感及社会公德

年龄	社会责任感及社会公德指数	受教育年数	样本数(个)
(18,30]	3.16	9.77	238
(30,40]	3.13	8.80	297
(40,50]	3.12	7.86	547
>50	3.09	6.44	470

(七)政治身份

表14-31显示,与其他政治身份相比,中共党员农村居民具有更强的社会责任感及社会公德。用 CPC 代表中共党员。回归分析时以"团员""群众及其他"为比较基础。

表14-31 政治身份与社会责任感及社会公德

政治身份	社会责任感及社会公德指数	样本数(个)
中共党员	3.79	71
团员	3.20	110
群众及其他	3.07	1379

二 回归模型及结果

用 $RESP$ 代表农村居民的社会责任感及社会公德指数,根据以上讨论和分析,我们建立以下农村居民社会责任感及社会公德方程:

$$RESP = \alpha_1 EDU + \alpha_2 IQ3 + \alpha_3 IQ4 + \alpha_4 IQ5 + \alpha_5 STUDYNET2 + \alpha_6 STUDYNET3 + \alpha_7 STUDYNET4 + \alpha_8 INCMONTH + \alpha_9 URBSKILL3 + \alpha_{10} URBSKILL4/5 + \alpha_{11} AGE + \alpha_{12} CPC$$

社会责任感及社会公德是受访者的主观评价,从低到高分为5级,由此构成的社会责任感及社会公德指数是虚拟应变量(Dummy - dependent

Variable),故采用排序概率模型(Ordered Probit Model)回归。表14-32模型1为包含所有变量的结果,显示大多数变量符号与理论预期一致,且达到90%以上显著水平,但上网学习时间、收入不显著。相关分析显示,上网学习时间与受教育年数、自评智商相关,收入与打工技能相关,这就意味着模型1存在多重共线性问题,模型2为删除相关变量后的结果,显示上网学习时间和收入达到95%以上显著水平。

表14-32 农村居民社会责任感及社会公德方程回归结果

变量名称	模型1		模型2	
	系数	p-值	系数	p-值
EDU	0.0374	0.0001		
IQ3	0.0754	0.2820		
IQ4	0.1870	0.0264		
IQ5	0.0698	0.6028		
STUDYNET2	-0.0511	0.6131	-0.0138	0.8873
STUDYNET3	0.0255	0.8099	0.0769	0.4551
STUDYNET4	0.1442	0.1994	0.2146	0.0497
INCMONTH	0.0000	0.2171	0.0000	0.0502
URBSKILL3	0.0855	0.2293		
URBSKILL4/5	0.2222	0.0179		
AGE	0.0048	0.0642		
CPC	0.6885	0.0000	0.8300	0.0000
Prob(LR statistic)	0.0000		0.0000	
样本数(个)	1530		1560	

上述回归结果只是在控制其他因素不变的条件下,分析了单个变量对农村居民社会责任感及社会公德指数的影响。但就教育对农村居民社会责任感及社会公德指数的影响而言,这种分析方法存在不足之处:因为教育对回归方程中的诸多变量存在显著影响,这就意味着,受教育年数增加一年,不可能控制其他变量保持不变。就本节所涉及的变量而言,根据第四章第四节的分析,受教育程度对上网学习时间、打工技能有显著影响。我们称这些因素为教育对农村居民社会责任感及社会公德指数影响的间接因素。当受教育年数每增加一年,这些间接因素都随之变化,并进而影响农村居民的社会责任感及社会公德,由此所产生的影响为教

育对农村居民社会责任感及社会公德指数的间接影响。表 14-33 报告了受教育年数对农村居民社会责任感及社会公德指数的间接影响为 0.0069。第四章第四节讨论了在回归方程为排序概率模型条件下，计算自变量边际影响的方法。应用该方法求得受教育年数对农村居民社会责任感及社会公德指数直接的影响为 0.0356。直接影响加间接影响之和为 0.0425。

表 14-33　农村居民受教育年数对社会责任感及社会公德的间接影响

间接影响因素	教育对间接因素的影响	间接因素对社会责任感及社会公德指数的影响	教育通过间接因素对社会责任感及社会公德指数的影响
上网学习时间	0.0555	0.0449	0.0025
打工技能	0.0452	0.0980	0.0044
全部间接影响			0.0069

三　基本观察

根据上述讨论及回归结果，我们获得以下基本观察。

农村居民受教育程度越高，自评智商越高，其社会责任感及社会公德越强。考虑到受教育程度与自评智商的相互作用，我们倾向于认为，受教育程度与自评智商交织在一起共同影响农村居民的社会责任感及社会公德。此外，教育还通过农村居民的上网学习时间、打工技能间接影响农村居民的社会责任感及社会公德。上网学习时间长、收入水平高、打工技能高的农村居民有更强的社会责任感及社会公德。与其他政治身份人士相比，中共党员农村居民具有更强的社会责任感及社会公德。虽然描述统计并没有显示年龄与社会责任感及社会公德有明显的趋势性关系，但在控制其他变量条件下，回归分析支持年龄的增长有助于社会责任感及社会公德的提升。

第十五章
农村教育：困境与出路

中国农民收入低以及城乡居民收入差距大是中国严重的社会问题，原因是多方面的，农村居民受教育程度低以及城乡居民受教育程度差距大是重要原因。如果不能有效提高农村居民的受教育水平，缩小城乡居民受教育程度的差异，则城乡居民收入差距就不可能从根本上缩小。本章试图对中国农村居民受教育程度低提出一种新的理论解释，在此基础上提出改善农村教育的政策建议。

第一节 农村教育困境

改革开放以来，中国政府不断加大对农村教育的投入，但农村教育的落后状况始终未能从根本上得以改善。根据我们在2008年与2016年组织的两次调查，河南农村居民受教育年数分别为7.49年、7.90年，城镇居民受教育年数分别为12.45年、14.04年。城镇居民受教育年数不仅显著高于农村居民，更在于增加速度明显快于农村居民。对此，本节基于人力资本理论侧重于农村居民接受教育的主观愿望提出解释。

一 农村教育困境：基于人力资本理论的解释

人力资本理论解释人们接受教育的决策行为。根据第四章的分析，这一理论强调一个人的教育投资是基于成本-回报分析,虽然不能全面解释居民受教育的实际行为,但是仍有相当的解释力,因为教育的前提首先是受教育者愿意接受教育。

(一) 教育投资均衡

农村居民在教育投资决策时,会比较教育投资的边际回报与边际成本。如果边际回报大于边际成本,则会增加教育投资,表现为受教育年数的增加。如果二者相等,则教育投资达到均衡。如图 15-1 所示,横轴代表受教育年数 h,纵轴代表教育投资的边际回报 r 和边际成本 i。教育投资需求曲线 D 与教育投资供给曲线 S 相交于 E,此时 $i_0 = r_0$,所对应的受教育年数 h_0,则为希望的受教育年数。

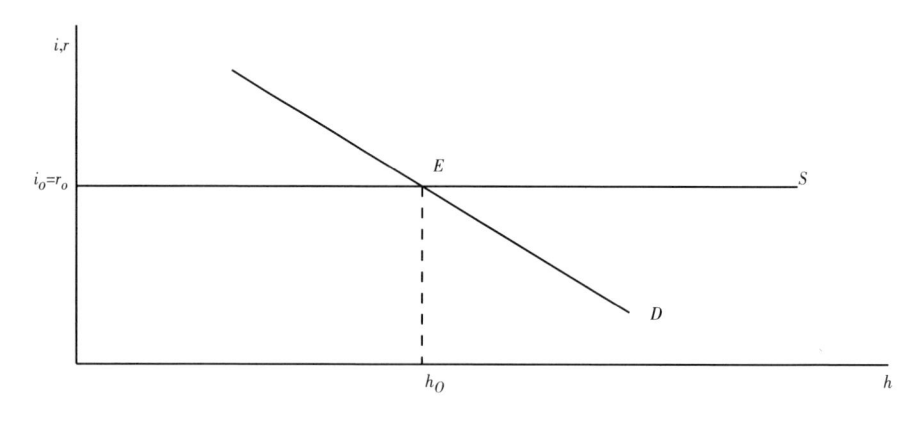

图 15-1 教育投资均衡

根据以上模型,从解释农村居民受教育的主观愿望来说,农村居民受教育程度低有两个可能性:一是农村居民接受教育的收益低,二是农村居民接受教育的成本高,下面逐一分析。

图 15-2 显示,D_u 为城镇居民教育投资边际回报曲线,D_r 为农村居民教育投资边际回报曲线,处于 D_u 的下方,反映农村居民教育投资边际回报低于城镇居民。假定城乡居民教育投资边际成本曲线相同,则农村居民的受教育年数低于城镇居民,即 $h_r < h_u$。

图 15-3 显示,假定农村居民教育投资的边际成本 i_r 高于城镇居民的边际成本 i_u,即 $i_r > i_u$,假定城乡居民教育投资边际回报曲线相同,此时农村居民的受教育年数仍低于城镇居民,即 $h_r < h_u$。

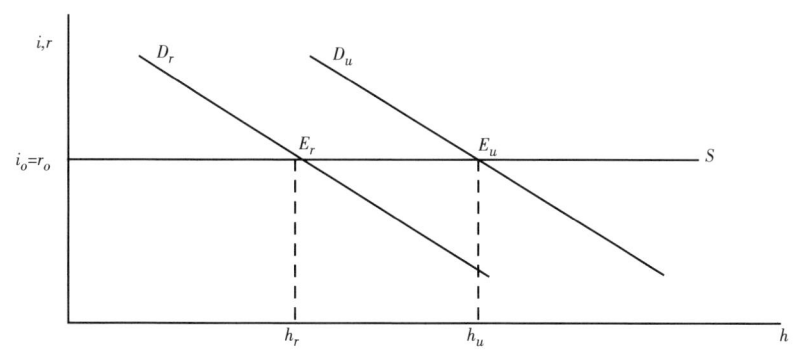

图 15-2　农村居民与城镇居民教育回报对比

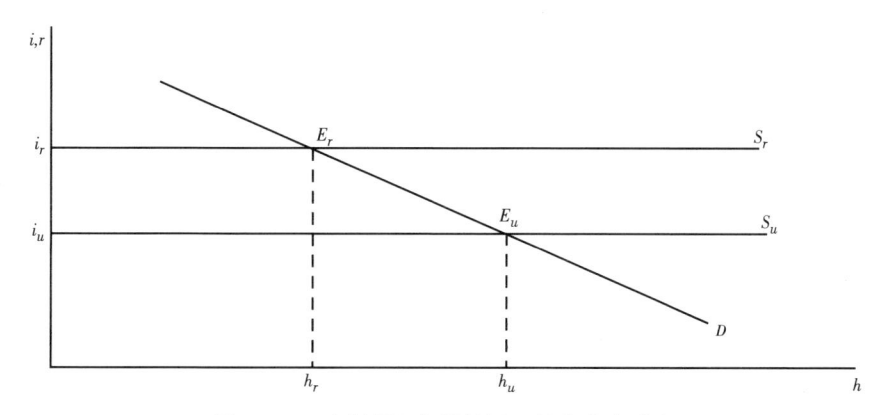

图 15-3　农村居民与城镇居民教育成本对比

如果两种情况同时存在,则农村居民的受教育机会将被严重剥夺。如图 15-4 所示,农村居民的受教育年数远远少于城镇居民,即 $h_r < h_u$。

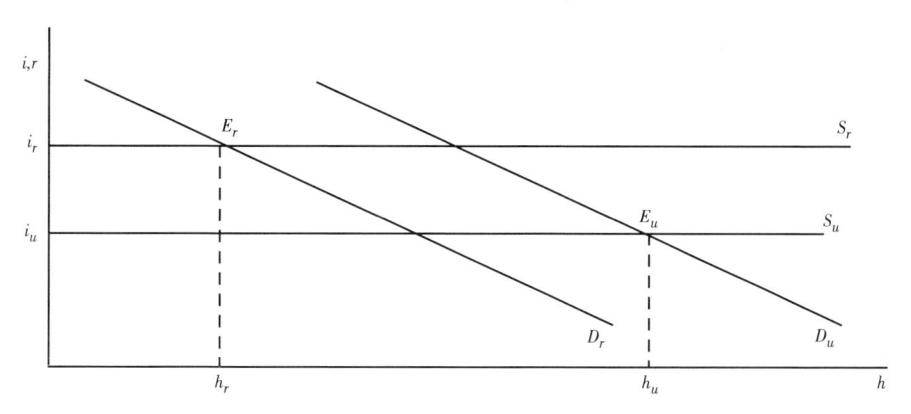

图 15-4　双重作用导致农村居民受教育年数少

以上模型提供了解释农村居民受教育程度低的理论框架，但农村居民投资教育边际回报是否小于城镇居民，边际成本是否高于城镇居民，则需要检验。

二 城乡居民教育回报比较

本书作者之一樊明从2008年开始就多个公众政策问题在河南以及全国范围内组织了广泛的问卷调查（见表15-1）。这些调查数据涉及城乡居民的受教育程度、收入以及其他个人特征数据，可用于估计城乡居民教育投资的边际回报。为了便于对比，我们只选取河南城乡居民样本。

表15-1 2008~2016年问卷调查一览

年份	调查主题	调查范围	城镇样本数（个）	农村样本数（个）
2008	退休政策	河南	1657	442
2009	生育政策	河南	2397	1814
2010	种粮政策	河南		1935
2011	房地产政策	河南、北京	4743	
2012	收入分配政策	全国	4957	1064
2014	三化协调发展	全国	2350	3772
2015	中西部三化协调发展	中西部	2082	1720
2016	教育学习行为	全国	1651	1571

下面我们建立收入方程比较城乡居民从事不同经济活动的教育投资边际回报。同样为了便于比较，农村居民的非务农收入、务工收入以及城镇居民的工资收入采用相同的收入方程回归，即取相同的变量，表15-2报告了收入方程的自变量及其定义。为简化比较，本节只比较直接影响，不考虑间接影响。为节省篇幅，表15-3只报告了城乡居民各类收入方程的受教育年数系数、t值、R^2以及样本量。

表15-2 自变量的定义

变量名称	定义
性别	男性=1，否则=0，以女性为比较基础
中共党员	中共党员=1，否则=0，以非中共党员身份为比较基础
受教育程度	用受教育年数衡量，未受教育=0，小学=6，初中=9，高中及中专=12，大专=15，本科=16，硕士=19，博士=21

续表

变量名称		定义
收入		城镇居民工资收入、农村居民城镇打工收入用月工资表示,农村居民务农收入、非务农收入用年收入表示
工龄		受访者工作年龄
地貌		平原=1,否则=0,以"山地""丘陵"为比较基础
农业生产技能	很低	以农业生产技能"很低""较低"为比较基础
	较低	
	一般	
	较高	
	很高	
健康状况	很不健康	以健康状况"很不健康""较不健康"为比较基础
	较不健康	
	一般	
	比较健康	
	很健康	

表15-3　2008~2016年河南城乡居民四类经济活动教育收入弹性

年份	经济活动	受教育年数系数（教育的收入弹性）	t-值	R^2	样本数(个)
2008	城镇居民经济活动	0.0893	11.2169	0.3076	608
	农村居民务农经济活动	0.0472	2.6765	0.1023	353
	农村居民非务农经济活动	0.0933	5.5378	0.1909	240
	农村居民打工经济活动				
2009	城镇居民经济活动	0.0682	12.7714	0.2307	1111
	农村居民务农经济活动	0.0499	4.4620	0.0361	1374
	农村居民非务农经济活动	0.0147	2.0159	0.0669	936
	农村居民打工经济活动				
2010	城镇居民经济活动				
	农村居民务农经济活动	0.0299	3.0897	0.0776	1012
	农村居民非务农经济活动	0.0467	2.9111	0.0672	574
	农村居民打工经济活动				
2011	城镇居民经济活动	0.0470	3.9430	0.1368	338
	农村居民务农经济活动				
	农村居民非务农经济活动				
	农村居民打工经济活动				

续表

年份	经济活动	受教育年数系数 (教育的收入弹性)	t - 值	R^2	样本数(个)
2012	城镇居民经济活动	0.0424	13.4540	0.1060	4544
	农村居民务农经济活动	0.0339	2.0618	0.0620	877
	农村居民非务农经济活动	0.0157	1.6989	0.0527	758
	农村居民打工经济活动				
2014	城镇居民经济活动	0.0401	9.1633	0.1078	2350
	农村居民务农经济活动	0.0391	2.4133	0.1201	1401
	农村居民非务农经济活动	0.0147	1.9397	0.0276	1179
	农村居民打工经济活动	0.0124	2.8402	0.0732	1282
2015	城镇居民经济活动	0.0379	8.2651	0.1234	2110
	农村居民务农经济活动	0.0325	1.9279	0.1132	426
	农村居民非务农经济活动	0.0379	8.2651	0.1234	2110
	农村居民打工经济活动	0.0329	8.4877	0.0988	1438
2016	城镇居民经济活动	0.0464	7.8826	0.1017	1459
	农村居民务农经济活动	0.0411	3.4953	0.0899	466
	农村居民非务农经济活动	0.0464	7.8826	0.1017	1459
	农村居民打工经济活动	0.0225	3.4534	0.1162	734

为了便于比较，图 15-5 报告了城乡居民四类经济活动的教育收入弹性，即受教育年数每增加一年收入增长的百分比。随着时间的推移，城乡居民的教育收入弹性呈下降趋势。值得关注的是，城镇居民的教育收入弹性显著高于农村居民。通过计算，2008~2016 年城镇居民的平均教育收入弹性为 5.30%，而农村居民的务农经济活动、非务农经济活动、城镇打工的平均教育收入弹性分别为 3.36%、3.91%、2.26%。这就是说，农村居民不管从事什么样的经济活动，教育投资的边际回报都显著低于城镇居民。

三 城乡教育成本比较

与城镇相比，中国农村的教育条件较差，从而导致农村居民的教育成本高。主要表现在以下几个方面。

城乡基础教育的师资在数量、质量等方面存在较大差距。根据 2014 年《中国教育经费统计年鉴》，2013 年城镇初中专任教师本科及以上学历比例

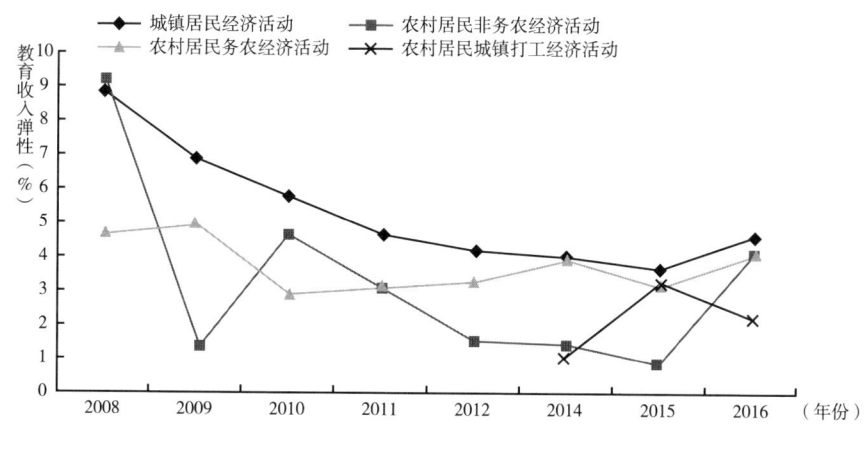

图 15-5　河南城乡居民不同经济活动的教育收入弹性

为 81.47%，远高于农村初中。优质师资更是缺乏，严重制约着农村教育事业的发展。由于在农村做教师，待遇差，生活艰苦，农村基础教育阶段教师流失严重。对此媒体多有报道，我们在调查中也肯定了这一点。

撤点并校加大了农村学生上学的难度。2001 年国务院发布了《国务院关于基础教育改革与发展的决定》，由此导致农村广泛开展了"撤点并校"。并校扩大了办学规模，节省了办学成本，提高了教学质量，但因此也导致农村儿童上学难、辍学增多等问题。撤点并校后，许多农村学校没有寄宿制，学生都是以走读为主。距学校远的学生，父母在学校周围租房子照顾孩子上学。这样造成的经济负担，在被撤校的农村地区相当普遍。学生往返需要家长或请人护送，负担加重。寄宿在学校，生活费用就大幅增加。一些边远地区出现了家长租房陪读，负担更是成倍上涨。①

2014 年城乡居民收入比为 2.98∶1，这就意味着，一个孩子的教育负担给农村居民带来的经济压力要远远高于城镇居民，如果再考虑到农村居民的子女数要多于城镇居民，则子女的教育负担就更显沉重。

与城镇教学条件相比，农村基础教育学校资源紧缺。根据 2014 年《中国教育经费统计年鉴》，截至 2013 年，教育设备情况以人均计算机台

---

① 庄庆鸿：《十年撤点并校调查：辍学率达到新的历史高峰期》，中国新闻网，http://www.china.com.cn/news/2013-01/04/content_27581394_2.htm，2013 年 1 月 4 日。

数为例，城市小学百人教学用计算机台数为 8.58 台，比同年农村小学高出 2.22 台。

由此可见，中国城乡教育条件存在巨大差异，农村居民的教育成本远高于城镇居民，这就从客观上限制了农村居民接受更多的教育。

四 基本观察

根据以上讨论，农村居民从事任何形式的经济活动，无论是在本村务农，在农村从事非农职业还是在城镇打工，农村居民的教育回报均显著低于城镇居民，而农村居民的教育成本却高于城镇居民，由此导致农村居民接受教育的主观愿望就明显弱于城镇居民，读书无用论一直是农村颇为流行的一种思想，不少农村青少年早早辍学外出打工。这可在相当程度上解释了 2008~2016 年河南城镇居民的受教育年数增加了 1.57 年，而农村居民的受教育年数则只增加了不足 0.5 年。

农村居民教育回报低、成本高导致农村居民不愿意大量投资教育。下面的分析说明，国家对农村教育投入并不少，更有九年义务教育法强制要求农村居民投资教育，要让农村少年完成九年教育，但一些农村居民回应消极。我们将这种现象称之为农村教育困境。

第二节 农村教育出路

农村居民受教育回报低是农村教育长期落后的首要原因。本节具体分析导致农村居民受教育回报低的原因，在此基础上提出改善农村教育的政策选择。

一 农村居民教育回报低的原因分析

农村居民的经济活动主要包括三方面：在农村从事农业生产、在农村从事非农职业以及在城镇打工。下面基于这三种经济活动逐一分析农村居民教育回报低的原因。

（一）农业经济活动低教育回报

农业生产尤其是粮食生产存在显著的规模经济，即随着农户耕种土地的规模加大，单位生产成本不断降低。对此樊明等多次收集数据提出支持性的证据。① 只有耕地有足够大的规模,农户的物质资本与人力资本投资才能得到足够的回报。举一个例子,在中国如果一个农村高中生到农业大学读书,毕业后回乡耕种自家承包的 10 亩地,所带来的增产很难使读农业大学的人力资本投资得到相应的回报。

无论是河南还是全国,都普遍存在土地规模小、碎化严重的问题。根据 2016 年问卷调查,河南户均耕地为 6.50 亩,户均耕地块数为 3.75 块。在全国范围,户均耕地为 8.84 亩,户均耕地块数为 4.06 块。在如此狭小且严重碎化的土地上,任何农业物质资本、人力资本的投资都不会得到相应的回报。而美国仅有 1.51% 的人口从事农业生产但农学教育却相当发达,这和美国大规模家庭农场体制有关,因为农民接受农学教育所学可在大规模的家庭农场得以应用。中国农村实行土地集体所有制,土地按人头平均分配,形成了当今世界少有的小农经济,这就必然导致中国的农学教育不发达,农民不会为种田送子女到农业大学读农学。

(二) 农村非农经济活动低教育回报

根据 2016 年问卷调查,农村居民在农村所从事的非农职业主要有家庭零售服务业、瓦工木工等,所需要的知识技能相对较低,且主要通过师徒传承获得,而非学校教育。过去乡镇企业比较发达时,农村居民接受教育可在乡镇企业务工获得一定的用武之地。然而根据 2015 年我们所做的涉及乡镇企业的调查,中国的乡镇企业早已出现了全面衰退,少有农村居民能在乡镇企业获得就业的机会。因此,受教育程度高的农村居民在农村即便从事非农职业也难以找到用武之地。

(三) 城镇打工低教育回报

农村居民在城镇打工收益低,可用歧视理论的两个模型加以解释。

(1) 个人偏好模型。该理论把歧视看作歧视者的一种偏好或者"爱好"。与城镇居民相比,农民工受教育程度较低、自身素质较差,在城镇不符合城镇居民的偏好,由此遭受歧视。而农民工要获得就业机会,就必须接受较低的工资,这就降低了教育回报。

(2) 拥挤模型。农民工进入城镇后,由于受教育程度低、农村户籍身份

---

① 樊明等:《种粮行为与粮食政策》,社会科学文献出版社,2011;樊明等:《工业化、城镇化和农业现代化:行为与政策》,社会科学文献出版社,2014。

等因素限制,往往集中分布于部分行业且工作层次较低。表15-4、表15-5显示,与城镇居民相比,农民工就业行业多分布于建筑业、制造业以及餐饮服务业,工作层次多集中于操作层以及较低的管理技术层。当越来越多的农民工涌向城镇,城镇农民工的劳动市场逐渐趋于饱和,就会出现供大于求的局面,从而导致农村居民的打工收入低于城镇居民的工资收入。

表15-4 2016年农民工工作行业分布

行业	农民工行业比重(%)	样本数(个)	城镇居民行业比重(%)
建筑业	46.55	1201	23.08
制造业	23.18	598	16.54
餐饮服务业	16.40	423	0.26
采掘业	0.81	21	7.64
交通运输	6.05	156	4.74
邮电通信	2.64	68	16.76
金融保险	1.20	31	6.52
IT	0.70	18	3.37
科教文卫	1.67	43	13.38
政府行政管理	0.81	21	7.71

表15-5 2016年农民工工作层次分布

工作层次	农民工工作层次比重(%)	样本数(个)	城镇居民工作层次比重(%)	样本数(个)
操作层	63.62	1698	24.81	2208
低层管理或技术	21.69	579	30.65	2727
中层管理或技术	11.20	299	33.29	2962
中高层/高层管理或技术	3.48	93	11.25	1001

此外,农民工所集中就业的行业往往对就职者的受教育程度要求较低,农民工在这些行业就业大多以从事体力劳动为主,工作的熟练程度往往更多地影响工资,而受教育程度的影响相对有限。

二 农村教育的政策选择

农村居民受教育程度低是一个受到广泛关注的问题。关于农村居民受教育程度低的原因,近年来国内众多学者开展了相关研究。谈松华认为,国家财政体制改革影响了农村教育经费的投入，农村普及九年义务教育面临资金短缺的局面，拉大了城乡教育与知识的差距。① 陆敬华认为，各级政府不断加大教育投入，但师资力量不足以及教育观念错位，是农村教育最为突出的问题。② 薛耀文等认为，农民可支配收入少以及国家、地方对教育的投入少，是农民受教育程度低的重要原因。③ 这些研究都强调，农村教育条件差是导致农村居民受教育程度低的基本原因。

近年来，政府不断加大投入以改善农村教育。表15-6显示，2008~2013年国家对农村教育的投入不断增加，甚至超过对城镇的教育投入。国家还出台了义务教育法规定："义务教育是国家统一实施的所有适龄儿童、少年必须接受的教育，是国家必须予以保障的公益性事业。"中国两次出台《义务教育法》，第一次是1986年，第二次是2006年。1986年义务教育法限制对象为1986年尚未完成初中教育的人口，按初中毕业15岁计，出生年份最早为1971年。2006年义务教育法限制对象为2006年尚未完成初中教育的人口，出生年份最早为1991年。我们从2016年问卷数据中选取1971~1991年出生的人口为1986年义务教育法规制的对象，选取1992年后出生的人口为2006年义务教育法规制的对象，分析城乡居民对义务教育法的回应。表15-7显示，农村未完成义务教育的比例远远大于城镇。可见，在国家大力财政支持、法律强制九年义务教育的情况下，农村居民受教育程度增长依然缓慢。

表15-6　2008~2013年义务教育经费支出

年份	义务教育经费		
	全国（亿元）	农村（亿元）	农村占全国比重（%）
2008	7597.80	3916.27	51.54
2009	8901.35	4643.54	52.17
2010	10212.81	5263.17	51.53
2011	12460.65	6345.76	50.93
2013	16050.43	8096.86	50.45

资料来源：根据《中国教育经费统计年鉴》（2009~2014年，2013年暂缺）整理计算得出。

---

① 谈松华：《农村教育：现状、困难与对策》，《北京大学教育评论》2003年第1期。
② 陆敬华：《关于农村教育现状及发展的思考》，《教育教学论坛》2013年第46期。
③ 薛耀文、宋媚、张朋柱：《中国农民收入水平、受教育程度及其社会地位的实证研究》，《数理统计与管理》2007年第3期。

表 15-7　城乡居民九年义务教育落实情况

出生年份	地区	未完成义务教育比例(%)	样本数(个)
1971~1991	城镇	2.09	6086
	农村	21.95	2696
1992年至今	城镇	1.16	2161
	农村	6.76	370

我们认为,农村居民的教育回报低,导致其主观上不愿接受教育,这是农村居民受教育程度低的根本原因。即便有再多的教育投入、法律强制,农村居民教育回报问题解决不了,任何措施的作用都是有限的。

根据以上分析,我们提出以下提高农村居民受教育程度的政策建议。

第一,扩大农业生产的经营规模,提高农村居民从事农业生产的教育回报。如果中国坚持小农经济,农民从事农业生产的经济回报就必然较低,农民就不会因农业生产送子女去农业大学接受农学教育。

第二,加快废除城乡分隔的户籍制度,通过建立城乡统一高流动性的劳动市场,以消除基于户籍身份的歧视。

第三,提高农村居民的收入水平,降低农村居民受教育的负担,有助于农村居民对教育的投入。

第四,与城镇相比,农村的教育条件依然较差,因此政府应继续加大对农村教育的投入。

第十六章
改进学生劳动市场表现的教育政策隐含

以上章节关于教育与劳动市场表现关系的讨论有诸多政策隐含,本章在对主要发现归纳总结的基础上,提出中国教育政策的隐含。以上章节侧重基于个体因素研究教育与劳动市场表现之间的关系,但这种研究难以解释受到一定程度教育的劳动力在劳动市场的整体表现,比如与发达国家的大学生相比,为什么中国大学生一般被认为普遍缺少实践能力、批判精神和创新能力?显然,对这些问题的讨论难以仅从个体差异上进行分析。为此,本章试图基于社会环境视角分析中国的学生,尤其是大学生,与发达国家的大学生相比,为什么普遍缺少实践能力、批判精神和创新能力。

第一节 讨论及教育政策选择

本节就基于个人因素关于教育与劳动市场表现之间关系的发现做一简要归纳和总结,在此基础上讨论改进中国教育的政策隐含。

一 教育对劳动市场表现影响的归纳

(一)受教育程度

受教育程度对劳动市场表现几乎所有的方面都有显著的正面影响。随着受教育程度的提高,城镇居民工资、农民工工资、农村居民务农收入、务工工资都显著提高。受教育程度高提升城镇居民劳动市场参与率，并显著降低其失业率。随着受教育程度的提高，城镇居民、农民工均获得更多的晋升机会。受教育程度高的农民工，创业的概率越大。但高学历并不是创业的积极因素，尤其是最高学历的硕士、博士。受教育程度越高，城镇居民、农民工的创新能力越强。受教育程度高显著提升城镇居民、农民工的就业质量。受教育程度越高的农民较少选择农业专职化，而更多地选择非农职业或兼业。受教育程度越高的城镇居民享受的社会福利越多。受教育程度高的城镇居民、农民工、农村居民更多地上网学习，有助于提升其劳动市场表现。城镇居民、农民工、农村居民的受教育程度越高，社会责任感及社会公德越强。

（二）学习成绩

对本科学历城镇居民来说，学习成绩对工资没有显著影响，但对高中学历城镇居民则有显著的正面影响。对本科学历城镇居民来说，学习成绩对劳动市场参与率没有表现出显著影响，但较好的学习成绩有助于降低失业率。对城镇居民来说，无论是本科学历还是高中学历，在校学习成绩越好，获得晋升的机会就越多，就业质量也就越高。有相当数量的大学生受访者表示，自己所学专业知识在职场得到应用。有相当数量企业对大学生的专业知识仍相当看重。

（三）上网学习时间

上网学习时间长显著提高城镇居民、农民工、农村居民务农收入、务工工资。没有发现上网学习时间对劳动市场参与有显著影响，但上网学习时间长的城镇居民失业率显著降低。网络学习时间较长的城镇居民、农民工获得更多的晋升机会，会更多地选择创业，创新能力更强。善于上网学习有助于提高本科学历、高中学历城镇居民的就业质量。随着上网学习时间的增多，农民会较少选择农业专职化。善于上网学习的城镇居民和农民工享受更多的社会福利。城镇居民、农民工、农村居民上网学习越长，则越具有更强的社会责任感及社会公德。

（四）创新能力

随着创新能力的提升，城镇居民工资、农民工工资、农村居民务农收入和务工工资都会随之增加。创新能力较强的本科学历和高中学历城镇居民获得更多的晋升机会。创新能力强，城镇居民和农民工会更多地选择创业。创新能力的提升，城镇居民的就业质量随之显著提升。创新能力较强的城镇居民、农民工、农村居民会用更多的时间用于上网学习。企业在招聘大学生时也相当关注大学生的创新能力。

（五）沟通能力、表达能力、团队精神和领导才能

较高的沟通能力、表达能力、团队精神和领导才能均有助于提高本科学历和高中学历城镇居民工资收入。团队精神、领导才能对城镇居民的晋升有着显著影响。农民工团队精神、沟通能力、表达能力和领导才能越强，其就业质量越高。领导才能越高的城镇居民、农民工享受更多的社会福利。企业对大学生的表达能力、团队精神、领导才能予以高度关注。以上四项个人特质在相当程度上反映了个人的综合素质，对本科学历城镇居民来说，就业岗位对综合素质的要求甚至超过对专业技能的要求。此外，与大学生的表达能力、团队精神、领导才能相比，企业更重视大学生的道德养成。

二 中国教育政策的隐含

（一）关于教育投入

如下发现是讨论整个社会教育投入的基础：一是从个体层面来看，受教育程度高对个体在劳动市场表现的几乎所有方面有显著正面影响；二是随着高等教育毛入学率的提高，教育的回报率在持续下降；三是受教育程度的提高有助于提升社会责任感及社会公德，因而有助于培养良好公民；四是一国的教育与其他国家教育的相对差距影响一国在国际贸易和国际分工的相对优势。

基于以上发现，我们认为，中国仍应大力发展教育，尤其是高等教育。这样，虽然教育的回报率会继续下降，但仍会有更多的人通过接受更高层次的教育改善其在劳动市场的表现，并在人力资本的积累上形成比较优势，有利于改善国际贸易的条件和国际分工。教育还有助于提升整个民族的素质，使更多的公民成为有社会责任感及社会公德的良好公民。

（二）要增加大学生学习强度，提高课业水平

中国大学生在大学阶段的学习强度显著低于西方大学，对知识掌握的扎实程度也明显要弱，对此下节将有较为详细的讨论。就个体层面来说，学习成绩对劳动市场表现的改善有着显著的正面影响，特别是在降低失业

率，获得晋升的机会以及提高就业质量方面。大学所学专业知识也是不少就职者正在应用的知识。如果中国大学生的学业成绩明显低于西方的大学生，就会使得中国经济在参与全球竞争时处于弱势地位。因此，不妨适当引进西方大学的考试制度（下一节有所介绍）增加大学生的考试难度，并提高及格的标准，在此基础上形成一定的淘汰率，促使大学生花更多的时间用于学习，也保证获得学位的毕业生达到一定的质量水平。

（三）要促进民众上网学习

上网学习时间的增加显著提高城镇居民、农民工、农村居民劳动市场表现的几乎所有方面，还提升其社会责任感及社会公德。这就是说，民众上网学习既可自身收益，还具有相当的正外部性。上网学习可以理解为现代人继续学习、终身学习的基本方式。因此要大力提倡，并积极改善城乡民众的上网条件，降低费用。政府所创办的网站，应增加民众可用于学习的内容，把大量民众通过收费才能获得的信息资源改为免费资源。比如，可否将知网这类网络平台公有化，让民众免费获得其中的信息？这将大大丰富民众网络学习的资源，提高网络学习的效率。

（四）要提升民众的创新能力

创新能力的提升有助于改善城镇居民、农民工、农村居民劳动市场表现的诸多方面。然而，这是中国教育的短板，下一节的分析显示，这是一个相当复杂的问题。但从学校来说，尤其是大学来说，在培养学生批判精神和创新能力方面有一定的空间，而且企业也看重具有创新能力的人才。因此学校，尤其是大学，要重视对学生创新能力的培养，对此，要首先培养学生的批判精神，持之以恒，终能得到来自劳动市场的回报。比如，一所大学在培养学生创新能力方面形成特色，其毕业的学生一定会受到来自企业和社会更多的欢迎和肯定。

（五）要注重学生综合素质的培养

沟通能力、表达能力、团队精神和领导才能均有助于提升民众在劳动市场的表现，而这四个方面可以理解为综合素质的具体方面。然而，在中国的教育中，从小学到博士，均缺少系统的对这些素质的培养，因为这些素质与考试无关。应该说，在这些方面的不足是中国教育体系脱离劳动市场需求的重要表现。

对学生的道德养成，学校虽然开设了思想政治的相关课程，但这些课程对学生道德养成能发挥多大的作用是一个值得关注的问题,要研究在整个教育体系中,如何提升学生道德养成的问题。不过就教育与社会责任感及社会公德关系的研究而言,提升全民的受教育程度应是提升全民道德水平的有效措施。

关于政府组织的针对农民工的培训、英语教育和促进农村教育的发展的相关政策讨论在相关章节已有完整讨论,在此再择其要点以使政策讨论更具完整性。

(六) 谨慎推进政府组织的针对农民工的培训

在对农民工参加培训的效果缺少肯定的评价,以及缺少肯定的投入-产出分析条件下,整个社会在配置越来越多的资源用于农民工培训,值得深思。为此,我们提出一条保守性的建议:如果农民工接受培训可改善其在劳动市场的表现,市场也可以解决农民工的培训需求,政府只需加以提倡和引导即可。相反,如果培训对农民工在劳动市场表现提升的效果有限,政府组织培训也难有成效。基于此,政府不妨适当收缩农民工培训政策。未来政府组织的针对农民工培训的政策的选择应基于以下两个判断:一是政府组织的针对农民工培训是否具有投入-产出的合理性,也就是说,即便政府所组织的农民工培训能有效改善农民工在劳动市场的表现,还要看与政府的巨大投入相比是否值得。当然,如果政府组织的针对农民工培训,投入很大而效果有限,当下就可见好就收。二是如果农民工参加培训可提升其劳动市场表现,市场也可解决农民工的培训问题,政府组织的农民工培训并不是解决农民工培训的唯一选择。如果市场组织农民工培训的效果更好,政府也依然可从农民工培训中退出。

(七) 在国民教育体系只提供基础的英语教育

国家和个人都投入大量资源用于英语教育,而英语却更多地作为信号发挥作用,这是一个值得反思的问题。就个人而言,在决定英语学习投入时,要根据自己的职业生涯规划,决定对英语学习的投入。从国家层面来说,整个社会配置如此巨额的资源用于英语教育,如果这种投入对绝大多数人来说只是让他们获得一种显示其能力的信号,则这种信号过于昂贵,有资源配置低效率之嫌。由此我们建议,在国民教育系列,只提供学生更为基础的英语教育,同时增加各类英语选修课程,让学生根据自己的职业生涯规划和兴趣自主选择这些课程。这样,预计未来英语使用有限的学生用更多的时间学习在未来更有用的知识。此外，鼓励社会举办英语教育。在国民教育体系的英语教育难以满足个人需求的条件下，个人可以通过社会英语教育机构获得英语教育服务。如此，可以较好地避免英语过度教育的情况。

（八）提高农村居民教育回报率是改进农村教育的关键

农村居民从事任何形式的经济活动，农村居民的教育回报均显著低于城镇居民，而农村居民的教育成本却高于城镇居民，由此导致农村居民接受教育的主观愿望明显弱于城镇居民。要解决农村教育问题，关键是提高农村居民受教育的回报。因此，扩大农业生产的经营规模，提高农村居民从事农业生产的教育回报；加快废除城乡分隔的户籍制度，通过建立城乡统一高流动性的劳动市场，以消除基于户籍身份的歧视；提高农村居民的收入水平，降低农村居民受教育的负担，有助于农村居民对教育的投入；与城镇相比，农村的教育条件依然较差。因此政府应继续加大对农村教育的投入。从根本上来说，解决农村居民受教育回报低是关键。如果农村居民受教育回报高，即便政府少投入，农村居民也会主动多投入；相反，如果农村居民受教育回报低，即便政府高投入、强制义务教育，也难有成效。基本的结论就是，提高农村居民受教育回报，是改善中国农村教育的根本出路，这需要一系列改革。

第二节 中西方教育差距：基于社会环境视角

以上对中国教育问题的分析讨论主要是基于个体因素，但难以据此在整体上讨论中国教育的问题及政策。要理解中国的教育问题，一种办法是与西方发达国家的教育进行对比。本书作者之一樊明曾留学美国多年，对中西方教育有一定的直观认识，此外，有大量的新闻报道和文献对比中西方教育的差异。据此，本节对中西方教育的差异进行比较分析，讨论导致中西方教育差异的深层社会原因，由此更好地认识导致中国教育问题的社会因素，并对中国教育改进的困难有更清醒的认识。

一 中西方教育的比较

就知识掌握的扎实程度而言，中国高中及以下学生的知识掌握程度明显优于西方的学生,但在实践能力、批判精神和创新能力方面的养成普遍不足。在中国从小学教育开始就十分重视学生对知识的掌握,通过各种考试来促进学生对知识的掌握。而考试,尤其是带有统考性质的考试,就必然要求学生按标准答案来回答问题。如此,教师就要求学生记住各种可能被考到问题的标准答案,不鼓励学生对答案提出思考和质疑,更不鼓励批判创新。越是接近高考的考试,越是如此。甚至研究生的入学考试,也基本如此。由于考试不考学生的实践能力,学校教育通常对学生实践能力的培养置于较为次要的地位。对于有幸考上大学的学生来说,大学考试压力明显减轻,大部分大学的课程只有期末考试来检查学生对知识的掌握,由于不及格率普遍很低,因课业成绩不合格而遭到淘汰的学生非常少,学生学习的积极性与高中时相比普遍下降。但就第一课堂的教学来说,仍然缺少对学生实践能力、批判精神和创新能力的培养,只有少量学生参与的第二课堂教育对学生实践能力、批判精神和创新能力有一定的培养。虽然大学有毕业实习,但在当下毕业实习要么流于形式,要么就是提前就业,绝大多数的毕业实习缺乏指导。

对比中国的教育,西方的教育更注重对学生实践能力、批判精神和创新能力的培养,不少作业是带有实践性和批判研究性质的,甚至从小学就开始。整个社会也充满着质疑和批判。比如,大学的校报不少内容是学生批评学校当局的政策措施,而社会上批评政府的政策措施、批评上到总统的言论到处可见。好的批评以及建设性的建议会受到社会的高度肯定。学生在这种社会文化氛围中成长,本身就缺少对权威的畏惧,希望通过与众不同的创新来证明自己的才能和对社会的贡献。

但一般认为,大学前西方学生对知识的掌握不如中国学生,因为缺少考试压力,尤其是高考的压力。但到大学后,西方大学十分重视学生知识的教育。就知识教育来说,一般本科生课程一个学期要考两次期中考试,一次期末考试,合计三次考试。美国的学期制度有三学期制(semester,两个十五周左右的较长学期和一个暑期八周左右的短学期)和四学期制(quarter,三个十二周左右的较长学期和一个暑期八周左右的短学期)。大学学期多,本科生的考试密集程度高,对作弊惩处严,课程不及格率高,淘汰率高,使得大学生平时花费在学习上的时间远远高于国内大学生。西方大学对培养学生的实践能力、批判精神和创新能力继续予以重视,这主要体现在教学活动中以及各种课程论文和实验中加以培养。另外，有的专业还要求学生在企业及其他社会机构实习（internship），并算作学分。

到大学毕业时，中西方大学生的差距就相当明显了：中国大学生在中学阶段所学知识有比西方大学生更好的掌握，但大学所学以及动手实践能力明显弱于西方大学的学生，而大学所学是在劳动市场更直接使用的知识。更重要的是，中国大学生的批评精神和创新能力的养成始终较差。

还有一点值得关注，中国中小学生学业负担太重，尤其到了高中，大多数学生很早就必须起床自习，晚上自习到很晚才能睡觉。中小学生学业负担太重带来种种问题，诸如体质差、发展不均衡、性格扭曲等。这些年来，政府也一直试图给中小学生减负，出台了种种政策措施，如限制学生在校时间和家庭作业布置量等。但效果并不理想。一方面，学校减负受到升学和来自家长的压力，另一方面，即便学校真的减负了，家长在加负，所谓"学校做减法，家长做加法"。对比中国的中小学生，西方的中小学生实在是惬意得多，很少有学生像中国学生这样刻苦读书，相反参与各种有益的活动要明显多于中国学生，包括锻炼身体、参加各种社会实践活动等。如此，西方中小学生的身体和精神上的健康程度明显好于中国的中小学生。

二 社会环境与中西方教育

在中国教育体系下所培养出的学生缺少实践能力、批评精神和创新能力，已早受到关注。钱学森之问实际上就是在质疑中国教育对学生批判精神和创新能力培养上的严重不足，因为顶尖的学术人才集中表现在批判精神和创新能力上。

从历史上来说，中国的教育自古就缺少对学生实践能力、批评精神和创新能力的培养。春秋战国时代，虽然出现难得的百家争鸣的局面，但所争论的问题几乎和科学及生产活动无关，争论的方式大多为思辨方式，而非实证方式。汉朝罢黜百家独尊儒术后，批判和创新就基本停止。就教育来说，基本上就是让学生死记硬背经典，尤其在启蒙教育阶段，任何对圣人和经典的怀疑都是绝对不允许的。其结果就是中国学术发展的停滞，中国教育无法发挥引领社会向前发展的先导作用。但就此而已，仍不能解释近代尤其到1949年后中国教育的问题，因为中国周边的一些国家和地区在古代也是采用中国的教育体系,如日本、韩国等,但到近现代教育就发生了根本性的改变,更接近于西方,由此科学技术也得到快速的发展。因此,从根本上来说,当代的教育问题还是要从当代去寻找答案。

要回答中国教育的问题,还是不妨从与西方对照开始,不妨提出这样的问题:中国教育出现的问题为什么在西方没有出现?而西方教育好的方面,为什么在中国没有发生?

有一种较为流行的说法是,美国学生上大学太容易了,美国高等教育早就进入到普及化阶段。因此,美国的中学生没有中国中学生所面临的高考压力,几乎高中生想上大学就可以上,所以不需要太争,从而可以全面发展,而不像中国的高中生那样只能埋头读书一心只为将来高考做准备。但这个解释并不完满,因为虽然美国的高等教育资源的人均拥有量要远远超过中国,但高校的质量水平相差也很大,而不同质量的高校毕业生在劳动市场的表现相差很大。可以说,在任何社会任何时代相对高质量的高等教育资源的稀缺是永恒的。那么,为什么美国的高中生没有像中国学生这样拼命学习争上哈佛、斯坦福并由此发展成高中生、进而延伸到初中生甚至小学生普遍学业负担太重的问题呢?

教育,作为一种提供服务的行为,也是有绩效导向的。也就是说,如何来评价教育的绩效就在很大程度上决定了教育的发展。就中学教育来说,重要的绩效指标是中学生能被录取到什么样的大学,就此而言,中西方应是大同小异。以下以美国为例介绍西方大学对本科生的录取。

美国的大学采用自主招生的方式。尽管各校规定不尽相同,但大同小异,对学生进行综合考量,考量因素包括:就读高中的教学质量、历年的学业成绩而不是一次高考的分数、SAT(Scholastic Assessment Test,学术能力评估测试)、学生所参加的各类活动,包括是否担任学生干部、是否是校报的编辑、是否参与有意义的课外活动、是否到社区和医院养老院做义工等,这些被看成是该学生有没有很好的活动能力、领导才能和社会责任心的表现。学生自荐信、推荐信是录取时的重要参考。

有这么多标准指挥着学生在各个阶段的学习,因此,学生一定要力求综合发展,而不只是死读书,一定要发展起自己个性的、独特的方面,这样才能更好地在众多申请者中脱颖而出。另外,还值得一提的是标准测试。中国的高考主要是考知识,所以花时间越多,成绩就越好。而标准测试主要是测试学习能力和智力水平。虽然多做题多练习会有一定的进步，但边际效果递减得较快，通俗地说，练习的时间增加，标准测试成绩会提高，但提高的速度会减慢，到最后再用功也很难提高分数。这大概是这类考试的科学性之所在：主要考你的学习能力和智力水平，而不是知识。你的智力水平就这么高，再多花时间，用处不大。

那么这种在美国等西方发达国家行之有效的大学录取制度可否移植到中国，由此中国的中小学生学业负担就不会太重，进而追求全面发展？其实有人有类似的建议。但我们认为，最好不要轻易引入西方大学的录取方式，原因在于中国的社会风气不同于美国。我们设想一下，如果把美国大学的录取方式引入到中国来会如何？

如果学生的中学学习成绩也是在考虑范围，那高中出示的学生成绩单不知道有多少是造的假？这种造假可能来自相当数量的任课老师以及高中校长，而这在美国是不可思议的事。如果把学生参加的各种社会活动也作为高考录取的因素，不知又会造出多少假来。而美国的学生以及美国老师给学生写的推荐信造假很少。中国学生的自荐信如果也列为参考的话，恐怕更难相信，不知会造出多少个学生会主席、副主席来。美国学生所写自荐信一般比较实事求是，所以才有参考价值。反过来想，如果美国学生的自荐信谎言一大堆，大学怎会要求申请者写自荐信并认真对待呢？

再说大学方面。美国大学的录取是比较公正的，由一个委员会按一定程序来决定。很少听说有政府官员或亲戚朋友到大学里来打招呼、递条子一类的事。而中国大学在招生中的腐败早不是新闻。现在大学几乎是以高考成绩为唯一录取标准，但录取时不规范操作仍是五花八门。如果大学可以综合考察一个学生来决定对一个学生的录取，后果不可想象，可能完全失去章法，不知名正言顺的腐败会发展到什么程度。实际上，一些大学开放自主招生后，就不时传出负面新闻。

有幸考上大学的学生到大学后发现，知识教育要求学生的只是接受，而思想教育要求学生的只是统一思想，保持一致。考研究生也主要考知识记忆。大学并不特别关注对学生批判精神和创新能力的培养，偶尔跟学生说两句你要勇于批判、勇于创新，对学生真正的批判精神和创新能力的培养于事无补。大学录取研究生首先看成绩而不能像西方大学那样综合考察学生，也仍然与社会风气不好有着直接的关系。

以上分析说明一点,如果照搬美国大学录取的一套,在目前中国的社会风气之下,中国的高校录取、高中乃至初中小学教育可能问题更严重,可能发展成既不是传统的应试教育,也不是美国式的全面发展,而是花很多时间在造假上做文章。中国的高考虽然问题很多,但有一个最大的优点,就是公平,比较能够实现分数面前人人平等,特别这几年实行网上录取,不规范操作的空间在逐渐缩小。

根据以上分析可以得出这样的结论:中国的社会风气决定了中国的大学录取本科生甚至研究生时只能采取以考试成绩为录取的基本依据,这就进一步决定了高中乃至初中小学的教育必然是应试教育,甚至大学也只是以传授知识为主。对学生实践能力、批判精神和创新能力的培养只能置于次要地位,或根本就不重视。如此,要想真正给中小学生减负,要培养大学生的实践能力、批判精神和创新能力,社会风气首先要改善,这涉及民主宪政改革等一系列问题,非一本书所能论及。中国教育的很多问题表现在校园内,但根子其实在校园外。因此要改进中国的教育,是一连串的事,要求中国政治的进一步现代化。当然,如果中国在高考以及考研时能增加类似美国式的标准测试,对减负或许还有一定作用。

尽管如此,我们仍然要看到解决中国教育问题的积极因素。比如,已有越来越多的大学可以在一定程度上自主招生,民办大学也有望更综合性地考察考生而加以录取,出国留学也给中国学生带来更多的自由发展的可能性。尤其值得关注的是,十八大以来,整个党风、政风有明显的改善,现在大学在录取时的贪腐问题已比过去大为减少。随着中国的改革不断走向深水区,政治文明的进一步发展,整个社会风气会进一步改观。到那时,大学会获得更多的在招生方面的自主权,会更全面地考察考生或申请者,这样促进中小学的教育逐渐走出应试教育,让学生获得更为全面的发展。大学面临市场的竞争,也必须注重学生的实践能力、批判精神和创新能力的培养。如果只是培养一些只会读死书的学生,这样的大学就很难得到来自市场的肯定。将来政府也会更多地依据学校是否更好地回应市场和社会发展的需求办学来评价学校的教育质量。如此,中国的教育将走进一个新时代。

作者分工

根据老师和同学共同讨论商定的大纲,本书的每一章节由一位或数位同学执笔起草,经过老师和同学集体反复讨论方定稿。以下为每一章节的起草执笔者。

第一章第一节由郑若楠执笔;第二节、第三节由罗彦执笔。第二章第一节由郑爽执笔;第二节由张振舵执笔;第三节由周文婷执笔;第四节由陈铭皓执笔。第三章第一节由郑爽执笔;第二节由侯颜玲执笔;第三节由姜思齐执笔;第四节由郭玉棋执笔。第四章第一节、第二节、第三节由樊明执笔;第四节由周文婷、樊明执笔。第五章第一节由闫雪岩、吴天艺执笔;第二节由乔嫚嫚执笔;第三节、第四节由周文婷执笔;第五节由吴天艺执笔。第六章第一节由翟金磊执笔;第二节由王菲菲、贾静杰执笔。第七章第一节由赵曌执笔;第二节由王羽晴执笔;第三节、第四节由田志浩执笔。第八章第一节由乔嫚嫚执笔;第二节由罗彦执笔;第三节由潘子轩执笔;第四节由翟金磊执笔。第九章第一节由贾静杰执笔;第二节由王菲菲执笔;第三节由马南执笔;第四节、第五节由吴天艺执笔。第十章第一节由周文婷执笔;第二节由周文婷、田志浩执笔;第三节由王菲菲执笔;第四节由罗彦执笔。第十一章第一节由赵一然执笔;第二节由吴天艺执笔。第十二章第一节由汪聪聪执笔;第二节由赵曌执笔;第三节由乔嫚嫚执笔。第十三章第一节由乔嫚嫚执笔;第二节由潘子轩执笔;第三节由李帅执笔；第四节由赵曌执笔；第五节由潘子轩执笔。第十四章第一节由涂雪晨执笔；第二节、第三节由潘子轩执笔。第十五章由田志浩执笔。第十六章由樊明执笔。

后记
教育：全球化视角的审视

教育，给个人带来机会，给社会带来希望，但在中国，也变成一个有些沉重的话题。中国本是一个文明古国，尤以文教见长，但到近代明显落伍了。后来中国人开始觉悟，兴办新式教育，渐有所成，但最终未入世界主流，不能大规模培养出实用型和创新型的人才，中国长期做廉价的中国制造，至今未有穷期。我早说，中国的教育，尤其是高等教育对此负有责任，但深层的根源却在校园外，对此在这本书又做了进一步的阐发。

心里知道，扭转中国教育不易，更何况只是一名普通教师，但还是心有不甘只是看着。本着说教育不如做教育的想法，从2008年起，指导本科生合作研究共出版了七部专著，分别是《退休行为与退休政策》（2008）、《生育行为与生育政策》（2010）、《种粮行为与粮食政策》（2011）、《房地产买卖行为与房地产政策》（2012）、《收入分配行为与政策》（2013，与南京审计学院喻一文教授联合指导两校本科生）、《工业化、城镇化和农业现代化：行为与政策》（2014），此六本构成由社会科学文献出版社推出的"公共行为与国家政策研究丛书"。2015年出版《中西部工业化、城镇化和农业现代化：处境与对策》。这七部专著贯穿一个原则：凡非原创，概不入书。观点可以不正确，但不可以不原创。

现在第八本也完成了。心里高兴的是，还是改变了一些学生，培养了他们的批判精神和创新能力，让他们享受研究，享受发现。但中国教育的进步仍然不如预期。我只能反复地说，不是每位老师都要教学生写书，但一定要教学生创新；也不是每位学生都要学写书，但一定要学习创新。创新是教育的灵魂。我相信，创新教育是一项伟大的事业，需要很多的教师踏实工作才能有所成效。每位教师只要有创新教育的理念，都可以自己个性化的方式把创新教育融入到自己的教学中去。

我还会继续努力。今年已经组织了全国范围的关于农村扶贫和土地流转的调查，未来我的学生和我还有两部新作将问世，十全十美。

我今天特别想说的是，我们要以全球竞争的视角来审视中国的教育，在这本书中提出教育相对回报的概念。如果一国的教育水平超过世界平均水平，则所形成的国际贸易条件以及国际分工有利于该国，由此教育投资回报上升，上升的部分就是教育的正相对回报；相反，就是负相对回报。书中有更为详细的阐发，希望引发大家进一步思考。我们要清醒地认识到，随着全球化的不断深入，中国的教育也越来越多地卷入到全球竞争。一个国家能生产出什么样的产品和服务，背后的教育至关重要。在教育上，我们比发达国家做得好的，可以继续坚持，发扬光大；但如果不如发达国家的，就必须与国际接轨，要突破传统和习惯的束缚。要清醒地认识到，全球竞争已经把一个国家可以自由选择的制度和政策空间大大压缩了。我们要对教育的改革有比过去任何时候都有的紧迫感，否则也许连廉价的"中国制造"都可能做不成了。

最后要说感谢，发自内心的套话。感谢社会科学文献出版社给了我的学生八次机会，让我的学生以一种新方式成长进步，有再造之功。感谢本书的责任编辑陈凤玲、关少华老师。感谢中国人民大学教授、中国劳动学会劳动科学教育分会曾湘泉会长为这部专著作序，让同学们深受鼓舞。感谢河南财经政法大学长期给予我的支持和肯定。感谢中原经济区"三化"协调发展河南省协同创新中心所给予的支持，特别是中心主任李小建教授和执行主任仉建涛教授。

樊　明
2016 年 8 月

同学感言

从最初作者招募,到最后一个定稿,一个春秋悄然而过。这次没有激动,没有兴奋,更没有欣喜若狂,更多的是一种欣慰,庆幸自己依然保持着第一次写书时的初心。写书十载,樊老师觉得"最好的师生关系并不是老师无私奉献,而是师生相互成全";一年忙碌,我体会到"只有不计回报的付出,才能得到意想不到的收获"。苦乐参半,而心自知。幸得拙作,聊表余怀。

樊家夏晚,昼寂寂、思流又懒。乍听得、新篇又再,惹起愁绪万千。记三月,辗转车驿,无情逐郎汗痕满。泛书海寻路,风改桨断,相与枕藉藏深怨。

怎忘得、阳台侧,吟言处、面酥憔悴染。如今逢初阳,蜂飞蝶舞,小窗闲对葵藿展。任谁拘管?喜无言、闲望长空,笑看参差雁。千结已开,心与繁花共灿。

——田志浩

书写完了。

老师宣布定稿的那一刻,我的第一反应是欣喜,欣喜这么久的努力没有白费,我终于看到了曙光。可是这欣喜中又夹杂了些许的不舍。书写完了，曾经那么渴望的目标，如今真的达到了，却觉得有些失落。从三月底全国调查结束归来，至今已过去了四个月。这四个月中，我几乎是住在了老师家，分析数据，搜集资料，开始写书，一遍遍地改稿……现在一切都结束了，不需要再做这些了，却开始不习惯，一时之间竟然不知道该做什么。当所有的目标都已完成，最难忘的却是一路走来的风光。难以忘记，在青海做调查时那湛蓝的天空；难以忘记，与老师争论问题时的面红耳赤；更加难以忘记，彻夜改稿的老师疲惫又坚定的身影。是樊老师为我开启了一个未知的世界，激励我不断前行，不断成长，最终遇见了更好的自己。

老师，您辛苦了！

——周文婷

终于看到了第八本书即将出版的曙光，本应该长叹一声——终于可以安心忙自己的事了，可内心却是百般的不舍和怀念：留恋调研的日子，难忘同樊老师思维火花碰撞的时刻，庆幸在最美好的青春岁月有这么一次写书经历。责任、创新、自信是我在写这本书的过程中最大的收获。最后我要向樊老师表达我由衷的敬意和感激之情：樊老师，您辛苦了！

——潘子轩

写书是一件痛并快乐的事，全国调研时的辛酸、劳累仍历历在目。但我知道，当我们的书送到出版社，再由出版社发来出版合同的时候，我一定会感谢我付出的一切！许多人问我，写书那么累，是什么让我坚持到最后。我想，我寻觅的是那份学者有了新发现的喜悦、那纯洁的友谊与感动，以及那让我成长的阅历。感动的背后常常伴着辛酸与泪水，为了那份感动，我愿意付出！

——吴天艺

又是一个梦的结束，又是一段征途的尽头。

从跟随樊老师写书到现在已有一年半，在这近二分之一的大学时光，樊老师带给我的不仅是丰富的知识，更多的是做学术的孜孜不倦以及坚持不懈的精神。现在书已写完，回想起来，有太多美好的回忆。曾记得做问卷时一位四川叔叔给的馒头，曾记得队友们的互相鼓励，曾记得数据的一遍又一遍计算，曾记得写稿子时的绞尽脑汁，曾记得樊老师给我们一次又一次的指导……这些瞬间给我的写书征途留下别样的色彩。为了看到书的最终版，我们每一个成员都为之努力，为之拼搏。

　　不一样的选择会有不一样的收获，我坚信跟随樊老师写书是我大学做的最正确、最光荣的决定。感谢樊老师，是您让我有很大的提高。感谢队友们，是你们让我更加坚定自己的选择。前方的路还有很远，带上你们的祝愿和期望，我会继续努力，成为更出色的自己。

——乔嫚嫚

　　只有认真地对待一件事情并真心为之付出，才能明白收获的珍贵。和老师一起写书尤是如此。写书无疑是辛苦的，但是它是值得的。在这里，我遇见了和我有同样梦想的伙伴，大家一直不懈努力，只为离梦想更进一步。在这里，存在一位男神老师，对每个问题的反复思考只为成就更加完美的作品！

　　在这里，要对每一位帮助过我的学长学姐说声：谢谢！没有你们的帮助，我就不会那么快地掌握处理分析数据及其他能力。在这里，要对老师说：老师，您辛苦了！感谢有您，让我们成长得更加美好！书写完了，您一定要好好休息！

——王菲菲

　　关于教育的话题停下了，但是我一直没有停止关于自己的疑问，到底怎样做才能算是既符合劳动市场的需要又保持追求自我？很高兴能在这个时间这个地点遇上这么一群人。也许只有那么一些些字迹被印成铅字，也许到了40岁会觉得写一点点东西就会改变社会的想法很可笑，但是每一次翻开这本书，藏在文字间的是回忆。"桃李春风一杯酒，江湖夜雨十年灯。"不那么恰当的诗句，但是情总是一样的。

——罗彦

　　唐毅曾说，学贵得师，亦贵得友。我想这就是我参加这次写书最真实的感受和最幸运的经历。我觉得我是幸运的，遇见了樊老师，也遇见了一群这么可爱的小伙伴们。我们一起讨论问卷，全国调研，听老师讲思路，一起探讨。因为遇见了樊老师，我有机会站在老师为我们提供的难得的平台上，我有机会挑战自己完成自己以前从来不敢想象的事情。因为遇见了一群可爱的小伙伴们，我们一起在全国调研中成长，一起在写书环节中学习。通过这次写书的宝贵经历，我也明白了，不管做什么事情，困难总有，但是，只要坚持，你就可以成功，贵在坚持！

——赵塱

"跟着樊老师去写书"——从我刚刚进入大学就已经知晓。转眼三年，我终于成为第八本书的作者之一。从开始写书一路走来，想想已经经历过这么多。第一次带队出省，第一次做调研，被拒绝了无数次……这无数次的第一次却成为了我大学里最美好的回忆。还记得伙伴们认真又欢乐的模样，还记得自己在电脑前一遍遍认真输数据，还记得樊老师不厌其烦地修改……我想说，我们都坚持下来了。谢谢樊老师的循循善诱，谢谢伙伴们的相互鼓励，谢谢自己没有轻言放弃。虽然书已写完，但我们之间建立的友谊会永远保存下去。

——翟金磊

曾几何时，作者这个名词，感觉离自己好遥远！但，现在，我做到了！在我决定参加樊老师最初的号召时，在我们亲手回收一份份问卷时，在我们通宵达旦录入数据时，在我们查阅一个个文献资料时，在我们为了一个字一句话斟字酌句时，更在我们最终宣布完成时，我真的做到了！起初认为和自己很遥远的名词，在经过自己的努力后，自己成为了它，更加明白了它不仅仅是一个名词，更是一份责任和对学术认真负责的态度。每一次回收的问卷，大家都认真对待；每一个数据的录入，大家都倍加认真；一次次的文献查阅，都是为了表述的准确性、完整性和严谨性；每一个字，每一句话的反复讨论，都体现着对学术的负责。

"众人拾柴火焰高"，大家团结协作，最终完成了这本书。回首过去，我真的已不再是原来的我！书虽然完成了，但对于即将毕业的我，应该说是才刚刚开始……

——马南

还记得刚收到学生作者招募消息时，既庆幸，又担忧。庆幸这么好的机会从天而降，担忧自己不够优秀成为一本书的作者。但我相信，这世界上最可怕的两个词语，一个叫"认真"，一个叫"坚持"。樊老师也常鼓励我们："能够最终留下来成为学生作者的，不一定是最优秀的人，但肯定是能坚守的人。"就是带着这份"认真"和"坚持"，我最终留下来，成为了这本书的作者，并且携手另外23个小伙伴完成了第八本书的书写。第八本书的成功问世是团队之间团结合作的结果。有句话叫作"成功靠自己，成长靠对手，成就靠团队"，我相信第八本书也让我们成为了一个好的团队。最后，特别感谢樊老师的耐心指导和那些曾经给予我鼓励和帮助的小伙伴们，以及那个认真坚持的自己。

——贾静杰

前前后后将近半年的时间里，一群人都在为这件事情奔波着努力着，还真有些众志成城的燃情。从郑州到广州，我和我的小分队一路南下，途经了许多的风景，突破了许多的体验，也领略到了许多非凡的感受，成长在这个过程中不知不觉地产生。到完全陌生的环境里，面对天南海北的陌生人，打破自己的羞涩拘谨，积极主动上前询问。也曾经碰壁，无数次被拒绝，但最终还是完成了大量的问卷调查，完成了自己的章节研究。也让我惊讶，我们这样一群普通大学生，竟然真的做到了，完成了一本能为国家政策提供研究意见的专著。临近结束，万千感慨，有一些遗憾，也许当初解决了会有更好的结果，可是也庆幸，在这个过程之中坚持了下来。感谢队友的不离不弃，感谢樊老师的耐心教导。平时人们很难有机会去经历一场有方向有目的不为玩耍而继续的苦旅，很庆幸我遇到了，并在这个过程中审问自己，修炼自己，完善自己。这段写书的历练必将是我大学期间最难忘的一段经历。

——姜思齐

高中作文怎么努力都是45分的我，居然也终于完成了自己的一节书，感触最深的就是做事要认真，一定要对自己负责，对别人负责。樊老师的魅力让我折服，跟着老师写书，才真切地体会到，原来努力是可以得到回报，负责可以让自己更加自信。

——侯颜玲

同学感言

跟樊老师写书，我觉得是我人生中最珍贵的经历。从怀着满腔热血的报名参加写书，到孤军奋战的个人调研，再到肩负责任的带队迈向全国的调研，录入大量的问卷数据，这些过程充满了艰辛，但回头看却是多彩的人生体验。

凭着坚持和执着我终于进入到了写书环节，一次次拜访求教到老师家取经，一次次更正更新做出的数据和表格，一次次查找查看纷繁的文献资料，一次次推倒重来修改的写作过程……蓦然回头，才发现书已经完稿，几分欣喜，几分不舍，几分伤感，因为这是我最美的时光！

致敬和我一同奋斗写作的老师和同伴！致敬我们一起度过的那些最美的时光！

——郑若楠

一路走来，感慨颇多。博闻强识、平易近人的樊老师令我不由敬佩和爱戴；锐意进取、相互鼓劲的"书友"们使我倍感振奋与温馨。一次次思想的碰撞溅出灵越的火花，一回回书稿的修改方成最终的章节。我最大的幸运就是遇见了你们，也遇见了一个更好的自己。写书活动虽然结束，但是我们的故事仍在继续。感谢你们一路相伴！

——陈铭皓

我始终相信，不论经历些什么，我总能从中收获些东西，只要愿意做，就不会空手而归。奔波于人群中，尝过人情冷暖，才知道做一个温暖可爱的人，有多重要。书稿改了又改，删了又删，有无从下笔的脑子空白，也有数据混乱使得两眼发黑。想过放弃，想过算了吧。但还好，最终还是由自己来画上这个圆满的句号。笨拙如我，但有热心的前辈细细地讲解，更有老师殷切的指导，亦能在这旅程中成长。

——王羽晴

在听宣讲会的时候，我曾激动地想一定要拿下写书的任务；做问卷调查时，我又觉得这实在是太难了。但是后来每一次去老师家，看见他那激励的眼神，都让我觉得这事不能放弃。最终在和老师一次又一次的探讨中我们完成了这一宏伟的工程。感谢这本书，不仅让我收获了朋友和知识，更重要的是让我的大学四年没有白过。

——郭玉棋

从自己小小的世界走出来，遇见生活的一个又一个变量。写书是之前从来没有想过会出现在我的生活方程式中的变量。这一路，大家肩并肩走着，而怕掉队的我，一直小心翼翼地跟着。我从没有这么努力地坚持一件事，这次我做到了，与辛苦的樊老师和坚持不懈的同伴一起。感谢樊老师，感谢一起欢声笑语的同伴，感谢这段时光。将寥寥几句付与纸张，唯愿以后回忆起这段温柔的岁月时，依旧心生欢喜。

——汪聪聪

最初是由一位学姐的介绍加入写书队伍的，或许这就是生活中的一个意外惊喜吧。在参与写书的整个过程中，失落过，彷徨过，开心过。从报名参加的期待，到做问卷的坚持，再到写书的努力，以及最后定稿的喜悦。能够参与这部书的写作并且坚持到最后，我觉得我是幸运的。完成这部书花了不少时间和精力，但，是值得的。大学中我们常常奔波去做各种事情，到头来却发现都是在忙别人的事。我们常常想着进入各种社团组织，觉得多么高大上，想法儿进入，麻木自己，让别人觉得自己很棒。麻木的生活，颓废的青春。四年以后你会发现自己多么的幼稚可笑，后悔自己没有静下心来去学习，去做自己的事，做自己想做的事，为自己的大学而活。

写书是一件有意思的事，多年以后回想起来一定会觉得回味无穷。人的一生总在忙忙碌碌，来也匆匆，去也匆匆，或许我们应当在这个世界上留下点什么。不为别的，只为自己存在过。我是一个本科生，生活平平，有幸在樊老师的指导下在这部书中留下自己的印迹。感谢樊老师给的机会，感谢樊老师的教育和指导。

——李帅

写书对于我们本科生来说是个看似不可能做到的事情，但是在樊老师的指导下，我们一群涉世未深的年轻人参与到写书中，收获了一份珍贵的回忆。作为一名校外参与者，在这半年的时间里，我们一次又一次地往返于开封与郑州之间。有了樊老师的悉心指导、财大同学的热情帮助,我们从最初的困惑与迷茫坚持到了最后的坦然与明朗。在所有人的共同努力下,又一本书诞生了。它凝聚着外出调研、搜集资料、熬夜改稿的艰辛,也体现出每一位参与者的热情与坚持。最让我感到荣幸的是,在这个过程中结识了樊老师,他是在学业上指导我们的老师,也是生活中谆谆教诲我们的家长和无话不谈的朋友。这本书的写作结束了,但是我们和樊老师以及财大同学之间的情谊不会就此中断。希望未来的日子里我们一起进步、一起成长!

——郑爽

当樊老师告诉我定稿的那一瞬间,我觉得所有的努力和付出都是值得的。很感谢樊老师能对我们予以极大的帮助与关怀。通过这次经历,我对待历史的看法更为深刻、全面。也很感谢与之共书的同学们所给予的帮助和支持。谢谢你们,给我大学里最美妙的回忆。

——张振舵

一个偶然的机会,让我加入了写书的队伍。开封、郑州,河大、财大,我往返其间,不晓风雨。四月至七月,一百二十多个日子,从微微春雨到骄阳似火,不知寒暑。在耕耘与收获的过程中,如人饮水,冷暖自知。索性一路见证、一路成长、一路感恩。责任、奉献、进取被反复重刻、加深融入骨子里。回首开始的日子,迎上樊老师深沉的目光——这一路走来,我也终收获了一段刻骨铭心的日子和更优秀的自己。

——赵一然

是偶然的机会,我接触到了这个只有凭借自己努力,才能不断向上攀登的圈子——由樊老师和与我一样的同龄人组成的有爱的团体。成千上万的数据里,凝结了团队中每个人的汗水与心血;书中的一笔一划,都包含着对过去、现在和未来的感悟和憧憬。看着书一步一步成型,我们心里都是激动而紧张的,仿佛一朵即将盛开的花,未绽放前是最美的时刻。其中的苦与泪赘述无益,这么长时间的学习和努力,唯有铭记。

我们不像学者,有渊博的知识;我们不像哲学家,思想深刻。我们只是一群无知懵懂的少年,在樊老师这盏明灯的指引下,模糊地看到了未来的道路。遇到樊老师,是我的幸运。

感谢这个契机,让我进入大学以来第一次体会到坚持的意义。

——涂雪晨

我觉得自己能够加入写书团队真的是很幸运的一件事,在这里我结识了一群可爱的伙伴,一位可敬的师长,并且收获了一段美好的回忆。当然,在写书的过程中我也遇到过挫折和失败,但是当你看到这里的时候就说明我已经成功地跨过了这些障碍,不是么?在这里,我要感谢天艺,文婷和嫚嫚在写书过程中对我的帮助,感谢樊老师对我的引导、鼓励和支持。因为他们,整个写书过程不再令我感到枯燥烦闷,而渐渐变得生动有趣起来。因此,当尾声逐渐来临的时候,我心中慢慢充满不舍,我舍不得小伙伴们,舍不得樊老师,舍不得这次美好的相聚。

——闫雪岩

图书在版编目(CIP)数据

教育、劳动市场表现与教育政策/樊明等著. -- 北京：社会科学文献出版社，2016.12
（工业化、城镇化和农业现代化协调发展研究丛书）
ISBN 978 - 7 - 5201 - 0057 - 1

Ⅰ.①教… Ⅱ.①樊… Ⅲ.①教育政策 - 关系 - 劳动力市场 - 研究 - 中国 Ⅳ.①G520②F249.212

中国版本图书馆 CIP 数据核字（2016）第 298006 号

工业化、城镇化和农业现代化协调发展研究丛书
教育、劳动市场表现与教育政策

著　　者 /	樊　明 等
出 版 人 /	谢寿光
项目统筹 /	周　丽　陈凤玲
责任编辑 /	陈凤玲　关少华
出　　版 /	社会科学文献出版社·经济与管理出版分社（010）59367226 地址：北京市北三环中路甲 29 号院华龙大厦　邮编：100029 网址：www.ssap.com.cn
发　　行 /	市场营销中心（010）59367081　59367018
印　　装 /	三河市尚艺印装有限公司
规　　格 /	开　本：787mm×1092mm　1/16 印　张：28.5　字　数：463 千字
版　　次 /	2016 年 12 月第 1 版　2016 年 12 月第 1 次印刷
书　　号 /	ISBN 978 - 7 - 5201 - 0057 - 1
定　　价 /	138.00 元

本书如有印装质量问题，请与读者服务中心（010 - 59367028）联系

▲ 版权所有 翻印必究